보험과 은퇴설계

INSURANCE & RETIREMENT PLANNING

INSURANCE & RETIREMENT PLANNING

보험과 은퇴설계

허경옥 / 차경욱 / 유현정 / 김성숙 / 허은정

(주)교 문 사

머리말

가계의 위험대비, 은퇴후의 행복한 삶을 위한 대비는 개인 및 가계는 물론 기업, 국민경제에 중요한 역할을 수행한다. 개인과 가계는 실직, 경제적 위기, 건강 및 신체적 위험 등에 대비하여야 하고 또한 소득과 자산의 균형적 관리, 은퇴후 삶에 대한 합리적이고 효율적인 대비 및 관련 의사결정을 해야 하는데 본 저서는 이와 관련한 의사결정에 꼭 알아야 할 기초이론과 지식 그리고 태도와 관련한 내용을 다루고자 한다. 고령화시대에 본 저서는 보험과 은퇴설계에 대한 이론 및 기초 개념에 대한 이해를 높이고 위험관리, 보험, 은퇴설계에 대한 기초 정보를 제공하고자 한다.

제1부에서는 위험관리와 보험에 대한 기본적인 내용을 다루는데, 구체적으로 1장은 위험과 위험관리의 개념, 분류, 위험관리과정 등을 2장에서는 보험의 기본원리와 보험의 분류 등에 대해 설명한다.

제2부에서는 보험에 대해 알아야 하는 기초적인 내용들 구체적으로 3장에서는 생명보험을, 4장에서는 손해보험을, 6장에서는 사회보험에 대해 구체적으로 다루고 있는데 주로 각 보험의 개념, 기능, 종류, 보험료, 해약 관련 내용, 주요 상품 등에 대해 자세하게 다루고 있다.

제3부에서는 보험 법규와 보험계약에 대해, 6장에서는 보험 관련 법규로서 보험계약법, 보험업법, 약관규제관련 법률 등에 대해 자세하게 보험소비자 입장에서 중요한 사항들을 다루고 있다. 7장에서는 보험계약의 법적 특성, 계약의 성립 요건, 계약요소(계약관계자, 보험목적, 보험사고, 보험료, 보험금 등), 계약의 효력 등 현실에서 보험소비자들이 알아야 할 실질적인 내용들을 다루고 있다. 8장에서는 보험과 소비자주권이라는 제목으로 보험회사와 보험계약자(소비자)의 권리와 의무, 보험관련 소비자문제 등에 대해 자세하게 다루고 있다.

제4부에서는 은퇴설계를 다루고 있는데, 9장에서 은퇴설계의 배경, 개념, 필요성, 주요 이슈, 노후보장체계를 설명하고, 10장에서는 은퇴설계를 위한 가계특성 및 재무상태 파악, 은퇴 후 필요자금 산정, 은퇴자금 부족분 계산 및 투자대안 분

석에 대해 다루고 있다. 11장에서는 생애주기별 은퇴설계라는 제목으로 생애주기별 은퇴설계의 적용, 즉 신혼기, 자녀학령기, 중년기(자녀독립기), 노년기에서의 은퇴설계에 대해 논의하고 있다.

제5부에서는 은퇴설계와 연금제도로서 12장에서는 공적연금, 즉 국민연금에 대해 논의하고, 13장에서 퇴직연금을 14장에서는 개인연금에 대해 다루고 있다.

제6부 15장과 16장에서는 상속에 대해 설명하고 있는데, 15장에서는 상속제도의 특징, 유언상속과 법정상속, 상속인, 상속순위와 상속분, 상속재산범위, 승인과 포기, 재산분할방법에 대해 다루고, 16장에서는 상속과 증여에 대해 자세하게 살펴보고 있다.

이 책은 보험 및 은퇴설계와 관련한 교양과목 및 전공 기초과목을 강의하는 교재로써 활용할 수 있음은 물론 보험과 은퇴설계에 관심 있는 모든 개인 소비자들에게 기초이론과 중요한 정보를 제공하는데 길잡이가 되고자 한다. 날로 변화하는 시장경제환경 속에서 보험과 은퇴대비에 대한 기본적 지식을 바탕으로 행복한 삶 나아가 이 분야의 조언가가 되기 위한 기술과 전략을 제공하고자 한다. 본 저서는 보험 및 은퇴설계 분석가 또는 가계재무관리 및 은퇴대비 관련 자문가가 되기 위해 알아야 할 기초이론과 실증적 내용을 제시해 줌으로서 취업과 진로 그리고 경제적 복지 확보에 도움이 되고자 한다. 그러나 충분한 시간적 여유 없이 출간을 서두르다보니 여러 가지로 미흡한 부분이 많음을 인정하지 않을 수 없다. 앞으로 시간을 더 갖고 보완하고자 한다.

이 책을 출간하게 해 주신 교문사의 양계성 상무님과 무리하게 서둘러 출간하느라 수고가 많으신 편집부에 감사의 말씀을 전한다.

2012년 5월 저자 일동

차 례

머리말 iv

보험과 은퇴코너

보험과 은퇴코너 1-1 손해 vs 손실 4
보험과 은퇴코너 1-2 위험크기 판단의 Tip, ABC 8
보험과 은퇴코너 1-3 중년 남성의 위가: 비만 14
보험과 은퇴코너 2-1 풍수해보험 22
보험과 은퇴코너 2-2 예금보호제도와 보험사의 도덕적 해이 28
보험과 은퇴코너 2-3 美·佛의 차등 예금보험료와 모럴 해저드 방지 29
보험과 은퇴코너 2-4 보장성 보험과 저축성 보험 35
보험과 은퇴코너 2-5 이색보험 36
보험과 은퇴코너 3-1 보험의 보험료 비교에 관한 정보 공시 46
보험과 은퇴코너 3-2 신개인연금(연금저축)의 세제상 혜택을 받기 위한 조건 56
보험과 은퇴코너 3-3 제3보험이란? 58
보험과 은퇴코너 4-1 손해보험 가입 시 주의사항 71
보험과 은퇴코너 4-2 소비자친화적인 보험회사 평가 지표 76
보험과 은퇴코너 6-1 생명보험과 손해보험의 정의 및 분류 101
보험과 은퇴코너 6-2 최근 시판중인 보험의 종류 102
보험과 은퇴코너 6-3 CI보험이란? 105
보험과 은퇴코너 6-4 계약해지의 현실 111
보험과 은퇴코너 6-5 보험계약 후 취소요건발생 시 환급액수 : 보험료시행 세칙에 근거 123
보험과 은퇴코너 6-6 보험가입 경로 125
보험과 은퇴코너 7-1 채무부존재 소송이란? 145
보험과 은퇴코너 7-2 채무부존재 소송사례: 빙판길 하차 시 사고 보험금 받을 수 있나? 있다. 148
보험과 은퇴코너 8-1 교통사고처리특례법 180
보험과 은퇴코너 9-1 노후 스스로 부양해야 57%, 그러나 39%만 은퇴준비 중 215
보험과 은퇴코너 9-2 한국 가계 은퇴준비기간, 은퇴자금 모두 부족 219
보험과 은퇴코너 9-3 나의 노후준비 점수는? 223
보험과 은퇴코너 10-1 자녀교육, 부동산에 올인… 한국 은퇴준비 낙제점 234

보험과 은퇴코너 10-2 나의 기대여명 계산하기 238
보험과 은퇴코너 10-3 가장 은퇴 시 가계소비지출 15% 감소 240
보험과 은퇴코너 10-4 경제적 자립수명
=집 뺀 은퇴자산×6÷은퇴 후 생활비 243
보험과 은퇴코너 10-5 저성장 시대 은퇴 준비 20~30代 더 일찍,
40~50代 더 많이 적립해야 251
보험과 은퇴코너 10-6 베이비부머, 은퇴 후 파산가능성 40% 초과 256
보험과 은퇴코너 11-1 부부 함께 번다고 느긋해하다
'맞벌이 함정' 빠질라 275
보험과 은퇴코너 11-2 50대의 은퇴설계 체크리스트 283
보험과 은퇴코너 12-1 사회보험 징수통합제도 297
보험과 은퇴코너 12-2 기본연금액 299
보험과 은퇴코너 12-3 퇴직 베이비부머들 생활비 급해
… 30% 깎여도 국민연금 미리 타자 303
보험과 은퇴코너 12-4 미납 보험료는 지금이라도 내야
… 자영업자는 소득 높여 신고해라 305
보험과 은퇴코너 13-1 퇴직·개인연금시장 250조…노후불안에 급팽창 320
보험과 은퇴코너 13-2 DB형과 DC형, 어떤 걸 고를까? 330
보험과 은퇴코너 14-1 개인연금을 꼭 가입해야 하는 10가지 이유 343
보험과 은퇴코너 14-2 가계지출 35%는 자녀에… 10%는 부모에
… 노후준비는 거의 제로 356
보험과 은퇴코너 15-1 누가 상속인이 될까요? 366
보험과 은퇴코너 15-2 피상속인의 상속 준비 체크 항목 372
보험과 은퇴코너 15-3 재산 상속 체크 리스트 374
보험과 은퇴코너 15-4 유류분 청구권자들의 유류분액 계산 378
보험과 은퇴코너 16-1 일반증여와 가업사전증여 특례의 비교 391
보험과 은퇴코너 16-2 상속설계가 필요한 경우 393
보험과 은퇴코너 16-3 자금출처조사와 증여추정 401
보험과 은퇴코너 16-4 상속과 증여, 무엇이 더 유리할까? 404

1부 위험관리와 보험

1장 위험과 위험관리 — 2

1. 위험개념 — 2
   1) 위험의 정의 2
   2) 위험의 성립 4
   3) 위험의 측정 6
2. 위험의 분류 — 9
   1) 주관적 위험과 객관적 위험 9
   2) 경제적 위험과 비경제적 위험 9
   3) 순수 위험과 투기적 위험 9
   4) 정태적 위험과 동태적 위험 11
   5) 근원적 위험과 특정 위험 12
3. 위험관리과정 — 12
   1) 위험관리의 개념 12
   2) 위험관리의 단계와 방법 13

2장 보험의 기본원리와 분류 — 19

1. 보험의 개념과 성립요건 — 19
   1) 개 념 19
   2) 성립요건 20
2. 보험의 기본 원리 — 23
   1) 상부상조의 정신 23
   2) 대수의 법칙 23
   3) 수지상등의 원칙 24
   4) 급부·반대급부 균등의 원칙 24
3. 보험의 효용과 비용 — 24
   1) 보험의 효용 25
   2) 보험의 비용 27
4. 보험의 분류 — 30
   1) 보험자 유형에 따른 분류 30
   2) 보험사고의 대상에 의한 분류 32

3) 지급보험금액 결정방식에 의한 분류 34
4) 보험계약자의 유형에 따른 분류 35

2부 보험의 이해

3장 생명보험의 이해 38
1. 생명과 보험설계 38
2. 생명보험료의 산출 39
1) 생명보험료의 구성과 산출방식 39
2) 보험료의 결정요인 42
3. 생명보험상품의 분류 47
1) 보험사고에 따른 분류 48
2) 가입목적에 따른 보험 49
3) 이자율결정방법(부리체계)에 따른 분류 49
4) 배당유무에 따른 분류 50
4. 주요 생명보험상품의 이해 51
1) 정기보험과 종신보험 51
2) 변액보험과 유니버셜보험 53
3) 개인연금보험의 종류 54

4장 손해보험의 이해 59
1. 손해보험의 원칙과 계약 59
2. 손해보험의 원칙 60
1) 실손보상의 원칙 60
2) 피보험이익과 보험가액 61
3) 보험자의 책임한도 61
4) 보험자와 피보험자 간 손해의 분담 62
3. 손해보험료의 구성과 요율의 산정방식 63
1) 예정요율산정방법(schedule rating plan) 65
2) 경험요율산정방법(experience rating plan) 65
3) 소급요율산정방법(retrospective rating plan) 65
4) 판정요율산정방법(judgement rating plan) 65

4. 손해보험의 분류 — 66
1) 단기보험과 장기보험 66
2) 사업형태상의 분류 67
3) 의무보험과 임의보험 67
4) 개별보험과 집합보험 67
5) 원보험과 재보험 67

5. 손해보험상품의 이해 — 68
1) 화재보험 68
2) 배상책임보험 68
3) 종합보험 68
4) 보증보험 69
5) 자동차보험 69
6) 장기손해보험 71
7) 통합보험 72
8) 태아보험 73
9) 실버보험 74
10) 장애인보험 75

5장 사회보험의 이해 — 78

1. 사회보험의 필요성과 개념 — 78
2. 국민건강보험제도 — 82
1) 의료보장제도의 유형과 역사 82
2) 국민건강보험의 적용대상 84
3) 국민건강보험료 84
4) 국민건강보험 급여 86
5) 노인장기요양보험 86

3. 산업재해보상보험제도 — 87
1) 산업재해보상보험의 의의 87
2) 산업재해보상보험의 적용대상 87
3) 산업재해보상보험의 보험료 88
4) 산업재해보상보험의 혜택 90

4. 고용보험제도 — 94
1) 고용보험의 의의 94
2) 고용보험의 적용대상 94

3) 고용보험료 95
4) 고용보험의 혜택 96

3부 보험계약, 법규와 소비자 문제

6장 보험구매의 이해 100

1. 보험구매의 의의 100
   1) 보험의 의의와 특성 100
   2) 보험소비자와 판매자 102
2. 보험계약의 기초 103
   1) 보험계약의 기본 요소 103
   2) 보험계약 관련자 105
   3) 보험계약의 성립 106
   4) 보험계약의 효력 106
   5) 보험계약자의 권리 107
   6) 보험계약자의 의무 108
   7) 보험계약의 해약 109
3. 보험계약 성립과 주요 사항 111
   1) 보험계약의 법적 성질 111
   2) 보험계약 관련 주요 용어 112
   3) 보험계약 시 고지의무 및 통지의무 113
   4) 보험가액과 보험금액 관련 용어 115
   5) 보상 관련 주요 내용 115
   6) 보험종사자 관련 주요 내용 117
4. 보험구매단계별 소비자행동 117
   1) 보험상품과 보험회사선택 117
   2) 보험계약서 작성 단계의 소비자 주의사항 118
   3) 보험사의 계약서심사 121
   4) 보험계약의 철회 및 취소 123
5. 보험판매채널과 보험계약 124
   1) 다양한 보험판매채널의 등장 124
   2) TV홈쇼핑 보험판매 127

7장 보험소비자보호 법제도 130

1. 보험소비자의 보호 130
   1) 법제도를 통한 소비자보호 130
   2) 정부의 보험업 관리감독 132
   3) 정부의 행정적 규제 및 제도 133
2. 보험소비자보호 관련 법 136
   1) 보험거래 관련 법제 136
   2) 「보험업법」 136
   3) 보험 관련 법에서의 소비자보호 143

8장 보험구매와 소비자주권 158

1. 보험 소비자만족·불만족과 소비자문제 158
   1) 보험 소비자만족 158
   2) 보험 소비자불만족 161
   3) 보험구매 단계별 소비자문제 163
2. 보험금지급 관련 소비자문제 및 피해 166
   1) 보험금 지급분쟁의 주요 이유 166
   2) 보험금지급분쟁 과정 및 해결 167
   3) 보험금지급분쟁 유형별 소비자문제 168
3. 보험상품 유형별 소비자문제 및 피해 173
   1) 변액보험의 소비자문제 및 피해 173
   2) 자동차보험의 소비자불만 및 피해 177
4. TV홈쇼핑보험판매와 소비자문제 및 피해 191
   1) TV홈쇼핑 보험판매의 소비자만족 및 불만 191
   2) TV홈쇼핑의 불완전판매 순제 192
   3) TV홈쇼핑 보험판매의 광고문제 193
5. 보험 구매의사결정과 소비자주권 196
   1) 보험구매전 또는 구매단계 의사결정 196
   2) 보험상품 구매후 소비자 검토 및 선택사항 200
6. 소비자친화적 보험경영 202
   1) 보험사 경영업무의 소비자친화성 확대 203
   2) 보험소비자대상 소비자보호 강화 206

4부 은퇴설계의 이해

9장 은퇴설계의 기초 — 210

1. 인구 고령화의 이해 — 210
   1) 우리나라 고령화 추이와 특성 210
   2) 인구 고령화의 사회·경제적 영향 212
2. 은퇴의 이해 — 213
   1) 은퇴의 개념 213
   2) 은퇴경로와 은퇴유형 214
3. 은퇴설계의 이해 — 216
   1) 은퇴설계의 개념 216
   2) 은퇴설계의 특성 216
   3) 은퇴설계의 필요성 217
   4) 노후보장체계의 이해 221

10장 은퇴설계 프로세스 — 224

1. 가계특성 및 재무상태 파악 — 224
   1) 가계특성 및 장기 재무목표 224
   2) 재무상태 평가 226
2. 은퇴 후 필요자금 산정 — 235
   1) 은퇴시점과 은퇴 후 기간 추정 235
   2) 은퇴 후 예상생활비 산정 239
   3) 은퇴 후 예상소득 분석 244
   4) 은퇴 후 필요자금의 미래가치 계산 247
3. 은퇴자금 부족분 계산과 자금마련 계획 — 252
   1) 은퇴자금 부족분 계산 252
   2) 월평균 필요 저축액 계산 253
   3) 은퇴자금 부족분 마련을 위한 투자계획 253
4. 정기적인 평가와 조정 — 257
5. 은퇴설계 프로세스 사례 — 258
   1) 은퇴시점과 은퇴 후 기간 추정 258
   2) 은퇴 후 예상생활비와 예상소득 산정 258

3) 은퇴 후 필요자금의 미래가치 계산 259
4) 은퇴자금 부족분 계산 261
5) 필요 저축액과 투자대안 결정 261

11장 생애주기별 은퇴설계 263

1. 생애주기와 재무설계 263
1) 생애주기의 개념과 구분 263
2) 재무설계 측면에서의 생애주기 이해 264

2. 생애주기별 은퇴설계 전략 267
1) 신혼기 가계의 은퇴설계 전략 267
2) 자녀학령기 가계의 은퇴설계 전략 268
3) 중년기, 자녀독립기 가계의 은퇴설계 전략 271
4) 노년기 가계의 은퇴설계 전략 273

3. 생애주기별 은퇴설계 사례 276
1) 신혼기 가계 276
2) 자녀학령기 가계의 은퇴설계 사례 280
3) 중년기, 자녀독립기 가계의 은퇴설계 사례 284
4) 노년기 가계의 은퇴설계 사례 287

5부 은퇴설계와 연금제도

12장 공적연금의 이해 292

1. 국민연금 293
1) 국민연금의 목적 및 연혁 293
2) 국민연금 가입대상자 294
3) 국민연금보험료율과 보험료 납부 296
4) 국민연금 급여 산정 298
5) 국민연금 급여의 종류 299
6) 국민연금 급여의 특징 304

2. 특수직역연금 306
1) 공무원연금 306
2) 사립학교교직원연금 309
3) 군인연금 312

13장 퇴직연금의 이해 316
1. 퇴직연금 317
1) 퇴직연금의 도입배경 317
2) 퇴직연금제도의 특징 322
3) 퇴직연금제도의 유형 326
2. 외국의 퇴직연금 332
1) 미국의 퇴직연금제도 332
2) 일본의 기업연금제도 335

14장 개인연금의 이해 339
1. 개인연금의 개요 339
1) 개인연금의 개념 339
2) 도입배경 및 필요성 341
3) 개인연금의 종류 343
4) 개인연금에 가입하기 전 고려할 사항 347
2. 은퇴자금 마련을 위한 투자와 상품 활용 349
1) 은퇴자금 마련을 위한 투자 노하우 349
2) 은퇴자금 마련을 위한 상품 활용 351

6부 상속설계의 이해

15장 상속제도와 상속설계 360
1. 상속제도의 이해 361
1) 개 요 361
2) 유언에 의한 상속 362
3) 법정상속 364
2. 상속설계의 이해 369
1) 상속설계의 필요성 369
2) 상속설계의 과정 371
3) 유언에 의한 상속설계 374

3. 상속설계의 주요 이슈 376
1) 상속재산분할청구권 376
2) 유류분제도 377
3) 상속의 회복 379

16장 상속과 증여 380
1. 상속과 증여의 관계 380
1) 상속과 증여의 이해 380
2) 상속과 증여의 차이 381
2. 상속세와 증여세 과세방법 382
1) 상속세 과세방법 382
2) 증여세 과세방법 387
3. 상속설계와 증여설계 전략 392
1) 상속설계전략 392
2) 증여설계전략 399

참고문헌 405
찾아보기 409

1부 위험관리와 보험

1장 / 위험과 위험관리
2장 / 보험의 기본원리와 분류

1장

위험과 위험관리

위험은 바람직하지 않은 결과가 발생할 수 있는 불확실한 상황(uncertain situation)으로, 사회체계의 복잡성이 증가함에 따라 이러한 위험도 함께 증가하고 있다. 불확실성은 항상 보편적으로 존재하는 것으로서 이것이 완전히 제거될 수는 없다. 그러나 적극적인 위험관리전략을 통해 위험을 감소시키고, 잠재된 위험이 실제 우리 생활에 물리적 손실을 가져오지 않도록 유지할 수는 있다. 따라서 사회에서는 위험을 관리하고 최소화시키기 위한 노력을 끊임없이 경주하고 있으며, 이를 위해 보험과 같은 제도를 마련해 시행해 오고 있다.

본 장에서는 위험의 개념을 이해하고, 위험을 효과적으로 관리하기 위한 기초적인 내용을 학습하도록 한다.

1. 위험개념

1) 위험의 정의

위험에 대해서는 학자들에 따라 다양한 정의를 내리고 있다. 우리말 큰사전에서는 위험을 '좋지 않은 일이 생길 걱정' 으로 정의하고 있으며, 웹스터사전에서는 '신체 손상·피해·손해의 가능성' 으로 정의내리고 있다. 이 밖에도 많은 학자들이 손해가 발생할 가능성 또는 바람직하지 않은 사고의 발생에 대한 객관화된 불확실성 등으로 위험을 정의하고 있다. 여기에는 '손해' 와 '불확실성' 이라는 공통적인 요소를 포함하고 있다. 즉, 우리는 미래에 어떤 일이 일어날지 전혀 예측할 수 없기 때문에 그 불확실성에 대해 두려움을 느끼게 된다. 또한 불확실한 상황에서 벌어진 결과가 긍정적이라면 문제가 되지 않겠지만, 바람직하지 못한 쪽으로 발생할 때 직접적인 손해를 입게 된다. 따라서 위험이란 '바람직하지 않은 결과가 발생할 수 있는 불확실한 상황(uncertain situation)' 이라고 요약해 볼 수 있다.

즉, 위험은 손실이 발생할 가능성의 정도라고 이해할 수 있는데, 여기에는 위험원, 위험의 실제적 발생, 그리고 손실의 규모라는 세 가지 필수적 사항들을 포함한다.

(1) 위험원

위험원(risk source)의 종류는 크게 두 가지로 나눌 수 있다. 그 중 하나는 과학기술의 발달에 따르는 부산물인 기술적 위험(technological risk)이고, 다른 하나는 천재지변으로 인하여 발생하는 자연적 위험(natural risk)이다. 현대사회에서는 과학기술의 발달이 자연적 위험을 극복할 수 있는 해결방안을 찾아줌으로써 더 이상 특정 자연 위험이 위험원으로 인지되지 않기도 한다. 그러나 반대로 과학기술의 발달이 새로운 위험원을 발견하여 위험원으로 포함시키는 경우도 있다. 과거에는 없었던 신종 바이러스의 출현이나 환경파괴, IT기술발달에 따르는 부작용 등도 그 한 예라 할 수 있다.

(2) 위험의 실제적 발생

위험의 실제적 발생에서는 사건의 심각성이 문제가 된다. 사건의 심각성은 사건발생에 따르는 손해빈도와 손해강도에 따라 결정된다고 볼 수 있다. '손해' 란 물질적으로나 정신적으로 해를 입는 것을 말하며, 구체적 실체로서 그 해를 입은 것이 확인되어야 한다. 사건발생빈도가 높으면 손해빈도(frequency of loss)도 자연스럽게 높아진다. 또한 손해빈도는 높지 않더라도 한번 발생했을 때 매우 치명적인 손해를 끼치게 된다면 손해강도(severity of loss)가 높다고 이야기한다.

손해 VS 손실

보험과 은퇴코너 1-1

손해와 손실은 거의 동의어처럼 사용되고 있는데, 손해와 손실 간의 차이를 좀 더 살펴보면, 손해는 영어로 'damage'에 해당하는 것으로서 국어사전에서는 '물질적으로나 정신적으로 밑짐. 해를 입음'이라고 정의한다. 반면 손실은 영어로 'loss'에 해당되며 국어사전에서는 '잃어버리거나 축가서 손해를 봄. 또는 그 손해'라고 정의한다. 즉, 국어사전상 의미가 거의 유사하지만 손해가 손실보다 좀 더 포괄적인 피해를 포함하고 있으며, loss는 좀 더 물질적인 측면에 초점을 맞추고 있다고 볼 수 있다. 그러나 이 두 용어의 유사성으로 인해 손해, 손실, loss 등이 다소 혼용되고 있다.

(3) 위험손실

마지막으로 위험이 실제 발생하여 특정한 손해 또는 손실을 주어야 한다. 위험손실(risk loss)이란 손해, 상해, 손상, 상실, 가치의 감소 등 부정적인 영향으로서의 가치손실의 뜻을 지니며, 그 폭은 상당히 포괄적이다.

2) 위험의 성립

우리는 위험을 '바람직하지 않은 결과가 발생할 수 있는 불확실한 상황(uncertain situation)' 이라고 정의하고 위험을 제거하기 위해 노력한다. 그러나 위험을 100% 완벽하게 제거한다는 것은 물리적으로나 사회적으로 불가능할 뿐만 아니라 비효율적이기도 한다. 치명적이지 않은 사소한 위험을 제거하기 위해 과도한 비용을 사용하는 것은 바람직하지 않다. 따라서 위험하지만 그 위험이 무시될 수 있거나 또는 이득이 더 크기 때문에 받아들일 수 있는 수준의 위험이라면 우리는 위험하다고 평가하지 않는다. 즉, '위험하다' 는 표현 속에는 '위험이 존재한다' 는 의미와 함께 '위험이(무시할 수 없을 만큼) 크다' 는 의미가 함께 내포해 있는 것이다.

이러한 측면에서 어떤 경우, 또 어느 정도의 위험을 우리는 '위험하다' 고 판단할 수 있을까? 이를 위해서는 위험이 성립하기 위한 요건에 대한 이해가 필요하다.

일반적으로 위험이 성립하기 위해서는 다음의 세 가지 요건이 충족되어야 한다.

(1) 손 해

손해는 위에서 언급한 바와 같이 물질적으로나 정신적으로 해를 입는 것을 말한다. 어떤 상황의 진행결과로 신체적 손상이나 정신적 피해, 경제적 피해와 같은 구체적인 손해가 예상되지 않는다면 그것은 위험하다고 이야기할 수 없다. 즉, 위험은 무언가 바람직하지 못한 결과를 가져올 것이 예상될 때 성립한다.

(2) 미 래

바람직하지 못한 결과, 즉 손해가 예상되는 상황이 만약 과거시점이라면 이 또한 위험하다고 할 수 없다. 위험이라는 것은 과거로부터 현재 이어지는 상황의 결과로서 미래에 무언가 부정적인 손해가 예상될 때 성립한다. 동일하게 위험한 상황이 과거에 있었고, 이로 인해 어떠한 손해를 입었다면, 그것은 과거 위험했던 상황이 존재했던 것뿐이지 지금 현재 그로 인해 위험을 인지하고, 또 위험한 상황이 되는 것은 아니다.

(3) 불확실성

위험이 성립하기 위해서는 예상되는 미래 손해발생이 불확실한 것이어야 한다. 신체적 손상이나 경제적 손해가 언제 어떻게 얼마나 발생할 것인지를 정확하게 알 수 있다면 이는 위험하다고 판단하지 않는다. 즉, 손해발생 여부, 손해발생시기, 손해의 규모 등을 모두 알 수 없기 때문에 우리는 위험을 인지하는 것이며, 이를 불확실성이라 한다.

그림 1-1 위험의 성립

3) 위험의 측정

위험이 성립되기 위해서는 구체적인 요건들이 성립되어야 함을 배웠다. 위험이 존재한다고 판단되었다면 다음으로는 그 위험의 크기가 얼마인지, 즉 얼마나 위험한지에 대한 측정이 이루어져야 한다. 위험의 측정은 각각의 방법이 갖는 제한적인 측면들을 보완하며 수정되어 왔고, 크게 세 가지 형태로 그 측정방법을 요약해 볼 수 있다.

(1) 손해빈도와 손해강도를 독립적으로 측정하는 방법

초기 위험의 측정은 손해빈도와 손해강도를 독립적으로 평가함으로써 이루어졌다. 흔히 손해가 빈번하게 발생하거나 자주 발생하지는 않더라도 만일 발생할 경우 그 손해규모가 크다면 '위험이 크다' 고 한다.

그림 1-2를 보면, 손해빈도와 손해강도에 따라 위험을 2×2의 네 가지 경우로 나누어 위험의 크기를 설명하고 있다.

• I영역: 고빈도/저강도 위험

손해빈도는 높고 손해강도는 낮은 위험이다. 즉, 사고가 발생해도 그로 인한 손해강도는 낮지만 자주 손해가 발생하기 때문에 늘 위험을 인지하게 된다. 예를 들면 자동차사고의 경우 접촉사고가 이에 해당된다.

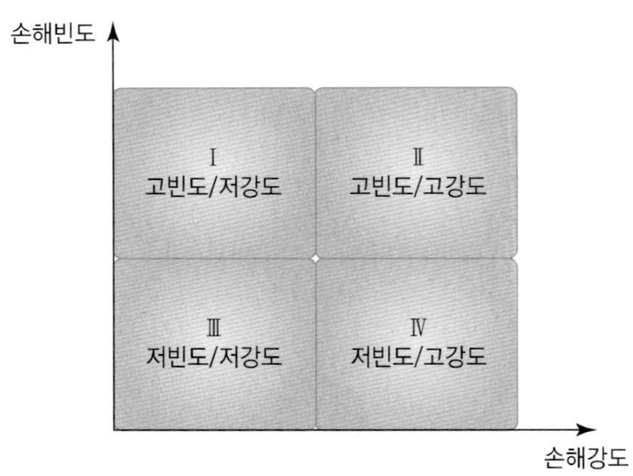

그림 1-2 손해빈도와 손해강도에 따른 위험유형

• II영역: 고빈도/고강도 위험

손해빈도도 높고 손해강도도 높아 손해규모가 가장 큰 위험이다. 손해빈도와 손해강도 모두를 낮출 수 있도록 노력해야 하기 때문에 위험관리의 필요성이 특히 높다. 예를 들면 사고다발지역에서의 음주운전으로 인한 대형사고가 이에 해당된다.

• III영역: 저빈도/저강도 위험

손해가 발생하는 빈도도 낮고 실제 사고가 발생한다 하더라도 그로 인한 손해가 경미한 경우이다. 손해규모가 작아서 위험관리에 대한 필요성이 상대적으로 낮은 위험으로서, 예를 들면 주차된 차량의 접촉사고가 이에 해당된다.

• IV영역: 저빈도/고강도 위험

손해가 발생하는 빈도는 낮지만 한 번 사고가 발생하면 그로 인한 손해의 강도가 매우 커서 치명적인 영향을 미칠 수 있는 위험이다. 그러나 손해빈도가 낮기 때문에 평소 방심하기 쉽다는 문제점이 있다. 예를 들면 방사능 유출사고나 대형유람선 침몰사고 등을 들 수 있다.

(2) 전통적 위험측정 방법

손해빈도와 손해강도를 독립적으로 사용하는 경우에는 III보다 I이, IV보다 II가 더 위험하며, I보다는 II가, III보다는 IV가 더 위험함을 알 수 있다. 그러나 저빈도/고강도 위험(IV)과 고빈도/저강도 위험(I) 중에는 무엇이 더 위험한지 평가하기가 곤란하다.

이러한 문제점을 보완하기 위하여 전통적으로는 두 단계의 과정을 거쳐 위험을 측정해왔다. 먼저 손해빈도와 손해강도를 독립적으로 측정한 뒤, 손해빈도와 손해강도를 결합시켜 최종 위험의 크기를 평가한다. 따라서 전통적인 방법에서 위험크기는 관찰대상 전체의 평균적인 손해규모 또는 기대손해규모를 의미한다.

$$r = f \times s = \frac{n}{N} \times \frac{L}{n} = \frac{L}{N}, \quad r: \text{위험크기}$$

(3) 손해발생시기 및 손해규모변동성을 고려한 위험 측정

전통적 위험측정방법이 손해빈도나 손해강도를 독립적으로 적용하는 데 따르는 문제점을 해결한다는 장점이 있지만 이것만으로는 손해발생시기나 손해규모변동성과 같은 위험의 흐름을 읽을 수 없다는 한계점이 있다. 따라서 최근에는 손해발생시기 및 손해규모변동성을 함께 고려해 위험을 평가하는 것이 일반적이다.

손해발생시기를 고려하게 되면 화폐의 시간가치개념이 적용되기 때문에 손해강도에 영향을 미치게 된다. 예를 들어 1,000만 원의 경제적 손해를 입는다고 가정할 때, 이 손해가 1년 후 일어나는 것과 10년 후 일어나는 것은 큰 차이가 있다. 같은 강도의 손해라 하더라도 손해발생시기가 가까울수록 손해강도는 커지게 된다. 따라서 손해발생시기를 위험측정에 포함시키기 위해서는 손해빈도 및 손해강도를 현재가치 기준으로 측정해야 한다. 이때 위험크기는 현재가치를 기준으로 하는 관찰대상 전체의 평균적인 손해규모 또는 기대손해규모라고 할 수 있다.

두 번째로 손해규모변동성은 평균적으로는 동일한 수준의 손해강도라 하더라도 얼마나 비슷한 수준의 손해가 반복되는, 혹은 매번 손해규모의 편차가 큰지의 관점에서 위험을 측정하는 것이다. 예를 들어 동일한 규모의 회사에서 지난 5년간 동일한 수준의 손해규모 통계를 가지고 있다고 하자. 두 회사는 손해빈도, 손해강도, 기대손해규모가 모두 같지만 단지 표준편차만이 차이가 있다고 가정하자.

위험크기 판단의 Tip, ABC

보험과 은퇴코너 1-2

우리는 위험을 측정하는 다양한 방법에 대해 학습하였다. 그러나 각각의 방법들이 장점과 함께 어느 정도의 제한점을 가지고 있기 때문에, 이를 해결하기 위해 다양한 요소들을 다각적으로 검토하는 방법이 개발되었다. 최종적으로는 손해빈도, 손해강도, 손해발생시기, 손해규모변동성의 네 가지 요소들이 위험 측정에 중요한 요소임을 확인하였다.

이 네 가지 요소들은 객관적인 비교가 곤란하기 때문에 위험크기를 판단하기 위해서는 다음과 같은 상대적인 차이를 이용하는 것이 필요하다.

A. 기대손해규모와 손해규모변동성 모두가 크면 위험이 더 크다.
B. 손해규모변동성이 동일한 경우 기대손해규모가 크면 위험이 더 크다.
C. 기대손해규모와 동일한 경우 손해규모변동성이 크면 위험이 더 크다.

이 경우 손해의 편차가 큰 기업이 손해규모변동성이 더 크므로 위험을 더 크게 내포하고 있다고 평가해 볼 수 있다.

2. 위험의 분류

1) 주관적 위험과 객관적 위험

위험은 통계적 측정가능성을 기준으로 객관적 위험(objective risk)과 주관적 위험(subjective risk)으로 분류한다. 객관적 위험은 다시 예측가능위험과 예측불가능위험으로 세분되는데, 일반적으로 통계치의 표준편차나 분산을 이용하여 측정한다. 예측가능위험은 자동차위험이나 산업재해위험 등과 같이 대량으로 관찰이 가능하고 발생빈도가 높아 예측이 가능한 위험을 말한다. 그러나 대량으로 관찰이 불가능하거나 발생빈도가 매우 낮아 현존하는 과학기술로는 예측이 어려움 위험을 예측불가능 위험이라고 한다.

주관적 위험은 개인의 심리적·정신적 상태에 기초한 불확실성을 말하는데, 개인의 주관적 입장에서 느끼는 위험이므로 측정이 불가능하다.

2) 경제적 위험과 비경제적 위험

위험의 성립요건 중 하나인 손해가 경제적인 것인가 비경제적인 것인가에 따라 위험은 경제적 위험과 비경제적 위험으로 분류된다.

3) 순수 위험과 투기적 위험

경제적 위험은 순수 위험과 투기적 위험으로 다시 세분된다. 순수 위험(pure risk)은 최선의 경우에는 손실이 발생하지 않으나 항상 손실의 기회가 존재하고 이득의 기회는 전혀 존재하지 않는 상황을 말한다. 이러한 예로는 화재, 홍수, 지진, 강도 등으로 인한 재산손실이나 사망, 부상, 장애 등의 인적 손실 등을 들 수 있다.

반면 투기적 위험(speculative risk)은 주식투자위험이나 연구개발위험과 같이 손실의 가능성과 이득의 가능성이 동시에 존재하는 위험을 말한다.

순수위험은 최상의 상태가 손해를 입지 않는, 즉 현재의 상태를 유지하는 것에 불과하고, 오히려 손해를 입을 가능성만이 존재하기 때문에 가급적 피하고 싶은 위험이다. 따라서 순수위험은 선호도가 전혀 없는 위험이라 할 수 있다. 또한 순수위험은 개별 주체가 손해를 입으면 이것이 거시적 경제주체에까지 부정적인 영향을 미치게 된다. 따라서 미시적 손해와 거시적 손해가 관련성을 갖는 반면, 투기적 위험은 개별 경제주체의 손해가 거시 경제주체에게까지 영향을 미치지 않는다는 점에서 순수 위험과 차이가 있다.

순수 위험의 대부분은 위험의 속성이 정태적이고 손실의 범위가 한정적인 위험인데, 개인과 기업에게 치명적인 손실을 초래할 수 있다. 이러한 특성 때문에 순수위험은 보험의 대상이 되나. 순수 위험은 일반적으로 인적 위험, 재산 위험, 배상책임위험 등으로 구분된다.

(1) 인적 위험

사람의 생명이나 건강을 해치는 사고로 인해 경제적 손실이 발생하는 위험을 말한다. 대표적인 인적 위험으로는 사망, 장애, 질병 등을 들 수 있다. 생각지 못한 나이에 일찍 사망을 하게 되면 주위 사람들에게 슬픔과 함께 경제적 어려움을 안겨줄 수도 있다. 특히 가정의 소득을 책임지고 있던 가장이 갑작스럽게 사망한다

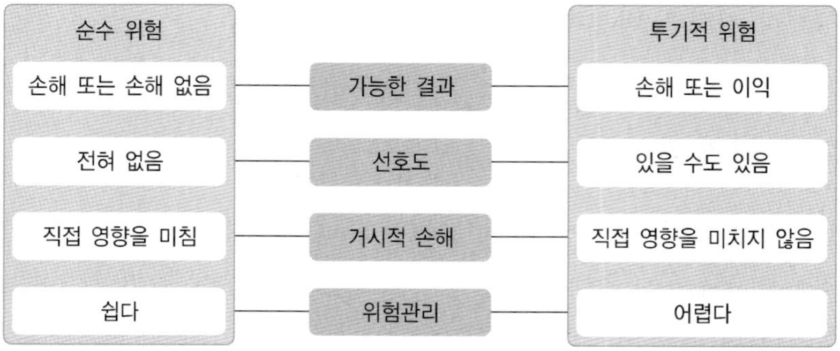

그림 1-3 **순수 위험과 투기적 위험의 차이**

면 남은 가족은 생계에 어려움을 겪게 된다.

갑작스러운 사고로 장애를 입게 되거나 질병에 걸려 장기간 치료를 요하는 경우에도 그 위험은 매우 크다. 사고나 질병은 직장생활을 중단하게 만들어 소득단절을 가져올 수 있고, 아울러 치료비 등 경제적으로도 어려움을 줄 수 있다. 간병을 위해서는 또 다른 가족원의 도움이 필요해질 수 있으므로 다양한 측면의 손해를 야기시키는 위험이라 할 수 있다.

(2) 재산 위험

재산과 관련하여 손해가 일어날 수 있는 위험으로서, 소유하고 있는 물건이나 재산의 손상, 파괴로 인해 손해가 발생하는 위험을 말한다. 구체적으로는 분실, 도난, 화재, 자동차 사고 등이 속한다. 이때 화재로 인해 건물이 파괴되는 것은 직접적으로 발생하는 손실이고, 건물이 파괴되어 영업을 못하여 생기는 경제적 손실은 간접적으로 발생한다.

(3) 배상책임 위험

자신의 생명이나 재산에 손해를 입히는 사고뿐만 아니라 다른 사람에게 손해를 끼치는 위험도 경제적 손실을 가져온다. 배상책임 위험은 다른 사람에게 신체상 또는 재산상의 손해를 입힌 경우, 그 손해에 대해 더해지는 책임으로 경제적 손실의 위험을 말한다. 대표적으로는 자동차사고를 들 수 있다. 자동차 사고가 발생하면 자동차의 파손은 물론 사람도 다칠 수 있기 때문에 사고를 일으킨 당사자뿐만 아니라 피해를 입은 상대방의 피해에 대해 사고를 일으킨 당사자가 그 손해를 배상해 주어야 한다. 이 밖에 실수로 인해 화재가 발생해 다른 사람의 재산이나 생명에 위해를 끼쳤다면 역시 이것도 배상해야 할 책임이 있다.

4) 정태적 위험과 동태적 위험

정태적 위험(static risk)은 시간의 흐름에 따라 성격이나 발생이 변화하지 않는 위험이다. 주로 불규칙적인 활동이나 인간의 실수에 의해 초래되는 손실과 관련된 위험으로 대부분 순수 위험이 이에 해당된다. 반면에 동태적 위험(dynamic risk)은 경제상황의 변화와 관련된 위험, 예를 들면 경기순환의 변동, 소비자 기호의 변화나 기술의 변화 위험 등을 포함한다. 대부분 투기적 위험에 속하며, 정태적 위험에 비하여 영향을 미치는 범위가 광범위하다.

5) 근원적 위험과 특정 위험

손실 원인의 발생범위에 따라 근원적 위험(fundamental risk)과 특정 위험(particular risk)으로 구분해 볼 수 있다. 근원적 위험은 손실의 원인과 발생범위가 개인적 차원이 아니라 사회·경제적, 정치적 측면으로 확대되어 사회 전체 또는 수많은 사람이나 집단에 영향을 준다. 반면에 특정 위험은 손실의 원인이 개인의 생활에 있고, 손실의 발생범위도 집단보다는 개인에게 국한된다. 지진, 홍수 등과 같은 자연재해, 실업, 인플레이션과 같은 사회·경제적인 현상들은 근원적 위험의 예가 될 수 있고, 살고 있던 집에 화재가 발생하거나 개인이 자동차를 도난당하는 등의 사고는 특정위험의 예라 할 수 있다.

이처럼 근원적 위험은 특정인의 잘못이나 실수에 기인하는 것이 아니기 때문에 개인이 통제할 수 없는 차원의 문제들이 원인이 되어 개인보다는 사회가 위험관리의 책임을 지는 경우가 많다. 예를 들면 실업이라는 근원적 위험을 관리하기 위해 우리나라는 고용보험이라는 사회보험제도를 운영하고 있다.

3. 위험관리과정

1) 위험관리의 개념

위험의 가능성이 있다고 생각되면 위험에 대비하려는 노력이 필요하다. 위험관리란 앞으로 어떤 일이 일어날지, 일어나지 않을지는 모르지만 일어날 가능성을 염두에 두고 그 피해를 미리 상정해 본 뒤 그에 대한 대비를 하는 것을 말한다. 구체적으로는 위험이 일어나지 않도록 하거나 위험의 가능성을 줄이려는 노력, 만일

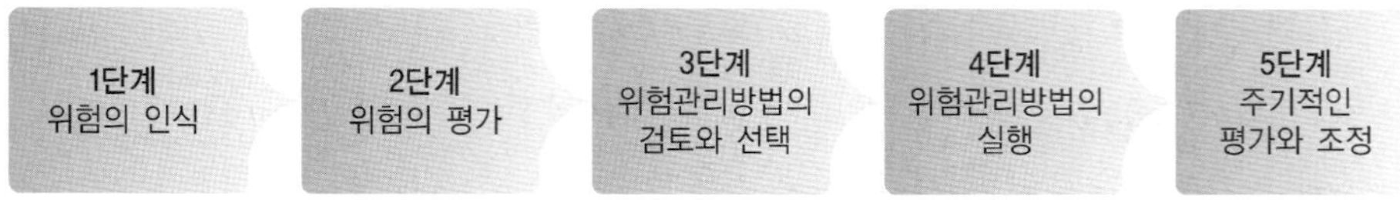

그림 1-4 위험관리의 단계

의 사고가 발생하더라도 손실을 줄이려는 노력 등이 이루어진다. 이러한 노력들을 위험관리라고 한다.

2) 위험관리의 단계와 방법

(1) 1단계 : 위험의 인식

위험은 현재가 아닌 미래에, 그것도 일어날 수도 있고 일어나지 않을 수도 있는 불확실한 것이다. 때문에 위험을 미리 예상하고 대처하는 일은 쉽지 않다. 위험이 존재하고 있다는 것을 미리 생각해 보는 것에서 위험관리는 시작되며, 이것을 위험의 인식단계라 한다.

위험의 인식 단계에서는 발생가능한 위험의 종류와 가능성을 먼저 생각하게 된다.

앞서 공부한 바와 같이 위험은 인적 위험, 재산 위험, 책임배상 위험 등으로 구분해 볼 수 있는데, 사람마다 자신이 처한 상황이 다르기 때문에 자신의 상황을 잘 고려해서 특히 주의해야 할 위험이 무엇인지를 파악해야 한다.

이때 중요하게 고려해야 할 점은 자신의 연령이나 가족구성의 특징, 가족생활주기와 같은 가족 및 자기 자신의 특성을 잘 이해하는 것이다. 자신의 건강상태 및 소득수준, 앞으로의 미래계획 등은 앞으로 발생할 수도 있는 위험과 매우 깊이 관련된다. 자동차를 소유하고 매일 운전을 한다던가, 특히 위험한 레저활동을 즐기는 취미를 가지고 있다면 이로 인한 인적·물적 위험은 증가하게 된다. 가족원의 연령이나 가장의 직업도 앞으로 발생할 수 있는 가장의 실직이나 질병 등의 위험에 대비하는데 중요한 영향요인이 된다. 또한 사람들은 일반적으로 가족생활주기 또는 연령에 따라 비슷한 사건을 경험하게 된다.

보험과 은퇴코너 1-3

중년 남성의 위기: 비만

중년 남성의 비만율이 역대 최고점을 기록하고 있는 2012년 현재 40대 남성 직장인들은 불규칙한 식사, 스트레스로 인한 폭음, 흡연 등으로 점차 뚱뚱해지고 있다. 비만인 사람은 정상체중에 비해 고혈압·당뇨병·고지혈증에 시달릴 확률이 두 배 이상 높기 때문에 비만은 생명을 위협하는 중대한 위험이다.

성인(19세 이상) 남자 비만율
(단위: %)

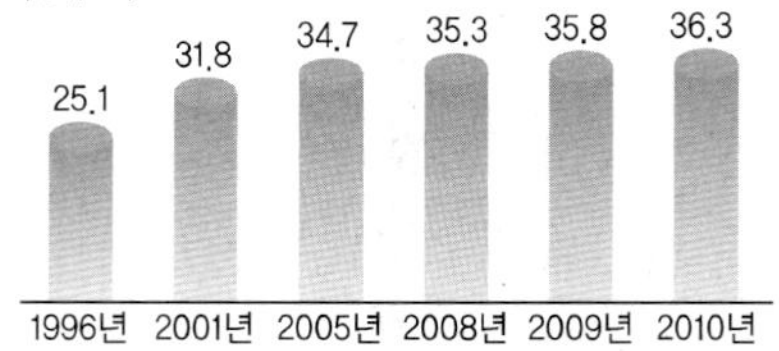

자료: 질병관리본부

보건복지부에 따르면 2010년 19세 이상 남자 성인 비만율은 36.3%로, 특히 30대(42.3%)와 40대(41.2%)에서 가장 높게 나타났다. 의료계는 30세 이상의 비만 성인은 정상체중에 비해 고혈압은 2.5배, 당뇨병은 2배, 고콜레스테롤혈증은 2.3배, 저HDL(고비중리포단백질) 콜레스테롤혈증은 2.2배, 고중성지방혈증은 2.4배 발생 위험이 더 높은 것으로 보고 있다. 당뇨병 유병률도 상승하고 있다. 유병률은 질병이 유발되는 비율을 말한다. 특히 고콜레스테롤혈증은 가파른 증가추세를 보여 지방 위주의 식습관을 국가 차원에서 개선해야 한다는 경고 메시지가 나오고 있다. 비만은 기본적으로 음식 섭취량은 늘고 운동량이 줄면서 발생한다. 야식과 폭음, 과한 업무량, 적은 수면량, 술과 담배 등으로 푸는 스트레스에 대한 부적절한 행동양식 모두 비만율을 높이는 요인이 된다.

출처: 한국경제(2012년 1월 30일자). "중년남성 비만율 위험수위"

예를 들면 20대 중·후반에는 결혼을 하고, 30대에는 자녀를 낳아서 기르게 되며, 40대에는 자녀교육으로 많은 지출이 예상될 뿐만 아니라 성인병 발생의 위험이 증가하는 등 위험이 커지게 된다. 또한 노후를 위한 경제적 준비도 서둘러야 하는 나이이다. 50대부터는 노화로 인한 경제적 지출이 증가하고 실제 사고나 질병의 위험이 증가한다. 이와 같은 생활주기의 특성을 잘 이해하고 이에 맞추어 미리미리 대비한다면 위험관리는 훨씬 수월해질 수 있다.

(2) 2단계 : 위험의 평가

위험이 인지되었으면 그 다음으로는 위험한 일이 얼마나 자주 일어나며 그로 인해 어떤 손실이 일어날지를 평가해야 한다. 즉, 손해빈도와 손해강도를 가늠해보고 이러한 손해발생의 가능성을 고려해 대략적인 비용을 계산해 보는 것이 필요하다.

먼저 위험을 분류한 후 분류된 각 위험의 평가를 하는데, 여기에는 우선순위의 문제가 따른다. 일반적으로 손실의 심각성(재무적 영향)에 따라 치명적, 중요한, 일반적인 위험으로 나눈다.

(3) 3단계 : 위험관리방법의 검토와 선택

예상되는 위험의 종류와 규모가 평가되었으면 다음으로는 위험을 관리할 방법을 검토하고 선택해야 한다. 위험은 사전에 미리 대비하고 제거할 수 있으면 좋지만 그러기 위해서는 비용이 발생하므로 완벽하게 위험을 제거하는 것은 현실적으로 불가능할 뿐만 아니라 경제적으로도 효율적이지 못하다.

그러므로 앞에서 배운 손해빈도와 손해규모를 고려해 적절한 위험관리방법을 선택하도록 한다.

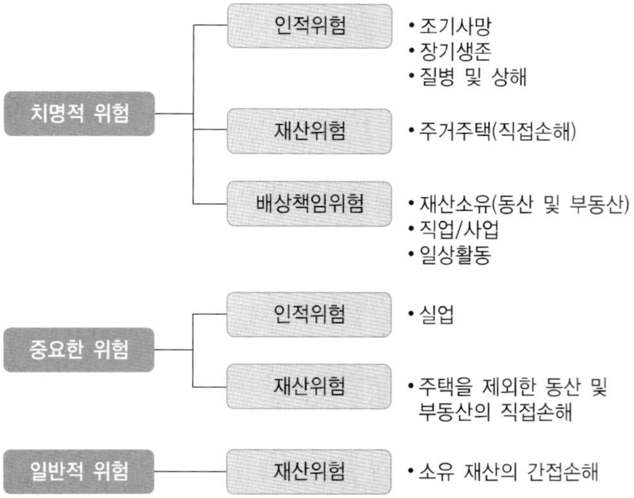

그림 1-5 위험의 종류

표 1-1 손해빈도와 손해규모에 따른 위험관리방법

구 분		손해규모	
		큼	작 음
손해빈도	높 음	위험회피	손실통제방법 · 위험이전
	낮 음	위험이전	위험보유

• 위험회피(risk avoidance)

위험을 발생시킬 가능성이 있는 행동을 전혀 하지 않거나 위험발생 가능성이 있는 물건을 갖지 않는 방법을 위험회피(risk avoidance)라고 한다. 극단적인 예를 들면 주택에 화재발생을 염려하여 일상생활에 필요한 전기기구, 취사도구 등을 아예 사용하지 않는 것이다. 또한 전기요를 사용하는 것이 화재발생의 위험이 있다고 판단되면 전기요를 구입하지 않고 사용도 하지 않는 것이다. 음주운전사고를 피하기 위해 음주를 했을 경우에는 운전을 하지 않는 방법도 대표적인 위험회피방법이라 할 수 있다.

이와 같이 손해빈도와 손해규모가 모두 커서 치명적인 위험이 예상된다면 가급적 위험발생의 원인을 사전에 차단하고 회피하는 것이 현명하다. 그러나 현실 생활에서 나타나는 위험들 중 회피가 가능한 것은 매우 적기 때문에 위험 회피는 위험에 대한 소극적인 대응방식이라 볼 수 있다.

• 위험보유(risk retention)

개인에게 발생할 수 있는 손실을 스스로 부담하는 것을 위험보유라고 한다. 위험 보유에는 두 가지 유형이 있는데, 스스로 위험을 가지고 있다는 것을 몰라서 위험을 감수하게 되는 경우를 수동적 보유(passive risk retention)라 하고, 위험을 인지하고 있지만 의도적으로 위험의 일부나 전부를 감수하는 것을 적극적 보유(active risk retention)라고 한다. 위험을 제거하거나 통제하기 위해서는 어느 정도 비용이 소요된다. 만약에 위험 자체가 그다지 치명적이지 않고 발생할 가능성이 매우 낮다면 위험을 그냥 감수하는 것도 하나의 위험관리방법이 될 수 있다. 예를 들어 가격이 그다지 비싸지 않고 도난의 위험도 높지 않은 물건을 잃어버릴까봐 전전긍긍하거나 잃어버렸을 때를 대비해 보험에 들지는 않는 방법을 들 수 있다. 그러한 방법은 가령 물건을 잃어버린다 하더라도 그 정도의 손실은 크게 지장을 주지 않기 때문이다.

• 위험이전(risk transfer)

위험이전은 위험으로 인해 발생한 경제적 손실의 일부 또는 전부를 다른 사람이 대신 배상해 줄 수 있도록 하는 방법이다. 대표적인 위험이전방법으로는 보험을 들 수 있다.

보험은 동일한 위험을 인지하는 사람들이 사전에 조금씩 돈을 내어 기금을 마련해 두었다가 실제 위험이 발생하여 손실을 입은 사람에게 그 기금의 돈으로 보상을 해주는 경제제도로서 소액의 비용으로 큰 위험비용을 다른 사람에게 이전시키는 대표적인 방법이다.

손해빈도는 낮지만 한 번 손해가 발생하면 그 규모가 큰 위험의 경우에는 발생가능성이 적기 때문에 지속적으로 주의를 기울이기가 어렵고, 만약에 실제 손해가 발생하게 되면 손해액이 커서 개인이 감당하기 어려울 수 있다. 사망이나 자동차 사고, 화재 등은 발생할 확률은 낮지만 일단 발생할 경우 손실규모가 매우 커서 그 손해를 개인이 감수하기보다는 제3자인 보험사에 이전하는 것이 보다 효과적이다.

• 손실통제(loss control)

손실통제방법이란 위험을 완전히 제거하지는 못하더라도 최대한 위험이 일어날 가능성을 줄이기 위해 노력하는 것을 말한다. 구체적으로는 손실이 발생하지 않도록 예방하는 '손실방지'와, 손실을 최소화하고자 노력하는 '손실최소화'를 포함한다. 평소에 가스밸브를 잘 확인하고 사용하지 않을 때에는 밸브를 잠가둠으로써 가스누출사고로 인한 손실을 어느 정도는 예방할 수 있다. 집안에 소화기를 비치해 두었다면 만약에 화재가 발생하더라도 조기에 진압을 하거나 손실규모를 줄이는 데 도움이 될 수 있다.

(4) 4단계 : 위험관리방법의 실행

위험을 인지하고 위험의 크기와 발생가능한 종류를 평가한 뒤 위험관리방법까지 생각하고 있다 하더라도 이를 실행에 옮기지 않으면 아무런 의미가 없다. 평가와 검토를 거쳐 선택한 위험관리방법을 실제 행동으로 옮기는 것을 위험관리방법의 실행이라 한다. 위험한 행동을 하지 않거나 자동차를 타면 안전벨트를 꼭 매고, 집 안에 소화기를 마련해 두는 등의 작은 행동들도 모두 위험관리의 실행이라 할 수 있다. 이 밖에 보험에 가입해 위험을 이전할 수 있도록 하는 것도 효과적인 위험관리의 실행행동이다.

(5) 5단계 : 주기적인 평가와 조정

개인과 가족이 처한 상황에 따라 직면하는 위험의 종류와 크기도 다양했던 것처럼 개인의 상황이 변화하면 위험도 따라서 변화하게 된다. 어떤 경우에는 자연스럽게 위험이 소멸되기도 하고, 어떤 경우에는 전에 없던 위험이 새롭게 생겨나기도 한다. 따라서 현재 자신이 어떤 위험상황에 있는지를 주기적으로 평가하여 새롭게 위험을 인지하려는 노력이 필요하다. 만약에 중대한 위험이 인지되었다면 기존의 위험관리방법을 조정하여 효과적으로 변화된 위험에 대처해야 한다.

2장

보험의 기본원리와 분류

보험은 대표적인 위험관리방법이다. 예상되는 위험으로 발생할 수 있는 손실을 보험회사로 이전하고, 그 대가로 보험료를 지불하는 것이다. 본 장에서는 보험의 개념과 성립요건 및 보험의 기본 원리에 대해 학습하고, 보험이 주는 효용과 비용에 대해 살펴본다. 도한 크게 보험자 유형과 보험사고 대상에 따라 보험의 종류를 구분해 본다.

1. 보험의 개념과 성립요건

1) 개 념

보험은 사망, 장애, 질병, 화재, 자동차 사고와 같이 손해규모나 손해빈도가 높은 위험으로 인해 발생할 수 있는 손실을 저렴한 비용으로 보험회사에 이전하는 위험관리방법이다. 누구에게나 공통적으로 일어날 수 있는 위험에 대하여 여러 사람들이 하나의 위험집단을 구성하여 각자 보험료를 내서 준비금을 마련한 다음, 구성원 중의 일부가 우연하고도 급격한 사고로 손해를 입은 경우 보험금을 주어 이를 보상해 준다.

보험은 동질적인 위험의 결합을 통해서 실제손실(actual loss)을 평균손실(average loss)로 대체하는 제도라 할 수 있다. 많은 보험가입자들이 소액의 보험료를 내면 거액의 기금이 마련되어, 소수의 사람들이 사고를 당했을 때 손실을 보상해 줄 수 있다. 즉, '위험결합' 을 통해 거액의 실제 손실을 수많은 사람이 나누어 부담하기 때문에, 손실을 입은 사람은 실제 손실액을 보험에 가입한 수많은 사람들이 나누는 금액(평균손실)으로 대체하는 효과를 갖는 것이다.

보험회사는 평소 보험 계약자로부터 일정액의 현금을 보험료로 받아 두었다가, 피보험자가 사고를 당하거나 병에 걸리는 등 미리 정한 사고가 발생하면 그때 필요한 목돈을 내주기로 하는 보험 계약을 상품으로 만들어 판매한다. 계약자는 일정 기간 동안 보험료를 내다가 질병, 사고 등 계약상 목돈이 필요한 경우가 발생하면 자신이 수익자로 지정한 사람 앞으로 보험금을 받는다.

보험회사는 보상에 드는 예상총급여액에 관리비용과 이윤을 포함시킨 금액으로 보험료액을 책정하여 보험을 유지관리할 뿐만 아니라 적정한 수익을 얻게 된다.

2) 성립요건

기본적으로 보험의 대상이 되는 위험은 순수위험으로 한정한다. 그러나 순수위험이라해서 모두 보험을 들 수 있는 것은 아니다. 소비자들은 보험으로 위험을 이전하고 싶지만 보험사에서는 받고 싶지 않은 위험들이 있을 수 있고, 현실적으로 보험회사로서도 불가항력적인 위험이 존재하기 때문에 보험의 대상이 되기 위해서는 다음의 요건들이 갖추어져야 한다.

(1) 대수의 법칙을 적용할 수 있는 많은 수의 동질적 위험 존재

다수의 동질적인 위험이 존재할 때 보험사는 위험으로 인한 손실의 발생횟수와 그 규모를 정확하게 측정할 수 있다. 다수의 위험을 강조하는 것은 측정대상과 측정횟수가 많을수록 손실예측의 정확도가 실제의 손실규모와 횟수에 근접한다는 대수의 법칙을 적용하여 보험료를 산출할 수 있기 때문이다. 최소 몇 개(명)의 측정대상을 가지고 몇 번의 측정을 해야 실제 손실규모에 근접한 예측(보험료) 평가는 위험의 종류에 따라 달라진다.

다수의 위험이 존재해야 하는 것에 더하여 위험의 성격이 동질적이어야 하는데, 이는 공평한 보험료를 부과하기 위해서이다. 예를 들면, 동일한 소형 승용차 운전자 두 사람이 있다고 가정하자. 한 사람은 그 차를 이용하여 대전에서 서울까지 매일 출퇴근을 하고, 다른 한 사람은 일주일에 한 번 동네 할인매장에서 장을 보는 경우에만 그 차를 이용한다. 이때 두 사람은 교통사고에 대한 동질적인 위험을 가졌다고 볼 수 없으며, 두 사람에게 동일한 보험료를 책정한다면 그것은 불합리한 일이다.

(2) 확정적이고 측정가능한 손실

보험의 대상이 되는 손실은 발생원인, 시기, 장소, 금액의 측정이 가능하고 명확해야 한다. 이러한 점들이 불명확하고 측정이 불가능하다면 보험료 산출이 어렵고 보험에 필요한 자료를 객관적으로 처리할 수 없어 보험의 대상이 되기 어렵다.

(3) 우연발생적인 위험

보험의 대상이 되기 위해서는 그 위험의 발생이 우연발생적이어서 사고예측이 불확실해야 한다. 반드시 일어나는 사고라면 보험의 대상이 될 수 없다. 예를 들어 화재사고는 발생 여부가 불확실하여 언제 일어날지 모르기 때문에 보험의 대상이 될 수 있다. 사망의 경우, 모든 사람이 언젠가는 죽는다는 사실은 명백하지만, 언제 죽을지 모르기 때문에 보험의 대상이 된다. 그러나 고의로 가해지는 위험은 우연적 위험의 발생이라 할 수 없기 때문에 보험의 대상이 되지 않는다. 즉, 개인의 고의성, 통제, 조작과 무관한 위험만이 보험의 대상이 될 수 있다.

(4) 비재난적 성격의 손실

대량실업, 태풍, 홍수, 전쟁 등과 같은 재난으로 인한 손실은 그 규모나 심각성이 개별 보험회사가 감당할 수 있는 수준을 넘어서는 경우가 많다. 이러한 손실을 민영보험으로 처리하는 경우 보험회사는 지급불능, 하산의 위기에 이를 수 있으므로 보험의 대상에서 제외한다. 그러나 최근 심각해져가는 자연재난의 피해로부터 보호의 필요성이 대두되면서 2006년 재난보험의 일종인 풍수해보험을 도입, 정부가 지원에 나서고 있다. 보험회사는 재난보험의 위험에 대비하기 위하여 재보험(reinsurance), 위험의 분산과 같은 방법 등을 사용한다.

보험과 은퇴코너 2-1

풍수해보험

잦은 기상이변으로 인한 풍수해로부터 주민의 재산피해를 보상하기 위한 풍수해보험에 대한 주민설명회가 개최된다. 가평군은 대설·강풍·호우 등 풍수해로 인한 군민의 재산피해를 보상함으로써 재기의 발판을 마련함은 물론 선진국형 재난관리체제를 정착하고자 오는 20일까지 영농기술교육에서 풍수해보험 제도 관련 주민설명회를 갖는다고 밝혔다.

16일 군에 따르면 풍수해보험은 전체 보험료의 55~87%를 정부에서 지원하고 개인은 13~45%만 부담하는 정책보험으로 피해를 입은 경우 적은 비용으로 실질적 복구비를 확보할 수 있다는 큰 장점이 있다.

가입 대상은 주택(동산 포함), 온실, 축사 등이며 재해에 따라 개별과 단체로 계약할 수 있다. 피해보상은 상품별로 주택은 50~90%, 온실은 70~90%까지 복구비가 지급된다.

군은 올해 농촌주택 및 온실 등 2,400세대 가입을 목표로 읍·면사무소, 마을회관 등을 방문, 가입을 적극 권장함으로써 풍수해에 대한 복구능력을 높여나가기로 했다. 지난 2006년부터 도입된 풍수해보험은 꾸준히 증가해 지난해에는 2301세대가 가입했다. 그러나 전체가입 대상의 15% 정도에 머무르고 있어 적극적인 홍보활동을 통한 가입권장으로 풍수해에 대한 실질보상을 높여나간다는 계획이다. 군 관계자는 "자연재해로부터 안정된 영농생활을 영위할 수 있도록 풍수해보험 가입권장은 물론 풍수해대책에 만전을 기해 나가겠다."고 말했다.

출처: 경기매일(2012년 1월 16일자).
"재해로부터 보호막 '확대'; 가평, 풍수해보험 제도 관련 주민설명회 개최"

2. 보험의 기본 원리

1) 상부상조의 정신

보험은 많은 사람들이 언제 일어날지 모르는 각종 사고에 대비해 서로 적은 금액을 예치하여 공동으로 재산을 마련해 두고, 그 구성원 가운데 불의의 사고를 당한 사람에게 미리 정해진 금액을 지급함으로써 서로 돕는 상부상조의 정신을 합리적인 방법으로 제도화한 것으로서, 경제적 이익을 도모하거나 투자행위를 통해 이익을 증대시키려는 목적이 아닌 상부상조의 정신을 기초로 한다.

2) 대수의 법칙

보험은 보험사고 발생에 대비한 공평한 위험부담을 위해 대수의 법칙(the law of large numbers)을 기초로 작성한 생명표와 사망률에 따라 합리적인 보험료를 산출한다.

대수의 법칙이란 독립적으로 발생하는 어떤 사건에 대하여 그 관찰대상과 관찰횟수를 늘리면 늘릴수록 어떤 사건의 발생확률의 실제결과가 예측결과에 점점 가까워지는 현상을 말한다. 즉, 측정대상의 숫자, 측정횟수가 많아질수록 예상치와 실제관측치가 가까워진다는 원칙이다. 보험자가 예상되는 손해를 정확하게 계산하기 위해서는 개별위험(또는 모집단)의 숫자가 충분히 커야 한다는 것, 즉 대수(large numbers)가 되어야 한다는 것이다.

예를 들면 주사위를 한 번 던졌을 때 어떤 숫자가 나올지를 정확하게 예측하는 것은 어렵다. 그러나 주사위를 던지는 횟수가 많아지면 주사위 각 면이 나오는 횟수가 점점 비슷해지게 된다. 주사위를 무수히 많은 횟수로 던진다면 각 면의 숫자가 나오는 비율은 던진 횟수의 1/6에 가까워진다. 이처럼 일상생활에 존재하는 위험들 중에 어떤 특정한 위험이 누구에게 발생할지에 대하여 알 수는 없지만, 일정기간 동안 여러 사람을 대상으로 특정 위험의 발생 여부를 관찰한다면 일정한 발생률을 구할 수 있는 경우도 있다. 예를 들면 교통사고 사망률, 영아 사망률 등은 일정기간 동안 다수의 사람들을 대상으로 관찰한 결과를 바탕으로 미래의 발생확률을 예측한 것이다. 개개인에게는 매우 우연적으로 발생한 사건이지만, 다수의 사람을 대상으로 일정기간 동안 관찰을 하면 통계적 법칙을 발견할 수 있고, 이것을 대수의 법칙이라고 한다.

3) 수지상등의 원칙

대수의 법칙을 이용하여 특정한 사고의 발생확률을 파악하고 그것을 기초로 보험료를 산출한다. 수지상등의 원칙(principle of equivalence)은 개별 보험계약자에게 부과 징수한 보험료의 총액과 특정사고 발생 시 지급하는 보험금의 총액이 균등해야 한다는 법칙이다. 이러한 원리는 개별 보험계약자와 보험자 간의 수지는 불균형하더라도 집단 전체를 놓고 보면 전체 수지는 균형을 이루어야 함을 의미한다.

4) 급부·반대급부 균등의 원칙

급부·반대급부 균등의 원칙은 보험계약자가 지불하는 보험료는 개별 계약자에게 보험사고 발생 시 받을 수 있는 보험금과 수학적 기대치인 사고발생의 확률(사고율)을 곱한 적정수준으로 책정한다는 원칙이다. 이 원칙은 개별 보험계약자의 보험료를 책정하는 원리이며 사고 확률이 낮은 계약자가 낮은 보험료를 부담하는 보험료의 공평성을 설명하는 것이다.

3. 보험의 효용과 비용

위험을 관리하는 수단으로 보험을 활용하게 되면 보험은 개인이나 기업에 여러 가지 측면에서 긍정적인 영향을 미친다. 또한 건전한 보험제도는 국가사회에 긍정적인 요인으로 작용한다. 이러한 보험의 긍정적인 영향을 보험의 효용이라고 한다. 반면에 보험으로 인한 부정적 영향도 나타날 수 있는데, 이를 보험의 비용이라고 한다.

1) 보험의 효용

(1) 개인생활의 안정

갑작스럽게 닥친 위험은 개인의 경제적 안정을 해칠 수 있다. 예를 들어 개인이 소유하고 있는 주택에 화재가 발생한 경우, 손해를 복구하기 위해 막대한 자금이 필요하게 된다. 그러나 개인이 주택복구자금과 같은 막대한 자금을 항상 보유하고 있는 것은 현실적으로 매우 어려운 일이므로 화재가 발생하면 개인과 가족의 경제적 안정은 깨질 수밖에 없다. 그러나 만약 화재보험에 가입을 했다면 보험자로부터 보험금을 받을 수 있기 때문에 손해복구자금을 조달하는 데 문제가 되지 않을 것이다. 이와 같이 보험은 개인의 경제적 안정을 제공한다는 점에서 중요한 효용을 갖는다.

또한 보험은 개인의 소득을 향상시키는 역할도 한다. 위험이 현실화되어 발생할 수 있는 손해를 신속하게 복구하려면 손해복구자금을 현금이나 예금과 같은 유동성 자산의 형태로 보유해야 한다. 그러나 보험에 가입할 경우에는 별도의 손해복구자금이 필요하지 않으므로 유동성은 다소 떨어지지만 수익률이 높은 자산에 여유자금을 투자할 수 있고 이는 소득증가로 연결될 수 있다.

마지막으로 보험은 개인의 신용도를 제고시키는 기능을 한다. 예를 들어 주택을 담보로 자동차 할부구매를 하려고 할 때 주택에 화재보험이 가입되어 있으면 신용도가 높아져서 금융기관으로부터 자금을 조달할 때 금융비용이 줄어들 수 있다.

(2) 기업경영의 안정

기업은 다양한 위험에 직면하고 있으며 이러한 위험들이 현실화되어 손해가 발생하면 기업의 경영안정을 해칠 수 있다. 예를 들어 크루즈 여행상품을 판매하는 여행사가 크루즈 선박이 침몰되는 사고를 당한다면, 선박의 손실뿐만 아니라 사고로 인해 원유 유출 등 2차 피해가 예상되고, 사망 또는 상해를 입은 여행객에 대한 손해배상 책임, 오염된 바다의 정화비용 등 엄청난 액수의 비용이 발생하게 될 것이다. 이러한 손해를 복구하기 위해서는 막대한 자금이 필요한데 이 정도의 자금을 기업에서 늘 준비하고 있는다는 것은 거의 불가능하다. 따라서 만약 이와 같은 사고가 발생한다면 기업활동이 중지되거나 심하게는 기업이 도산할 수도 있다. 그러나 이러한 사고는 발생할 가능성이 상대적으로 적기 때문에 보험을 통해 위험을 이전시킨다면 실제 사고가 발생했을 때에도 보험자로부터 보험금을 받을 수 있기 때문에 손해복구자금을 조달하는 데 어려움을 겪지 않아 결과적으로 경영활동이 안정될 수 있다.

이 밖에도 기업이 보험에 가입을 하고 있다면 평소에도 위험으로부터 심리적 안정을 얻을 수 있고, 이는 생산성을 높이는 데 기여할 수 있다. 보험에 가입한다면 막대한 손해복구자금을 현금이나 예금 등 유동성 자산으로 보유하고 있을 필요가 없어지므로 이를 새로운 사업에 투자할 수 있어서 기업의 자금흐름이 보다 효율적으로 이루어질 수 있다.

마지막으로 기업도 개인과 마찬가지로 보험가입을 통해 기업의 신용도가 올라가서 금융기관으로부터 자금을 조달할 때 금융비용을 낮춰줄 수 있다.

(3) 사회적 소득재분배와 위험감소

보험은 사회·경제적 측면에서 볼 때 소득을 재분배하는 역할을 수행한다. 예를 들어 불특정 다수의 보험계약자가 사망보험에 가입했다고 가정해 보자. 모든 보험계약자들이 소액의 보험료를 납입하고, 그 중 사망하는 사람의 유족에게 보험자는 납입된 보험료를 재원으로 하여 보험금을 지급하게 된다. 이는 사망으로 소득을 영구적으로 상실하게 된 가장의 유가족이라는 경제적 약자에게 사망하지 않은 다수의 경제적 강자들의 소득이 재분배되는 과정이라 할 수 있다.

이 밖에 보험제도는 경제 전반의 위험을 감소시키는 역할을 한다. 예를 들어 기업에 막대한 손해가 발생하면 해당 기업과 거래를 하는 개인이나 다른 기업도 영향을 받는다. 개인이 혼자 복구하기 힘든 손해를 입고 그것을 극복하지 못해 정상적인 생활을 유지하지 못한다면 이것은 사회안정에도 부정적인 영향을 미친다. 그러나 보험이 있음으로 인해 기업이나 개인이 경영과 생활에 안정을 얻게 되면 나아가 사회 전반의 안정을 가져오게 된다.

이밖에 보험자는 손해가 발생하면 보험금을 지급해야 하기 때문에 다양한 캠페인 활동을 통해 가급적 손해빈도나 손해강도를 낮추려고 노력하게 된다. 예를 들면 교통사고방지 캠페인, 금연운동 등 다양한 손해방지프로그램을 적극적으로 시행하고, 보험에 가입한 개인들이 이러한 프로그램에 적극 참여하게 되면 실제 손해발생률이나 손실의 규모가 감소하여 사회 전반에서 위험이 감소되는 효과를 낳게 된다.

2) 보험의 비용

(1) 도덕적 해이

우리 생활에서 정보는 완전하기 보다는 완전하지 않은 경우가 많다. 경제행위의 두 당사자 중에서 한쪽은 객관적 사실에 대한 정보가 있고, 다른 한쪽은 이에 대한 정보가 없는 경우가 있는데 이를 비대칭 정보(asymmetric information)이라고 한다. 한 당사자가 다른 당사자의 감추어진 행동을 알 수 없을 때 도덕적 해이(moral hazard)가 발생하는데, 도덕적 해이란 이해당사자들이 상대를 배려하지 않고 자신의 책임을 다하지 않는 행태를 말한다.

도덕적 해이는 미국에서 보험가입자들의 비도덕적 행위를 지칭하는 용어로 사용되기 시작하였다. 당시 미국 보험업계는 가입자들이 보험약관을 악용하거나 혹은 사고방지에 무의식적으로 태만하여 보험사고의 발생빈도가 높아짐을 발견하게 되었다. 실제 보험계약자의 측면에서 발생하는 가장 심각한 보험비용은 보험사기이다. 보험금을 받기 위해 고의로 살인, 방화, 위증, 허위신고와 같은 범죄를 저지르거나 고지의무를 위반하는 경우가 보험사기에 해당한다. 보험사기의 경우에는 보험금을 지급하지 않아야 하지만 보험사로서는 발생한 사고에 대한 정보가 부족하여 그 진위를 가리기가 쉽지 않다. 보험사기는 손해발생을 조장하여 손해를 증가시킬 뿐만 아니라 보험사로 하여금 보험사기를 사전에 방지하거나 사후에 이를 조사하기 위해 불필요한 비용을 지출하게 만듦으로써 결과적으로 보험비용을 증가시킨다.

보험사기는 아니지만 보험금을 더 많이 받기 위해 손해를 과장하는 것도 도덕적 해이로 인한 보험비용의 한 예라 할 수 있다. 예를 들어 가벼운 자동차 접촉사고에도 불구하고 실제 신체적 손상보다 과장하여 치료를 받거나 치료에 필요한 기간보다 오래 입원하여 보험금을 더 많이 받아내는 등의 과잉청구행위는 보험자에게 불필요한 비용을 지출하게 함으로써 궁극적으로 보험료를 인상시키는 결과를 가져온다. 이 밖에 보험에 가입하고 나면 사고가 발생하더라도 보험사로부터 보험금을 받아 손해를 복구할 수 있으므로 보험계약자들은 보험 가입 전에 비해 스스로 위험으로부터 자신을 보호하려는 노력을 게을리 하게 되는데, 이로 인해 실제 손해 발생빈도가 높아질 수 있다. 이 또한 보험사로서는 보험금 지급빈도가 증가하면서 차후 보험상품 설계 시 보험료의 인상을 가져오는 요인이 된다.

이와 같이 보험가입자의 도덕적 해이는 보험제도가 갖는 긍정적 기능을 악용해 자신의 이익을 취함으로써 결과적으로 보험료가 인상되게 만들고 이로 인해 순수한 다른 보험가입자에게 그 비용을 전가하게 하는 비윤리적 행위라 할 수 있다.

예금보호제도와 보험사의 도덕적 해이

보험과 윤리코너 2-2

예금보험기구는 금융회사가 부실 등으로 예금의 원금이나 이자를 지급할 수 없게 될 때 해당 금융사를 대신해 예금주에게 원금과 이자의 전부 또는 일부를 지급한다. 이렇게 예금의 원리금을 보장해 줌으로써 금융회사에 대한 막연한 불안심리나 부정확한 정보로 예금 인출사태(뱅크 런)가 일어나 금융시스템이 연쇄적으로 무너지는 것을 사전에 방지하는 역할을 한다.

우리나라에서는 1980년대까지만 해도 은행권의 경우 한국은행의 긴급 대출에 의존할 수 있어 별도의 예금보험제도를 가지고 있지 않았다. 반면 은행에 비해 상대적으로 사고가 잦았던 비은행권은 1970년대부터 잇따라 기금을 설립하는 등 고객 신뢰를 높이기 위해 유사한 제도를 운용해왔다.

1989년 4월에는 보험회사를 대상으로 보증보험기금이 설립됐으며, 1998년 4월 증권, 보험 등 관련 기금이 예금보험공사로 통합되었고 이에 따라 우리나라의 예금보험제도는 예금보험공사에 집중되었다.

예금자보호제도에 의하여 보험계약은 1인당 5,000만 원까지 보호를 받는다. 그러나 이러한 보호제도로 인해 보험사들이 도덕적 해이에 빠지게 될 가능성도 발생한다. 보험기금을 효율적으로 투자·관리하지 않아 심각한 기금의 손실이 발생하더라도 고객(보험가입자)의 피해는 예금보험공사의 기금으로 보상받을 수 있기 때문이다. 이러한 보험사의 도덕적 해이는 결과적으로 보험사의 부실을 가져올 수 있다.

출처: 한국경제(2011년 3월 1일자), "예금자보호제도 가이드"

(2) 역선택

역선택(adverse selection)도 도덕적 해이와 같이 정보비대칭 때문에 자원배분이 비효율적으로 되는 현상이다. 그러나 도덕적 해이는 감추어진 행동(hidden action) 때문에 일어나지만 역선택은 감추어진 유형(hidden type) 또는 감추어진 특성(hidden characteristics) 때문에 일어난다는 점에서 차이가 있다. 보험에서의 역선택이란 소비자가 임의로 보험에 가입할 수 있을 경우에 보험에 가입하는 사람들은 평균적으로 사고가능성이 높은 사람들이라는 것이다. 즉, 보험사고가 발생할

보험과 은퇴코너 2-3

美·佛의 차등 예금보험료제와 모럴 해저드 방지

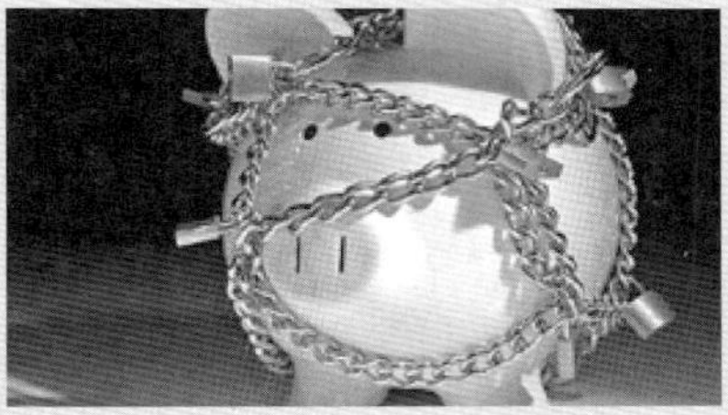

미국의 예금보험공사격인 연방예금보험공사(FDIC)는 1930년대 대공황으로 인한 은행시스템 붕괴를 계기로 예금자 보호와 금융시스템 안정을 위해 1933년 은행을 대상으로 한 예금보험기구로 출범했다.

이후 1980년대 중반 연방저축대부조합예금보험공사(FSLIC)가 지급 불능에 빠지자 1989년 금융기관개혁법(FIRREA)에 의해 저축은행 및 상호금융회사의 예금보험도 관할하게 됐다. FDIC는 현재 연방준비제도에 가입되지 않은 지역은행과 지역 저축은행 등에 대한 일반적인 감독권한을 행사하고 있다.

보호 대상 금융사는 은행 6,676곳, 저축기관 1,154곳, 외국계은행 미국지점 10곳 등을 포함해 총 7,840곳에 달한다. 보호 한도는 1인당 원리금 포함, 25만 달러다. 프랑스에서는 예금보험기금(FGB)이라는 독립적인 민간기구에서 예금보험 기능을 맡고 있다.

1999년 설립된 이 기금은 기금관리위원회가 운영을 맡고 있다. 예금기관 및 투자회사에 예치된 예금, 증권상품 등에 대한 보호를 받는다. 보호 한도는 1인당 7만 유로이다.

이 밖에 영국, 일본, 중국, 대만, 인도, 호주 등 세계 주요 국가 역시 예금보호 기능을 수행하는 조직을 갖추고 관련 업무를 수행하고 있다.

미국, 프랑스, 이탈리아, 캐나다 등 32개국은 금융회사별 위험에 따라 보험료를 달리하는 차등예금보험료제도를 도입해 모럴 해저드를 방지하고 있다. 미국의 경우 보험료율은 금융사를 위험에 따라 4등급으로 나눠 1등급은 0.12~0.16%, 2등급 0.22%, 3등급 0.32%, 4등급은 0.45% 등이다.

출처: 한국경제(2012년 2월 2일자). "예금보험제도, 도덕적 해이와 역선택의 문제 없나"

가능성이 높은 사람들이 그 위험을 미리 인지하고 보험에 많이 가입한다는 것이다. 보험사 측면에서는 보험사고 발생가능성이 낮은 고객을 확보할수록 이익이 더 발생하거나 보험회사 경영이 더 안정적으로 이루어질 수 있다. 이와 같이 보험회사는 우량의 피보험자를 택하려 하지만 역으로 비우량의 사람들이 더 많이 보험에 가입하려 하는 것을 역선택이라 한다. 보험회사에서는 이를 막기 위해 소비자가 제출한 청약서의 인수심의(underwriting)를 거쳐 수락 혹은 거절하게 된다.

4. 보험의 분류

보험의 종류는 분류기준에 따라 다양하게 나뉘어진다. 일반적으로 보험자 유형과 보험사고의 대상에 따라 보험의 종류를 분류한다.

1) 보험자 유형에 따른 분류

보험자인 보험사업 경영주체의 유형에 따라 보험은 민영보험과 공영(사회)보험으로 분류할 수 있다.

(1) 민영보험

민영보험에는 영리를 목적으로 하는 개인기업조직과 주식회사조직, 그리고 비영리가 목적인 상호회사조직과 협동조합조직 등의 네 가지가 있다. 주식회사 체제의 보험주식회사는 상호회사로서, 「상법」상의 회사에 관한 모든 규정 외에 특별법인 「보험업법」의 적용도 받는 것이 그 특징이다. 상호회사는 「상법」 조직에 관한 규정이 없으므로 「보험업법」에 준거하여 설립되는 형식상 비영리법인이며, 주주가 없고 잉여금은 종국적으로 보험가입자인 사원에게 분배된다. 경영면에 있어서는 상호회사도 주식회사와 비슷하지만 보험경영자와 보험가입자 간에 동일성을 가지고 있는 것이 특색이다. 상호회사에는 자본금이 없는 반면, 창업비와 창업 후 일정 기간의 사업위험을 담보하는 목적으로 기금을 납입하게 된다. 그러나 이 기금은 사업이 순조롭게 진전하

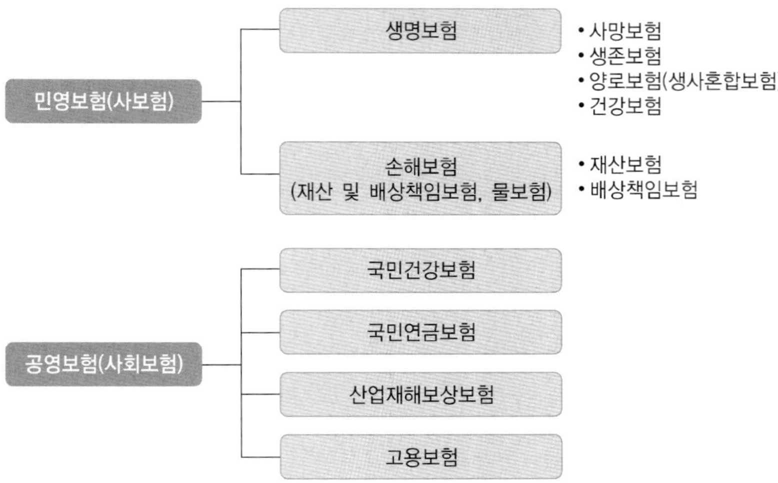

그림 2-1 **보험의 종류**

여 잉여금이 생기게 되면 상각하므로 사실상 일시 차입금의 성격을 가지는 것으로서 주식회사와 비슷하지만 보험경영자와 보험가입자 간에 동일성을 가지고 있는 것이 특색이다. 그러므로 위험의 크기에 따라서 유동성이 높은 손해보험에는 주식회사 형태가, 생명보험에는 안전성이 높은 상호회사 형태가 적합하다.

(2) 공영(사회)보험

공영보험 조직은 국가나 지방공공단체 또는 기타 공법인에 의하여 경영되는 보험을 말하는데, 법률로써 그 조직을 구성하고 국가 스스로가 보험자가 되어 국가기관을 통하여 직접 보험사업을 경영하는 직접 국가보험과, 국가가 직접 보험사업을 경영하지 않고 간접적으로 보험의 전반적인 조직과 제도를 법률·명령으로서 규정하고, 그 경영은 특정한 기관에서 경영하는 국영보험의 두 가지 형태로 볼 수 있다. 이와 같이 공영보험사업의 손익은 경영주체인 국가·지방공공단체 또는 공법인에 귀속되지만, 이 경우 손익의 귀속이 완전히 이루어질 때와 그렇지 않을 때가 있으므로 전자를 완전공영(完全公營), 후자를 준공영(準公營)이라 한다.

2) 보험사고의 대상에 의한 분류

보험사고 대상에 따라 보험은 인보험과 물보험으로 분류할 수 있다. 인보험은 보험사고 발생의 객체가 사람인 보험을 말하며, 생명보험, 질병보험, 상해보험, 국민건강보험 등으로 나눈다. 물보험은 보험사고 발생의 객체가 물건인 보험으로, 해상보험, 자동차보험 등이 있다.

대표적인 보험사고의 종류에 따라 보험은 크게 생명보험, 화재보험, 자동차보험, 해상보험 및 기타 특종보험 등으로 나뉜다.

(1) 인(人)보험

인보험이란 보험사고의 대상이 사람인 보험을 말한다. 인보험은 보장하는 보험사고의 유형에 따라 다시 생명보험, 건강보험, 장해보험, 실업보험 등으로 분류된다.

① 생명보험

인간의 생사에 관한 보험으로서 사망보험, 생존보험 및 생사혼합보험으로 나뉜다.

인간의 사망은 장례비용, 상속세 등과 같이 사망에 따르는 경제적 문제를 야기시키고 사망한 자가 가장이었을 경우에는 가장의 소득 상실로 인해 남겨진 가족에게 생계의 곤란을 가져다 줄 수 있다. 이에 사망보험은 인간이 사망했을 때 보험금을 지급하기 때문에 사망에 따르는 다양한 손해를 복구하는 데 필요한 자금을 조달하는 수단이 된다.

최근에는 사망 못지않게 인간의 생존도 다양한 손해를 발생시킨다. 장수는 금전적 뒷받침이 충분하지 않은 경우 많은 이들에게 경제적으로 어려움을 준다. 예를 들어 장수할수록 소득은 감소할 수밖에 없는 반면 생활비는 감소하지 않으며 의료비 등은 오히려 증가하는 것이 일반적이다. 따라서 소득감소분과 생활비증가분을 충당할 자금이 추가적으로 필요하다. 생존보험은 인간이 생존했을 때 보험금을 지급하기 때문에 생존에 따르는 손해를 복구하는 데 필요한 자금을 조달하는 중요한 수단이 된다.

생사혼합보험은 사망보험과 생존보험을 결합시킨 보험으로 인간의 생존과 사망에 따르는 다양한 손해를 복구하는 데 필요한 자금을 한꺼번에 조달하는 수단이 된다.

② 건강보험

질병이나 상해로 건강을 해치게 되면 치료비, 요양비, 일시적 소득상실이나 감소에 따른 다양한 손해가 발생한다. 건강보험은 건강을 상실했을 때 보험금을 지급한다. 건강보험은 건강상실의 원인에 따라 상해보험과 질병보험으로 세분화된다. 상해보험은 우연한 상해로 건강을 상실했을 때 보험금을 지급하고, 질병보험은 질병으로 건강을 상실했을 때 보험금을 지급한다.

③ 장해보험

상해나 질병으로 건강을 상실하게 된 경우 치료를 통해 정상적으로 회복될 수도 있지만 회복되지 않고 영구적으로 신체가 손상된 채 남을 수도 있다. 이와 같이 영구적으로 신체가 손상된 것을 장해라고 한다. 장해는 영구적 소득상실 또는 소득감소라는 손해를 발생시키며, 이러한 손해를 보장하는 보험이 장해보험이다. 영구적인 소득상실 또는 소득감소를 보장한다는 특성 때문에 장해보험은 보험금을 연금형태로 지급하는 것이 일반적이다.

④ 실업보험

실직하게 되면 다시 직업을 얻을 때까지 일시적으로 소득을 상실하게 되고 정식으로 직업을 얻기 전에 임시직으로 근무하더라도 소득은 줄어들 수밖에 없다. 과거에는 실업이 개인적인 문제였으나 최근에는 경기변동에 따르는 노동수요의 양적 변화, 산업구조변화 및 기술발전에 따르는 노동수요의 질적 변화, 노동시장의 마찰 등이 커짐에 따라 심각한 사회문제가 발생되었다. 따라서 실업에 따르는 소득상실 또는 소득감소를 보장해주는 실업보험은 사회보험의 형태로 운영되는 것이 일반적이다.

(2) 물(物)보험

보험사고의 대상이 사람이 아니라 물질인 보험을 물보험이라고 한다. 물질이란 인간이 아닌 유·무형의 모든 객체를 포괄하는 개념이다. 물보험은 보험의 목적, 사고유형, 사고발생장소, 손해유형 등 다양한 기준에 따라 수많은 종류로 세분된다.

① 자동차보험

자동차보험은 자동차의 소유·사용·관리에 관련하여 발생한 사고로 인한 손해를 보장하는 보험이다. 자동차사고는 충돌, 화재 등 다양한 유형으로 발생할 수 있으며 자동차사고로 인한 손해의 유형도 재산손해, 지출손해(비용손해·책임손해), 수입손해 등 다양하다.

② 화재보험

화재보험은 주택, 공장, 선박, 산림 등 다양한 보험의 목적에 화재가 발생할 경우에 화재로 인한 손해를 보장한다. 화재로 인한 손해유형은 재산손해, 지출손해(비용손해·책임손해), 수입손해 등 다양하다.

③ 해상보험

해상보험은 해상에서 발생한 충돌, 전복, 화재 등 다양한 손해에 대해 보장을 해주는 보험이다. 해상보험이 보장하는 손해로는 재산손해, 지출손해(비용손해, 임손해), 수입손해 등이 있다.

④ 책임보험

책임보험은 보험사고가 발생했을 때 이 사고로 인해 타인에게 손해를 끼치게 된 경우 손해배상의 책임이 발생하게 되는데, 그 손해배상의 책임을 보험으로 이전하는 것을 말한다. 책임보험의 대상이 되는 책임은 충돌, 화재 등 다양한 보험사고에서 다양한 형태로 발생할 수 있으며 사회가 복잡해질수록 책임의 증가로 인한 지출손해도 증가하는 추세에 있다.

3) 지급보험금액 결정방식에 의한 분류

보험사고로 인해 손해가 발생했을 경우 지급보험금액을 결정하는 방법에 따라 보험은 손해보험과 정액보험으로 분류된다. 손해보험은 실제손해액을 평가한 후 평가된 금액과 동일한 금액을 보험금으로 지급하는 반면, 정액보험은 보험사고가 발생하면 보험계약에 미치 약정되어 있는 보험금액을 지급한다.

우리나라의 보험회사는 크게 생명보험사와 손해보험사로 구분해 볼 수 있는데, 일반적으로 생명보험사에서는 미리 정한 액수를 보험금으로 지급하는 정액보상을, 손해보험에서는 실제 손해가 난 만큼만 보험금을 지급하는 실손보상을 취하고 있다.

보장성 보험과 저축성 보험

보험과 은퇴코너 2-4

보험은 계약의 성격과 내용에 따라 보장성 보험과 저축성 보험으로 나누기도 한다.

보장성 보험은 보험 본래의 기능인 위험 보상에 중점을 둔 보험으로서, 적은 액수의 보험료를 내고, 대신 계약자가 보험금을 타지 않고 계약이 만기가 되더라도 이미 낸 보험료는 돌려받지 못하는 것을 원칙으로 한다. 사고 발생률이 높아 보험지급빈도가 높은 계약에 흔히 적용된다. 손해보험 중에서는 자동차보험, 화재보험이, 생명보험 중에서는 암보험, 종신보험이 대표적인 보장성 보험 상품이다.

반면에 저축성 보험은 위험 보상과 저축을 겸하는 보험이다. 보장성 보험에 비해 계약자의 보험료 부담이 비교적 큰 대신 보험계약 만기가 되면 이전에 낸 보험료 합계액에 이자까지 얹어 목돈으로 돌려받는다. 이런 저축성보험 상품으로는 연금보험, 교육보험, 재테크보험 같은 것들이 있다.

4) 보험계약자의 유형에 따른 분류

보험은 보험계약자의 유형에 따라 원보험과 재보험으로 구분할 수 있다. 보험자가 아닌 일반 개인이나 기업이 가입하는 보험이 원보험이며, 보험자가 가입하는 보험을 재보험이라고 한다. 또한 원보험을 인수하는 보험자를 원보험자라 하고, 재보험을 인수하는 보험자를 재보험자라고 한다.

원보험과 재보험을 구분할 수 있는 또 다른 기준은 취급하는 위험의 차이이다. 원보험은 개인이나 기업이 직면한 위험을 보장하지만, 재보험은 원보험자가 직면한 보험금지급위험을 보장한다. 여기서 보험금지급위험은 원보험자가 지급해야 할 보험금규모의 변동성 때문에 원보험자에게 손해가 발생할 수 있는 위험을 말한다.

이색보험

보험과 은퇴코너 2-5

사회가 다양하고 세분화되면서, 특별한 아이디어로 무장된 이색보험 상품이 틈새시장을 겨냥해 쏟아져 나오고 있다. "위험이 있는 곳에는 반드시 보험이 있다."는 말이 있듯이 이젠 일상생활과 관련된 모든 요소들에 대해 보험에 가입하는 것이 가능해졌다. 이색보험은 사회가 갈수록 다원화·세분화되고 일반인들의 기호도 다양해지고 있는 추세에 맞추어 고객의 요구를 충족시켜주기 위하여 보험사에서 기발한 아이디어로 개발한 특화상품들로서, 그 중 특색 있는 상품들을 살펴보면 다음과 같다.

- 결혼보험(wedding insurance): 결혼이 각종 사고로 늦어지거나 취소되면 보상해 주는 상품으로 1988년 영국에서 세계 최초로 판매하기 시작했다. 미국에서는 1993년 화이어맨 펀드(Fireman's Fund)사가 판매하였다. 결혼식 도중 결혼반지를 도난당하거나 주례 등 주요인 사가 불참하거나, 또는 갑작스런 사고로 참석하지 못했을 때 발생하는 재정적인 손실을 보상해주는 상품이다.
- UFO유괴보험: 미국의 UFO(미확인비행물체)보험사가 개발해 낸 상품으로 외계인에게 납치 또는 유괴 당했을 때에는 1,000만 달러를 지급하고, 외계인에 의해 사망할 경우에는 2천만 달러의 보험금을 지급해 준다.
- 이혼보험: 결혼한 후 이혼할 경우 이에 따른 위자료를 지급해 주는 보험으로 스웨덴의 한 보험회사가 세계에서 처음으로 판매를 시작하여 지금은 유럽 및 미국에서 통용되고 있다.
- 파출부보험: 싱가포르보험공사가 판매 중인 상품으로 파출부가 사망 또는 상해, 질병을 입었을 경우 그에 관한 비용을 보상해 준다.
- 애완동물보험: 영국의 내이션 와이드페트사가 판매한 이 보험은 개, 고양이 등 애완동물의 수의사 진료비용과 사망 등을 보상해 준다. 애완동물의 천국인 영국에서는 개와 고양이 가운데 약 20% 정도가 보험에 들어 있고 토끼, 구렁이도 보험을 가입시킨다. 일본은 1929년, 대만은 1963년부터 시판하고 있다.
- 고지서납부보험: 영국 로열 & 선얼라이언스사가 판매하는 상품으로 재해나 질병, 해고 등으로 실직했을 때 각종 고지서 납부액을 보장해주는 상품이다. 실직자를 위한 보험이라고도 한다.
- 컴퓨터해커보험(anti-hacker insurance): 가입자의 컴퓨터 프로그램 전자정보 자료 및 통신매체가 컴퓨터 해커에 의해 손해를 입었을 경우 주로 보상해 주는 상품으로 영국의 톰슨(Jardin Thompson)사가 개발했다.
- 컴퓨터 바이러스보험: 컴퓨터가 바이러스 침투 등으로 피해를 입을 경우 이를 보상해 주는 상품으로 일본 '미쓰이 스미토모 해상화재보험'이 개발하였다. 가입은 중소규모 기업 이하만 해당되고 배상규모가 큰 대기업들은 일단 가입대상에서 제외시켰다.
- 키 퍼슨(key person)보험: 회사의 최고경영자 등 핵심인사, 유명스포츠선수의 사망, 실종, 후유장해로 인한 기업의 재정 손실이나 개인의 상실수입을 보장하는 보험이다.
- 쌍둥이보험: 1960년 영국의 이글스타사가 개발하였다. 두 명 이상의 쌍둥이를 두 번 이상 출산한 산모에게 축하금을 지급해 준다. 일본에서는 1976년에, 미국에서는 1980년 화이어맨 펀드(Fireman's Fund)사가 판매하였다.

2부 보험의 이해

3장 / 생명보험의 이해
4장 / 손해보험의 이해
5장 / 사회보험의 이해

3장

생명보험의 이해

한 사람의 생애주기에 따라 발생하는 위험에 대비하기 위해 금융 측면에서 저축이나 투자, 그리고 보험과 같은 방법 등을 활용할 수 있다. 이 가운데 생명보험은 다수의 사람들에게 위험을 전가시키는 보험의 방법으로 보험가입자에게 커다란 장애가 발생하거나 생명을 잃은 경우에 가계의 상실된 소득을 보상해줌으로써 부양가족의 생계를 보장해주는 금융적 위험관리수단이다.

특히 최근에는 고령화에 따른 장수위험의 증가로 인해 사망과 더불어 생존 관련된 위험관리의 필요성이 급증하고 있다.

본 장에서는 생명보험의 의의, 보험료산출에 대한 기본원칙과 방법을 알아보고, 생명보험 상품의 종류를 소개한다.

1. 생명과 보험설계

사람이 태어나서 생활하다보면 예기치 못한 여러 가지 불의의 사고가 발생하여 행복한 삶이 한순간에 수포로 돌아가기도 한다. 가령 몸에 질병이 생겨 건강이 나빠지기도 하고 불의의 사고로 실업하게 될 수 있다. 또 목숨을 잃게 될 경우 부양가족의 생계비 조달이 어려워지고 자녀교육이 중단될 수 있다. 자녀가 많을 경우

자녀의 교육비 부담은 심각한 위험요인이 되기도 한다. 최근에는 인간의 수명이 길어지는 대신 가족부양의 한계로 장수가 축복임과 동시에 위험으로 인식되고 있어 노후의 생활대책이 중요한 위험요인으로 등장하였다. 이처럼 한 사람의 생애주기에 따라 발생하는 위험에 대비하기 위해서 금융 측면에서 저축이나 투자, 그리고 보험 등을 활용할 수 있다. 이 가운데 생명보험은 다수의 사람들에게 위험을 전가시키는 보험의 방법으로 보험가입자에게 커다란 장애가 발생하거나 생명을 잃은 경우에 가계의 상실된 소득을 보상해줌으로써 부양가족의 생계를 보장해 주는 금융적 위험관리수단이다.

생명보험이란 보험회사가 보험계약자로부터 약정한 보험료를 받고 피보험자의 생존 또는 사망에 관하여 우연한 사고가 발생할 경우에 일정한 금액을 지급하기로 약정함으로써 효력이 생기는 보험계약이며 인보험이라고도 한다. 생명보험은 사람의 생사를 대비하는 계약으로 보험사고가 발생할 경우 나타나는 손해의 유무나 정도와 상관없이 일정한 금액을 지급하는 정액보험이다.

생명을 잃게 되거나 커다란 장애가 발생하게 됨으로 인해 발생한 위험에 대비하는 생명보험상품은 정기보험, 종신보험, 변액생명보험 등이 있다. 또 자녀교육비의 지나친 부담에 대해서는 교육보험을 통해 대비할 수 있다. 충분한 노후준비 없는 상태에서의 장수위험에 대해서는 양로보험 또는 연금보험으로 대비할 수 있다.

2. 생명보험료의 산출

1) 생명보험료의 구성과 산출방식

생명보험료는 보험회사가 보험금지급을 대가로 보험계약자에게 납입하기로 약정한 금액이다. 일반적으로 보험료를 산출할 때 기본적으로 적용되는 원칙은 수지상등의 원칙과 대수의 법칙이다.

첫째, 수지상등(收支相等)의 원칙이란 장래 수입되어질 순보험료의 현가의 총액이 장래 지출해야 할 보험금 현가의 총액과 동일하게 되는 것을 말한다. 즉, 보험자의 장래 수입(보험료)이 장래 지출(보험금과 사업비의 합)이 동일하게 되는 것을 원칙으로 한다. 둘째, 대수의 법칙이란, 우연한 사고가 발생할 확률은 표본의 수가 크면 클수록 일정한 수준으로 수렴한다는 것을 의미한다. 보험은 피보험자가 많이 있는 것을 가정하고 있으므로 확률론에서 말하는 대수의 법칙이 성립된다. 즉, 수지상등의 원칙을 적용하고 다수의 동일연령의 피보험자가 같은 보험종류를 동시에 계약했을 때 보험기간 만료 시에 수입과 지출이 균형이 잡혀지도록 순보험료를 계산하는 것을 의미한다.

그리고 생명보험료는 보험계약자의 연령, 성별, 노출된 위험상태, 보험금액에 따라 달라진다. 보험계약자가 납입하는 보험료는 보험금액과 보험료율에 의해 결정되며 보험료율은 보험료의 구성요인에 따라 다른 요인들이 적용된다.

생명보험요율 측면에서 볼 때 생명보험료는 순보험료와 부가보험료로 구성된다. 순보험료란 나중에 보험금이나 만기지급금을 지급하거나 해약에 따른 중도상환금을 지급하는 데 충당하기 위한 재원이 된다. 따라서 순보험료는 위험보험료와 저축보험료로 구분된다. 위험보험료란 사망보험금, 장해급여금 등 사고 발생 시 지급하여야 할 보험금의 재원이된다. 저축보험료란, 만기보험금, 중도급부금의 재원이 된다. 부가보험료란 보험사업을 영위하는 데 사용되는 각종 사업비용의 재원이 된다. 부가보험료는 신계약비, 유지비, 수금비로 구분되는데, 신계약비는 모집수당이나 증권발행 등에 필요한 비용이고, 유지비는 계약유지 및 보험회사 운영에 필요한 비용이며, 수금비는 보험료수금에 소용되는 비용을 말한다.

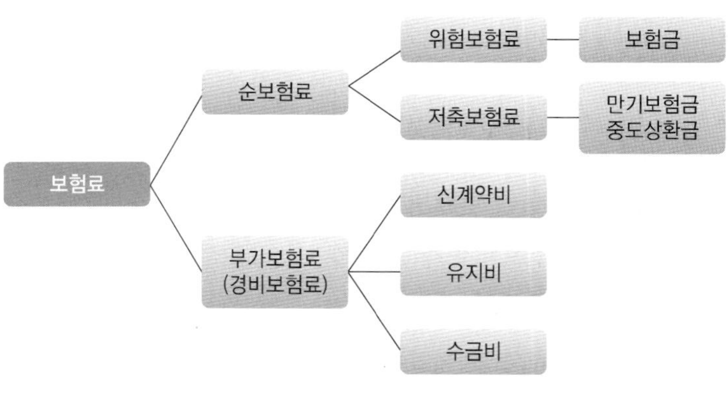

그림 3-1 보험료의 구성

표 3-1 **보험료산출방식**

구 분	3이원방식	현금흐름방식
가격요소 종류	3이원(위험률, 이자율, 사업비율)	다이원(투자수익률, 계약유지율 등)
장 점	보험료 산출과정 단순	가격요소의 다양성 반영
단 점	가격요소의 지나친 단순화	보험료 산출과정 복잡
가격요소 결정방법	안정적(conservative) ⇒ 기대이익 내재(implicit)	최적(best estimate, realistic) ⇒ 기대이익 별도구분(explicit)
장 점	가격요소 예측 부담 경감	상품개발時 : 수익성분석 가능 상품판매後 : 리스크관리 용이
단 점	상품개발時 : 수익성분석 곤란 상품판매後 : 리스크관리 곤란	정교한 가격요소 예측 부담
보험료산출방법	단위당 보험료 이용	현금흐름 이용
장 점	복잡한 전산기술 불필요	새로운 가격요소의 유연한 반영
단 점	새로운 가격요소 반영 곤란	전산기술, 계리역량 등 필요
특 징	단순함	정교함·수익성 중시
적용대상상품	상호회사·유배당상품에 적합 ⇒ 배당을 통한 사후적 가격결정	주식회사, 무배당상품, 금리연동형 및 변액상품에 적합

자료: 금융감독원 보도자료(2009년 10월 2일자).

보험료산출방식은 2010년 4월 1일부터 기존 3이원방식에서 현금흐름방식으로 개편되었다. 3이원방식은 보험료를 위험률, 이율, 사업비율로 단순화하여 산출하는 반면, 현금흐름방식은 세 가지 요소 이외에 계약유지율, 판매규모, 목표이익 등 현금흐름에 영향을 주는 다양한 요소를 반영하여 정교하게 보험료를 산출한다. 현재 보험회사는 보험료산출방식을 현금흐름방식과 3이원방식을 자율적으로 선택할 수 있어 회사별로 보험료가 차별화되는 효과를 기대할 수 있다. 현금흐름방식의 도입에 따라 보험시장의 가격경쟁이 확대되고, 다양한 상품개발로 소비자의 선택의 폭이 넓어지며 향후 국제회계기준 도입에 능동적으로 대처할 수 있는 효과가 기대된다.

2) 보험료의 결정요인

보험료산출방식이 현금흐름방식으로 개편되었다하더라도 가장 기초가 되는 것은 위험률, 이자율, 사업비율이다. 보험료를 계산할 때는 보험사고가 발생하기 이전이므로 적용하는 위험률은 과거의 경험에 의해 추측하여 반영한다. 즉, 예정위험률은 보험계약당시 약정한 보험사고의 발생확률에 기초하여 만들어지며 사망률, 생존율, 예정재해율, 예정입원율 등 개별화된 위험률이 있다. 생명보험에서는 사망률을 가장 많이 사용한다. 일반 국민들 전체의 사망률은 보험에 가입하지 않은 위험도가 높은 사람들도 포함되어 있기 때문에 보험료를 산정하기 위해 반영할 때는 상대적으로 사망률이 높아 보험가입자에게 불리하게 작용한다. 따라서 보험에 가입한 사람들의 사망률을 적용하는 것이 적정한데 보험산업 초기에는 보험가입자가 매우 적어서 이에 대한 사망률을 예측할 만한 자료축적이 되어 있지 못하였다. 보험산업의 역사가 오래될수록 보다 정확한 피보험자에 대한 생사에 관한 통계를 확보할 수 있게 되어, 경험위험률을 사용할 수 있게 되었다.

우리나라의 보험료산출방식은 처음에는 일본의 생명표를 사용하다 1975년 국민 전체에 대한 사망률을 기초로 한 조정국민생명표를 사용한 후 1986년에 처음 간이경험생명표를 도입하였고, 1988년부터 제1회 경험생명표를 사용하면서 2011년 12월 현재는 제6회 경험생명표를 사용하고 있다. 그리고 경험생명표 외에 사용되는 회사별로 자사 통계에 따른 사망률이 1997년부터 활용되어왔다. 경험생명표(experience life table)란, 생명보험에서 피보험자를 집단적으로 관찰하여 연령과 함께 변화하는 사망률을 작성한 표를 말한다. 사망률이 높은 특정 피보험자 집단은 특정 질병을 앓고 있는 사람이거나 위험직종에 종사하고 있는 사람, 흡연자 등 위험수준이 다른 집단보다 높은 경우를 의미한다. 위험수준이 높은 특정 피보험자집단은 다른 집단보다 사망률이 높기 때문에 비싼 보험료가 부과된다.

표 3-2 제6회 경험생명표(2011년 12월 현재)

연 령	생존율		사망률	
	남 자	여 자	남 자	여 자
0	0.99728	0.99791	0.00272	0.00209
1	0.99877	0.99897	0.00123	0.00103
2	0.99933	0.99942	0.00067	0.00058
3	0.99967	0.99972	0.00033	0.00028
4	0.99983	0.99986	0.00017	0.00014
5	0.99985	0.99990	0.00015	0.00010
6	0.99982	0.99988	0.00018	0.00012
7	0.99980	0.99986	0.00020	0.00014
8	0.99982	0.99987	0.00018	0.00013
9	0.99984	0.99987	0.00016	0.00013
10	0.99985	0.99988	0.00018	0.00012
11	0.99986	0.99988	0.00014	0.00012
12	0.99985	0.99988	0.00015	0.00012
13	0.99983	0.99987	0.00017	0.00013
14	0.99979	0.99984	0.00021	0.00016
15	0.99973	0.99982	0.00027	0.00018
16	0.99967	0.99980	0.00033	0.00020
17	0.99960	0.99978	0.00040	0.00022
18	0.99954	0.99976	0.00046	0.00024
19	0.99950	0.99974	0.00050	0.00026
20	0.99947	0.99972	0.00053	0.00028
21	0.99945	0.99970	0.00055	0.00030
22	0.99944	0.99968	0.00056	0.00032
23	0.99942	0.99966	0.00058	0.00034
24	0.99941	0.99965	0.00059	0.00035
25	0.99939	0.99964	0.00061	0.00036

자료: 통계청(2011). 경험생명표.

표 3-3 위험률의 종류

구 분	내 용
참조위험률	• 보험개발원이 전체 보험사의 통계를 이용·산출하여 금감원에 신고한 위험률로서 보험료 산출을 위해 보험회사에 제시(보험업법 §176④) • 보험사는 보험료 산출 시 자사 경험위험률을 사용하는 것이 원칙이나 경험통계가 없거나 충분하지 않을 경우 참조위험률을 (수정)사용 가능(생명보험: 매 3년마다 검증, 손해보험: 매년 검증)
표준위험률	책임준비금 적립에 사용되는 위험률로 참조위험률 중 보험회사의 재무건전성에 영향이 큰 위험률을 선별하여 금감원장이 지정(보험가격자유화로 인한 요율 덤핑 시 재무악화 방지 목적: 감독규정 §6-12)
경험위험률	보험사가 자사의 경험통계를 기초로 산출한 위험률로서 보험료 산출 시 적용(보험료 산출시 자사 경험위험률을 사용하는 것이 원칙: 감독규정 §7-63)

표 3-3은 경험위험률로 사용되는 위험률의 종류를 예시하고 있다. 경험위험률은 보험사가 자사의 경험통계를 기초로 산출한 위험률로 보험료 산출 시 자사 경험위험률을 사용하는 것이 원칙이다. 그러나 자사 경험위험률을 사용할 정도로 경험통계가 충분하지 않거나 없을 경우 보험개발원이 산출한 참조위험률을 수정하여 사용할 수 있다. 또 표준위험률은 보험회사가 보험금 지급을 위해 최소한도로 준비해야 할 책임준비금 적립에 사용되는 위험률로 보험회사의 재무건전성에 영향을 주는 선별된 위험도 평가가 반영된 것으로 금감원장이 지정하는 위험률이다.

예정이율은 납입된 보험료를 투자하여 얻어지는 수입의 규모를 예측하는데 사용된다. 생명보험은 대부분 장기계약이므로 보험료의 수입시점부터 보험금의 지급시점까지는 상당한 시간적 격차가 존재한다. 보험회사는 보험계약자로부터 받은 보험료를 보험금 지급이나 사업비용에 지출하고 남은 금액을 여러 형태의 자산에 투자한다. 보험자는 남은 금액을 채권이나 주식은 물론 대출, 부동산 투자에 이르기까지 법에서 허용하는 범위 내에서 투자하여 수익을 창출한다. 예정이율이란 보험자가 계약기간 동안 축적된 자금을 투자하여 얻고자 하는 예상수익률을 의미한다. 보험계약자는 예정이율로 할인된 금액으로 보험료를 납입하게 되므로 예정이율이 높아지면 할인된 보험료는 낮아지므로 소비자에게 유리하다. 생명보험회사의 공시이율 적용에 관한 세부기준에 따라 공시기준이율은 공시기준이율 산출시점(매월 16일) 기준으로 직전 3개월에 대한 정기예금이율, 회사채수익률, 약관대출이율을 가중이동평균하고, 이를 산술평균하여 매월 보험개발원에서 산출, 공시하는 이율을 말한다. 공시이율은 보험개발원이 공시한 공시기준이율을 기준으로 상품별 사업방법서 별지에서 정한 바에 따라 정한다.

- 공시기준이율 산출식

$$공시기준이율 = \frac{A_1 + A_2 + A_3}{3}$$

A_1 : 정기예금이율의 직전 3개월 가중이동평균이율
A_2 : 약관대출이율의 직전 3개월 가중이동평균이율
A_3 : 회사채수익률의 직전 3개월 가중이동평균이율

$$가중이동평균이율(Ai) = \frac{M_i(-3) \times 1 + M_i(-2) \times 2 + M_i(-1) \times 3}{6}$$

$M_i(-3)$: 산출시점 전전월의 15일자 정기예금이율, 전전월의 15일자 약관대출이율, 직전 3월의 16일부터 직전 2월의 15일까지의 회사채평균수익률
$M_i(-2)$: 산출시점 전월의 15일자 정기예금이율, 전월의 15일자 약관대출이율, 직전 2월의 16일부터 직전 1월의 15일까지의 회사채평균수익률
$M_i(-1)$: 산출시점 당월의 15일자 정기예금이율, 당월의 15일자 약관대출이율, 직전 1월의 16일부터 당월의 15일까지의 회사채평균수익률

예정사업비율은 부가보험료를 구성하는 부분이다. 부가보험료는 보험회사 운영에 필요한 경비와 보험증권 발행 및 유지에 소요되는 비용, 주식회사인 경우 주주배당금 등 다양한 사업비용에 충당된다. 예정사업비율은 일반적으로 각 사업자가 정하게 되어 있는데 이 비율을 높게 책정할수록 보험료가 높아지기 때문에 소비자에게 불리하다.

보험의 보험료 비교에 관한 정보 공시

보험과 은퇴코너 3-1

• 보험소비자는 공시된 보험료의 내용을 활용하여 보험료 수준을 이해, 비교할 수 있다. 보장성 보험의 '보험료지수'와 '보장위험별 연간보험료'와 금리연동형 저축성보험의 수수료 안내표를 상품요약서와 가입설계서에서 조회가 가능하다.

– 수수료는 보험계약 체결비용 및 관리비용, 위험보험료, 해지공제비용, 추가 비용·수수료가 포함된다.

– 상품요약서에는 대표계약(남자 40세 등)의 수수료 안내표가 공시되며 보험회사의 인터넷사이트에서 조회가 가능하다.

– 상품요약서 조회방법: 보험회사 인터넷사이트(홈페이지) → 상품공시실(주로 하단) → 상품 목록창을 통해 확인한다.

– 가입설계서에는 개별계약(계약자의 가입조건)의 수수료 안내표가 공시되며 보험모집인이 보험권유 시 제공한다.

• 보험협회의 인터넷사이트에서 모든 보험회사의 수수료 안내표를 포함한 상품요약서를 조회할 수 있으며, 가입조건에 따른 가격 비교도 가능하다.

– 상품요약서의 비교공시 조회방법 : 보험협회 인터넷사이트(홈페이지) → 공시실 → 상품비교 → 항목별 비교

※ 생명보험협회: www.klia.or.kr, 손해보험협회: www.knia.or.kr

보험료 지수 및 보장위험별 연간보험료의 공시 예

(기준: 본인–남자 40세, 자녀–남자 5세)

구 분		보험료 지수(%)		보험기간	납입기간	가입금액 (만 원)
		본 인	자 녀			
(무)○○유니버셜 종신보험	표준체	133.5	–	종 신	20년납	10,000
	건강체	135.6	–			
(무)CI추가보장특약(갱신형)		200.0	–	3년 갱신	2년납	1,000
(무)CI보장특약(갱신형)		155.6	–	3년 갱신	3년납	1,000
(무)CI5대질병보장특약		124.8	–	80세 만기	20년납	1,000

구 분	상품명	보험 기간	납입 기간	보장위험		연간보험료(원)		기준보험금 (만 원)
						본 인	자 녀	
주계약	(무)○○유니버셜 종신보험	종 신	20년납	표준체	사 망	167,624	–	1,000
				건강체		149,163	–	
	(무)CI추가보장특약 (갱신형)	3년 갱신	3년납	소액암진단		423	–	100
				조형모세포이식수술		601	–	1,000
				관상동맥성형술		844	–	100
				양성뇌종양수술		138	–	100

(계속)

금리연동형 저축성 보험의 수수료 공시 예

(1) 기본비용 및 수수료

(기준: 남자 40세, 월납기본보험료 20만 원, 60세 연금개시, 전기납)

구 분	목 적	시 기	비 용
보험관계비용	계약체결비용	매월	10년 미만 : 기본보험료의 6.17%(12,840원)
	계약관리비용	매월	10년 미만 : 기본보험료의 5.5%(11,000원) 10년 이후 : 기본보험료의 0.1%(2,000원)
	위험보험료	매월	기본보험료의 0.3995%~2.208%(799원~4,416원)
연금수령기간 중 비용	연금수령기간 중의 관리비용	연금 수령시	연금연액의 0.5%
해지공계	해지에 따른 패널티	해지시	아래 도표 참조

(2) 해지공제비용

경과시점	1년	2년	3년	4년	5년	6년	7년 이상
해지공제금액	109만 원	91만 원	73만 원	54만 원	36만 원	18만 원	0
해지공제비율	45.4%	18.9%	10.1%	6.7%	3.0%	1.3%	0.0%

주: 해지공제금액은 계약자적립금에서 해지시 공제되는 금액

$$해지공제비율 = \frac{해지공제금액}{\{이미\ 납입한\ 보험료\}}$$

(3) 추가비용 및 수수료

구 분	목 적	시 기	비 용
추가납입 관계비용	계약유지·관리비용	납입 시	추가납입보험료의 2.5%
중도인출 수수료	중도인출에 따른 비용	중도인출 시	• 인출금액의 0.2% 이내(2,000원 한도)에서 부과 가능 • 현재는 인출금액의 0.1%(2,000원 한도)를 부과하고 있음
웰빙자금 관계비용	계약유지·관리비용	연금개시시점부터 최종웰빙자금 수령시까지 매월	매월 연금개시시점 웰빙자금의 0.005%

3. 생명보험상품의 분류[1)]

생명보험상품은 보험사고, 가입목적, 표준이율의 적용방법(부리체계), 배당의 유무 등 분류기준에 따라 다양하다.

1) 분류에 대한 설명은 금융감독원 홈페이지 자료를 참조하였음

1) 보험사고에 따른 분류

(1) 생존보험

피보험자가 보험기간 만료일까지 생존해 있을 때에 한하여 보험금이 지급되는 생명보험이다. 원칙적으로 보험기간 도중에 피보험자가 사망하였을 경우 보험금뿐만 아니라 그 때까지 납입한 보험료도 환급받지 못한다. 그러나 현재 우리나라에서 판매하고 있는 생존보험은 사망보장이 부가되어 있어 보험기간 중 사망 시에도 사망급여금을 지급하는 것이 대부분이다. 생존 시 매년 연금을 받게 되는 연금보험과 자녀의 교육자금을 보장하는 교육보험이 여기에 속한다.

교육보험이란 자녀 교육자금의 준비를 위한 보험으로, 보험계약에 따라 소정의 보험료를 납입하고 진학과 졸업 등 보험금 지급사유가 발생했을 때 보험금을 지급받는다. 소정의 교육을 받을 연령까지 생존하는 것이 보험금 지급사유이므로 일종의 생존보험에 속한다. 또한 교육자금 외에도 질병 및 재해 등을 함께 보장하는 상품도 있으며, 부모를 종피보험자로 추가하여 부모가 사망하거나 장해상태가 되었을 때에도 자녀가 성장할 때까지 양육비를 보상받을 수 있는 상품도 있다.

(2) 사망보험

피보험자의 사망을 보험사고로 해서 보험금을 지급하는 보험계약을 말한다. 사망보험의 목적은 피보험자의 사망으로 말미암아 생길 수 있는 유가족의 경제적 필요를 충족시키는 데 있다. 사망보험에는 계약의 시점으로부터 일정기간 중에 사망하였을 경우에 보험금이 지급되는 정기보험과 기한을 정하지 않고 사망 시에 보험금이 지급되는 종신보험이 있다.

(3) 생사혼합보험

사망보험과 생존보험을 혼합한 형태의 생명보험을 말한다. 피보험자가 보험기간 중에 사망하였을 때에 사망보험금을 지급하고 또 보험기간 중의 미리 정해진 시기에 생존하고 있는 경우 생존보험금을 지급하는 보험이다. 사망보험의 보장기능과 생존보험의 저축기능을 동시에 가지는 것이라 할 수 있으며, 양로보험이라고도 한다.

2) 가입목적에 따른 보험

(1) 보장성 보험

피보험자에게 사망, 상해, 입원, 생존 등과 같이 사람의 생명과 관련하여 보험사고가 발생했을 때 약속된 급부금을 제공하는 보험상품이다. 만기에 생존할 경우 이미 납입한 보험료의 환급 여부에 따라 순수보장형과 만기환급형으로 나뉜다. 만기환급형의 경우라도 만기 시 지급되는 급부금의 합계액은 이미 납입한 보험료를 초과하지 않도록 설계되어 있다. 보장성 보험은 원초적 의미의 보험상품으로 각종 재해로 인한 사망이나, 암과 같은 질병으로 인한 사망, 입원, 치료, 유족보장을 주요 내용으로 하는 보험으로 상해보험, 질병보험, 간병보험 등의 상품이 있다. 보장성 보험을 가입하고 납입한 보험료에 대해서는 연간 100만 원을 한도로 소득공제 혜택을 받을 수 있다.

(2) 저축성 보험

보장성 보험과 달리 납입보험료보다 만기에 환급되는 보험금이 많은 보험을 말한다. 저축성 보험은 만기에 이자수익이 발생하기 때문에 납입보험료를 초과하여 환급된 금액에 대해서는 이자소득세를 과세하는 것이 원칙이나 세법에서는 10년 이상 유지된 저축성 보험의 이자소득에 대해서는 비과세혜택을 주고 있다.

3) 이자율결정방법(부리체계)에 따른 분류

(1) 금리확정형 보험

보험회사가 보험료 산출 시 정한 확정금리를 예정이율로 적용하는 보험을 말한다. 확정금리를 적용하여 금리하락 시에도 안정적인 수익률이 보장되지만 금리상승 시에는 이를 반영하지 못하여 적립금의 상대적인 가치하락이 발생한다.

(2) 금리연동형 보험

보험회사의 자산운용이익률, 시장금리 등에 따라 책임준비금 적립이율이 변동되는 보험을 말한다. 시중금리가 높을 경우 금리확정형 보험에 비해 더 높은 수익률을 낼 수 있으나 반대의 경우에는 더 낮은 수익률을 낼 수 있다. 일반적으로 최저보증이율을 설정하여 일정수준 이상의 수익률을 보장한다.

(3) 자산연계형 보험

보험회사가 최저이율을 보증함으로써 최저수익을 보장하는 동시에 주가지수 또는 채권 등의 연계자산에서 발생하는 수익을 계약자에게 추가지급하도록 설계되어 투자손실의 위험이 없으면서 연계자산에서 발생하는 수익을 추가 지급하는 형태의 상품이다.

(4) 실적배당형 보험

보험계약자가 납입한 보험료 중 일부를 일정한 투자재원으로 사용하고, 그 투자실적에 따라 계약자에게 투자이익을 나눠주는 형태를 말한다. 원금이 보장되는 일반보험과 달리 실적배당형 보험은 최악의 상황에서는 투자원금이 보장되지 않고, 예금자보호 대상도 아니다. 보험상품 중 대표적인 실적배당형 상품으로는 변액보험이 있다. 변액보험은 투자실적에 따라 보험금지급액이 달라지는데, 예를 들면 변액종신보험은 투자실적에 따라 사망보험금이 달라지고(최저사망보험금은 보장함) 변액연금보험은 투자실적에 따라 연금지급액이 달라진다. 실적배당형상품은 투자실적에 따라 보험금이 좌우되고 일반상품에 비해 손해를 볼 위험도 있다.

4) 배당유무에 따른 분류

(1) 배당보험

위험률차익, 이자율차익, 사업비차익에 의해서 발생한 배당금을 보험계약자에게 환급해주는 보험을 말한다. 위험률차익이란 실제위험률이 보험료 산출의 기초가 된 예정위험률보다 낮은 경우에 발생하는 이익을 말한다. 이자율차익이란 자산운용에 의한 실제수익률이 예정이율보다도 높은 경우에 생기는 이익을 이자율차익이라 말하며, 반대의 경우를 이자율차손이라고 한다. 사업비차익이란, 실제의 사업비가 예정사업비보다 적은 경우에 생기는 이익이며 손실이 발생하는 경우 이를 사업비차손이라 합니다. 식으로 표현하면 다음과 같다.

사업비차익(손)=부가보험료의 총액−실제사업비의 총액

(2) 무배당보험

보험료 산정의 기초가 되는 예정사망률, 예정이율, 예정사업비율의 안전도를 가능한 한 축소하여 보험료를 저렴하게 하는 대신 계약자배당을 하지 않는 보험을 말한다. 현재는 일부 연금저축보험을 제외하고는 거의 모든 보험상품이 무배당상품이다.

4. 주요 생명보험상품의 이해

1) 정기보험과 종신보험

(1) 정기보험

정기보험은 한정된 기간 동안만 보장을 제공하는 보험상품이며, 만기 시 환급금이 없는 순수보장성 보험이 많다. 정기보험은 보장기간 동안 보험금의 변동여부에 따라 분류할 수 있다. 평준정기보험은 특정 기간 동안 동일한 사망보험금의 지급을 보장한다. 체감정기보험은 정해진 사망보험금으로 시작하여 일정한 방식으로 보험기간 동안 사망보험금이 감소하는 상품이다. 반면 체증정기보험은 사망보험금이 특정한 금액에서 출발해서 정해진 기간 동안 일정한 금액 또는 비율로 증가하는 상품이다. 갱신정기보험은 정해진 일정기간의 보장기간이 경과된 후 계약을 갱신할 수 있는 선택권이 부여된 보험상품이다(한국 FPSB, 2011).

(2) 종신보험

종신보험은 특정한 기간 동안만 보장하는 정기보험의 단점을 극복하여 평생 동안 생명상실로 인한 경제적 위험을 보장해 주는 보험상품이다. 종신보험의 종류는 납입방식에 따라 보험료를 평생 동안 내는 일반 종신보험(ordinary straight life)과 보험료를 일정기간 동안만 납입하는 한정납 종신보험(limited payment life), 보험계약 시 단 한 번에 목돈으로 전액 납부하는 일시납(single premium) 종신보험이 있다.

대부분의 종신보험은 납기별 보험료가 동일하도록 평준보험료(level premium)를 부과하고 있다. 따라서 사망확률이 낮은 젊은 연령대에서는 가입자의 사망확률에 비해 더 높은 보험료를 부담하는 반면 높은 연령대에서는 사망확률에 비해 더 저렴한 보험료를 부담하게 된다. 즉, 종신보험의 평준보험료 방식은 보험계약준비금의 적립에 근거를 둔다. 종신보험료가 피보험자의 연령에 상관없이 동일한 것과 달리 1년 만기 정기보험의 보험료는 보험계약 초기에는 같은 보장금액의 종신보험의 보험료보다 저렴하지만 피보험자의 연령이 증가할수록 갱신 때마다 계속 증가한다.

종신보험은 대개 장기보험이므로 보장성보험과 저축성보험의 성격을 모두 가진다. 장기간에 걸친 보험료의 적립금을 담보로 보험계약자는 필요한 자금을 대출받을 수 있으며 이를 약관대출(policy loan)이라고 한다. 또 종신보험은 장기계약이므로 보험계약 당시에 적정한 보험료를 산정하기는 매우 어려워 초기에 보험료를 보수적으로 책정했다가 나중에 배당금으로 환급하는 배당보험상품이 발달하였다.

최근에는 보험계약후 금리가 상승하거나 실제 보험금 지급이 예상보다 적은 경우 이에 위험률차익이나 시세차익을 환급받을 수 없는 종신보험상품의 경우(무배당상품 등)에는 한계점을 가진다. 이러한 단점을 극복하기 위해 정기적으로 실세금리와 최근 사망률을 반영하여 종신보험의 현재 가치를 평가하도록 설계된 상품이 있는데 이를 실세가정형 종신보험(current assumption whole life, CAWL)라고 한다(보험경영연구회, 2003). CAWL 상품 중 가장 대표적인 상품은 실세금리감응형 종신보험(interest-sensitive CAWL)이다.

표 3-4 일반종신보험과 변액종신보험의 비교

구 분	변액종신보험	일반종신보험
사망보험금	기본보험금+변동보험금 • 보험금 투자실적에 연동	보험가입금액 • 보험금 확정 또는 공시이율연동
부리이율	실적배당률: 최저보증이율 없음	예정이율(or 공시이율): 최저보증이율 있음
자산운용	특별계정(펀드) • 변액보험 자산만 별도 운용 • 펀드 변경 가능	일반 계정 • 다른 보험 자산과 통합 운용
투자책임	계약자 부담: 자기책임의 원칙	회사 부담: 예정이율 초과 시 회사의 이익, 손실 발생 시 회사책임
판매설계사	전문설계사: 판매자격시험 합격자	일반설계사
예금자보호	「예금자보호법」 적용대상에서 제외	「예금자보호법」 적용대상 포함
보험변경	일반종신보험으로 변경 가능	변액종심보험으로 변경불가능
기 타	• 부가되는 보장성 선택 특약 및 세제혜택 동일 • 변액종신보험의 보험료 납입방법은 월납과 일시납만 가능	

자료: 금융감독원(2011). 금융생활안내서. p.27.

2) 변액보험과 유니버셜보험

정기보험, 종신보험과 같은 전통형 생명보험의 경우 보험계약금액이 고정되어 있어 물가상승이 지속적으로 높은 국가나 장기적으로 시장수익률이 급격히 상승하는 경우에는 상품으로서 가치가 떨어진다.

전통형 생명보험상품에 인플레이션 대응효과를 첨가하여 보험계약액의 실질가치를 보전하려는 상품이 변액보험(variable life insurance, VLI)이다. 변액보험의 경우 당해연도의 위험보장에 필요한 최소한의 위험보험료는 일반계정으로 운영하고 그 외의 보험료는 특별계정으로 주식이나 채권 등에 투자함으로써 적립금이 투자실적에 따라 변동된다. 즉, 변액보험은 전통형 생명보험의 보장기능과 저축기능에 투자성을 결합하여 설계되었다. 소비자가 변액보험에 가입할 때 주의해야 할 점은 투자실적이 좋지 않을 경우 중도해약환급금이나 사망보험금이 최초 가입한 보험가입금액보다 낮아질 수 있다는 점이다. 사망보험금은 투자실적에 따라 달라지지만 최소한의 보장금액이 있는 반면, 중도해약환급금은 투자자산의 시장가에 전적으로 의존하며 최소보장액이 없다.

변액보험의 투자대상 자산은 보험가입자가 스스로 종목을 지시할 수 있고 보험회사가 운용자산을 결정할 수도 있다. 변액보험은 매기마다 내는 보험료는 고정적인 반면 보험금이 변한다는 특징을 가진다.

이와는 반대로 보험금은 고정되어 있는 반면 납입하는 보험료가 변하는 상품이 유니버셜보험이다. 유니버셜보험의 가장 큰 특징은 유연성이며 자유로운 보험료 납입, 조정 가능한 사망보험금, 개별적인 가격구조, 완전공시 그리고 비용상 이점을 가진다(한국FPSB, 2011).

유니버셜보험의 계약자는 보험료의 납입시기와 납입액수를 스스로 결정할 수 있기 때문에 납입간격을 조정하고 일시적으로 중지할 수 있다. 단, 보험 적립금이 다음 달 필요한 비용인 사망보장과 사업비에 충당할 정도로 충분해야 한다. 특히 소득이 일정하지 않고 비규칙적인 계약자의 경우 소득이 급감하는 경우, 지출이 급증하는 시기에 유니버셜보험을 통해 보험료지급시기를 조정할 수 있어 중도해약을 하지 않아도 된다. 유니버셜보험 계약자들은 본인들이 낸 보험료의 사용처와 현재 적립이자율 등에 대해서 매년 영업보고서를 받는다.

변액유니버셜보험은 사망급부나 환급금이 유동적인 변액보험의 특징과 보험료 납입의 탄력성이 특징인 유니버셜보험을 합쳐 놓은 보험상품이다. 따라서 보험금의 변동성과 보험료의 탄력성이 적용되어 보험상품의 신축성이 극대화한 상품이라고 할 수 있다.

3) 개인연금보험의 종류

연금보험은 피보험자의 생존에 대하여 매년 또는 매월 일정액을 지급할 것을 약속한 생존보험을 말한다. 연금보험은 사회적 환경변화에 따라 경제적으로 생활능력이 없는 정년기 이후의 생활을 안락하게 보낼 수 있도록 은퇴 전에 미리 노후생활자금을 준비하기 위해 개발된 보험상품이다. 연금보험은 노후소득보장을 위한 다양한 연금제도에 포함된다. 은퇴 후 생활보장을 위한 다양한 연금제도는 은퇴설계에서 자세하게 다루고 있기 때문에 본 절에서는 개인이 개별적으로 국가나 고용되었던 기업과는 무관하게 가입하여 연금을 수령하도록 개발된 개인연금상품 위주로 살펴보기로 한다.

(1) 이자율결정방법(부리이율)에 따른 분류

전통적으로 연금보험은 저축과 보장기능이 결합된 상품이다. 연금이 개시되기 전에는 사망과 질병 등에 대한 보장기능을 제공하고 노후에는 연금을 지급한다. 표준이율을 통해 확정된 금리를 적용하기 때문에 확정된 연금액을 지급하는 방식이 기본이다. 기본연금은 자산운용과 무관하게 확정적으로 보장해 주는 연금을 말하며, 증액연금은 연금 개시 전 발생한 배당금액에 의해 증액된 연금이며, 가산연금은 연금 개시 후 발생한 배당금에 의해서 늘어난 연금을 말한다. 그런데 표준이율로 적용된 연금보험과 달리 약관대 개율이나 공시개율과 같은 특정이율에 연계된 금리에 연동하여 약하고 그약된 금액을 기준으로 연금을 지급하는 상품이 금리연동형 연금보험이다. 대부분이 변동금리이지만 최저보장이율을 설공하고 있다. 그리고 변액연금보험은 변액보험과 동일한 구조로 계정을 설공하여 운용하기 때문에 투자실적에 의해서 연금이 가감된다.

(2) 세제적격 여부에 따른 분류

세제적격이라 함은 「조세특례제한법」의 규정에 따라 신개인연금(「세법」상 연금저축)의 세제상 혜택을 받기 위해 갖추어야 할 요건에 충족된 상태를 말한다. 따라서 다음과 같은 요건을 충족한 연금보험상품을 세제적격 연금보험 또는 연금저축보험이라고 하며 2011년 현재 연간 400만 원 한도에서 소득공제의 혜택이 있다. 이러한 요건을 갖추지 못한 보험상품을 세제비적격 연금보험 또는 일반연금보험이라고 하는데 소득공제의 혜택을 받지 못하는 대신 저축성보험으로서 10년 이상 장기 보유할 경우 적립금운영에 따른 이자소득에 대하여 비과세의 혜택을 받을 수 있다.

신개인연금(연금저축)의 세제상 혜택을 받기 위한 조건 보험과 은퇴코너 3-2

- 가입대상이 만 18세 이상으로 계약자, 피보험자, 수익자가 동일인일 것
- 보험료 납입기간이 10년 이상일 것
- 월 100만 원 이하 또는 3개월마다 300만 원 이하의 보험료를 납입할 것
- 보험금은 계약기간 만료 후 계약자가 만 55세 이후부터 5년 이상 연금으로 지급받을 것

(3) 연금지급방식에 따른 분류

연금보험에서 지급하는 연금은 가입자의 선택에 따라 확정된 기간 동안 정해진 연금을 수령하는 확정연금, 가입자가 사망할 때까지 종신토록 수령할 수 있는 종신연금으로 구분된다. 확정연금은 연금수혜자의 수명과는 관계없이 정해진 일정기간 동안 연금을 지급하는 것으로 생명확률과는 관계가 없다. 반면 종신연금은 연금수혜자의 수명, 즉 생존확률에 따라 연금지급기간이 결정되는 상품으로 원칙적으로 생명보험회사만이 취급할 수 있는 상품이다. 종신연금은 연금수혜기간이 연금수혜자의 생명이 끝나는 때까지 연금이 지급되는 것으로 순수보장형 연금과 환급형 연금으로 나누어진다. 순수보장형 연금은 수혜자가 사망하면 즉시 연금이 종료되며, 환급형 연금은 연금수혜자가 연금지급 개시 후 얼마 안 되어 사망하는 경우에 연금가격의 일부를 환급해주거나 최소급부 보장조항을 통해 생사에 관계없이 정해진 기간에 연금을 지급하는 보증부종신연금도 있다.

(4) 부보자의 수에 따른 분류

생명표에 근거하여 설계된 연금의 경우 개인형 연금과 부부형 연금으로 나뉜다. 개인형 연금은 가입자가 사망할 때까지 연금을 지급하는 반면 부부형 연금은 두 사람 중 더 오래 사는 사람이 사망할 때까지 연금이 지급된다. 부부 중 하나가 사망한 경우 나머지 생존자에게는 연금액의 1/2 또는 2/3를 지급하도록 설계하는 것이 일반적이다.

(5) 연금의 개시시점에 따른 분류

연금 지급이 개시되는 시점을 기준으로 즉시연금(immediate annuity)과 거치연금(deffered annuity)으로 구분한다. 즉시연금은 연금보험료를 일시불로 내더라도 그 다음달(다음해)부터 즉시 연금지급이 개시되는 상품이다. 거치연금은 일시불 혹은 장기간의 보험료 납입을 통하여 일정기간 거치기간이 지난 후부터 연금지급이 개시된다. 전자는 은퇴 후 퇴직금이나 목돈의 활용을 통해 연금수령이 가능한 상품인 반면 후자는 일정기간의 적립상태가 되어야 수령할 수 있는 저축형 보험상품이라고 할 수 있다.

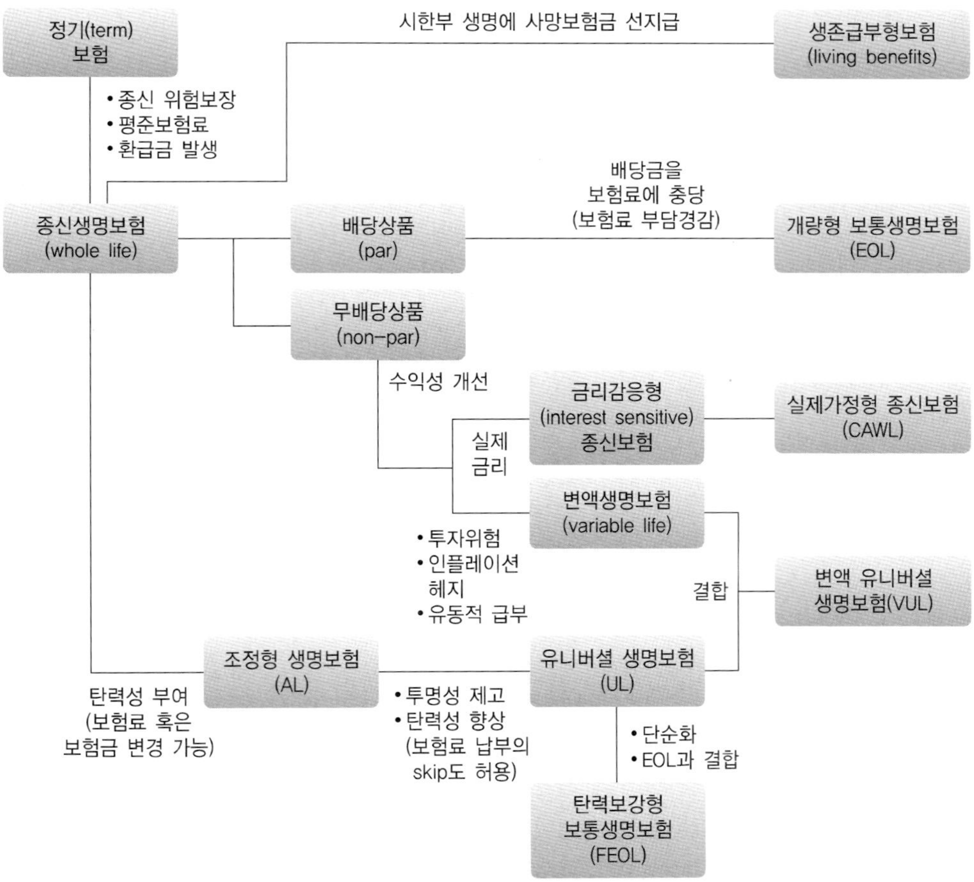

그림 3-2 생명보험상품의 발전과 특성

자료: 보험경영연구회(2003), p.385.

제3보험이란?

보험과 은퇴코너 3-3

우리나라 「보험업법」에서는 생명보험과 손해보험, 그리고 제3보험을 규정하고 있다. 이에는 상해보험, 질병보험, 간병보험이 포함되며 생명보험회사와 손해보험회사 모두 이 보험들을 취급할 수 있다.

- 상해보험: 우연하고 급격한 외래의 사고로 인한 사람의 신체에 입은 상해에 대하여 치료에 소요되는 비용 및 상해의 결과에 기인한 사망, 후유장해 등의 위험을 보장하는 보험을 말한다. 상해보험은 보험의 객체가 사람이라는 점에서 손해보험과 다르며, 사고의 발생 시기는 물론 발생 자체도 확정되어 있지 않다는 점에서 생명보험과도 다르므로, 손해보험과 생명보험의 중간 영역인 제3보험 분야에 해당되어 손해보험과 생명보험사업자의 겸영이 허용되고 있다. 상해보험에서 지급되는 보험금에는 통상 사망보험금, 장해보험금 및 의료비보험금이 있다.
- 질병보험: 질병에 대한 치료비를 보장할 것을 목적하는 보험을 말하며, 입원급여금, 수술급여금 및 진단보험금이 지급된다. 질병보험은 상법상 제3보험으로 분류되며 생명보험사와 손해보험사가 모두 상품을 개발하여 판매할 수 있다. 건강보험, 암보험, 어린이보험 등이 대표적인 질병보험이다. 생명보험상품은 질병으로 치료를 받은 경우 진단, 수술, 입원에 대하여 정액의 보험금을 지급하고, 손해보험상품은 치료비 중 본인이 부담한 실제 치료비를 실손보상한다.
- 간병보험: 피보험자가 누워있거나 또는 치매로 간병이 필요한 상태(요간병상태)라고 의사의 진단을 받은 그날부터 계속해서 간병이 필요한 상태에 있는 기간이 일정기일을 초과한 경우에 보험금을 지급하는 보험을 말한다.

4장

손해보험의 이해

손해보험은 보험자가 보험사고로 인해 생길 수 있는 피보험자의 재산상 손해를 보상하는 것을 약정하는 계약이다. 손해보험은 보험사고로 인한 인간의 신체나 생명의 상실로 인한 위험이 아닌 재산상의 손해를 보상하는 것으로 생명보험과 구별된다. 또 재보험의 발달 등으로 인해 손해보험이 부담할 수 있는 손해의 범위가 확대되고 있어 다양한 손해보험이 등장하고 있다. 손해보험은 주로 일반손해보험과 장기손해보험, 그리고 책임보험으로 구분한다. 본 장에서는 손해보험의 원칙과 보험료 산정, 그리고 손해보험의 종류와 상품들을 소개한다.

1. 손해보험의 원칙과 계약

손해보험은 보험자가 보험사고로 인해 생길 수 있는 피보험자의 재산상 손해를 보상하는 것을 약정하는 계약이다. 손해보험계약은 손해의 보상을 목적으로 하는데 보험계약에서 약정한 보험금의 한도 내에서 손해액에 따라 산정하여 보험금이 지급된다.

최초의 손해보험은 고대 상인들이 원거리 교역을 할 때 대리인을 고용하였고 대리인과 연관된 손해를 보상받기 위하여 그들의 재산을 담보로 하는 제도를 마련하였던 때로 거슬러 올라가며 최초의 손해보험계약은 해상보험으로서 14세기 초에 작성되었다고 알려져 있다. 1574년 영국에서 해상보험 판매를 위한 보험성(the chamber of insurance)의 설립에 관한 법률이 제정되면서 발전하기 시작해서 1769년 로이드(Lioyd's of London)가 설립되었다. 19세기에는 화재 및 해상보험, 재해 및 보증보험이 주류를 이루었고, 20세기에는 산재보험과 배상책임보험이 발전하였다(보험경영연구회, 2003). 우리나라에 근대적인 보험회사가 출현한 것은 1921년에 생겨난 조선생명보험회사이며, 1922년에 조선화재해상보험회사가 설립되었다. 또한 1946년 신동아화재와 대한화재해상보험이 설립되었으며, 1970년대 이후 경제개발계획이 진행되고 경제규모가 확대됨에 따라 보험업계도 발전하였다(박상범, 2001)

손해보험은 주로 일반손해보험과 장기손해보험, 그리고 책임보험으로 구분한다. 일반손해보험이란, 보험료 산출기초에 예정이율을 적용하지 않고 순보험료가 위험보험료만으로 구성된 손해보험을 말한다. 일반적으로 보험기간이 단기간이고 보험료를 한번에(일시납) 또는 나누어서 납부(분납)하며, 순수 보장형 상품으로서 만기시 환급금이 없다. 장기손해보험은 일반손해보험을 제외한 손해보험을 말하는데, 보험기간이 길고(예를 들어 3년, 5년, 10년 등) 보험료를 보험기간 동안 계속 납부해야 하며 만기환급금이 있을 수 있다(금융감독원, 2010).

2. 손해보험의 원칙

1) 실손보상의 원칙

실손보상의 원칙(princiole of indemnity)이란 실제로 발생한 손해만큼 보상하는 것을 말하며 손해보험에만 적용되는 원칙이다. 손해보험의 목적은 '경제적 손실의 회복'에 있고 재물의 경제적 손해는 비교적 정확하게 평가할 수 있다고 본다.

따라서 손해보험에서는 실제로 발생한 손해를 평가하여 계산하는 것이 중요하다. 실손보상의 원칙에서 실제 손해액은 보험목적물에 생긴 직접적인 손해만을 의미한다. 「상법」 제667조에서 '보험사고로 인해 상실된 피보험자가 얻을 이익이나 보수는 당사자 간에 다른 약정이 없으면 보험자가 보상할 손해액에 산입하지 아니한다' 라고 명시되어 있다. 따라서 피보험자는 손해를 야기한 위험(손인)의 결과로 인해 이득을 취할 수 없다. 만약 피보험자가 보험을 통해 이득을 얻을 수 있다면 보험의 사행성으로 인한 문제는 매우 심각해질 것이기 때문에 손해보험에서 실손 보상의 원칙은 필수적이다.

2) 피보험이익과 보험가액

피보험이익(insurable interest)이란 피보험자가 보험의 목적에 대하여 가지고 있는 경제적 이익이다. 만약 피보험자의 재산적 손해가 발생되었을 경우 그 손해는 피보험이익의 범위 이내가 될 것이고 보상범위도 피보험이익의 한도 내에 있다. 이러한 피보험이익을 금전적으로 평가한 것이 보험가액이다. 보험가액은 일부보험, 초과보험, 중복보험을 판단하는 기준이 된다.

일부보험은 가입한 보험금액이 보험가액에 못 미치는 것을 말한다. 초과보험은 보험금액이 보험가액을 현저하게 초과하는 보험을 말한다. 초과보험의 경우 보험가입자는 보험사고를 유발하여 이득을 얻을 수 있기 때문에 도박과 같은 사행성이 조장된다. 따라서 사기를 목적으로 초과보험을 체결한 경우에는 계약은 무효가 되고 보험사고가 발생할 경우 보험자는 보상책임을 지지 않는다.

중복보험이란 보험계약자가 다수의 보험자와 동일한 피보험이익에 대하여 보험을 체결하여 그 보험금액의 총합이 보험가액을 초과하는 경우를 말한다. 부당한 목적을 가지고 중복보험을 체결하는 보험계약은 모두 무효가 된다. 중복보험이 인정될 경우 발생한 손해에 대하여 다수의 보험자들은 연대책임을 가지고 각자의 보험금액 비율에 따라 보상책임을 지도록 하고 있다.

3) 보험자의 책임한도

손해보험에서는 일반적으로 보험자의 책임한도(보상한도)를 규정하고 있다. 보험자의 책임한도란, 피보험자의 손해에 대해서 보험자가 보상하게 되는 보험금의 최고한도를 말한다. 보험자의 책임한도는 금액으로 표시되거나 문구, 가령 '원상회복에 필요한 보상'과 같은 문구로 표시될 수 있다. 보험자의 책임한도는 일차적으로 보험계약자가 선택한 보험금액수준과 보험사고와 손해와의 인과관계, 담보위험 또는 담보손인의 제한, 공동보험과 자기부담금액(공제), 보험자 면책조항이나 특약에 의해서 결정된다.

4) 보험자와 피보험자 간 손해의 분담

손해보험에서 보험자와 피보험자 간 손해의 공동분담은 피보험자가 담보된 손해에 대해서 일정부분 책임을 지도록 하는 것이다. 이와 관련하여 공동보험(coinsurance)과 자기부담금액(또는 공제, 控除, deductible) 규정이 있다.

공동보험이란, 피보험자와 보험자가 공동으로 위험을 인수하는 것을 말하며 복수의 보험자와 보험계약을 체결하여 보험자 간 공동으로 위험을 인수하는 중복보험과는 다른 개념이다. 공동보험은 계약에서 발생한 손해를 보험자와 피보험자 간에 분담하는 정도를 결정하는 방식을 말하며 보험자가 부담하는 부분이 보험 목적의 가치보다 크지 않아야 한다.

예를 들어 시가 1억 원 상당의 건물 소유자가 화재보험을 가입하려고 할 경우 보험자가 80%의 공동보험수준을 요구한다고 가정하자. 건물소유자는 8,000만 원을 보험금액으로 하는 계약을 체결할 것을 권유받고 보험자는 8,000만 원을 넘지 않는 범위에서 발생한 손해액 전액을 보상하게 된다. 그런데 건물소유자가 보험금액을 4,000만 원으로 하여 가입하였고 그 후 화재가 발생하여 2,000만 원의 피해가 발생하였다면 소유자가 지급받을 수 있는 보험금은 피해액 2,000만 원의 50%인 1,000만 원이 된다. 건물소유주가 보험자로부터 80%의 공동보험수준에서 권유받은 보험금의 1/2에 해당하는 보험금액수준으로 화재보험에 가입했기 때문에 실제 지급 보험금은 발생손해액의 1/2이 된다. 만약 피보험자가 요구된 공동보험 수준 전체(80%, 8,000만 원)를 보험가입하였다면 피보험자는 피해액 2,000만 원 전부를 보상받을 수 있다.

자기부담금액이란, 담보된 손해 중에서 보험자가 부담하기로 되어 있는 보상지급액 가운데 보험계약에 따라 감액되는 부분을 말한다. 자기부담금액이 있는 경우 피보험자들은 평소보다 손해발생에 대한 주의를 기울이게 될 것이기 때문에 자기부담금액은 피보험자의 도덕적 해이를 줄일 수 있으며 손해방지효과를 기대할 수 있다.그리고 손해의 규모가 적은 경우 보험금액은 적은 데 비해 손해평가과정이나 보험금지급을 위한 사업비용이 상대적으로 더 클 수 있기 때문에 비효율적으로 사업비용이 소요될 수 있다. 사업비용은 차후에 보험료 상승을 유발할 것이다. 자기부담금액이 설정되어 있는 경우 이러한 비용을 절감할 수 있어서 보험료를 절감할 수 있다.

자기부담금액의 종류는 직접공제, 비율공제, 특수공제 등이 대표적이다. 직접공제란 화재, 도난, 자동차충돌보험에서 주로 적용되는데 공제액(자기부담금액)을 정해 놓고 손해액이 그 금액 이하인 경우 보상을 실시하지 않고 그 금액 이상인 경우 손해액수에서 공제금액을 제외한 금액을 보험금으로 지급하는 것을 말한다. 비율공제는 보험금액이나 보험가액, 그리고 발생한 손해액의 일정 비율을 공제금액으로 하는 것을 말한다. 특수공제는 공제액 이하의 소규모 손해에는 보상금을 전혀 지급하지 않고 그 이상일 경우 전액 지급한다. 특수공제는 해상사고와 같이 손해가 발생하면 대규모 수준으로 발생하는 경우에 적용된다. 또 금액이 아닌 시간으로 자기부담을 하는 방식이 있는데 이를 시간공제방식이라고 한다. 가령 자동차보험에서 자동차 도난사건의 경우 지급하는 대체교통비는 2일의 대기기간(시간 공제)을 적용하여 도난 발생 후 2일이 경과된 후에 지급된다. 그리고 고용보험 중 실업급여가 실업 발생 후 일정기간(보통 2주 후)이 지난 후 보험금지급을 개시하는 것이 그 예이다.

3. 손해보험료의 구성과 요율의 산정방식

보험료는 순보험료와 부가보험료로 구성되며(표 4-1), 보험요율은 총보험료율과 순보험요율로 구분해서 살펴볼 필요가 있다.

표 4-1 순보험료와 손실률 방식

구 분	내 용
순보험료방식	순보험료=순실빈도×손실규모 =(총 사고건수/총 부보건수)×(총 손실금액/총 사고건수) =총 손실금액/총 부보건수 총보험료=순보험료/(1－사업비율)
손실률방식	요율조정=(실제손실률－기대손실률)/기대손실률

자료: 한국FPSB(2011), p.196.

총 보험요율은 순보험요율과 경비율(혹은 부가보험요율)을 합한 것이다. 총 보험요율에서 순보험요율이 점유하는 비율을 손해비율(혹은 손실율)이라고 하며 경비보험료가 점하는 비율을 경비비율(혹은 경비율)이라고 한다. 손해보험에서 손해비율은 이미 지급한 보험금 및 보험사고가 발생하였으나 지급되지 않은 보험금 대비 경과보험료의 비율을 사용한다. 경비율은 발생경비 대비 수입보험료의 비율로 계산한다(박상범, 2001).

손해보험에서 등급요율을 산정하고 조정하는데 사용되는 기법은 순보험료방식(pure premium method)과 손실률방식(loss ratio method)이 있다. 순보험료방식이란, 순보험료를 우선적으로 결정된 후 부가보험료를 추가하여 산출하는 방식이다. 부가보험료는 총 보험료에서 차지하는 비율로 표시하며 간접적으로 산출된다. 순보험료방식은 보험요율을 처음 만들 때 사용된다. 손실률방식은 이처럼 만들어진 기존 보험요율을 조정하는 데 사용되는데 손실통계자료를 이용하여 실제손실률과 기대손실률을 비교하여 요율조정을 한다. 실제손실률은 발생손실과 손실처리비용을 합한 금액과 경과보험료의 비율이며, 기대손실률이란 보험료를 처음 만들었을 때의 순보험료와 총보험료의 비율이다.

등급별 요율산정 이외에도 개별위험을 분류하고 그 분류별 개별성과 특수성을 중요시하여 요율을 산정하는 방법이 있다. 이 방법에는 예정요율산정방법, 경험요율산정방법, 소급요율산정방법, 판정요율산정방법이 적용된다.

1) 예정요율산정방법(schedule rating plan)

동일분류에 속하는 동질적인 위험의 과거 경험에 따라 기준이 될 보험요율을 산정해 놓고 이를 기초로, 각 위험의 특수성을 반영하여 요율을 최종적으로 산정한다. 예를 들어 자동차보험에서 운전자의 연령, 성별, 운전경력 등 기본사항에 의한 기본적인 보험요율을 산정한 후 직업, 결혼 여부, 취미 등 각 운전자의 특성에 따라 요율을 올리거나 내리는 방법이다.

2) 경험요율산정방법(experience rating plan)

각 위험의 과거 손해경험에 따라 차기의 보험료에 차등을 두는 방법이다. 개별위험이 동일분류에 속해 있는 위험들의 평균 손해보다 큰 손해를 기록한 경우에는 표준보험요율보다 낮은 요율을 적용한다. 즉, 실제손해액이 표준보험요율산정 시 실제손해액이 추정손해액보다 적은 경우 그 비중만큼 예정손실율을 낮추는 것이다.

3) 소급요율산정방법(retrospective rating plan)

소급요율산정방법은 경험요율산정방법의 일종이나 어느 보험기간 동안의 손해발생 결과를 당해 보험료에 바로 반영시킨다는 점에서 다르다.

4) 판정요율산정방법(judgement rating plan)

판정요율산정방법은 위험발생에 대한 통계자료에 의하여 손실율을 조정하는 것이 아니고 위험인수인(언더라이터)의 개별적인 판단에 의하여 요율을 판단하는 것이다. 특히 해상보험과 같이 각 위험이 이질적인 경우에는 통계자료나 규칙적인 경험 자료를 확보하기 어려울 경우 적용하는 방법이다.

표 4-2 손해보험의 종류와 보험료구성

<table>
<tr><th rowspan="3">일반손해보험</th><th rowspan="3">보험료</th><th colspan="3">순보험료</th></tr>
<tr><th rowspan="2">부가보험료</th><th colspan="2">사업비</th></tr>
<tr><th colspan="2">기업이윤</th></tr>
<tr><td rowspan="5">장기손해보험</td><td rowspan="5">보험료</td><td rowspan="2">순보험료</td><td colspan="2">위험보험료</td></tr>
<tr><td colspan="2">저축보험료</td></tr>
<tr><td rowspan="3">부가보험료</td><td colspan="2">신계약비</td></tr>
<tr><td colspan="2">유지비</td></tr>
<tr><td colspan="2">수금비</td></tr>
<tr><td rowspan="8">연동형상품</td><td rowspan="8">보험료</td><td rowspan="4">보장부문</td><td colspan="2">위험보험료</td></tr>
<tr><td rowspan="3">부가보험료</td><td>신계약비</td></tr>
<tr><td>유지비</td></tr>
<tr><td>수금비</td></tr>
<tr><td rowspan="4">적립부문</td><td colspan="2">적립순보험</td></tr>
<tr><td rowspan="3">부가보험료</td><td>신계약비</td></tr>
<tr><td>유지비</td></tr>
<tr><td>수금비</td></tr>
</table>

자료: 박상범(2001), p.462.

4. 손해보험의 분류

1) 단기보험과 장기보험

보험기간의 장단에 따라 보험기간이 3년 미만으로 보험기간이 지나면 보험료가 소멸되는 보험을 일반손해보험이라고 하고, 보험기간이 3년 이상으로 만기가 되면 환급금이 지급되는 손해보험을 장기손해보험이라고 한다.

2) 사업형태상의 분류

손해보험 표준사업방법서상 손해보험은 화재보험, 해상보험, 자동차보험, 특종보험, 장기손해보험, 개인연금 손해보험, 퇴직보험, 해외원보험, 재보험으로 구분한다.

3) 의무보험과 임의보험

「민법」이나 「형법」, 그리고 「특별법」에 의해 가입이 강제되거나 보험가입이 허가의 전제가 되는 보험을 의무보험이라고 하고, 계약자가 자신의 자유의지로 가입하는 보험을 임의보험이라고 한다.

4) 개별보험과 집합보험

개별보험은 개별적인 물건 또는 자연인을 보험의 목적으로 하는 것으로서 특정인을 위한 생명보험이나 특정한 물건을 목적으로 하는 물건보험을 말한다. 집합보험은 보험의 목적을 다수의 사람 또는 물건의 집합으로 하는 것으로서 가족이나 공장의 근로자 전원을 피보험자로 하는 상해보험이나 특정 건물 내의 모든 동산을 보험의 목적으로 하는 동산화재보험이 그 예이다.

5) 원보험과 재보험

보험을 인수하는 보험회사의 성격에 따라 분류하는 것으로 원보험이란 보험자가 보험계약자로부터 최초로 보험계약을 인수한 경우를 의미하며 재보험은 보험자가 자신의 계약상 책임의 일부 또는 전부를 다른 보험자에게 전가시키는 보험계약을 말한다.

5. 손해보험상품의 이해

1) 화재보험

화재보험은 재산보험의 가장 오래된 형태 중 하나로 화재로 인한 손해나 손상에 대하여 보험금을 지급하는 것이다. 근래 재보험의 발달 등에 의해 화재보험의 보상과 담보위험의 범위가 확대되어 직접적인 손해뿐만 아니라 이익의 상실, 추가비용, 재산가치 감소와 같은 간접적인 손해에 대하여도 보상이 가능하다. 또 담보손인의 범위도 폭풍이나 폭발, 폭동 등 일부 자연재해로 확대되었다.

2) 배상책임보험

배상책임보험이란 피보험자의 기업운영이나 일상생활과 관련해 발생한 사고로 인해 타인에게 피해를 입힌 경우의 배상책임이 있는 손해를 보상하는 보험이다. 배상책임보험이 발달한 선진국에 비해 국내에서는 일반배상책임보험, 제조물배상책임보험, 전문직업인배상책임보험이 있다. 일반배상책임보험은 개인 활동이나 업무수행으로 인하여 타인의 신체나 재물에 손해를 입힘으로써 발생하는 배상책임위험을 담보한다. 제조물배상책임보험은 피보험자가 제조 및 판매한 제품에서 비롯된 사고로 타인이 입은 물적 피해에 대한 배상책임위험을 담보하고 있다. 전문직업인배상책임보험은 전문직업상의 행위에서 기인한 배상책임위험을 담보하는 보험으로 의사배상책임보험, 이미용사배상책임보험, 임원배상책임보험, 변호사배상책임보험이 있다.

3) 종합보험

하나의 증권으로 여러 가지 위험을 포괄적으로 담보하는 보험상품으로 고객이 원하는 요구에 맞게 상품설계가 가능하다. 개인이나 기업 모두 종합보험에 가입할 수 있다. 개인 소유 재물의 화재, 도난, 파손, 폭발 등의 손해 및 신체보험과 배상책임손해보험을 한 증권으로 담보해주는 상품으로 가계종합보험, 가정생활종합보험이 있다.

4) 보증보험

보증보험은 채무자인 보험계약자가 채권자인 피보험자에게 계약상의 채무불이행 또는 법령상의 의무불이행으로 손해를 입힌 경우에 이 손해를 대신 보상해 줄 것을 목적으로 하는 보험이다. 「보험업법」상으로는 계약에 의한 채무, 법령에 의한 채무로 구분한다. 계약에 의한 채무에는 이행보증보험, 할부판매보증보험, 지급계약보증보험, 사채보증보험, 리스보증보험, 어음보증보험, 소액대출보증보험, 기타 주택관련보증보험 등이 있다. 법령에 의한 채무에는 납세보증보험, 인허가보증보험, 공탁보증보험, 보석보증보험이 있다. 그 외에 신용보증보험, 공탁금보증보험, 신원보증보험이 있다. 신원보증보험은 피용자(피보증인)가 사용자(피보험자)를 위하여 그 사무를 집행하는 과정이나 또는 자신의 직무상의 지위를 이용하여 보험기간 중에 절도, 강도, 사기, 횡령 또는 배임행위를 함으로써 사용자가 입은 재산상의 직접손해와 그로 인해 사용자가 손해배상책임을 지는 경우의 손해를 보상하는 보험이다.

5) 자동차보험

자동차보험은 자동차를 소유, 사용, 관리하는 동안에 발생한 사고로 인하여 생긴 피보험자의 손해를 보상하는 보험이다. 자동차사고의 피해는 사람이 죽거나 다치는 인적 피해와 자동차나 물건이 파손되는 물적 피해로 나눌 수 있다. 또 자동차사고로 인한 손해는 피보험자 자신이 당한 손해와 자동차사고로 인한 제3자가 입은 손해로 나눌 수 있다. 자동차보험의 종류는 사고의 유형에 따라 표 4-3과 같이 나눌 수 있다. 자동차보험은 자동차사고로 인한 제3자의 신체에 발생하는 손해를 보상하는 책임보험, 자동차사고로 인해 사람의 신체에 발생한 손해를 보상하는 대인배상과 자동차사고로 인해 재물에 발생한 손해를 보상하는 대물배상, 그리고 무보험자로 인한 상해를 보상하는 무보험자동차상해보험이 포함된다. 자동차책임보험은 「자동차손해배상보장법」에 따라 의무가입이며 대인배상 I이 여기에 해당된다. 계약자가 자유롭게 선택할 수 있는 임의자동차보험에는 차량, 타인의 신체, 재화, 자기신체 등 사고유형에 따라 대인배상 II, 대물배상, 차량보험, 자기신체사고

보험, 무보험자동차상해보험(영업용제외)이 있다.

자동차보험에서 보험회사는 특별약관을 미리 정해놓고 계약자의 의사에 따라 선택하여 가입할 수 있도록 하고 있다. 개인용 자동차보험에서 판매되는 특별약관은 가족운전한정특약, 운전자연령한정특약, 다른 자동차운전담보특약, 보험료분할납입특약, 보험계약자동갱신약정특약 등이 있다. 예를 들어, 운전자연령한정특약은 운전자의 연령을 21세 또는 26세 이상 등으로 한정하는 경우에만 적용되도록 하는 특약이다. 연령은 사고일 현재 주민등록상의 생년월일을 기준으로 한다. 따라서 26세 이상 운전자연령한정특약을 가입한 피보험자의 차량을 25세 운전자가 운전하다가 사고가 날 경우 보상을 받지 못한다.

표 4-3 사고 유형에 따른 자동차보험의 종류

<table>
<tr><td rowspan="11">자동차 사고</td><td rowspan="7">인사 사고</td><td rowspan="3">대인 사고</td><td>책임보험-대인배상 I</td><td>타인의 신체를 사상하게 한 경우 가해자가 지는 법률상 손해배상책임을 가입금액 한도로 보상(의무가입)</td></tr>
<tr><td>개인용자동차보험대인배상II
업무용자동차보험대인배상II
영업용자동차보험대인배상II</td><td>타인의 신체를 사상하게 한 경우 가해자가 지는 법률상 손해배상책임 중 책임보험을 초과하는 손해를 배상</td></tr>
<tr><td>외화표시자동차보험신체상해(B.I)</td><td></td></tr>
<tr><td rowspan="3">자기 신체 사고</td><td>개인용자동차보험자기신체사고
업무용자동차보험자기신체사고
영업용자동차보험자기신체사고</td><td>피보험자동차의 사고로 피보험자가 상해를 입은 경우 가입금액을 한도로 보상</td></tr>
<tr><td>운전자보험</td><td></td></tr>
<tr><td>외화표시자동차보험의료비담보</td><td></td></tr>
<tr><td>무보험 상해</td><td>개인용자동차보험부보험차상해
업무용자동차보험무보험상해</td><td>피보험자가 무보험차(뺑소니 포함)에 의해 상해를 입은 경우 2억 원 한도로 보상</td></tr>
<tr><td rowspan="4">재물 사고</td><td rowspan="2">대물 사고</td><td>개인용자동차보험대물배상
업무용자동차보험대물배상
영업용자동차보험대물배상</td><td>타인의 재물을 파손시킨 경우 가해자가 지는 법률상 손해배상책임을 가입금액 한도로 보상</td></tr>
<tr><td>외화표시자동차보험재물손해(P.D)</td><td></td></tr>
<tr><td rowspan="2">자기 차량 사고</td><td>개인용자동차보험자기차량손해
업무용자동차보험자기차량손해
영업용자동차보험자기차량손해</td><td>자기차량이 파손되거나 도난당한 경우 보상, 사고 당시 차량가액을 한도로 실손보상</td></tr>
<tr><td>외화표시자동차보험차량손해담보</td><td></td></tr>
</table>

자료: 박상범(2001), p.436 재구성.

6) 장기손해보험

장기손해보험은 손해보험회사별로 다양한 상품이 개발, 판매되고 있다. 장기재물성보험은 건물, 재고자산, 집기비품, 시설, 기계설비 등에서 화재, 도난에 따른 손해가 담보되는데 휴업손실, 배상책임, 상해 등을 종합적으로 담보하는 종합보험으로 발전하고 있다. 장기상해성보험은 우연한 사고에 의해 사람의 신체에 발생한 상해에 대하여 사망, 후유장해, 의료비, 입원일당 등이 보장된다. 장기운전자보험은 자동차보험에서 보상받지 못하는 부분을 담보하는 보험이다. 장기운전자상해보험은 본인의 상해뿐만 아니라 벌금, 방어비용 등 법률비용과 사고처리비용, 차량손해비용 등 자동차사고에 수반되는 다양한 비용을 담보하며 만기 시 환급금은 차량대체자금 등으로 활용할 수 있다. 장기질병보험은 내적인 질병의 발생으로 인한 신체 상해를 담보한다. 암이나 질병으로 인한 진단치료비, 입원비, 수술비, 생활자금 등을 담보한다. 장기저축성보험은 장기상해보험과 유사하지만 위험보험료와 부가보험료를 최소로 하고 저축보험료의 비중을 높이고 비교적 높은 표준이율을 적용해 수익률이 높은 상품이다.

손해보험 가입 시 주의사항

보험과 은퇴코너 4-1

• 일반손해보험

- 일반손해보험은 매우 다양한 위험을 담보하고 있으니 각 상품마다 보상조건과 보험료의 적용, 권리와 의무가 다르다.
- 재산을 담보하는 화재보험, 동산종합보험, 유리보험 등은 실손보상 원리가 적용되므로 보험가입 시 실제가치(보험가액)와 보험가입금액을 일치하도록 가입해야 한다. 초과보험이 되면 전체 무효 또는 초과부분 무효가 되고, 일부보험인 경우 비례보상으로 인해 충분한 보상을 받지 못한다.
- 배상책임은 보상한도가 높을수록 보험료가 높아지고 공제금액이 클수록 보험료수준이 낮아진다. 배상책임의 보험료 결정기준을 알고 가입한다.
- 개인에게 노출된 각각의 위험을 정확히 파악하기 어려울 경우 가장 포괄적인 위험을 담보해 주는 상품을 고려한다.

(계속)

- 장기손해보험
  - 장기손해보험은 보험기간이 길고 보험료가 상대적으로 높기 때문에 신중하게 생각한다.
  - 장기손해보험상품은 매우 다양하므로 이것저것 가입하면 보험료 낭비가 될 수 있으니 높은 보장을 강조하는 상품만을 추구하지 말고 실질적으로 도움이 되는 부분을 골라서 가입한다.
  - 장기손해보험은 보장과 저축을 함께 추구하는 상품이기 때문에 무리하게 보험가입을 하면 가계 부담이 커지고 해지할 경우 손해가 크다. 보험료의 수준이 가계재정에 적절한 지 고려해서 가입한다.
  - 장기손해보험상품의 이율수준, 고정/변동 이율, 배당 여부, 만기 시 전액/일부 환급 여부 등 수익조건을 명확히 알고 가입한다. 개인연금의 경우에는 연금 지급방식과 기준을 꼼꼼하게 따져보고 가입한다.

자료: 한국 FPSB(2011), p.240-244.

7) 통합보험

통합보험은 상해, 질병, 의료, 주택화재, 자동차, 일상생활배상책임까지 보험 하나로 모두 담보하는 보험이다. 일반적으로 통합보험은 가족 전원을 보험에 가입시

표 4-4 일반보험과 통합형보험 비교

구 분	일반보험	통합형 보험
상품구조	담보위험에 따라 별개의 상품으로 구성	보험회사에서 담보하는 다양한 위험을 하나의 상품으로 구성
보험기간	일반적으로 담보위험별로 보험기간 동일	담보위험별로 보험기간 달리 설정 가능
보장내용 변경	제한적인 범위 내에서만 보장내용 변경 가능(최초 가입시점의 보험요율 적용)	피보험자·담보위험 추가 등 보장내용 변경 가능(변경시점의 보험요율 적용)
피보험자 추가	최초 계약시점부터 피보험자가 추가된 것으로 보고, 추가 가입시점의 해약환급금을 회사에 납입	신계약으로 처리(추가 가입시점의 해약환급금 추가부담 없음)
보험료 충당	보험료 미납시 해지*	일정한도 내에서 보험료를 적립하여 만기 환급금 수령 및 보험료 미납 또는 부족 시 대체납입 가능

* 해지 전에 계약자의 서면신청이 있는 경우에는 해약환급금 범위 내에서 보험료 대체납입이 가능
자료: 금융감독원(2009). 보험소비자가 알아두면 유익한 사항.

킬 수 있는 장점을 가진다. 또 가족생애주기에 따라 결혼, 출산, 주택구입 등 보장을 자유롭게 추가할 수 있고 보험금액의 증액도 가능하다. 그리고 통합보험은 개별보험을 다수 가입하는 것보다 저렴할 수 있는 장점을 가지고 있다. 그러나 보험가입자와 가족에게 통합보험 하나로, 모든 위험을 다 포괄할 수 있다는 오해를 가지게 할 수 있다. 또 기존에 다수의 보험에 가입되어 있는 경우에는 중복보험의 여지가 있으니 주의해야 한다.

8) 태아보험

법규상 '태아보험' 이라는 별도의 보험상품은 없으나, 어린이보험에 태아가입특약(胎兒加入特約)이 첨부되어 출생 전 태아 상태에서 보험가입이 가능한 상품을 실무적으로 '태아보험' 으로 지칭하고 있다. 태아는 법적으로 인격(人格)을 갖지 못하므로 인보험의 보호대상이 될 수 없으므로 태아의 출생을 조건으로 하는 '태아가입특약' 을 통해 태아를 대상으로 한 보험계약을 체결한다. 또 어린이보험은 자녀가 자라면서 성인이 되기 전까지 주로 질병·상해로 인한 의료비와 자녀의 일상생활 중 발생하는 각종 배상책임 등을 보장해 주는 상품이다.

태아보험의 주요 담보내용으로는 선천성질환수술보장특약, 출생전후기질환×보장특약, 미숙아육아비용보장특약 등이 부가되어 있다. 출생전후기 질환이란 일반적으로 태아나 산모에게 질병발생확률이 높은 임신 28주부터 출생 후 1주까지의 기간에서 발생하는 질환을 말한다. 주로 태아의 출생 후 선천성질환으로 인한 입원·수술, 출생전후기질환으로 인한 입원, 미숙아(또는 저체중아)의 인큐베이터비용 등을 추가적으로 보장하고 있다.

태아보험은 의료기술발달에 따른 역선택을 방지하고자 임신 기간에 따라 보험가입에 제한을 두고 있다. 일반적으로 임신이 확인되는 순간부터 최장 임신 24주까지만 가입이 가능하도록 운용되고 있으며 구체적인 태아보험의 가입가능기간은 회사별·상품별로 상이하다. 일반적으로 태아가 유산 또는 사산 등으로 출생하지 못한 경우에는 보험금이 지급되지 않고 계약이 무효가 되어 기납입보험료만 지급된다. 또한 15세 미만의 미성년자를 피보험자로 하는 보험상품에서도 피보험자의 사망시 사망보험금이 아니라 기납입보험료가 지급된다. 즉, 「상법」 제732조에서는 15세 미만자의 사망을 보험사고로 한 보험계약은 무효로 하고 있는데, 이는 태아는 법적으로 인격(人格)을 갖지 못하여 인보험의 보호대상이 될 수 없기 때문이다.

9) 실버보험

실버보험은 가입연령과 보장내용에 있어 고령층에 초점을 맞춘 보장성보험을 통칭하는 용어이지 연금보험, 자동차보험 등과 같이 보험 관련 법규에서 사용하는 법상 용어는 아니다. 실버보험은 주요 가입대상이 50~70세이고 보험가입 가능연령이 40~80세로 초고연령층이며 주요 보장내역은 노인성 상해·질병, 치매간병, 장례서비스 등으로 일반 보장성 보험보다 구체적이고 다양하다.

실버보험은 통상 주보험으로 일반사망 및 재해사망 등의 사망보험금을 보장하고 있으며, 선택특약으로 치료비, 치매간병비 등을 보장하고 있다. 실버보험의 위험 보장기간(보험기간)은 일반적으로 80세까지이나 종신의료보험과 간병보험 등 일부상품의 경우 종신까지 보장하는 경우도 있으니 비교한 후 선택하는 것이 필요하다.

실버보험을 가입하기 전에 주의할 점은 첫째, 갱신형 보험은 갱신 시점(예: 매년)에서 보험료가 인상될 수 있다. 일부 실버보험 상품은 보험회사의 리스크관리 차원에서 갱신형×형태로 설계·판매 중이며, 갱신형 상품은 최초가입 후 계약당사자의 별도의 의사표시가 없는 경우 일정기간(1~5년)을 주기로 해당 계약이 갱신되므로 갱신 시 피보험자의 연령 증가, 의료수가 상승 및 위험률(질병발병률) 상승 등에 따라 보험료가 인상될 수 있다.

둘째, 주보험 및 선택특약의 보장내역을 꼼꼼히 확인할 필요가 있다. 대부분의 상품이 치매간병비, 상해 및 노인성 특정질병 치료비 등은 별도의 가입 및 추가보험료 납입이 필요한 선택특약으로 운용하고 있어 보험 가입 시 주 계약 내용과 선택특약 내용을 꼼꼼히 살필 필요가 있다.

셋째, 무심사 보험은 심사절차가 없는 반면 보험료수준이 상대적으로 높다. 무심사보험은 보험가입 당시 피보험자로부터 질병 여부에 대한 고지를 받지 않고 별도의 심사절차 없이 가입이 가능한 보험으로, 누구라도 가입이 가능한 반면, 일반 정기(종신)보험보다 보험료 수준이 상대적으로 높다.

10) 장애인보험

장애인은 비장애인과 마찬가지로 통상적인 보험상품에 가입할 수 있으며, 보험회사는 장애인이라는 이유만으로 보험가입을 차별(가입거절, 보험금 감액 등)할 수 없다. 2008년 4월 11일부터 시행된 「장애인 차별금지 및 권리구제 등에 관한 법률」 제17조에 의하면 '보험가입 등에 있어서 정당한 사유 없이 장애인을 제한·거부하여서는 아니 된다' 라고 규정되어 있다. 따라서 보험회사의 일선 영업지점에서 장애인에 대한 선입견으로 '보험가입이 어렵다' 라고 안내하는 것은 잘못이며 반드시 본사 심사부서의 선임 심사자가 비장애인과 동일하게 가입당시의 건강상태 등을 고려하여 보험가입 가능 여부 및 인수조건을 결정하여야 한다.

「상법」(제732조)상 심신상실 또는 심신박약자는 사망보험에 가입할 수 없으므로 본인의 가입동의 여부에 관계없이 보험계약이 무효이다. 또 심신상실·박약자는 의사능력이 불완전하여 자신의 생명을 담보로 하는 계약에 진의에 의한 동의를 하기 어려우며, 수익자 등이 피보험자의 생명을 해할 우려가 있어 법률로써 이를 무효화하고 있다.

장애인의 사회복지를 증진하고 부양자 사망 시 장애인의 최소생계 유지, 장애인의 질병 및 사망 등에 대한 보장을 위해 일반보험에 비해 보험료가 저렴한 장애인 전용 개인보험은 2001년 2월부터, 자동차보험은 2002년 7월부터, 단체상해보험은 2005년 10월부터 개발·판매되고 있다. 장애인전용보험은 보장성 보험료에 대한 소득공제 외에 별도로 연간 100만 원 한도 내에서 추가 공제(소득세법 제52조) 혜택이 있으며, 장애인을 보험수익자로 하는 보험계약의 보험금은 연간 4,000만 원 한도 내에서 증여세를 비과세한다(「상속 및 증여세법」 제46조). 장애인 전용보험의 보장내용은 생명보험인 경우 사망, 암, 소득보장, 선택특약(이상 개인), 재해사망 등(단체)이며, 손해보험인 경우, 자동차보험과 선택특약(신체보조장구 구입지원)(개인), 장애인시설 종합보험(단체)이다.

소비자친화적인 보험회사 평가 지표

보험과 은퇴코너 4-2

어떤 보험회사가 소비자를 만족시킬 수 있을까? 보험회사 평가지표에서 일반적으로 쉽게 생각할 수 있는 보험상품의 가격 적정성, 보험사의 재무현황과 지급여력 등이 있다. 하지만 이 세 가지는 매우 기본적인 사항이고 추가적으로 다음과 같은 지표들을 고려할 수 있다. 우선 보험상품의 가격 적정성은 보험의 종류가 많고 같은 종류도 다양하게 분화되어 있기 때문에 그것들을 소비자친화적이라는 기준으로 평가해 분류하는 것은 사실상 불가능하다. 또한 보험계약은 보험약관에 명시된 내용을 가지고 보험사와 보험가입자 간에 계약으로 이뤄지기 때문에 보험료가 적으면 보장도 충분히 안 된다고 생각할 수 있지만 그것은 계약 당사자의 결정으로 지표가 될 수 없다.

그리고 재무현황이나 지급여력은 일차적 감독지표로 보험사마다 규정을 지키고 있기 때문에 비교가 실익이 없다고 할 수 있다. 지급여력의 경우 한국의 보험사는 모두 이미 수백 % 정도를 상회하고 있다. 지급여력비율이 100%라는 의미는 보험회사의 보험금지급에 문제가 없다는 것으로, 그 이상이면 보험회사는 재무건전성에 문제가 없는 것이며 지급여력 비율이 200%인 보험회사가 100%인 보험회사보다 두 배 좋다는 것을 의미하지는 않는다. 그렇기 때문에 다른 선진국 감독기관이나 금융감독원 모두 따로 공시하고 있지 않다.

구매 과정	금융기관서비스요소	서비스품질평가	정신적, 행동적 반응
구매전	① 상품 개발과정 소비자보호 프로세스 ② 보험관련 소비자 접근성 ③ 금융교육 시스템 ④ 보험계약 심사 프로세스		
구매시	⑤ 판매프로세스의 지속적 관리 및 개발		
구매후	⑥ 민원관리(VOC포함) 시스템 구축 ⑦ 계약유지 및 보험금지급 서비스 ⑧ 고객정보보호 시스템 구축 및 이행		⑯ 해약률 및 계약 유지율 ⑰ 민원 및 소송 현황 ⑱ 고객의 충성도와 만족도 ⑲ 고객의 각종 반응
기 타	⑨ 금융사고 및 제재조치 현황 ⑩ 윤리 경영 ⑪ 경영자의 소비자보호 철학과 회사내 관련 시스템 ⑫ 사업비집행률 ⑬ 보험사 평가 ⑭ 설계사등록 정착률	⑮ 보험에 대한 전반적인 서비스 평가	⑳ 보험사의 자체 및 외부의뢰 평가

자료: 김성숙 외 5인(2011). 금융소비자보호 관점에서의 금융업권별 경영 및 금융서비스품질 평가지표 개발. 한국금융소비자학회.

장애인전용 생명보험은 사업비율과 이자율을 우대 적용하여 보장내역이 유사한 일반보험에 비하여 보험료가 상대적으로 저렴하다. 장애인전용보험이라고 해서 보험회사의 심사절차가 생략되는 것은 아니나, 사망위험이 극히 높은 일부 경우를 제외하고는 대부분 가입이 가능하다. 암보장형 장애인전용 생명보험상품의 경우 암 발생과 인과관계에 있는 질병을 앓았거나 후유증이 남아있는 경우가 아니라면 가입이 가능하며 소득보장형 장애인전용 보험상품은 중증장애인도 종피보험자로 가입이 가능하다. 중증장애인은 장애수당 또는 장애아동부양수당 지급대상에 해당하는 기초생활수급자 및 차상위 계층으로 「장애인복지법」상 장애등급 1, 2급인 장애인이 해당한다. 장애인전용 자동차보험은 장애인명의로 등록된 자가용 승용차(정원 10인 이하)를 대상으로 하며, 장애인이면 누구나 가입이 가능하다.

5장

사회보험의 이해

사회보험은 사회적 위험을 예상하고 이에 대처함으로써 국민의 경제생활을 보장하려는 소득보장제도이다. 사회보험은 보험 제도를 이용하여 사회적 안전망을 확보하는 방법으로써, 우리나라의 대표적인 사회보험제도는 국민건강보험, 국민연금보험, 산업재해보상보험, 그리고 고용보험이다. 본 장에서는 은퇴설계에서 상세히 다루고 있는 국민연금보험을 제외한 3대 사회보험제도 각각의 의의, 역사, 보험료, 보험혜택을 살펴본다.

1. 사회보험의 필요성과 개념

우리사회는 1998년 외환위기, 2004년 카드대란, 2008년부터 시작된 세계금융위기를 겪으면서 실업과 인플레이션, 급격한 경기변동 등 경제 불안 속에서 사회안전망의 중요성을 인식하고 있다. 사회안전망이란 국민들을 실업, 질병, 장애, 빈곤, 재해, 노령 등 사회적 위험으로부터 보호하기 위한 제도적 장치를 말한다. 사회안전망은 사회보험과 공적 부조, 사회복지서비스 등 사회보장정책을 통해 실현되는 것으로 사회보험제도는 사회적 위험을 예상하고 이에 대처함으로써 국민의 경제생활을 보장하려는 소득보장제도이다.

사회보험은 보험제도를 이용하여 사회적 안전망을 확보하는 방법이고 공적 부조는 저소득층, 장애인, 실업자 등 스스로 생계를 영위할 수 없는 계층에게 생계비와 서비스를 제공하는 제도이다. 우리나라의 공적 부조 관련 제도에는 기초생활수급, 의료보호, 장애자보호, 재해구호 등이 있다. 공적 부조는 그 혜택을 받는 사람이 극히 일부분으로 사회보험만으로는 생계유지가 곤란한 생활능력이 결여된 계층인 점에서 국민 모두가 수혜대상이 될 수 있는 사회보험과 다르다.

사회보험은 국민 누구나 특정한 손실이 발생하였을 경우 생명 및 생계유지에 필수적인 금전 또는 서비스 혜택을 받을 수 있도록 법에 의하여 국가 등의 기관에 수혜대상자들이 위험을 이전하는 제도이다. 따라서 사회보험의 가입은 의무적이며 가입에 따른 사회보험수혜의 방법과 금액은 법으로 규정되며, 정부가 직접 운영하거나 국가가 설립한 공적 기관이 운영할 경우에도 감독을 할 책임이 있다. 특히 중요한 것은 사회보험 수혜의 정도는 보험료 납부금액의 정도와 비례하지 않고 오히려 보험료 납입자의 경제활동, 소득, 재산 등 지불능력에 비례한다. 이러한 방식은 사회적 타당성을 강조하며 소득재분배의 효과를 발생시킨다. 사회적 타당성이란 혜택이 모든 기여자들에게 일정한 생활수준을 유지하도록 제공된다는 것을 의미한다(보험경영연구회, 2003).

사회보험은 일반적으로 국가 또는 공공기관이 독점적으로 운영하는 경우가 많고 기업이나 단체가 운영하더라도 정부가 상당히 개입한다. 이처럼 사회보험을 통하여 보험시장에 정부 개입이 필요한 이유는 시장실패에 기인한다. 시장실패란 시장기구가 효율적인 자원배분을 하지 못하게 됨에 따라 시장의 기능이 제대로 작동하지 못하는 것을 의미한다. 시장실패의 원인은 독점과 과점과 같은 시장구조, 정보의 불완전성, 거래비용 및 외부효과 등이다.

보험시장에서 사회보험을 통해 정부가 개입하는 주된 근거는 정보의 불완전성, 특히 보험자와 피보험자 간의 정보 비대칭(information asymmetry)이라고 할 수 있다. 보험자는 피보험자의 위험 정도에 대해 완벽하게 알 수 없기 때문에 역선택이 발생하게 되고 피보험자의 위험 정도에 정확히 상응하는 보험료를 부과할 수 없게 되며 사회적으로 최적규모의 보험시장이 성립되는 것은 불가능하다.

표 5-1 사회보험과 민간보험의 비교

구 분	사회보험	민간보험
제도의 목적	최저생계 또는 의료보장	개인적 필요에 따른 보장
보험가입	강 제	임 의
부양성	국가 또는 사회부양성	없 음
수급권	법적 수급권	계약적 수급권
독점/경쟁	정부 및 공공기관의 독점	자유경쟁
공동부담여부	공동부담의 원칙	본인부담위주
재원부담	능력비례부담	개인의 선택
보험료 부담방식	주로 정율제	주로 소득정율제
보험료수준	위험율 상당 이하 요율	경험율
보험자의 위험선택	불필요	필 요
급여수준	균등급여	기여비례
인플레이션 대책	가 능	취 약
보험사고대상	인(人)보험	인보험, 물(物)보험
성 격	집단보험	개별보험

자료: 4대사회보험 정보연계센터 홈페이지(www.4insure.or.kr).

사회보험을 통하여 보험시장에 정부가 개입하는 또 다른 근거는 사회적 불평등 해소이다. 시장이 효율적인 자원배분을 실현하고 있는 상태일지라도 계층 간 소득 배분이 과도하게 불평등하다면 사회의 안정이 심각하게 훼손될 수 있으며, 국민의 인간으로서 최저생활을 보장한다는 복지국가의 실현은 불가능하다. 이런 측면에서 정부는 사회보험을 통해 소득재분배 효과를 추구하게 된다. 사회보험을 보험회사가 운영한다면 보험회사는 위험이 크지만 보험가입이 매우 필요한 계층의 위험을 인수하지 않으려 하기 때문에 이들 집단의 보험가입을 수용할 수 있는 보험자는 정부나 공공기관이 가장 적합하다.

우리나라의 4대 사회보험제도는 업무상의 재해에 대한 산업재해보상보험, 질병과 부상에 대한 건강보험 또는 질병보험, 폐질·사망·노령 등에 대한 연금보험, 실업에 대한 고용보험제도이다. 4대 사회보험의 특징은 표 5-2와 같다.

표 5-2 **4대 사회보험의 주요 특징**

구 분	국민연금	건강보험	고용보험	산재보험
시행년도	1988년	1977년 (노인장기요양보험 2008.7.1 실시)	1995년	1964년
기본성격	소득보장 장기보험	의료보장 단기보험	실업고용 중기보험	산재보상 단기보험
급여방식	현금급여 소득비례	현물급여 균등급여	현금급여 소득비례	현물-균등급여 현금-소득비례
재정 및 관리	수정적립방식 전체일괄관리	부과방식 이원화(직장·지역) 관리	수정적립방식	순부과방식
관리단위	개인별관리	사업장·세대별 관리	사 업	사업장
보험료관장	보건복지부장관	보건복지부장관	고용노동부장관	고용노동부장관
자격관리방식	직장·지역 통합관리	직장·지역 통합관리	사업별 관리 가입자관리	사업별 관리 가입자관리
보험료부과단위	사업장, 지역(개인별)	사업장, 지역(세대별)	사 업	사 업

자료 : 4대사회보험 정보연계센터 홈페이지(www.4insure.or.kr).

4대 사회보험은 각각 보건복지부, 노동부, 보훈처에서 운영 및 감독을 하고 있기 때문에 중복 급여의 가능성, 징수의 비효율성 등 많은 비판을 받아왔다. 2011년 1월 1일부터 3개의 사회보험공단(국민건강보험공단·국민연금공단·근로복지공단)에서 따로 운영하던 4대 보험의 보험료 징수업무를 국민건강보험공단이 통합하여 운영하기 시작하였다. 우리나라 4대 사회보험 가운데 국민연금보험은 은퇴설계에서 상세히 살펴보기 때문에 본 장에서는 국민건강보험, 산업재해보험, 고용보험에 대하여 알아본다.

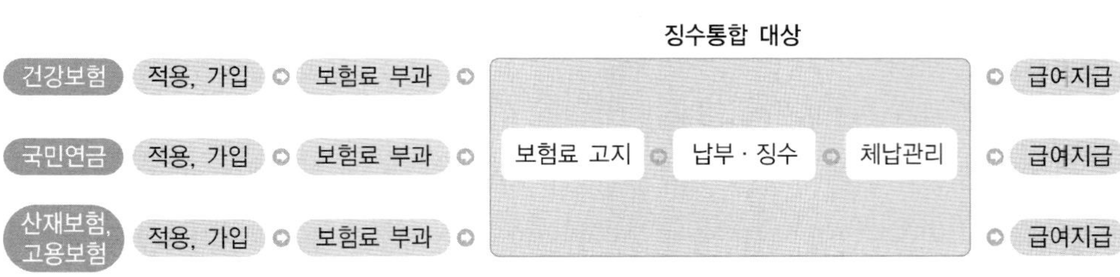

그림 5-1 **4대 사회보험 징수통합서비스**

자료: 사회보험 통합징수 포털(http://si4n.nhic.or.kr/).

2. 국민건강보험제도

1) 의료보장제도의 유형과 역사

한국의 건강보장은 공적부조인 의료급여와 사회보험인 건강보험으로 구분할 수 있으며, 국내에 거주하는 전 국민을 포괄하고 있다. 건강보험이란, 일상생활에서 발생하는 우연한 질병이나 부상으로 인하여 일시에 고액의 진료비가 소요되어 가계가 파탄되는 것을 방지하기 위하여, 보험원리에 의거 국민들이 평소에 보험료를 낸 것을 보험자인 국민건강보험공단이 관리·운영하다가 국민들이 의료를 이용할 경우 보험급여를 제공함으로써 국민 상호간에 위험을 분담하고 의료서비스를 제공하는 사회보장제도이다.

의료보장제도는 각국의 고유한 문화와 전통을 배경으로 하는 역사적 산물로서 단순 분류에는 어려움이 있으나 일반적으로 OECD는 세 가지로 분류하고 있다.

첫째, 사회보험방식(Social Health Insurance, SHI)으로 사회보험방식(SHI)은 국가의 의료보장에 대한 책임을 기본으로 하고 있지만, '의료비에 대한 국민의 자기 책임의식' 을 일정부분 인정하는 체계이다. 정부기관이 아닌 보험자가 보험료로써 재원을 마련하여 의료를 보장하는 방식으로 독일의 비스마르크가 창시하여 비스마르크방식이라고도 한다. 이는 보험원리에 의해 일차적으로 국민의 보험료에 의해 재원을 조달하고 국가는 이차적 지원과 후견적 지도기능을 수행한다. 국민의 일차적 부담의무가 전제된 비용의식적 제도이며 국민의 정부 의존심을 최소화할 수 있다. 또한 관리체계는 정부에 대해 상대적으로 자율성을 지닌 기구를 통한 자치적 운영을 근간으로 하며, 의료의 사유화를 전제로 의료공급자가 국민과 보험자 간에서 보험급여를 대행하는 방식이다. 사회보험방식(SHI)은 독일, 프랑스 등이 그 대표적인 국가이다.

둘째, 국민건강보험방식(National Health Insurance, NHI)으로 국민건강보험방식(NHI)은 SHI와 마찬가지로 사회연대성을 기반으로 보험의 원리를 도입한 의료보장체계이다. 서구유럽의 SHI방식과 그 운영방식이 대체로 흡사하지만 국가 내 '보험자(의료에 대한 사회보험 관리운영기구)' 가 1개라는 점에서 서구의 SHI방식과 차이가 있다. 이러한 NHI방식의 의료보장체계로 운영하는 대표적인 국가는 한국과

대만을 들 수 있는데, 사회보험의 운영원리를 자국의 사회적·경제적 실정에 닻게 적용했다는 점에서 의의가 있다.

셋째, 국민보건서비스방식(National Health Service, NHS)으로 국가보건서비스(NHS)방식은 '국민의 의료문제는 국가가 모두 책임져야 한다'는 관점에서 정부가 일반 조세로 재원을 마련하여 모든 국민에게 무상으로 의료를 제공(universal type)하는 국가의 직접적인 의료관장방식으로 일명 조세방식 또는 비버리지방식이라고 한다. 이 경우 의료기관의 상당부분이 사회화 내지 국유화되어 있으며, 영국의 비버리지가 제안한 이래 영국, 스웨덴, 이탈리아 등이 그 대표적인 국가이다. NHS방식을 채택하고 있는 나라에서는 소득 수준에 관계없이 모든 국민에게 포괄적이고 균등한 의료를 보장하며 정부가 관리 주체로서 의료공급이 공공화되어 의료비 증가에 대한 통제가 강하다.

우리나라의 국민건강보험은 1963년 「의료보험법」에 의한 임의적용이 시도된 후가 1976년 의료보험법이 전면 개정되었고 1977년부터 피용자의 강제적용이 시행되었다. 1977년 공무원 및 사립학교 교직원 「의료보험법」이 1979년부터 시행되었고 1988년 농어촌 지역의료보험, 1989년에는 도시자영자의료보험의 시행이 되어 전국민 의료보험이 실현되었다. 1998년 「국민의료보험법」이 제정되었고 1999년 국민의료보험관리공단과 직장의료보험조합이 통합되어 「국민건강보험법」이 제정되었다. 2000년 7월 1일부터는 「국민건강보험법」이 시행되었고, 2008년 7월 1일부터 「노인장기요양보험법」이 시행되었다.

표 5-3 국민건강보험의 연혁

전국민 의료보험 실현(1989)	
1998	「국민의료보험법」 제정 (공무원 및 사립학교 교직원의료보험관리공단과 지역의료보험조합 통합)
1999	「국민건강보험법」 제정 국민의료보험관리공단과 직장의료보험조합 통합
2000	「국민건강보험법」 시행(2000.7.1)
2008	「노인장기요양보험법」 시행(2008.7.1)
2011	사회보험 징수통합(건강보험, 국민연금, 고용보험, 산재보험)

* 의료보험법(독립채산방식에 의하여 자치운영) → 「국민건강보험법」(1999.2.8 제정): 단일 보험자가 통합 운영
자료: 국민건강보험공단 홈페이지(http://www.nhic.or.kr/portal/site/main).

2) 국민건강보험의 적용대상

국민건강보험의 가입대상은 국내에 거주하는 국민으로 의료급여법에 의해 의료급여를 받는 사람과 독립유공자 예우에 관한 법률 및 국가유공자 등 예우 및 지원에 관한 법률에 의해 의료보호를 받는 사람을 제외한 모든 국민이다.

건강보험은 직장가입자와 지역가입자로 적용 대상자를 구분하고 있으며, 직장가입자는 사업자의 근로자 및 사용자와 공무원 및 교직원, 그리고 그 피부양자로 구성되고, 지역가입자는 직장가입자와 그 피부양자를 제외한 자를 대상으로 한다. 국민건강보험 대상자 중 피부양자는 직장가입자에 의하여 주로 생계를 유지하는 자로서 보수 또는 소득이 없는 자를 의미하며, 직장가입자의 배우자, 직계존속(배우자의 직계존속 포함), 직계비속(배우자의 직계비속 포함) 및 그 배우자, 형제·자매를 포함한다.

3) 국민건강보험료

(1) 직장건강보험료

직장건강보험료는 당해년도 가입자의 보수월액에 보험료율을 곱하여 얻은 금액으로 한다. 부과체계는 다음과 같다.

직장건강보험료＝보수월액×건강보험료율

여기서 보수월액이란 동일사업장에서 당해연도에 종사한 기간 중 지급받은 보수총액을 그 해당기간의 월수로 나눈 금액인 월평균 보수액을 의미한다. 2011년 건

표 5-4 직장건강보험료 부담비율 (단위 : %)

구 분	계	가입자부담	사용자부담	국가부담
근로자	100	50	50	–
공무원	100	50	–	50
사립학교교원	100	50	30	20
군 인	100	50	–	50

자료: 국민건강보험공단 홈페이지(http://www.nhic.or.kr/portal/site/main).

강보험료율은 5.64%(노인장기요양보험료율은 6.55%)이다. 직장건강보험료 납입의 부담비율은 표 5-4와 같다. 즉, 2011년을 기준으로 근로자의 직장건강보험료는 가입자와 사용자가 보수월액의 2.82%씩 부담하는 것이다.

(2) 지역보험료 부과체계

지역가입자의 보험료 부과는 가입자의 소득, 재산(전월세, 자동차 포함), 생활수준 및 경제활동참가율을 참작하여 정해진 부과요소별 점수를 합산한 보험료부과점수에 점수당 금액을 곱하여 보험료를 산정한 후 경감률 등을 적용하여 세대단위로 부과한다. 즉 지역가입자 보험료(이하 '지역보험료' 라 함)는 소득, 재산, 생활수준, 경제활동참가율 등을 참작하여 정한 보험료 부과점수에 점수 당 금액을 곱하여 산정한 보험료를 부과한다. 소득점수는 '소득등급별 점수(70등급)' 와 '생활수준 및 경제활동참가율 등급별 점수(30등급)' 로 구분, 재산점수는 '재산등급별점수(50등급)' 와 '자동차등급별점수(7등급)' 로 구분하고 있다. '생활수준 및 경제활동참가율등급별 점수' 부과대상은 소득금액이 없거나 연간 소득금액 500만 원 이하 세대로 시행령이 정하는 등급별 점수를 적용하며, '소득등급별 점수(70등급)' 부과대상은 종합소득과, 연금 근로소득 등에 대해 공단정관이 정하는 평가율을 적용한 연간소득금액 합계액이 500만 원을 초과한 세대이며 시행령이 정하는 등급별 점수를 적용한다.

표 5-5 지역가입자 보험료 결정방식

등급구분(시행령 별표4의 2)	산정방법(점수합산)	보험료 결정
(1) 소득등급별 점수(70등급) • 종합소득	소득 500만 원 이하 : (2)+(3)+(4) 소득 500만 원 초과 : (1)+(2)+(3)	부과요소별 점수 합산 보험료부과점수×점수당 금액 • 2007년도 점수 당 금액: 139.9원 • 결정보험료의 10원 미만 절사 • 2008년도 점수 당 금액: 148.9원 ※ 2009년도 건강보험료는 인상하지 않음 ※ 2010년도 점수당 금액: 156.2원 ※ 2011년도 점수당 금액: 165.4원
(2) 재산등급별 점수(50등급) • 주택·건축물, 토지 등 • 전·월세보증금		
(3) 자동차등급별점수(7등급, 28구간)		
(4) 생활수준 및 동참가율등급점수(30등급) • 성, 연령, 재산, 자동차 • 소득금액 가산점수(50만 원당 1점)		

자료: 국민건강보험공단 홈페이지(http://www.nhic.or.kr/portal/site/main).

4) 국민건강보험 급여

국민건강보험의 보험급여는 가입자와 피부양자의 질병과 부상에 대한 예방, 진단, 치료, 재활, 출산, 사망 및 건강진단에 대하여 현물급여와 현금급여의 형태로 지급하고 있다. 현물급여는 가입자 및 피부양자에게 요양기관을 통하여 직접 의료서비스를 제공하는 것으로 요양급여와 건강검진이며, 현금급여에는 요양비, 본인부담금보상금, 장애인 보장구 급여비 등이 있다.

국민건강보험가입자가 부담하는 본인부담은 상급종합병원의 경우 진찰료 총액과 나머지 진료비의 합의 60%, 종합병원의 경우 요양급여비용총액의 45%(읍·면지역), 50%(동지역)이며, 병원의 경우 요양급여 비용총액의 35%(읍·면지역), 40%(동지역)이고 의원의 경우 요양급여비용 총액의 30% 단, 65세 이상 요양급여비용 총액이 1만 5,000원 이하이면 1,500원이다. 특히 보건소, 보건지소, 보건진료소에서는 요양급여비용이 1만 2,000원 초과 시 총액의 30%, 요양급여비용이 1만 2,000원 이하 시 정액제 적용하고 있다.

2009년 12월 1일부터 특히 고액 및 중증질환의 경우 암, 휘귀난치질환 등록자는 5년간 총 진료비의 5%가 본인부담금이다. 입원 및 만성신부전증환자는 총진료비의 10%, 심장·뇌혈관질환의 경우 수술 입원기간 최대 30일까지이며, 중증화상 입원 및 외래의 본인부담률이 5%이다. 과다한 진료비 지출로 인해 가계의 경제적 부담을 줄이기 위해 병·의원(약국포함)에서 진료를 받고 부담하는 건강보험 적용 본인부담금이 가입자의 보험료 수준별 하위 50%는 연간 200만 원, 중위 30%는 300만 원, 상위 20%는 연간 400만 원의 상한액을 초과하는 경우 그 초과액을 공단이 부담한다.

5) 노인장기요양보험

고령이나 노인성질병 등으로 인하여 6개월 이상 동안 혼자서 일상생활을 수행하기 어려운 노인 등에게 신체활동 또는 가사지원 등의 장기요양급여를 사회적 연대원리에 의해 제공하는 사회보험제도이다.

표 5-6 노인장기요양보험과 노인복지서비스체계의 차이점

구 분	노인장기요양보험제도	기존 노인복지서비스체계
서비스 대상	• 보편적 제도 • 장기요양이 필요한 65세 이상 노인 및 치매 등 노인성 질환을 가진 64세 이하의 국민	• 특정 대상 한정(선택적) • 국민기초생활보장수급자를 포함한 저소득층 위주
서비스 선택	• 수급자 및 부양가족의 선택에 의한 서비스 제공	• 지방자치단체장의 판단(공급자 위주)
재 원	• 장기요양보험료+국가 및 지방자치단체 부담+이용자 본인 부담	• 정부 및 지방자치단체의 부담
서비스	• 시설급여 • 재가급여(방문요양, 방문목욕, 방문간호, 주·야간보호, 단기보호 등) • 특별현금급여(가족요양비) 등	• 시설 재가서비스를 제공하나, 서비스 질에 대한 관리 미흡
시설에 대한 지원방식	• 시설급여 및 재가급여 제공자는 비용을 수가산정 방식을 적용하여 국민건강보험공단에 청구 • 건강보험공단은 청구된 장기요양급여 및 비용 등의 적정 여부 심사 후 지급	• 지방자치단체를 통하여 시설 입소 인원 또는 연간 운영비용을 기준으로 정액 지급(사후정산)

자료: 국민건강보험공단 홈페이지(http://www.nhic.or.kr/portal/site/main).

3. 산업재해보상보험제도

1) 산업재해보상보험의 의의

산업재해란 업무상의 사유에 따른 근로자의 부상, 질병, 장해 또는 사망을 의미한다. 산업재해보상보험은 근로자의 업무상 재해나 직업병에 대한 신속·공정한 보상과 재해근로자의 재활이나 사회복귀를 촉진하는 목적으로 근로자의 재해로 인한 사용자의 책임을 보험의 원리를 적용하여 관리하는 제도이다. 산업재해보상보험은 1963년 제정되고 1964년 1월 1일부터 시행되었다. 산업재해보험은 근로자 1인 이상 고용(사용)하는 모든 사업장 및 고용된 근로자에게 적용된다. 특히 사업주 의사와 관계없이 자동적으로 보험 관계가 성립한다.

2) 산업재해보상보험의 적용대상

당연적용사업에 해당하게 되는 날 이후 재해를 당한 근로자는 사업주의 성립신

고 여부와 관계없이 산재보상을 받을 수 있다. 그리고 당연적용대상사업에 해당하지 않는 경우 승인을 얻어 보험 가입할 수 있으며 고용보험의 경우 근로자(적용제외근로자 제외)과반수 이상의 동의를 얻어 임의 가입이 가능하다.

산업재해보상보험에 적용제외 사업은 첫째, 농업·임업(벌목업 제외)·어업·수렵업중 법인이 아닌 자의 사업으로서 상시근로자 수가 5명 미만인 사업, 둘째, 가구내 고용활동, 셋째, 「주택법」에 의한 주택건설사업자, 「건설산업기본법」에 의한 건설업자, 「전기공사업법」에 의한 공사업자, 「정보통신공사업법」에 의한 공사업자, 「소방법」에 의한 소방시설공사업자 또는 「문화재보호법」에 의한 문화재수리업자가 아닌 자가 시공하는 공사(총 공사금액이 2,000만 원 미만인 공사 또는 연면적이 $100m^2$ 이하인 건축물의 건축 또는 연면적이 $200m^2$ 이하인 건축물의 대수선에 관한 공사), 넷째, 「공무원연금법」 또는 「군인연금법」에 의하여 재해보상이 행해지는 사업, 다섯째, 「선원법」, 「어선원 및 어선재해보상보험법」 또는 「사립학교교직원연금법」에 의하여 재해보상이 행해지는 사업, 여섯째, 상시근로자수가 1명 미만인 사업이 해당된다.

중소기업사업주에 대한 적용특례로 중소기업사업주의 경우 사실상 근로에 종사하는 경우가 많은 점을 감안하여 임의로 산재보험에 가입할 수 있도록 하는 제도가 있다. 이에 해당하는 경우는 첫째, 보험 가입자로서 50인 미만의 근로자를 사용하는 사업주, 둘째, 근로자를 사용하지 아니하는 사업주로, 여객자동차 「운수사업법」에 따라 여객자동차 운송 사업을 하는 사람, 화물자동차 「운수사업법」에 따라 화물자동차 운송 사업을 하는 사람, 「건설기계관리법」에 따라 건설기계사업을 하는 사람이다.

3) 산업재해보상보험의 보험료

산재보험의 보험료는 위험등급에 따라 업종을 구분하여 차등화된 보험요율을 적용한다. 또 같은 업종이라 하더라도 산재발생 정도에 따라 개별 실적요율을 적용한다. 산재보험료는 전액 사업자 부담이다.

표 5-7 2012년도 사업종류별 산재보험요율(고용노동부고시 제2011-56호) (단위: 천분율)

사업종류	요 율	사업종류	요 율
1. 광 업		계량기·광학기계·기타 정밀기구 제조업	11
석탄광업	354		
금속 및 비금속광업	161	수제품 제조업	17
채석업	246	기타 제조업	33
석회석광업	76	3. 전기·가스 및 상수도업	10
기타 광업	72	4. 건설업	37
2. 제조업		5. 운수창고 및 통신업	
식료품 제조업	22	철도궤도 및 삭도운수업	9
담배 제조업	9	여객자동차운수업	20
섬유 또는 섬유제품 제조업(갑)	14	소형화물운수업 및 택배업·퀵서비스업	20
섬유 또는 섬유제품 제조업(을)	25	화물자동차운수업	73
제재 및 베니어판 제조업	89	수상운수업, 항만하역 및 화물 취급사업	32
목재품 제조업	51		
펄프·지류제조업 및 제본 또는 인쇄물 가공업	26	항공운수업	7
		운수관련 서비스업	9
신문·화폐발행, 출판업 및 경인쇄업	10	창고업	16
인쇄업	16	통신업	12
화학제품 제조업	18	6. 임 업	72
의약품 및 화장품 향료 제조업	9	7. 어 업	
코크스 및 석탄가스 제조업	27	어 업	314
연탄 및 응집고체 연료생산업	85	양식어업 및 어업 관련 서비스업	15
고무제품 제조업	24	8. 농 업	29
유리 제조업	20	9. 기타의 사업	
도자기 및 기타 요업제품 제조업	32	건물 등의 종합관리사업	20
시멘트 제조업	26	위생 및 유사서비스업	32
비금속광물제품 및 금속제품 제조업 또는 금속가공업	46	골프장 및 경마장운영업	18
		기타의 각종사업	10
금속제련업	12	도소매 및 소비자용품수리업	11

(계속)

사업종류	요 율	사업종류	요 율
금속재료품 제조업	37	부동산업 및 임대업	9
도금업	23	전문기술서비스업	6
기계기구 제조업	24	보건 및 사회복지사업	7
전기기계기구 제조업	13	교육서비스업	8
전자제품 제조업	7	0. 금융 및 보험업	7
선박건조 및 수리업	31		
수송용기계기구 제조업	20		
자동차 및 모터사이클 수리업	21	* 해외파견자 : 17/1,000	

4) 산업재해보상보험의 혜택

산재보험의 보험혜택은 「산업재해보상보험법」 제36조~제83조에 따라 요양급여, 휴업급여, 장해급여, 간병급여, 유족급여, 상병급여, 장의비, 직업재활급여 등으로 나눈다. 구체적인 보험혜택의 내용은 다음과 같다.

(1) 보상급여

① 요양급여

요양급여는 근로자가 업무상의 사유로 부상을 당하거나 질병에 걸린 경우에 해당 근로자에게 지급한다. 부상 또는 질병이 3일 이내의 요양으로 치유될 수 있으면 요양급여를 지급하지 않는다. 요양급여의 범위는 진찰 및 검사, 약제 또는 진료재료와 의지(義肢) 그 밖의 보조기의 지급, 처치, 수술 등 치료, 재활치료, 입원, 간호 및 간병, 이송 등이다. 요양급여의 신청을 한 자는 공단이 이 법에 따른 요양급여에 관한 결정을 하기 전에는 「국민건강보험법」 제41조에 따른 요양급여 또는 「의료급여법」 제7조에 따른 의료급여를 받을 수 있다.

② 휴업급여

휴업급여는 업무상 사유로 부상을 당하거나 질병에 걸린 근로자에게 요양으로 취업하지 못한 기간에 대하여 지급하되, 1일당 지급액은 평균임금의 70/100에 상당하는 금액으로 한다. 다만, 취업하지 못한 기간이 3일 이내이면 지급하지 않는다. 그리고 요양 또는 재요양을 받고 있는 근로자가 그 요양기간 중 일정기간 또는 단시간 취업을 하는 경우에는 그 취업한 날 또는 취업한 시간에 해당하는 그 근로자의 평균임금에서 그 취업한 날 또는 취업한 시간에 대한 임금을 뺀 금액의 90/100에 상당하는 금액을 지급할 수 있다.

③ 장해급여

장해급여는 근로자가 업무상의 사유로 부상을 당하거나 질병에 걸려 치유된 후 신체 등에 장해가 있는 경우에 그 근로자에게 지급한다. 장해급여는 장해등급에 따라 별표 2에 따른 장해보상연금 또는 장해보상일시금으로 하되, 그 장해등급의 기준은 대통령령으로 정한다. 장해보상연금 또는 장해보상일시금은 수급권자의 선택에 따라 지급한다. 장해보상연금은 수급권자가 신청하면 그 연금의 최초 1년분 또는 2년분(제3항 단서에 따른 근로자에게는 그 연금의 최초 1년분부터 4년분까지)의 1/2에 상당하는 금액을 미리 지급할 수 있다.

④ 간병급여

간병급여는 제40조에 따른 요양급여를 받은 자 중 치유 후 의학적으로 상시 또는 수시로 간병이 필요하여 실제로 간병을 받는 자에게 지급한다. 제1항에 따른 간병급여의 지급기준과 지급방법 등에 관하여 필요한 사항은 대통령령으로 정한다.

⑤ 유족급여

유족급여는 근로자가 업무상의 사유로 사망한 경우에 유족에게 지급한다. 유족보상연금을 받을 수 있는 자격이 있는 자는 근로자가 사망할 당시 그 근로자와 생계를 같이 하고 있던 유족 중 처(사실상 혼인 관계에 있는 자를 포함)와 남편·부모 또는 조부모로서 각각 60세 이상인 자, 자녀 또는 손자녀로서 각각 18세 미만인 자, 형제자매로서 18세 미만이거나 60세 이상인 자 등이다. 유족급여는 족보상

연금이나 유족보상일시금으로 할 수 있다.

⑥ 상병(傷病)보상연금

요양급여를 받는 근로자가 요양을 시작한 지 2년이 지난 날 이후에 요건에 해당하는 상태가 계속되면 휴업급여대신 상병보상연금을 해당 근로자에게 지급한다. 요건은 그 부상이나 질병이 치유되지 아니한 상태일 것, 그 부상이나 질병에 따른 폐질(廢疾)의 정도가 대통령령으로 정하는 폐질등급기준에 해당할 것, 요양으로 인하여 취업하지 못하였을 것이다.

⑦ 장의비(葬儀費)

장의비는 근로자가 업무상의 사유로 사망한 경우에 지급하되, 평균임금의 120일분에 상당하는 금액을 그 장제(葬祭)를 지낸 유족에게 지급한다. 다만, 장제를 지낼 유족이 없거나 그 밖에 부득이한 사유로 유족이 아닌 자가 장제를 지낸 경우에는 평균 임금의 120일분에 상당하는 금액의 범위에서 실제 드는 비용을 그 장제를 지낸 자에게 지급한다. 장의비가 대통령령으로 정하는 바에 따라 고용노동부장관이 고시하는 최고 금액을 초과하거나 최저 금액에 미달하면 그 최고 금액 또는 최저 금액을 각각 장의비로 한다.

⑧ 직업재활급여

직업재활급여의 종류는 첫째, 장해급여 또는 진폐보상연금을 받은 자나 장해급여를 받을 것이 명백한 자인 장해급여자 중 취업을 위하여 직업훈련이 필요한 자에 대하여 실시하는 직업훈련에 소요되는 비용 및 직업훈련수당, 둘째, 업무상의 재해가 발생할 당시의 사업에 복귀한 장해급여자에 대하여 사업주가 고용을 유지하거나 직장적응훈련 또는 재활운동을 실시하는 경우에 각각 지급하는 직장복귀지원금, 직장적응훈련비 및 재활운동비가 있다.

(2) 재해인정

근로자가 다음과 같은 사유로 부상·질병 또는 장해가 발생하거나 사망하면 업무상의 재해로 본다. 그리고 업무와 재해 사이에 상당인과관계(相當因果關係)가 있어야 한다. 그리고 근로복지공단에 업무상 질병의 인정 여부를 심의하는 기관으로 업무상질병판정위원회가 설립되어 있다.

■ 업무상 사고

- 근로자가 근로계약에 따른 업무나 그에 따르는 행위를 하던 중 발생한 사고
- 사업주가 제공한 시설물 등을 이용하던 중 그 시설물 등의 결함이나 관리소홀로 발생한 사고
- 사업주가 제공한 교통수단이나 그에 준하는 교통수단을 이용하는 등 사업주의 지배 관리하에서 출퇴근 중 발생한 사고
- 사업주가 주관하거나 사업주의 지시에 따라 참여한 행사나 행사준비 중에 발생한 사고
- 휴게시간 중 사업주의 지배 관리하에 있다고 볼 수 있는 행위로 발생한 사고
- 그 밖에 업무와 관련하여 발생한 사고
- 업무상 질병
  - 업무수행 과정에서 물리적 인자(因子), 화학물질, 분진, 병원체, 신체에 부담을 주는 업무 등 근로자의 건강에 장해를 일으킬 수 있는 요인을 취급하거나 그에 노출되어 발생한 질병
  - 업무상 부상이 원인이 되어 발생한 질병
  - 그 밖에 업무와 관련하여 발생한 질병
- 근로자의 고의·자해행위나 범죄행위 또는 그것이 원인이 되어 발생한 부상·질병·장해 또는 사망은 업무상의 재해로 보지 않는다. 다만, 그 부상·질병·장해 또는 사망이 정상적인 인식능력 등이 뚜렷하게 저하된 상태에서 한 행위로 발생한 경우로서 대통령령으로 정하는 사유가 있으면 업무상의 재해로 본다.

4. 고용보험제도

1) 고용보험의 의의

고용보험은 실업보험과 고용안정사업, 직업능력사업 등을 통합적으로 연계한 사회보장보험이다. 고용보험을 관리하는 담당기관은 고용노동부 산하 고용센터와 근로복지관리공단이다. 그림 5-2는 각 기관의 역할을 설명한 것이다. 고용노동부 산하 고용센터는 피보험자 관리업무, 고용안정사업 관련 업무, 실업급여 관리업무, 보성보호 관리업무, 직업능력개발 관련 업부를 담당하고 있다. 근로복지관리공단은 고용보험의 가입과 징수와 관련된 업무를 담당하고 있다.

2) 고용보험의 적용대상

고용보험은 1998년 10월 1일부터 1인 이상의 근로자가 있는 사업주가 의무적으로 가입해야 한다. 그런데 사업의 규모 및 산업별 특성을 고려하여 사업장 및 피보험자 관리가 매우 어렵다고 판단되는 일부 사업에 대하여는 적용을 제외한다.

즉, 농업, 임업, 어업 및 수렵업 중 법인이 아닌 자가 상시 근로자 4인 이하를 고용하는 사업, 총 공사금액이 매년 고용노동부장관이 고시하는 금액(2004년 2,000만 원) 미만인 건설공사, 연면적 100m^2 이하인 건축물의 건축 또는 연면적이 200m^2 이하인 건축물의 대수선에 관한 공사, 가사 서비스업이 이에 해당한다. 이처럼 적용 제외에 해당하는 사업은 근로자(적용 제외 근로자 제외)의 과반수 이상의 동의를 얻어 고용보험가입신청서를 관할 근로복지공단에 제출하여 승인받아야 가입할 수 있다.

또 고용보험은 모든 근로자에게 적용되나 일부 근로자에 대해서는 적용을 제외하고 있다. 즉, 65세 이상인 자(고용안정과 직업 능력 개발 사업은 적용됨), 1월간 소정근로시간이 60시간 미만인 근로자(1주가 15시간 미만인 자 포함), 공무원, 「사립학교교직원연금법」 적용자, 별정우체국 직원이 이에 해당된다. 다만, 생업을 목적으로 근로를 제공하는 자 중 3개월 이상 계속하여 근로를 제공하는 자와 1개월 미만 동안 고용되는 일용근로자, 별정직 또는 계약직 공무원으로서 임용된 날로부터 3개월 이내에 신청한 자는 적용대상이다.

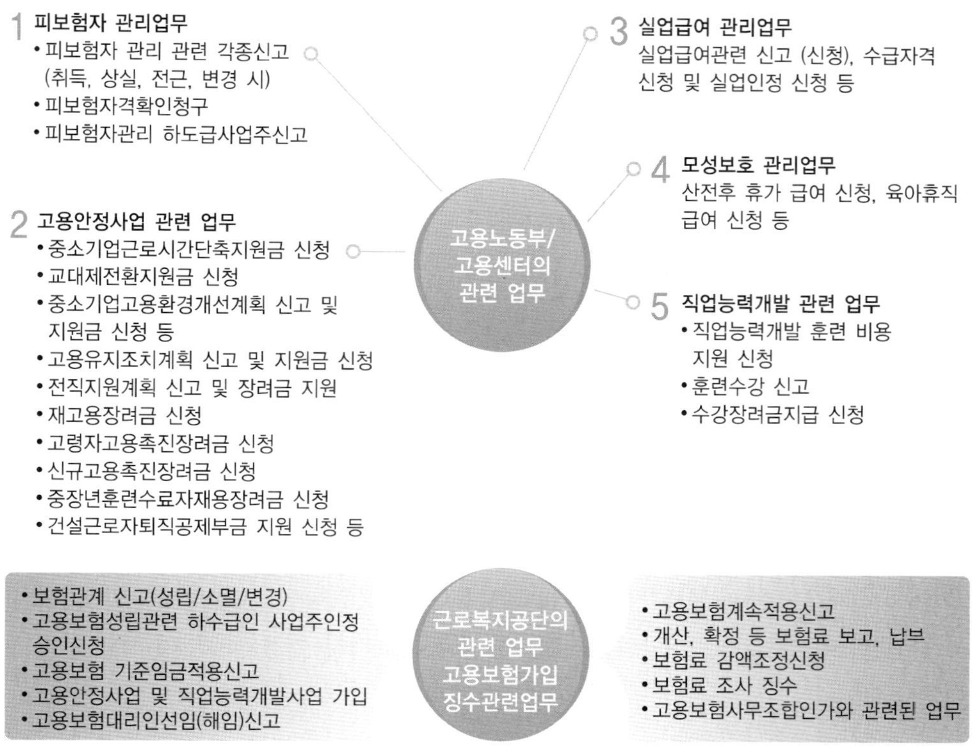

그림 5-2 고용센터와 근로복지관리공단의 역할

자료: 고용보험 홈페이지(www.ei.go.kr).

자영업자의 경우 고용보험에 임시가입할 수 있다. 자영업자란, 근로자를 사용하지 않거나 5인 미만의 근로자를 사용하는 사업주로서 「소득세법」 제168조 또는 「부가세법」 제5조의 규정에 따라 사업자등록을 한 자를 말한다. 그러나 자영업자는 자기를 피보험자로 하여 고용안정·직업능력개발사업에 임의가입 가능하며 실업급여는 자영업자가 원하더라도 임의 가입할 수 없다.

3) 고용보험료

고용보험료는 보험가입자인 사업주가 일괄 납부하며 연초에 사업주가 스스로 당해 보험연도의 근로자 임금총액 추정액에 보험사업별 보험요율을 적용하여 보고 및 납부를 한 후 그 다음 연도 초에 근로자의 실제임금총액에 보험사업별 보험요

표 5-8 **고용보험료** (단위: %)

구 분		근로자	사업주	부 담
실업급여		0.55	0.55	근로자, 사업자 50%씩 분담
고용안정 사업 및 직업능력 개발사업	150인 미만기업	–	0.25	사업자 부담
	150인 이상 기업(우선 지원대상기업)	–	0.45	
	150인 이상~1,000인 미만 기업 (우선지원 대상기업 제외)	–	0.65	
	1,000인 이상 기업 및 국가, 지방자치단체가 직접 행하는 사업	–	0.85	

자료: 고용보험 홈페이지(www.ei.go.kr).

율을 적용하여 확정보험료를 보고 및 납부하여 정산한다. 2012년 1월 1일부터 적용되는 보험사업별로 보험요율은 다음 표와 같다. 실업급여에 충당하는 고용보험요율은 근로자 0.55%, 사업자 0.55%로 각각 50% 분담하며, 고용안정사업 및 직업능력 개발사업을 위한 고용보험요율은 기업규모에 따라 차등적용되며 사업자가 전액 부담한다.

4) 고용보험의 혜택

고용보험을 가입한 개인이 취득할 수 있는 혜택은 재직근로자 훈련지원, 실업자 훈련지원, 실업급여, 육아휴직급여, 구직등록 등이다.

(1) 재직근로자 훈련지원

① 근로자 수강 지원금 지원

고용보험 피보험자인 재직근로자가 자발적으로 직업능력개발 훈련을 수강하는 경우 수강비용을 지원한다.

② 근로자 학자금 및 훈련비 대부

고용보험 피보험자인 재직근로자가 능력개발을 위해 전문대학 이상의 학교 입학 또는 재학하거나 훈련을 수강하는 경우 학자금을 장기/저리로 대부해준다.

(2) 실업자 훈련지원

고용보험에서는 실업자의 재취업을 위한 훈련을 지원하고 있다. 훈련 지원에 대한 훈련비, 훈련 수당을 지원하고 있으며 민간 훈련기관, 대한상공회의소 등의 취업훈련을 실시한다. 또 고용보험 사업장에서 실직한 근로자가 재취업을 위해 훈련을 받는 경우 훈련비(전액 국비지원이나 일부 훈련의 정부지원훈련비 초과분은 훈련생부담)와 훈련수당을 지원한다.

(3) 실업급여

근로자가 실직 했을 때 일정기간 급여를 지급함으로써 실업으로 인한 생계불안을 극복하고 생활의 안정을 도와주며 재취업의 기회를 지원해주는 제도이다. 실업급여를 받을 수 있는 조건은, 첫째, 실직전 18개월 중 고용보험가입 사업장에서 180일(피보험단위기간) 이상 근무경력이 있어야 하며, 둘째, 회사의 경영사정 등과 관련하여 비자발적인 사유로 이직해야 한다. 주의할 것은 자발적 이직, 중대한 귀책사유로 해고된 경우는 제외된다는 점이다. 셋째, 근로의 의사 및 능력이 있고 적극적인 재취업활동에도 불구하고 취업하지 못한 상태에 있어야 한다. 실업급여 지급액은 퇴직 전 평균임금의 50%를 소정급여일 수만큼 지급하는데 1일 최고 4만원까지, 그리고 최저는 「최저임금법」상 시간급 최저금액의 90%×1일 근로시간 (8시간)으로 계산한다.

(4) 육아휴직급여

맞벌이 가족의 증가로 육아휴직에 관한 관심이 증가하고 있다. 고용보험에서는 근로자가 만 6세 이하(2007년 12월 31일 이전 출생자는 생후 1년 미만)의 초등학교 취학 전 자녀를 양육하기 위하여 남녀고용평등과 일·가정 양립 지원에 관한 법률 제19조에 의한 육아휴직을 30일 이상 부여받은 경우 지급되는 육아휴직급여를 제공한다.

육아휴직급여를 받을 수 있는 조건은 첫째, 육아휴직개시일 이전에 피보험단위기간이 180일 이상이어야 하고, 둘째, 육아휴직개시일 이후 1월부터 종료일 이후 12월 이내 신청해야 한다. 육아휴직급여의 혜택은 매월 통상임금의 40%를 지급하는데 상한액은 월 100만 원, 하한액은 월 50만 원이다. 그리고 급여 중 일부(15%)를 직장 복귀 6개월 후에 합산하여 일시불로 지급하고 있다.

(5) 산전 후 휴가급여

임신, 출산 등으로 인하여 소모된 체력을 회복시키기 위하여 부여하는 제도이다. 임신 중인 여성근로자가 사업주로부터 산전후휴가를 부여받아 사용할 수 있는데 산전후휴가 종료일 이전에 고용보험의 피보험단위 기간을 통산하여 180일 이상일 경우 지원할 수 있다. 산전 후 휴가급여는 산전 후 휴가기간 중 우선지원 대상기업의 근로자에게는 90일분(405만 원 한도), 대규모기업의 근로자에게는 최초 60일을 초과한 30일분(135만 원 한도)에 해당하는 「근로기준법」상 통상임금(산전후휴가 개시일 기준)상당액이다. 여기서 통상임금이란 근로자에게 정기적·일률적으로 소정근로시간에 대하여 지급하기로 정하여진 기본급 임금과 임금 산정 기간에 지급하기로 정하여진 고정급 임금을 의미한다.

(6) 구직등록

워크넷(WORK-NET)에 구직신청을 하면 고용센터의 전문상담원과의 상담을 통해 원하는 일자리에 관한 정보를 얻을 수 있다. 구직신청은 신청인 거주지 관할 고용센터를 방문하거나 워크넷을 이용하여 신청할 수 있다.

3부 보험계약, 법규와 소비자 문제

6장 / 보험구매의 이해
7장 / 보험소비자보호 법제도
8장 / 보험구매와 소비자주권

6장

보험구매의 이해

우리나라의 보험산업은 수입보험료를 기준으로 세계 6~7위로 우리의 경제수준에 비하여 지나치게 높은 보험료를 내고 있다는 지적이 있다. 그 이유는 우리나라에서는 보험 본래의 기능인 위험보장보다는 저축보험(특히 생명보험)에 많이 가입하기 때문이며 또한 사회복지제도가 불충분하기 때문이라는 견해가 지배적이다.

보험은 많은 사람에게 발생하는 동질의 위험에 대비해 기금을 형성하여 우연한 사고로 손실이 발생한 보험계약자에게 보험금을 지급함으로써 그 손실을 보전해 주는 제도이다. 보험의 기능이 위험대비이든 저축의 수단이든 우리의 삶에서 보험은 뗄 수 없는 상품이다. 본 장에서는 보험구매와 관련한 주요 내용, 구체적으로 보험계약에 대한 주요 사항, 보험계약서에서 소비자행동 및 주의사항, 보험구매 단계별 소비자행동 및 주요 내용에 대해 논의하고자 한다.

1. 보험구매의 의의

1) 보험의 의의와 특성

보험은 어려움에 처한 사람을 구제해주는 합리적인 경제제도로서 장래에 어떤 손실이 발생할 경우 그 손실을 회복하는 데 드는 비용을 같은 종류의 위험에 직면한 여러 사람들이 공동으로 부담하는 제도적 장치이다. 보험은 다른 한편으로 위험에 처한 당사자가 장래에 발생할 수 있는 손실위험을 일정한 대가를 지불하고 제3자 또는 보험회사에 전가하는 계약상품이다. 또한 제도적인 결합을 통하여 불확실성을 확실성으로 전환시키는 사회적 시스템이며, 일정한 우연적 사건에 기인하여 발생하는 경제불안에 대비하기 위하여 위험을 부담하는 수단으로 확률계산에 의한 경제주체의 결합을 통해 이행된다.

결국 보험이란 손실이 발생한 경우에 손실을 보상하거나 위험과 관련된 서비스를 제공하기로 약정하는 계약이다. 다시 말해 보험자에게 계약자의 위험을 전가함으로써 계약자의 예기치 못한 손실을 집단화하는 것이다.

우리나라에 보험이 처음 소개된 것은 1891년 일본제국생명이 부산에 대리점으로 진출한 때로서 약 115년이 경과되었다.

보험은 서비스 상품으로서 불투명성·장기성·사행성 등의 특징을 가지고 있다. 또한, 보험은 다른 재화 또는 상품과 달리 독창적인 특성이 존재한다. 구체적으로 보험의 특성은 전문서비스 상품(난해성), 인지수준이 낮은 무형성 상품, 통찰력이 부족한 상품, 구매욕구가 낮은 푸쉬형 상품, 타인이 수익자가 되는 상품의 특성을 가지고 있다.

보험과 은퇴코너 6-1

생명보험과 손해보험의 정의 및 분류

- 정 의
  - 생명보험: 인보험으로 정액보험금 지급
  - 손해보험: 실손보험으로 화재보험이 대표적
- 시판되는 보험상품의 분류
  - 의료실비보험·자동차운전보험·여행보험·화재보험: 손해보험 100% 성격
  - 건강보험·종신보험·변액보험·정기보험(99%): 생명보험 100% 성격
  - 암보험: 생명보험과 손해보험의 혼합성격
  - 실버보험·연금저축·어린이 보험: 생명보험 50%와 손해보험 50% 성격

최근 시판중인 보험의 종류

보험과 은퇴코너 6-2

1. 의료실비보험
2. 건강보험
3. 암보험
4. 자동차보험
5. 종신보험: 오프라인에서만 판매, 정액제로 보험상품에서 정해진 나이(예: 60세) 이전에 사망하면 사망과 동시에 약정된 정액보험지급액수(예: 1억)를 지급하며, 60세 이후에 사망해도 60세에 약정된 정액보험지급액수(예: 1억)를 지급 ← 예를 들어 가입자가 30대인 경우 보험납입료는 매달 7~8만 원
6. 정기보험: 오프라인에서 판매, 정액제로 보험상품에서 정해진 나이(예: 60세) 이전에 사망하면 사망과 동시에 약정된 정액보험지급액수(예: 1억)를 지급, 그러나 60세 이전에 사망하지 않으면 보험지급액수 ZERO ← 예를 들어 가입자가 30대 인 경우 보험납입료는 매달 3만 원
7. 실버보험: 45세 이상 가입 가능, 다치면 보상해주는 손해보험 형태
8. 어린이 보험: 저축보험과 건강보험의 종류가 있음
9. 연금/저축보험
10. 변액보험
11. 여행보험·화재보험·운전자보험

2) 보험소비자와 판매자

보험소비자란 인생의 생로병사에서 발생하는 위험을 보장하기 위하여 보험상품이나 서비스를 구입하는 모든 자연인을 말한다. 즉, 보험소비자를 정의한다면 보험사업자가 제공하는 보험서비스를 이용하는 자로서 보험계약자, 피보험자 및 보험수익자를 말한다. 그런데 보험소비자들은 불확실한 위험에 대비하기 위해 확실한 비용을 포기해야 할 뿐 아니라, 보험상품에 대한 정보가 부족하기 때문에 막연한 불안감을 갖는다.

또한 기존의 보험구매행동을 살펴보면, 비자발적 구매, 인간관계에 의한 구매특성이 나타나는 경향이 있다.

한편, 보험상품은 판매자의 선발, 교육 훈련 등에 과다비용이 소요되고 전문조직의 확보·유지가 어렵다는 특징을 갖는다.

표 6-1 보험 상품과 일반 상품과의 비교

구 분	일반 상품	보험 상품
상품 성격	유형의 상품으로 명확한 소비효용과 부수적 효용을 가짐	무형의 상품, 관념적 상품으로 추상적인 효용을 지님
욕 구	존재하고 감지함	존재하나 주로 인식되지 못함
고객자발성	존 재	대부분 존재하지 않음
판매(구매)	판매와 동시에 대부분 경과과정 종료	보험기간까지 계속
급 부	급부와 반대급부 중시	사전보험료 납입, 사고발생 시 급부

또한 보험소비자와 판매자 간에 존재하는 정보의 비대칭성은 보험구매과정에서 매우 중요한 문제이다. 보험상품에 대한 지식이나 정보는 물론 조직력, 인적 자원 등 여러 측면에서 소비자는 불리한 거위에 있다. 예를 들어, 보험회사의 예정사업비 비율 및 실질 지급여력 비율 등의 비공개는 보험소비자와 판매자간의 정보격차를 더욱 크게 만든다.

2. 보험계약의 기초

보험계약이란 보험자와 피보험자 간의 보상계약이다. 손해보험의 경우 계약자의 신체 및 재산에 직접 발생한 손해, 타인에 대한 배상책임으로서 발생하는 보험가입자의 재산상의 손해를 보상해주는 계약을 의미한다. 보험계약과 관련한 주요 용어 및 소비자가 알아야 할 기초내용을 살펴보자.

1) 보험계약의 기본 요소

생명보험과 손해보험의 보험계약 요소는 보험의 목적, 보험료, 보험금, 보험사고, 보험기간 등이다.

(1) 보험의 목적

보험의 목적은 보험사고 발생의 객체가 되는 경제상의 재난 또는 자연인을 의미한다. 손해보험의 경우에는 피보험자의 재화가, 생명보험에서는 피보험자의 생명 또는 신체가 보험 목적이 된다.

(2) 보험료

보험료(premium)는 보험계약자가 보험자에게 위험부담료로 지불하는 금전을 의미한다. 보험계약자가 부담해야 하는 위험에 대한 대가를 보험자가 지는 대신 계약자가 지불해야 하는 금전적 의무를 보험료라고 한다. 보험료는 보험금지불에 사용되는 순보험료(net premium)와 회사의 경비, 사원급여, 광고비 등의 사업비에 사용되는 부가보험료(loading charge)로 나눌 수 있다.

(3) 보험금액

보험금액은 보험사고 발생 시에 보험자가 피보험자에게 지급하는 금액이다. 손해보험의 경우 보험자가 피보험자의 재산상의 손실을 보상하는 의미에서 손실금액을 보험금으로 지급하고, 생명보험과 같은 정액보험의 경우 보험자가 보험사고의 발생을 조건으로 약정한 일정금액을 보험금으로 지급한다. 보험금액을 산정할 때 보험가입자의 도덕적 해이에 의한 위험을 방지하고 위협의 합리적인 선택을 위해서 피보험자의 직업이나 직종에 따라 보험금액의 한도를 다르게 정할 수 있다.

(4) 보험사고·보험기간

보험사고는 보험계약에서 보험자가 보험금 지급책임을 구체화하는 사고를 말한다. 보험기간은 보험자가 보험금지급에 대한 책임이 시작되어 종료되는 시점까지의 기간을 의미한다. 보험기간을 책임기간, 위험기간이라고도 하는데, 보험자의 책임이 시작되어 종료할 때까지의 기간을 말한다.

CI 보험이란? 보험과 은퇴코너 6-3

CI 보험이란 중대한 또는 치명적인 질병이 발생하여 사망 직전의 중대한 상태에 빠져야만 진단보험금을 받을 수 있는 상품이다. 그런데 CI 보험을 판매하면서 CI 보험이 일반적인 건강보험, 질병보험으로 진단만 되면 보험금을 받을 수 있는 상품으로 판매하여 많은 민원이 발생하고 있다. 예를 들면, 급성심금경색증은 관상동맥이 막혀 심근으로 혈액공급이 감소되어, 가슴흉통이 있고, 심근조직의 괴사가 일어나야 하며, 심전도 변호의 새로운 출현과 심근효소가 새롭게 상승해야 하고, 모든 협심증과 효소검사, 심전도검사, 초음파검사, MRI 만에 의해 진단한 급성심근경색증은 보장에서 제외하고 있다.

2) 보험계약 관련자

보험계약의 관련자는 보험계약자, 보험자를 포함하는 보험계약 당사자와 피보험자, 보험수익자를 포함한다.

(1) 보험계약자

보험계약자는 본인의 명의로 보험자와 보험계약을 체결하고 보험료지급의무 등을 지는 보험가입자이다. 보험계약자의 자격은 자연인·법인의 제한이 없고, 1인의 보험계약자가 될 수도 있고 다수의 보험계약자가 될 수도 있다. 미성년자의 경우 법정대리인의 동의를 받아야 보험계약자가 될 수 있으며, 보험계약자가 2인 이상일 경우 대표자 1인을 선정하고 그에 대한 책임은 연대해야 한다.

(2) 보험자

보험자는 보험사업을 하는 자로서 보험을 인수하는 자를 말한다. 보험자는 보험사고가 발생하면 보험금의지급과 기타 급여를 지급할 의무가 있다.

(3) 피보험자

보험수익자는 생명보험에서만 사용되는 용어인데 보험사고 발생 시에 보험자로부터 보험금을 지급받는 보험금 청구권자로서 보험계약자가 보험계약 시에 지정할 수 있다. 만약에 특정인을 보험수익자로 지정하지 않은 경우에는 법적 상속인이 보험수익자가 된다.

3) 보험계약의 성립

상법에 규정된 보험계약의 정의를 살펴보면 보험계약은 당사자 일방이 약정한 보험료를 지급하고, 상대방이 재산 또는 생명이나 신체에 관하여 부정확한 사고가 생길 경우 일정한 보험금액 기타의 급여를 지급할 것을 약정함으로써 효력이 생긴다. 보험계약이 법적인 효력을 발휘하기 위해서 갖추어야 할 기본조건은 청약과 승낙, 약인, 법적 행위능력, 보험계약 목적의 합법성 등이 있다. 청약과 승낙은 보험계약자가 청약서를 작성함으로써 보험계약을 청약하는 것이고, 보험자는 그 청약에 대해 승낙 혹은 거절의사를 표시해야 한다. 보험가입 신청자가 보험가입에 필요한 서류를 갖추고 1회분의 보험료를 지급하거나 지급할 것을 약속하면 청약은 성립하고, 보험자가 이를 승낙함으로써 보험계약이 성립된다.

약인(consideration)이란 계약성립을 위해 계약 당사자 간에 서로 대가를 지불하는 것을 의미한다. 보험계약에서 피보험자 측의 약인은 1회분의 보험료 납부와 보험 증권에 명시되어 있는 조건들을 준수하는 것이다. 법적 행위능력은 계약당사자 모두가 법적 유자격자이어야 보험계약이 효력을 가지게 되는 것을 의미한다. 예를 들면, 미성년자, 한정치산자, 금치산자 등은 스스로 법적 행위를 할 수 없으므로 보험계약을 체결할 수 없다. 보험계약의 합법성은 보험계약의 목적이 법의 테두리 안에 있어야 한다는 것을 의미한다. 예를 들면, 귀중품 밀수에 따르는 위험은 공익을 해치고 법을 위한하는 데에 따르는 위험이므로 보험계약의 대상이 될 수 없다.

4) 보험계약의 효력

보험사가 계약의 청약을 승낙하고 1회 보험료를 받은 시점(신용카드의 경우 매출승인이 된 시점)부터 약관에 정해진 바에 따른 책임을 지게 된다. 이것을 책임개시일이라고 하며 제1회 보험료를 받은 날을 책임개시일로 하고 있다. 따라서 계약자가 청약 시에 제1회 보험료를 납부한 경우, 즉 청약 승낙일이전에 보험료를 납부한 경우도 제1회 보험료를 납부한 날(비록 청약 승낙일 이전일지라도)을 보험계약의 책임개시일로 산정한다. 즉, 보험사가 1회 보험료를 받았으나 아직 청약승낙을 하기 전에 보험금 지급사유가 발생하면 약관이 정하는 바에 따라 보험사가 책임을 진다. 그러나 다음의 경우는 예외로 한다.

가입자의 계약 전 알릴 의무 위반을 적용하여 회사가 책임을 지지 않는 경우, 계약자나 피보험자가 회사에 알린 내용(건강진단 내용 등 포함)이 보험금 지급사유 발생에 영향을 미쳤음을 회사가 증명하는 경우, 생명보험계약이 무효가 되는 경우 당연히 보험계약의 효력은 없어지며 다음과 같은 경우에 해당한다.

첫째, 타인의 사망을 보험금 지급사유로 하여 보험계약을 체결하는 경우 계약체결시까지 피보험자의 서면에 의한 동의를 받지 않았으면 보험계약 무효로 처리한다. 보험계약자가 아닌 다른 사람의 사망을 보험사고로 하는 계약에서 피보험자의 동의 없이 계약이 가능하다면 어떤 일이 발생할까? 악의를 가진 계약자라면 보험금을 노리고 피보험자의 생명에 위협을 가할 수도 있기 때문에 계약 체결에서 피보험자의 동의가 필수적인 것이다. 부부 간, 가족원 간에 피보험자와 계약자를 달리하여 생명보험에 가입하는 경우가 많은데, 남편이 계약자이고 아내가 피보험자인 경우 보험계약 체결 시에 피보험자인 아내의 서면동의가 있어야 추후에 보험사고발생 시 보장을 받을 수 있다.

둘째, 만 15세 미만자, 심신상실자 또는 심신박약자를 피보험자로 하여 사망보험금 지급을 사유로 계약한 경우도 무효로 처리한다. 이성적 판단력이 현저하게 떨어지는 사람들을 피보험자로 하여 보험계약을 체결하고 고의로 피보험자의 생명을 위협할 가능성이 높기 때문에 이러한 경우 계약을 무효로 하고 있다.

5) 보험계약자의 권리

(1) 청약철회권

보험계약자가 계약을 청약한 날 또는 1회 보험료를 납입한 날로부터 15일 이내에는 계약을 철회할 수 있다. 단, TV홈쇼핑 판매 또는 전화 판매인 경우에는 30일 이내에 철회가 가능하다. 보험회사는 청약철회신청을 접수한 후에 지체 없이 납입한 보험료를 환급해 주어야 하며 반환이 지연되는 경우 지연된 기간만큼의 보험계약 대출이율을 연복리로 계산해 지급해야 한다.

(2) 계약취소권

보험계약자가 청약서에 자필서명을 하지 않았거나, 약관과 청약서 부본을 전달받지 못하였거나, 약관의 중요한 내용에 대해 충분한 설명을 듣지 못했을 때, 청약일로부터 3개월 이내에 계약을 취소할 수 있다. 단, 이를 증명할 수 있는 단서나 증거자료가 있어야 한다.

(3) 보험계약 부활권

계약이 해지되었을 때, 계약자가 해약환급금을 찾아가지 않은 경우 해지일로부터 2년 이내에 보험회사가 정한 절차에 때라 계약을 회복할 수 있다. 해지된 후 2년이 지나도록 계약자가 계약을 회복시키지 않으면 해약환급금도 찾아갈 수 없다.

6) 보험계약자의 의무

(1) 납입의무

보험계약자는 보험계약상의 액수와 약정방법에 따라 보험료를 납입해야 한다.

(2) 고지의무(계약 전 알릴 의무)

계약자 또는 피보험자가 청약서의 질문사항을 사실대로 기재하고, 자필서명으로 고지한 사항에 거짓이 없음을 서약한다. 고의적이거나 실수로 청약서에 기재해야 할 중요한 사항을 누락시키거나 사실과 다르게 알린 경우 계약이 해지되거나 불이익을 받을 수 있다. 보험사는 계약자 또는 피보험자가 계약 전 알릴 의무에도 불구하고 고의 또는 중대한 과실로 중요한 사항에 대하여 사실과 다르게 알린 경우에는 회사가 별도로 정하는 방법에 따라 계약을 해지하거나 보장을 제한할 수 있다. 이러한 사유로 보험사가계약을 해지하였을 때에는 해약환급금과 이미 납입한 보험료 중 많은 금액을 지급하며, 보장을 제한하였을 때에는 보험료, 보험가입금액 등이 조정될 수 있다. 그러나 계약자 또는 피보험자가 계약전 알릴 의무를 위반하더라도 다음 중 한 가지에 해당되는 경우에는 보험사가 계약을 해지할 수 없다.

- 회사가 계약 당시에 그 사실을 알았거나 중대한 과실로 인하여 알지 못하였을 때
- 회사가 그 사실을 안 날부터 1개월 이상 지났거나 또는 책임 개시일부터 보험금 지급사유가 발생하지 않고 2년(진단계약의 경우 질병에 대하여는 1년)이 지났을 때
- 회사가 이 계약의 청약 시 피보험자의 건강상태를 판단할 수 있는 기초자료(건강진단서 사본 등)에 의하여 승낙통지를 한 때(계약자 또는 피보험자가 회사에 제출한 기초자료의 내용 중 주요사항의 고의로 사실과 다르게 작성한 때에는 제외)
- 보험을 모집한 자가 계약자 또는 피보험자의 계약 전 알릴 의무사항을 임의로 기재한 경우. 한편, 계약 전 알릴 의무 위반으로 계약을 해지하기 전에 발생한 보험사고에 대하여, 계약 전 알릴 의무 위반 사실이 보험금 지급사유 발생에 영향을 주었다는 것을 회사가 입증하지 못하면 보험사는 보험금을 지급해야 한다.

(3) 통지의무(계약 후 알릴 의무)

계약자는 자신의 직업, 직무, 취미, 주소, 연락처 등이 변경된 경우 보험사에 즉각 알려야 한다. 직업이나 직무의 변경으로 보험의 위험성이 크게 변경될 경우 보험료가 변경될 수 있으며, 이를 알리지 않았을 경우 사고발생 시 보상받기 어려울 수 있다.

7) 보험계약의 해약

보험계약자가 계약을 해지하고 신계약을 체결하는 경우 초기에 과다한 비용이 소요될 수 있다. 계약 초기 기간은 납입한 보험료 중 상당부분이 보험사의 사업비

에 책정되기 때문에 기존의 계약을 해지하고 새로운 계약을 체결하면 초기비용이 다시 지출되어 소비자의 부담이 증가할 수 있다. 이러한 부담을 인지하고도 새로운 계약을 체결하고자 한다면 신계약의 효력이 발생한 후 기존 계약을 해지함으로써 보험의 보장이 유지되도록 한다.

(1) 해약환급금

보험계약자가 계약을 해지하는 경우 보험사가 지급하는 금액을 해약환급금이라고 한다. 동일한 보험에 가입한 계약자라도 계약 연령, 성별, 보험기간, 보험료납입 정도 등에 따라 해약환급금액이 달라진다. 일반적으로 보험계약 초기에는 신계약체결을 위한 비용 등이 커서 영업보험료 중 부가보험료 부분이 높게 책정된다. 부가보험료만으로 초기비용을 충당하기가 어려워 순보험료 부분에서 차입을 하여 초기비용을 충당하고 후에 변제하는 경우도 있다. 초기비용을 충당하기 위해서 순보험료에서 차입한 금액을 변제하기 전에 해약을 하는 경우 다른 보험가입자들의 순보험료 적립액에 피해를 주지 않는 범위에서 해약환급금을 결정하게 된다. 따라서 보험계약의 초기해약 시 해약환급금이 적거나 거의 없게 된다.

보험계약의 이러한 특성으로 소비자들이 피해를 당하는 일이 없도록 보험사는 경과기간별 해약환급금에 관한 표(해약환급 금액표)를 계약자에게 제공해야 한다. 책임준비금은 보험회사가 보험계약자에게 미래의 보험금, 해약환급금 등의 지급을 이행하는 데 필요한 금액이다. 만약 모든 계약자가 동시에 계약을 해지한다고 가정하면 보험사가 모든 계약자들에게 해약환급금을 지급할 수 있어야 하는데 이를 지급능력이라고 한다. 책임준비금의 적립수준이 높을수록 보험사의 지급능력이 충실한 것으로 평가할 수 있어 책임준비금은 보험사의 지급능력을 평가하는 기준이 되며 생명보험사의 경영상태를 알 수 있는 지표가 된다.

(2) 약관대출

보험계약자는 보험계약의 해약환급금 범위 내에서 회사가 정한 방법에 따라 대출을 받을 수 있는데 이를 약관대출이라고 한다.

계약해지의 현실

보험과 은퇴코너 6-4

- TV홈쇼핑에서 보험구매 후 3개월 이내 해약이나 청약철회하는 이유는 타인의 권유 없이 본인이 스스로 구매한 후 다른 주변의 좋은 보험상품을 발견하고 취소하는 경우가 많다.
- 설계사 등을 통해(지인판매) 구매한 경우 계약이 12개월 유지되어야 설계사가 수수료를 받게 되므로 소비자가 대체로 해약을 연기하는 경우가 많다.
- 계약해지의 경우 소비자의 납입금 13회차가 더 중요하다. 설계사 또는 보험판매자가 수수료율을 받으려면 12개월을 넘겨야 하므로 계약해지율이나 관련 조사분석시 13개월 차에 계약이 유지되었나를 분석해야 한다.

3. 보험계약 성립과 주요 사항

1) 보험계약의 법적 성질

보험자와 피보험자 간에 체결하는 보험계약의 법적 성질에 대해 살펴보면 다음과 같다.

- 불요식 낙성계약성: 당사자의 의사 합치만으로 계약이 성립한다.
- 유상계약성: 보험료의 지급과 보험자의 보험금지급이라는 유상(무상) 계약한다.
- 쌍무계약성: 보험료 지급의무와 보험금지급의무가 대가관계이다.
- 상행위성: 보험계약은 상행위(「상법」 제46조), 영업행위이다.
- 부합계약성: 보험회사에서 미리 만든 약관(계약조건)을 정형화하여 사용하는 성질이다.
- 최고선의성: 도덕적 위험을 방지하고자 신의성실의 원칙에 입각하여 처리하여야 한다.
- 사행계약성: 보험자는 적은 보험료를 납부하고 보험사고 발생시 고액의 보험금을 탈 수 있어 사행성(도박)의 성질을 어느 정도 갖는다.

2) 보험계약 관련 주요 용어

(1) 보험계약 당사자

보험계약을 체결하는 자로 보험자(보험회사)와 보험계약자를 말한다. 개인은 물론 법인도 보험계약자가 될 수 있다. 보험자의 의무에는 보험료지급의무, 고지의무, 통지의무, 손해방지의무가 있으며, 피보험자의 권리에는 보험료 반환청구권, 보험계약 해지권, 만기환급금 청구권이 있다.

(2) 이해관계자

이해관계자란 보험계약에 이해득실에 갖는 자를 말하는데 피보험자와 수익자가 있다. 피보험자는 손해보험에서 피보험이익의 주체, 손해보상청구권자이고, 인보험에서는 생명이나 신체에 보험이 붙여진 대상이다. 보험수익자는 인보험만 있는 계약의 요소, 보험금 청구권을 갖는 자이다.

(3) 피보험이익

보험사고시 잃어버릴 염려가 있는 이익 또는 보험계약의 목적(경제성, 적법성, 확정성)이다. 이득금지의 원칙을 실현하는 강력한 수단이다.

(4) 보험의 목적

보험사고 발생의 객체는 물건, 재산, 생명이나 신체가 보험에 붙여진 자이다.

(5) 보험금액과 보험가액

보험금액(보험가입금액)은 손해보험계약에서 보상하기로 약정한 최고보상한도액, 사망보험과 같은 정액보험은 보험금액이 보험금이다. 보험가액(피보험이익의 평가액)은 손해보상의 법률상 최고한도액이다.

(6) 보험기간

보험회사가 위험에 대해 책임을 지는 기간, 책임기간, 위험기간이라고도 한다.

(7) 보험계약기간

보험계약 성립 시부터 종료 시까지의 기간, 소급보험의 경우도 가능(「상법」 제643조)하다.

(8) 보험료불가분의 원칙

보험료 기간은 보험료 산출의 기본단위이므로 이 기간의 보험료는 원칙적으로 나눌 수 없다. 단기요율, 일할계산 등의 방법이 사용되고 있다.

(9) 보험사고

보험회사가 보험금을 지급하겠다고 약속한 구체적인 사고, 사망보험의 사망, 화재보험의 화재발생, 자동차보험의 교통사고 발생 등이 있다.

3) 보험계약 시 고지의무 및 통지의무

계약체결 전 계약자의 의무는 고지의무이며, 계약체결 후 계약자의 의무는 통지의무이다. 보험업법에 근거한 고지의무와 통지의무에 대해 살펴보면 다음과 같다.

(1) 고지의무

① 당사자

계약체결 전 고지의무의 의무수행자는 계약자, 피보험자 및 대리인이며, 고지수령권은 보험자, 대리점(중개인 제외)에 있다. 설계사는 고지의무가 없다.

② 시기와 방법

고지의 시기는 보험 청약 시, 부활 시이며 보험계약 승낙 전까지 서면·구두 등 모두 가능하다.

③ 요건과 내용

보험계약 관련 고지의무자의 고지의무불이행 요건은 고의 또는 중과실이 전제되어야 하며, 고지 내용상 중요한 사항의 불고지, 부실고지의 경우 요건에 해당한다.

④ 위반 효과

고지의무위반으로 계약자의 보험자의 해지권이 발생하면 보험자의 보험금지급책임 없음(「상법」 제655조)에 의하여 해지권이 제한될 수 있다.

⑤ 입증책임

고지의무 입증책임은 고지의무위반을 주장하는 자 또는 보험자가 입증책임을 가지고 있다.

(2) 통지의무

① 당사자

고지의무와 마찬가지로 통지의무를 실행해야 하는 의무자는 계약자, 피보험자 및 대리인이며, 통지수령권은 보험자, 대리점(중개인 제외)이다. 보험설계사는 통지의무가 없다.

② 시기와 방법

통지의무는 위험변경(증가) 사실을 안 때 즉시 서면이나 구두로 통보한다. 약관은 서면통보로 규정한다.

③ 요건과 내용

통지의무를 이행해야 하는 요건은 위험의 질적·양적 변경 사실이며 요건은 위험의 현저한 변경이나 증가이다.

④ 위반효과

통지의무가 위반되면, 즉 보험자의 해지권이 발생하면 보험사의 보험금지급책임 없음(「상법」 제652조)에 의하여 해지권이 제한될 수 있다.

⑤ 입증책임

통지의무위반을 주장하는 자 또는 보험자가 입증책임을 가지고 있다.

4) 보험가액과 보험금액 관련 용어

(1) 일부보험(「상법」 第674條)

보험가입금액보다 보험가액이 큰 경우 일부보험이라고 하며, 판정 시기는 계약 당시를 기준으로 한다. 보상방식은 보험가입금액 초과손해 발생 시 보험가입금액을 보상하고 보험가입금액 미만 손해 발생 시 비례보상한다.

(2) 초과보험(「상법」 第669條)

보험가입금액이 보험가액보다 큰 경우 발생되는 것으로 초과보험 판정시기는 계약당시 기준이며 물가변동에 의하여 중간에 발생할 수 있다. 보상방식은 계약자의 선의로 발생한 경우 보험료와 보험금액의 감액청구를 할 수 있고 계약자의 사기인 경우 무효, 보험자의 보험료 청구권이 발생한다.

(3) 중복보험(「상법」 第672條)

중복보험이란 보험가입금액이 보험가액(같은 피보험이익+같은 사고=수 개의 계약존재)보다 큰 경우로 「상법」상 효과는 연대주의원칙과 비례주의첨가(우선주의·비례주의·연대주의)이다. 보상방식은 각 보험자는 각자의 보험금액한도에서 연대책임과 비례보상을 한다. 다만, 계약자의 사기로 발생하는 경우 모두 무효이며 보험자의 보험료청구권이 발생한다.

5) 보상 관련 주요 내용

(1) 소손해 면책제도

일정 이하의 손해 발생 시 보험자가 부담하지 않고 피보험자가 직접 부담하는 제도이다. 이 같은 인정이유는 비용과 시간의 절약, 보험료 절약, 피보험자의 주의(attention) 촉구이다. 소손해면책의 종류는 직접공제(자차부담금), 프랜차이즈 공제, 대기기간 등이다. 보험료와의 관계는 면책금의 한도가 높을수록 보험료는 절감된다.

(2) 기평가 보험

보험계약 당시 이미 당사자 간에 보험사고 발생 시에 보상할 금액을 미리 평가해 놓는 것을 말한다. 예를 들면 자차보험에 대한 자기차량 평가금액이 이에 해당한다.

(3) 미평가 보험

미평가 보험이란 사고발생한 때와 장소의 시가 등에 따라 평가하기로 한 보험(대물배상)이다.

(4) 보험자 대위(구상권)

보험금을 지급한 보험자는 피보험자로부터 가해자(원인제공자, 공동불법행위자)에 대한 청구권을 법률상 당연히 양도받아 대신청구하는 권리, 구상권이라고도 한다.

(5) 배상과 보상

배상은 고의나 과실 등의 잘못에 기인하여 법률상의 책임 등으로 손해배상을 해주어야 하는 책임을 말하고, 보상을 적법행위 또는 법률상, 계약상 책임 등에 의해 보상해 주는 책임을 말한다. 보험자는 보험계약상 보상책임을 진다.

(6) 비례보상

비례보상이란 보험금액이 보험가액에 미달할 경우 보험가액에 대한 부보비율에 따라 손해를 보상해주는 것을 말한다.

(7) 실 효

실효란 넓은 의미로는 보험계약이 끝나는 것을 의미하고, 좁은 의미로는 계약당사자의 의사와 관계없이 보험계약이 그 효력을 상실하는 것을 의미한다. 보험료 분납계약의 경우 납입유예기간이 지나도록 보험료를 납입하지 아니한 때이다.

6) 보험종사자 관련 주요 내용

보험전문인은 보험계리사라고도 하는데 보험료의 산출, 책임준비금의 적립, 보험계약에 의한 배당금계산확인 등을 담당하는 보험전문인을 말한다. 손해사정사는 일정한 자격을 갖추어야 하는데 금융감독원 주관 연간 1회 손해사정사 시험을 통과하여야 한다.

표 6-2 **손해사정사 시험 관련 주요 내용**

정 의	보험사고 시 손해액 및 보험금을 사정하는 보험전문인		
종 류	• 1종화재: 화재보험, 특종보험 손해사정(일반보상파트) • 2종해상: 선박 등 해상 관련 사고 손해사정(해상보험파트) • 3종대인: 자동차보험 대인사고 손해사정(대인보상) • 3종대물: 자동차보험 대물사고 손해사정(대물보상) • 4종장기: 장기보험, 질병보험 손해사정		
시 험	연간 1회 실시 : 1차 객관식/2차 논술형		
연간 선발인원	• 1종화재: 100명 • 3종대물: 50명	• 2종해상: 10~20명 • 4종장기: 100명	• 3종대인: 200명

4. 보험구매단계별 소비자행동

1) 보험상품과 보험회사선택

소비자는 보험구매단계에서 필요한 보험을 구매하고자 하는가, 보험료가 저렴한가 보험사의 재무상태가 안정하고 지급능력이 있는가, 보험사 서비스의 수준과 다양성이 존재하는가 등에 대해 고민해야 한다. 여러 보험사의 안전성·수익성·건전성 등을 비교 검토해야 한다(8장에서도 논의하고 있음). 특히 손해보험보다 생명보험을 계약할 때 더욱 조심할 필요가 있다. 생명보험상품은 장기계약이므로 해약하거나 또는 다른 회사로 이전하는 경우 소비자입장에서 손해가 많다.

2) 보험계약서 작성 단계의 소비자 주의사항

(1) 계약서 작성 단계

① 자필서명

보험계약을 할 때 피보험자의 자필서명은 필수적이다. 계약자와 피보험자가 다를 경우 계약자와 피보험자가 모두 자필서명해야 한다. 또한 계약자 또는 피보험자가 만 20세 미만 미성년자(「민법」 제4조)인 경우 그 친권자가 동의해야 하며 친권자는 부모 2명에게 모두 받아야 한다. 이때 친권자가 이름란에 자녀의 이름을 기재하고 서명란에 친권자의 이름과 서명을 동시에 기재(다만, 자녀가 친권자부모 2명의 동시에 친생자이며 동거중일 경우 부모 1명의 서명은 대표권을 가지고 행한 것으로 인정하여 1명이 서명하더라도 그 계약에 동의한 것으로 인정)해야 한다. 부모가 이혼한 경우 법률적으로 친권을 가지고 있는 사람이 행해야 인정할 수 있다.

② 명기물건 명세

재물보험은 명기물건을 담보할 경우 해당 명세를 작성하여야 한다.

③ 가족 또는 단체피보험자 명단 확인

가족담보 또는 단체계약인 경우 해당 피보험자에 대한 질문사항(성명·직무·급수 등)을 기재한 후 각 피보험자의 서명 또는 동의를 받아야 한다.

④ 계약서 정정

계약자가 출력한 청약서의 내용을 수정하고자 할 때는 해당내용에 두 줄을 긋고 서명 또는 날인 후 수정한다.

(2) 보험상품의 설명 및 계약서 교부

보험계약시 보험상품에 대한 설명이나 정보제공, 계약서교부, 약관교부 및 설명 등이 중요하다. 보험소비자연맹(KICF)에서 발표한 소비자의 생명보험 가입 시 유의해야 할 사항은 다음과 같다.

① 보험계약의 청약철회

보험모집인이 계약을 모집하는 과정에서 계약내용을 왜곡하여 안내하는 등의 불완전판매행위로 인하여 계약자의 가입목적 등에 맞지 않을 경우에는 보험계약 청약일 또는 1회 보험료를 납입한 날로부터 15일 이내에 서면으로 통보하면 청약철회할 수 있으며, 이 경우 납입한 1회 보험료를 돌려받을 수 있다.

② 보험가입시 회사에 알려야 할 사항(고지의무)

보험가입시 청약서에 기재된 질문사항에 대하여 반드시 사실대로 보험회사에 알려야 한다. 만약 고의 또는 과실로 사실과 다르게 기재한 경우 보험사고시 보상이 되지 않으며, 보험계약이 해지될 수도 있다. 그러므로 청약서는 반드시 계약자 본인이 직접 사실대로 작성해야 하며, 청약서에 기재하지 않고 모집인 등에게 구두로 알린 사항은 효력이 없다.

③ 보험약관 교부 및 주요 내용 확인

보험약관은 보험계약자와 보험회사 쌍방 간의 권리와 의무를 규정한 내용이다. 따라서 보험 가입 시에는 반드시 약관을 교부받아 그 내용을 확인하여야 한다. 특히 보장내용, 보상하지 않는 경우, 고지의무 등 보험계약자의 권리와 의무조항 등을 꼭 읽어보고, 의문사항이 있을 경우에는 충분한 설명을 요구하여 불이익을 받는 일이 없도록 하여야 한다.

④ 청약서부본 보관 및 보험증권상의 계약내용과 비교 확인

보험가입 시 교부받은 청약서 부본상의 내용과 가입 후 수령하게 되는 보험증권상의 내용을 서로 비교하여 정확히 일치하는지 확인해야 한다. 보험증권상의 내용이 청약서부본 내용과 일치하지 않는다면 즉시 보험회사로 연락하여 계약내용을 확인해야 추후분쟁이 발생되지 않는다.

⑤ 보험사의 3대 기본 지키기(품질보증제도) 확인

보험사가 계약자의 청약서 자필서명, 청약서부본과 약관을 계약자에게 전달, 약관의 주요내용 설명을 이행하지 않은 계약에 대해서는 계약자가 3개월 이내에 계

약을 취소할 수 있으며, 이 경우 회사는 계약자에게 이미 납입한 보험료와 경과기간에 대한 이자를 돌려줘야 한다.

⑥ 보험료납입

계약자는 보험료를 회사에 직접 납입, 자동이체, 은행지로, 신용카드(초회보험료)를 통해 납입할 수 있으며, 납입한 후에는 반드시 소정의 영수증을 받아야 한다. 단, 인터넷을 통해 가입하는 경우에는 영수증 발급을 생략할 수 있다.

⑦ 보험료 납입 시 보험회사발행 영수증보관

모집인 또는 대리점에 보험료를 납입하고 이들이 발행하는 개인 영수증(현금보관증·차용증 등)을 받는 경우 보험료 납입 사실을 인정받지 못할 수도 있으므로 보험계약 소비자는 반드시 보험회사 발행 정식영수증을 받아야 한다. 또한, 보험료를 무통장 입금할 때에도 반드시 보험회사 명의의 계좌로 송금하여야 하며, 모집인 또는 대리점 개인계좌로 송금하여서는 안 된다.

⑧ 보험료 납입최고기간

보험료의 납입은 납입일이 속하는 달(月)의 다음달(月) 말일까지이며, 그때까지 해당보험료를 납입하지 않으면 계약이 해지(효력상실)된다.

⑨ 효력상실된 보험계약 2년 이내에 부활

보험계약은 보험료 납입최고기간이 끝나는 날의 다음날부터 효력을 상실하게 된다. 효력이 상실된 후에 발생한 사고에 대하여는 보장받을 수 없으며, 효력 상실일로부터 2년 이내에는 연체보험료와 소정의 이자를 납입하면 계약을 부활할 수 있다. 단, 피보험자의 위험 정도(건강상태·직업) 등에 변동이 있을 경우 부활이 되지 않을 수 있다.

⑩ 해약환급금이 적은 이유

보험은 은행저축과는 달리 보험계약자가 납입하는 보험료 중 일부는 불의의 사고를 당한 다른 가입자에게 보험금으로 지급되며, 또 다른 일부는 보험회사의 보험계약 체결 및 유지에 필요한 경비로 사용되므로, 계약을 중도에 해약하면 해약환급금이 납입한 보험료보다 적을 수 있다. 특히, 보험가입 초기에는 해약환급금이 전혀 없을 수도 있다(사업비 성격의 부가보험료 때문임). 따라서 보험가입 시에는 가입목적과 본인의 보험료 부담능력 등을 사전에 충분히 검토한 후에 가입하여야 한다.

⑪ 고수익보장 상품가입 시 주의

일부 고액일시납(연납 포함)보험계약 체결시 상품내용과는 달리 모집인, 영업소장 등이 별도로 고수익(선이자·확정이자 지급 등)을 제시하는 경우가 있는데, 그러한 고수익보장은 정상적인 보험계약이 아니므로 추후책임소재가 불분명하게 된다. 따라서, 보장수익을 믿고 상품에 대한 충분한 검토 없이 보험에 가입함으로써 본인의 소중한 재산이 잘못 관리되지 않도록 주의하여야 한다.

⑫ 보험사경영악화시 예금자보호제도 등에 의해 지급보장

보험회사의 경영이 악화된 경우 보험업법의 계약이전제도에 의해 다른 보험회사로 계약을 이전하는 보호장치가 마련되어 있다. 만약 보험회사가 파산 등으로 보험계약상의 채무를 이행할 수 없는 경우 현행 「예금자보호법」에 의해 보험료 지급이 보장된다. 예금자보호법상 보험계약체결 시기에 관계없이 파산 금융기관당 1인당 기준으로 해약환급금(또는 사고보험금·만기보험금)에 기타 지급금을 합쳐서 5,000만 원 한도까지 보호된다.

3) 보험사의 계약서심사

보험회사와 계약자가 보험계약서를 작성한 경우 다음단계로 보험사에서는 심사책임자를 두고 인수여부 및 각종 계약의 완전성을 검토한다. 1차 담당자는 담당 PA이며, 최종책임자는 담당점포장이다.

보험종목별 심사내용은 표 6-3과 같다.

표 6-3 **보험종목별 계약심사 내용**

구 분	심사 포인트	세부 내용
공통 사항	4대 기본지키기	청약서자필서명/부본전달, 약관전달, 약관상 주요내용 설명확인, 상품설명서 전달
	인수지침적용	인수제한 여부 확인 및 심사절차 준수 확인
	주소/인적사항	우편물 수령분쟁 시 결정적 자료, 계약자, 피보험자, 수익자 관계 확인
	타사보험가입사항	급작스러운 다수 건 계약체결 시 주의
	기능장애 여부	상해 및 질병에 모두 해당됨
	재정상태	경제적으로 곤란을 겪고 있지 않은지 확인
	해외활동계획	계약관리 및 보상 시 많은 문제점 있음
상해 보험	직 무	직함이 아닌 실질적인 상세업무 확인
	운행차량	자가용/영업용/이륜차 운행 여부 반드시 확인
	부업/취미생활	위험도 높은 취미(고공/수중/산악/레포츠 등), 계절적 부업유무 확인
	각종특약사항확인	이륜차 및 부위부담보 설명 및 청약서 확인
질병 보험	과거병력	치료기간, 진단명 등 질문서상 내용 확인
	역선택 차단	자발적 가입 주의, 자각증상 고지 누락의 가능성 확인
	생활습관	흡연, 음주, 약물사용 등 경력 확인
	각종특약사항확인	이륜차 및 부위부담보, 특별조건부 설명 및 청약서 확인
가 족	가족명세	가족 성명, 성별, 주민번호 확인
	가족피보험자질문	이륜차 소유/운전 및 기능장애, 질병이상 유무
재물 보험	건물구조, 건축년도	실사 및 건물대장으로 확인
	정확안영위업종	적절한 요율의 부과
	건물내 타업종	동일건물 및 주변의 위험요소 확인
	사고경력	물건의 사고결역, 방화관리 상태 확인
	특별약관 이해	특별약관의 내용 및 적정 가이드라인 확인
단체 보험	피보험자 명세	피보험자의 수, 성명, 성별, 주민번호 확인
	피보험자질문서	이륜차 소유/운전 및 기능장애 반드시 확인

4) 보험계약의 철회 및 취소

보험사가 소비자로부터 제1회 보험료를 받은 상태에서 보험사 책임사유로 계약자가 청약철회를 요청하는 경우 보험사는 보험료를 계약소비자에게 돌려주어야 하며, 보험료를 받은 기간에 대하여 이 보험의 예정이율 +1%를 연단위 복리로 계산한 금액을 더하여 환급하여야 한다. 그런데 전문가들은 다음의 경우 소비자가 보험해약을 하지 않는 것이 좋다고 권유한다.

- 확정 이율형 고금리 상품인 경우
- 필수 생계보장형 상품인 경우
- 나이가 많아져서 다시 가입하기 어려운 경우
- 건강상태가 나빠진 경우
- 직업이 위험 직종으로 바뀐 경우

보험계약 후 취소요건발생 시 환급액수: 보험료시행세칙에 근거 보험과 은퇴코너 6-5

- TV 홈쇼핑사를 통해 구매한 경우 소비자변심으로 계약취소 시 1개월 내 청약철회가능(100% 환급)
- 설계사를 통해 구매한 경우 소비자변심으로 청약철회가능 기간은 15일 이내
- 3개월 이내 취소 시: 품질보증해지와 민원해지의 경우(소비자 변심이 아니고) 금감원에서 불완전판매로 간주하여 청약철회 인정(100% 환급)
- 비윤리적 소비자는 1회 또는 2회 납입보험금을 모두 돌려받고 싶어서 계약 관련 품질보증해지나 민원해지로 주장하는 경향이 있다.
- 용어 설명
  - 해약: 소비자가 변심으로 해약으로 사실상 만기전 해약으로 간주하여 이미 납부한 보험금중 일부 보험료는 받지 못한다.
  - 품질보증해지: 소비자가 보험증권을 안 받았다, 설명을 잘못 들었다, 청약과정상 문제가 있었다 등의 이유를 들어 계약을 취소하고자 하는 경우로 이 경우는 납입보험료전액을 환불받을 수 있다[드물게 보험회사가 원하는 경우도 있는데, 예를 들어 계약 후 바로 사망사고 발생 후 품질보증해지가 가능한 경우 계약취소(보험금 100% 돌려줌)를 통해 사망 관련 보험금을 미지급하고 있다.].
  - 민원해지: 위 '품질보증해지' 등의 이유로 계약취소 되는 경우로 이 경우도 '품질보증해지'와 같이 납입보험료전액 돌려받을 수 있다.
- 4개월부터는 불완전판매가 아닌 모든 소비자의 계약취소는 만기 전 해약으로 간주하여 소비자는 이미 납부한 보험금 중 일부 보험료는 받지 못한다.

보험계약 소비자가 보험가입 시 보험약관과 청약서부본을 전달받지 못했을 경우, 청약서에 자필서명을 하지 않았을 경우, 약관의 주요 내용을 설명받지 못했을 경우 보험사책임사유(민원해지라고도 부름)에 해당한다. 그러나 이 같은 이유가 아니고 단순히 소비자의 변심에 의한 취소(계약일로부터 1개월 이후 계약취소)의 경우는 만기 전 해약으로 처리하여 이미 납입한 보험료 전체 액수가 아니고 해당기간의 보험료 일부를 공제한 액수를 보험사로부터 환급받을 수 있다.

5. 보험판매채널과 보험계약

1) 다양한 보험판매채널의 등장

오랜 기간 동안 보험설계사의 보험판매가 주요 보험판매채널이었다. 그러나 최근 TV홈쇼핑 채널은 물론 은행에서도 방카 슈랑스라는 이름으로 보험상품을 판매하는 등 보험채널이 다양해지고 있다. 이외에도 인터넷 홈페이지(소비자 직접구매), 전화 텔레마케팅, 공중파방송 광고, 케이블 TV 광고판매, 법인 및 개인 대리점, 보험사 직영 등 다양한 보험 판매채널이 존재하고 있다. 다양한 보험판매채널 중 중요한 몇 가지에 대해 구체적으로 살펴보면 다음과 같다.

(1) TV홈쇼핑 보험판매

2003년 10월 현대홈쇼핑을 최초로 TV홈쇼핑 보험판매가 시작되었다. IT기술 발달, 거래편리성, 소비자의 다양한 채널선택권 제공에 의해 TV홈쇼핑의 보험판매가 점차 증가하고 있다. TV홈쇼핑 보험판매의 수입보험료는 2009년 2조 3,000억 원(3년간 연간 35.8% 성장)으로 나타났다. 2009년 TV홈쇼핑 보험상품 판매수수료는 3,343억 원으로 지난 2004년(725억 원)에 비해 4.6배 증가한 바 있다. TV홈쇼핑 입장에서 보험은 반품비도 배송비도 들지 않는 상품으로 높은 영업이익률을 담보하며 전체 영업이익 중 60% 이상을 차지하고 있다.

TV홈쇼핑 회사는 보험회사의 대리점 자격으로 판매방송하며, 방송의 편집 및 제작은 전적으로 TV홈쇼핑사의 책임하에 운영하고 있다. TV홈쇼핑 보험판매는 보험판매광고, 콜센터 아웃소싱과 고객이 TV홈쇼핑 판매방송을 보고 TV홈쇼핑 회사에 전화를 걸어 보험상담예약을 신청하는 인바운드(inbound) 및 TV홈쇼핑 회사가 전화상담 희망고객의 DB를 콜센터 상담원에게 제공하여 콜센터 상담원이 해당 고객에게 전화를 걸어 보험구입을 권유하는 아웃바운드(outbound) 영업방식의 구조를 가지고 있다. 보험상품은 정보비대칭성에 의한 소비자피해를 방지하기 위하여 「상법」 보험편 및 「보험업법」에 의해 금융감독원의 직접적인 감독을 받고 있다. TV홈쇼핑은 법적 기준에 의하여 대리점의 인가를 득한 후 영업활동을 영위하며, 소비자피해 방지를 위해 방송통신위원회, 보험사, 생명보험·손해보험협회를 통하여 규제를 받고 있다.

최근 TV홈쇼핑 회사의 보험모집조직을 보험대리점으로 등록한 후 보험상품판매를 활성화하는 추세이다. TV홈쇼핑을 통한 보험판매실적은 매분기 지속적으로 증가하였으나 2006년 1/4분기와 최근에 큰 폭 하락하였다. 이는 2006년 2월 한국소비자원의 TV홈쇼핑사의 보험판매 허위·과장광고사례 적발 및 통신판매 모범규준 배포가 원인이다. 홈쇼핑 판매는 생명보험상품에서 손해보험상품 판매로 확대되면서 실적 개선(단, 변액보험, 종신보험, 자동차보험, 여행보험 등은 TV홈쇼핑사에서 취급하지 않는 경향)이 되고 있다.

보험과 은퇴코너 6-6

보험가입 경로

- 보험설계사(보험모집원)
- 은행(방카슈랑스)
- 인터넷 홈페이지(소비자 직접구매)
- 전화 텔레마케팅
- 공중파방송 광고(MBC, KBS 등) : 최근 라이나생명에서는 송지현의 암보험 광고와 김제동의 치아보험 광고를 약 30초 동안 방송하였다.
- TV홈쇼핑: 현재 5개 회사(현대, CJ, 롯데, NS농수산, GS 등)
- 케이블 TV 광고판매
- 법인대리점(설계사 모음)
- 개인대리점
- 보험사 직영(복합 또는 다이렉트)

(2) 은행 방카슈랑스 보험판매

2005년 7월 이후 금융기관의 변액보험상품의 취급이 증가(2006년 방카슈랑스 상품 중 변액보험 판매비중 43.5%)하고 있다. 방카슈랑스 채널에서도 변액보험 판매가 확대되면서 은행의 보험판매는 지속적으로 증가(예: 2006년 전체 보험판매상품 중 방카슈랑스 판매율 40% 이상)하고 있다. 손해보험사의 방카슈랑스 원수보험료는 판매비중한도규제 강화에 따라 중소보험사의 제휴확대로 실적이 증가하고 있다.

(3) 통신보험판매(텔레마케팅 등) 현황

통신판매를 통한 자동차보험 모집실적은 현대 하이카의 신규시장 진출(2006년 4월) 및 온라인채널 확대 등으로 지속적으로 증가(2005년 대비 24% 증가)하고 있다. 일반 텔레마케팅 보험판매의 경우 자동차보험판매의 실적증대와 더불어 장기보험 영업확대에 따른 계속보험료수입으로 수익이 증가하고 있다.

(4) 케이블 TV 보험상품의 판매 현황

케이블 TV에서 4분 또는 8분 등의 방송 테이프를 만들어서 케이블 채널로부터 방송광고 시간을 구매하여 방송판매를 하고 있다. 판매방법은 홈쇼핑판매방법과 동일하다. 케이블 방송채널은 매우 많은데, 중화채널도 있다. 최근 보험판매 Cable 채널은 SBS 드라마, FOX TV(최근 동부운전자보험 판매로 4~6분), YTN, MBN에서 MA, 차티스에서 보험판매로 약 2분 정도이다. 케이블 TV 보험판매 매출액수는 5대 TV홈쇼핑 회사 중 보험판매매출액 서열 순위로 3개 TV홈쇼핑회사의 보험판매액수의 1/3 정도의 매출을 올리고 있다. TV홈쇼핑 보험상품 판매에서는 손해보험을 주로 많이 판매(의료실비보험·저축보험·암보험 등)하고 있다.

2) TV홈쇼핑 보험판매[2)]

(1) TV홈쇼핑 보험상품·산업 특성

TV홈쇼핑 보험산업의 특성을 살펴보면 다음과 같다.

첫째, TV홈쇼핑 보험판매를 통해 중소형보험사 상품판로가 확장되고 있다. TV홈쇼핑 수입보험료기준으로 볼 때 대체적으로 중소형 보험회사의 비중이 높으며 대형보험회사의 비중이 낮은 편이다(오프라인의 보험상품은 대기업상품 위주). 특히 생명보험사는 중소형사 58.4%, 외국사 31.2%, 대형사가 10%의 비율을 점유한다.

둘째, TV홈쇼핑 보험판매로 보험소비자의 저변확대가 가능하다. TV홈쇼핑을 통한 보험판매로 대중적이며 안전한 보험상품 개발·보급과 보험의 저변 확대가 이루어지고 있다. 방송매체를 통한 보험판매는 제한된 방송시간을 통한 상품판매로 대중적이며 쉽게 이해 가능한 상품을 개발할 수 있다는 장점을 지닌다. 방송통신위원회, 보험사, 생명보험협회·손해보험협회를 통한 이중, 삼중의 직·간접 규제와 자체적인 관리감독 노력 또한 상품과 판매의 객관성 및 신뢰성을 높여가는 요인이 되고 있다. 즉각적 시장반응은 보험상품을 강화시킬 수 있다. 즉, 기존 보험상품이 어렵고 고비용이라는 이미지를 갖고 있었는데 최근 TV홈쇼핑 판매로 보험상품에 대해 쉽게 이해하는 것이 가능하게 되었고, 저렴하게 보험을 가입할 수 있다는 긍정적 이미지의 전환은 보험의 저변을 확대시키고 있다. 특히 생명보험보다는 손해보험에서 TV홈쇼핑 판매가 활성화되고 있으며 TV홈쇼핑에서는 주로 단순하거나 저가 및 표준화된 상품인 자동차보험, 여행보험 등을 중심으로 판매가 이루어지고 있다.

셋째, TV홈쇼핑 보험판매로 고용창출의 긍정적 효과가 기대된다. TV홈쇼핑 보험판매 관련 분야는 약 2만 명 고용창출 효과를 창출하고 있다. B TV홈쇼핑사의 경우 2009년 3월 2차 보험상담원 종사자 수가 772명, 2010년 3월 769명이며, 월평균 급여는 2009년 3월 342만 2,000원에서 2010년 3월 176만 6,000원으로 하락하였다. 이는 허위과장광고 관련 언론발표 등으로 TV홈쇼핑 보험판매가 급감했기 때문이다(2009년 3월 1개월간 2차상담원의 상담건수는 15만 518건이었으나 2010년 3월에는 6만 2,251건으로 약 60% 감소하였다.).

2) TV홈쇼핑 관련 자료는 2010년 9월 국회 공청회 자료집에 주로 근거함.

표 6-4 판매방법별 불완전판매 현황(2009년) (단위: %)

구 분	설계사	개인대리점	방카슈랑스	텔레마케팅	TV홈쇼핑	다이렉트
생명보험	1.31	1.08	0.41	8.08	5.03	5.43
손해보험	0.31	0.31	0.43	3.70	4.02	2.12

출처: 2010년 9월 국회 공청회 자료집.

넷째, TV홈쇼핑 방송판매로 자발적 보험가입문화가 확산되고 있다. 오프라인 및 다른 공중파 DR광고에 비해 TV홈쇼핑에서는 보험상품에 대해 자세하게 상품설명을 함으로써 고객이 보다 쉽게 상품을 이해하고, 구매하는 데 큰 기여를 하고 있다. 전반적으로 TV매체를 통해 보험상품을 쉽게 설명하고 비주얼을 보여준다는 측면에서 보험상품과 관련하여 고객에게 긍정적인 학습효과를 유도할 수 있으며, 이로 인해 고객은 본인이 원하는 상품을 선택하고 구매하는 데 더 용이해지고 있다. 소비자 입장에서 정보탐색이 번거로운 상황에서 편리함을 제공하고 있다.

끝으로, TV홈쇼핑은 비대면판매채널의 특성상 불완전판매비율이 5.03으로 다소 높다(2009년). 비대면 판매채널의 특성상 허위·과장광고 및 불완전판매 등의 문제 발생에 대한 사회적 경각심이 높아진 후 최근 이를 개선하고자 하는 자구노력을 강화하고 있다. 보험상품 불완전판매비율은 2009년 통신판매 7.2%, TV홈쇼핑 4.1%, 설계사 1.0%로 최근 TV홈쇼핑의 불완전판매비율이 낮아지고 있다. TV홈쇼핑 보험판매는 설계사판매보다 신뢰성, 판매후 고객서비스 면에서 다소 열세를 보이고 있다.

(2) TV홈쇼핑 보험상품 구매소비자 특성

TV홈쇼핑 보험판매의 가입의향을 조사한 결과 지역적으로는 대도시보다는 군지역 및 중소도시, 성별로는 여성, 특히 기혼여성이 주된 가입선호계층으로 조사되고 있다(변혜원·박정희, 2010 보험소비자 설문조사, 보험연구원, 2010). TV홈쇼핑 보험상품은 대면모집조직이 상대적으로 덜 보급된 지역의 소비자, TV 등 방송매체 활용도가 높은 기혼여성층이 주된 가입고객으로 나타났으며, 연령별로는 어린 연령층보다는 40대의 중년층에서 높은 가입성향을 보였으며, 직업별로는 주부의 비중이 가장 높다.

표 6-5 TV홈쇼핑사의 보험상품광고 및 방영물 심의방법

<table>
<tr><th>해당기관</th><th>심의방법</th><th>상 세</th><th>비 고</th></tr>
<tr><td>방송통신 심의위원회</td><td>방송 중·후 방송위원회 보험방송 담당자 심의</td><td>• 전전주 수요일~전주 화요일 방송내용에 대한 질의사항, 지적사항 등을 매주 금요일 GS홈쇼핑에 통보
• 모니터링 내용에 대한 소명회의 차주 금요일 개최
• 문제내용에 대한 상판회의 차차주 수요일 개최하여 홈쇼핑에 대한 제재사항 등 결정 통보</td><td>생방송심의</td></tr>
<tr><td rowspan="2">생명/손해 보험협회</td><td rowspan="2">• 신상품: 방송 후 7일 이내
• 기존상품: 매월 상품별 1회 방송분을 각 협회 제출</td><td>• 매월전월방송분 심의결과통보서를 각보험사로 통보
• 각 보험사 및 GS홈쇼핑 담당자는 수정요청내용 반영, 즉시 시행</td><td>사후심의</td></tr>
<tr><td>• 생/손해보험협회: 규정위반 시 정정방송 및 제재금 부과
• 홈쇼핑보험방송 상시모니터링 점검반 운영(D-2일 5개사 보험전방송 모니터링/피드백 실시)</td><td>사전심의</td></tr>
<tr><td>TV홈쇼핑 개별 회사</td><td>방송심의팀에서 생방송으로 모니터링 및 지적을 통한 오류 즉시 정정실시</td><td>방송통신심의위원회의 주요 심의내용 및 생/손해보험협회 심의내용에 대한 제체 모니터링 실시 후 실시간 피드백 후 개선</td><td>생방송심의</td></tr>
</table>

출처: 2010년 9월 국회 공청회 자료집.

(3) TV홈쇼핑의 보험상품 광고심의방법

현재 TV홈쇼핑 방송사의 광고 및 방송내용심의는 방송 전에는 TV홈쇼핑 회사가 자체적으로 심의하며, 생방송 방영 후에는 방송통신심의위원회 및 생명보험·손해보험협회에서 심의하는 시스템이다.

7장

보험소비자보호 법제도

보험소비자문제를 해결하고 보험소비자를 보호하기 위한 방안은 다양하다. 법제도를 통해 보험사를 규제하는 방안, 정부정책을 통한 행정적 실현, 보험사 스스로의 소비자 친화적 보험경영, 소비자 스스로의 노력 등이다. 보험사와 소비자 간에는 보험상품에 대한 지식, 경험에서, 보험지급 관련 법적 지식 및 조직력 등 여러 측면에서 비대칭적이므로, 즉 소비자가 불리하므로 「상법」 보험편, 「보험업법」, 「표시광고 관련 법」 등에서 금융감독원, 공정거래위원회 등에서 보험사를 규제하고 관리·감독하고 있다. 보험사의 소비자 친화적 보험경영에 대해서는 8장에서 다루고 있으므로 여기서는 법제도를 통한 보험소비자 문제해결 및 정부정책에 대해 구체적으로 살펴보자.

1. 보험소비자의 보호

1) 법제도를 통한 소비자보호

(1) 새로운 입법의 제정

우리나라의 경우 「보험법」, 「상법」(보험편), 「민법」, 「공정거래 및 독점규제에 관한 법률」, 「자본시장통합법」 등의 제정을 통해 보험소비자의 권리를 보호하고 있다. 그럼에도 불구하고 보험소비자불만 및 분쟁이 끊이지 않고 있어 보험소비자보호 및 주권은 확립되지 않고 있다.

우리나라와 법 구조가 유사한 일본의 경우, 「보험상법」과 「보험업법」 외에도 2001년 「소비자계약법」, 「금융상품판매법」을 새롭게 제정하여 지금은 4개의 법제를 통해 보험소비자를 보호하고 있다. 일본 「소비자계약법」에서는 계약의 주요사항에 대해서 사업자가 소비자에게 사실과 다른 것을 알리거나, 고객에게 고의로 불이익한 사실을 알리지 않거나, 불확실한 사항에 있어 단정적 판단을 제공하여 소비자가 오인하여 계약한 경우 추인(그 사실을 안 날)할 수 있는 때로부터 6개월, 계약체결일로부터 5년 이내에 계약취소를 할 수 있다. 일본 「금융상품판매법」에서는 주요사항의 설명의무 위반이 있는 경우, 즉 금리, 통화가격, 유가증권 시장의 상장, 기타 지표에 따라 원본이 소멸한 우려가 있는 때에는 그 위험과 지표, 권리행사 기한의 제한 등에 대해서 입증책임을 업자로 전환하고 손해액추정 규정을 두고 있다.

우리의 경우 앞으로 일본의 「소비자계약법」 등을 벤치마킹하고 최근의 보험소비자불만 및 분쟁을 해소하여 보험소비자주권 향상에 관심과 노력을 기울여야 한다.

(2) 기존 법제에서의 보완

보험업과 관련한 법에는 현재 민사규율인 상법과 행정규제인 「보험업법」이 있으며 두 법의 강화 또는 보완으로 보험소비자보호를 실현할 수 있다. 예를 들면, 불완전판매로 인한 부당이득환수 방법은 법제에 있어 크게 두 가지 방향이 가능하다. 첫째, 민사규율로는 「상법」에 불완전판매로 소비자가 피해를 입었을 경우 보상을 쉽게 받을 수 있도록 청약서·약관교부의무를 강화할 필요가 있다. 청약철회 기산일을 청약서 교부일로 하고, 보험판매자가 보험계약의 중요사실에 대해서 불고지 또는 사실과 다르게 고지 또는 단정적 고지한 경우 소비자에게 계약취소권을 부여하는 등 법적 시스템을 정비한 바 있다. 둘째, 행정규제로는 「보험업법」을 통해 보험판매시 중요내용정보를 소비자에게 잘 전달될 수 있도록 보험안내자료나 보험모집 금지행위 등을 통해 감독하고 있다. 이를 위반할 시 범칙금이나 과징금을 부과하고 사업자의 부당이득을 회수하여 불완전판매를 하지 않도록 규제강화할 수 있다. 현재 보험에 관한 민사규율을 모두 「상법」에 담을 수 없는 한계가 있으므로 관련 다른 법들에서 이와 관련한 법제의 보완이 필요하다.

최근 「상법」은 보험계약 성립일을 1개월을 기준으로 하고 있으나 보험증권을 받은 날로부터 3개월로 연장하려는 개정안이 제기되고 있다. 계약기간과 관련하여 보험판매자가 약관을 교부하지 않은 상태에서 보험증권만 교부할 수 있고, 보험판매자가 약관과 보험증권은 교부하였지만 보험계약의 중요내용을 의도적으로 설명하지 않거나 사실과 다르게 고지하거나 단정적으로 고지하는 경우들을 고민할 필요가 있다.

2) 정부의 보험업 관리감독

(1) 보험업 감독의 원칙

정부가 보험업을 감독하는 원칙은 크게 세 가지이다. 첫째, 공시주의로서 공시주의란 보험회사별 자율적으로 영업, 재산상태를 공시하는 것을 말한다. 둘째, 준칙주의로서 준칙주의란 국가는 기준만 정해주는 자유방임적인 감독방법이다. 셋째, 실질적 감독주의로서 실질적 감독주의란 엄격한 규제, 허가제, 세세한 감독활동으로 우리나라 감독방법이다. 이외에도 보험사는 보험사 운영상 재무건전성유지를 기해야 한다. 대통령령의 재무건정성 기준에 따르면 보험사는 보험금지급의무 관련 지급여력이 100% 이상이어야 한다.

(2) 보험 감독기관

금융감독위원회에서는 「금융감독기구설치법」에 따라 설치된 기관으로서 실질적으로 최고 금융감독기구이다. 금융감독원에서는 금융감독권을 행사하기 위해 자료제출명령, 검사권, 외부감사인의 자료제출요구, 보험회사 제제권 등을 가지고 있다. 한편 금융감독원에는 금융분쟁조정을 위한 분쟁조정기구를 설치·운영하고 있다. 분쟁조정위원회의 조정의 효력은 재판상 화해와 동일한 효력이 있다. 한편 기업의 자율적 감독기관으로서 생명보험협회와 손해보험협회가 있는데 보장사업에 대한 감독권을 위임받고 있다.

3) 정부의 행정적 규제 및 제도

(1) 금융감독원의 보험회사별 불완전판매비율 공시제도

보험회사의 실적위주경영방침, 설계사 등 모집종사자의 수당위주 보험모집관행 등으로 불완전판매가 근절되지 않고 있다. 이에 금감원에서는 2009년 결산공시부터 전체 생명보험사(22개) 및 장기손해보험 판매 손해보험사(12개)를 대상으로 보험회사별·모집채널별 불완전판매비율을 공시하도록 하고 있다(2010년 6월 이내 공시). 공시주기는 연 1회로써 보험협회 홈페이지에 공시토록 하고, 비교공시는 향후 법 근거 마련 후 시행추진 예정이다(2010년 5월 18일 보도자료[3]). 2009년 불완전판매비율은 평균 생명보험사 2.4%, 손해보험사 0.8%로 발표되었다. 특히 생명보험의 텔레마케팅 및 TV홈쇼핑의 불완전판매비율은 각각 7.2%, 4.1%로 높은 편이다. 계약해지율 지표 중 가장 많은 비중을 차지하는 품질보증해지는 약관의 주요 내용 설명미안내(보험사의 표준스크립트 전부 녹취안내함), 자필서명(통신판매의 경우 녹취 가능 전건 가입동의 득함), 약관미전달(보험사가 일반우편으로 발송)이다. 이중 약관미전달로 인한 계약해지율의 경우는 보험사와 TV홈쇼핑사 간의 책임소재문제가 발생할 수 있다.

(2) 금감원의 보험통신판매업무 모범규준

금감원의 보험통신판매 업무모범규준은 2010년 9월부터 시행된 것으로 보험통신판매 과정에서 불완전판매가 조기에 근절되도록 업무 프로세스를 대폭 개선하여 소비자권익 보호를 목적으로 하고 있다. 보험통신판매 업무 모범규준은 총 4장, 18개 조항(부칙 3개 조항)으로 구성되어 있다. 과거 시행되어 온 보험통신판매 가이드라인 내용 중 필요한 사항을 추가·보완한 것이다. 구체적으로, 총칙, 통신판매 업무단계별 프로세스, 통신판매시 준수사항 및 금지사항, 수수료 지급기준, 음성녹음내용 보관·관리, 모니터링 실시, 수수료 지급기준 등을 포함하고 있다. 주요 내용을 살펴보면 다음과 같다.

---

3) $\frac{(\text{품질보증해지건수} + \text{민원해지건수} + \text{무효건수})}{\text{신계약건수}} \times 100$ 으로 산출

① 통신판매 업무단계별 업무 명확화

업무단계별로 권유, 청약, 체결 후 보험안내자료 제공, 음성녹음 내용 확인 등 프로세스를 명확히 한다. 계약권유(가입설계서 제공), 계약청약(약관, 청약서부본 제공), 청약수령 후(상품설명서 서면 발송, 음성녹음 내용 관리 및 보관), 통화내용 품질 모니터링 및 완전판매 모니터링 실시, 계약체결 후(전화 및 인터넷을 통해 음성녹음 내용 제공) 등을 포함하고 있다.

② 완전판매를 위한 모니터링 강화

청약수령 이후 실시하는 통화내용 즉 품질모니터링을 강화한다. 모니터링 실시 비율 상향 조정하고 점검표(check list)에 의한 모니터링을 실시한다. 통화내용 품질모니터링은 10% 이상에서 20% 이상, 완전판매모니터링은 20% 이상에서 40% 이상으로 한다. 완전판매 모니터링의 실시비율, 방법 및 절차 등을 대폭 강화하고 모니터링 인력과 텔레마케터(TMR)의 소속 부서를 구분·운영하며, 준법감시 부서가 모니터링의 적정성을 반기별로 평가한다.

③ 준수사항 및 금지사항 규정

통신판매 과정에서 준수사항 및 금지사항을 규정하고 불완전판매에 따른 실질적 소비자보호장치를 마련한다.

- 통신판매 시 준수사항
  - 약관의 중요내용에 대한 질의 & 답변을 통해 계약자 이해 여부 확인
  - 계약자에게 상품설명 속도의 적정성 확인(빠를 경우 속도 조정) 등
- 통신판매 시 금지사항
  - 원하지 않는 계약체결권유행위 금지
  - 표준상품설명대본을 소비자 오인 가능성이 있게 수정·사용하는 행위금지 등
- 불완전판매 시 소비자권리사항 개별안내 의무화
  - 3개월 이내 계약취소(품질보증해지)가 가능하다는 사실

④ 통신판매채널의 수수료 지급기준규정

보험통신판매 가이드라인(2006년 6월 시행)

(3) 공정거래위원회의 모니터링

공정거래위원회는 소비자피해예방 및 거래질서 확립을 위해 일반 소비자를 모니터요원으로 위촉하고 사업자의 소비자 관련 법 위반행위를 현장에서 상시적으로 감시토록 하는 소비자모니터제도를 도입하였다. 공정위는 사업자의 부당한 표시·광고 및 기만적 정보제공행위를 조기에 적발·시정하고 소비자피해발생 및 확산을 효과적으로 예방하고자 한다.[4]

(4) 한국소비자원의 감시·감독

2006년 한국소비자원에서는 TV홈쇼핑사의 보험판매 허위·과장광고사례를 적발하고 또한 통신판매 모범규준을 배포한 바 있다. 그 결과 TV홈쇼핑사의 보험판매 관련 광고자율규제가 확대·촉진됐다. 또한 개인정보관리·보호에 관한 모범규준을 발표하였고(2006년 1월), 보험권을 시행하였다(2006년 5월).

(5) 기타 TV홈쇼핑 보험규제강화

① 허위과장광고 부분

2010년 보험상품 광고, 선전에 관한 규정(「보험업법」 감독규정 개정 2010년 시행)을 개정하였다. 그 결과 2010년 1월부터 5월까지 홈쇼핑보험 매출이 전년 동기대비 50% 감소한 바 있고 심의규정에 맞춘 보수적인 광고가 방영되었다.

② 완전판매제도 부분

- 2010년 4월 청약철회기간 30일(기존 15일) 확대: 홈쇼핑 보험소비자 권익보호 차원

4) 2010년 12월 31일까지 약 9개월간 부동산, 상조업, TV홈쇼핑 분야에서 법위반이 의심되는 표시·광고 및 기만적 정보제공행위를 공정거래위원회에 제보하는 임무를 수행함

- 2010년 7월 「보험업법」 개정안 국회통과: 홈쇼핑 광고준수사항 정의, 처벌기준 명문화
- 2009년 8월 「보험업법」 개정안 내용 반영(2011년 1월 23일 시행예정)
- 2010년 9월 금융감독원 보험통신판매 프로세스 표준 RULE 시행 예정

2. 보험소비자보호 관련 법

1) 보험거래 관련 법제

손해보험과 인보험에 공통적으로 적용되는 법령에는 「상법」, 「보험업법」, 「예금자보호법」 등이 있다. 그리고 손해보험과 관련된 법령에는 「자동차손해배상보장법」, 「교통사고처리특례법」, 「화재로 인한 재해보상과 보험가입에 관한 법률」 등이 있다.

한편, 2011년 말부터 국회에서는 금융소비자보호에 관한 법률을 제정하고자 노력하고 있다. 이 법은 금융소비자의 권익 증진과 금융상품판매업 등의 건전한 육성을 위하여 금융소비자 보호와 금융상품판매업자 등의 영업에 관한 준수사항을 규정함과 아울러 분쟁해결절차 등에 관한 사항을 규정함으로써 금융소비자 보호의 실효성을 높이고 국민경제발전에 기여하고자 하는 취지의 법이다.

2) 「보험업법」

「보험업법」은 보험업을 경영하는 자의 건전한 경영을 도모하고 보험계약자, 피보험자, 그 밖의 이해관계인의 권익을 보호함으로써 보험업의 건전한 육성과 국민경제의 균형 있는 발전에 기여함을 목적으로 한다. 보험업법에 제시된 내용 중 최근 개정(2010년 7월 23일 개정)된 내용을 중심으로 소비자 입장에서 중요한 사항만 살펴보면 다음과 같다.

(1) 보험업자

「보험업법」에 따르면 보험업이란 보험상품의 취급과 관련하여 발생하는 보험의 인수(引受), 보험료 수수 및 보험금 지급 등을 영업으로 하는 것으로서 생명보험업·손해보험업 및 제3보험업을 말한다. 보험회사란 제4조에 따른 허가를 받아 보험업을 경영하는 자를 말한다. 한편, 보험설계사란 보험회사·보험대리점 또는 보험중개사에 소속되어 보험계약의 체결을 중개하는 자[법인이 아닌 사단(社團)과 재단을 포함한다]로서 제84조에 따라 등록된 자를 말하며, 보험대리점이란 보험회사를 위하여 보험계약의 체결을 대리하는 자(법인이 아닌 사단과 재단을 포함한다)로서 제87조에 따라 등록된 자를 말한다. 또한, 보험중개사란 독립적으로 보험계약의 체결을 중개하는 자(법인이 아닌 사단과 재단을 포함한다)로서 제89조에 따라 등록된 자를 말한다.

(2) 보험업 유형

「보험업법」에서 제시하고 있는 보험업의 종류는 다음과 같다.

① 생명보험업의 보험종목

- 생명보험
- 연금보험(퇴직보험 포함)
- 그 밖에 대통령령으로 정하는 보험종목

② 손해보험업의 보험종목

- 화재보험
- 해상보험(항공·운송보험 포함)
- 자동차보험
- 보증보험
- 재보험(再保險)
- 그 밖에 대통령령으로 정하는 보험종목

③ 제3보험업의 보험종목

- 상해보험
- 질병보험
- 간병보험

(3) 모집 관련 준수사항

① 보험안내자료

- 모집을 위하여 사용하는 보험안내자료에는 다음 각 호의 사항을 명백하고 알기 쉽게 적어야 한다.
  - 보험회사의 상호나 명칭 또는 보험설계사·보험대리점 또는 보험중개사의 이름·상호 명칭
  - 보험 가입에 따른 권리·의무에 관한 주요 사항
  - 보험약관으로 정하는 보장에 관한 사항, 보험금 지급제한 조건에 관한 사항
  - 해약환급금에 관한 사항
  - 「예금자보호법」에 따른 예금자보호와 관련된 사항
  - 그 밖에 보험계약자를 보호하기 위하여 대통령령으로 정하는 사항
- 보험안내 자료에 보험회사의 자산과 부채에 관한 사항을 적는 경우에는 제118조에 따라 금융위원회에 제출한 서류에 적힌 사항과 다른 내용의 것을 적지 못한다.
- 보험안내자료에는 보험회사의 장래의 이익 배당 또는 잉여금 분배에 대한 예상에 관한 사항을 적지 못한다. 다만, 보험계약자의 이해를 돕기 위하여 금융위원회가 필요하다고 인정하여 정하는 경우에는 그러하지 아니하다.
- 방송·인터넷 홈페이지 등 그 밖의 방법으로 모집을 위하여 보험회사의 자산 및 부채에 관한 사항과 장래의 이익 배당 또는 잉여금 분배에 대한 예상에 관한 사항을 불특정 다수인에게 알리는 경우에는 제2항 및 제3항을 준용한다.

② 설명의무 등

- 보험회사 또는 보험의 모집에 종사하는 자는 일반보험계약자에게 보험계약 체결을 권유하는 경우에는 보험료, 보장범위, 보험금 지급제한 사유 등 대통령령으로 정하는 보험계약의 주요사항을 일반보험계약자가 이해할 수 있도록 설명하여야 한다.
- 보험회사 또는 보험의 모집에 종사하는 자는 제1항에 따라 설명한 내용을 일반보험계약자가 이해하였음을 서명, 기명날인, 녹취, 그 밖에 대통령령으로 정

하는 방법으로 확인을 받아야 한다.

- 보험회사는 보험계약의 체결 시부터 보험금 지급 시까지의 주요 과정을 대통령령으로 정하는 바에 따라 일반보험계약자에게 설명하여야 한다. 다만, 일반보험계약자가 설명을 거부하는 경우에는 그러하지 아니하다.
- 보험회사는 일반보험계약자가 보험금 지급을 요청한 경우에는 대통령령으로 정하는 바에 따라 보험금의 지급절차 및 지급내역 등을 설명하여야 하며, 보험금을 감액하여 지급하거나 지급하지 아니하는 경우에는 그 사유를 설명하여야 한다.

③ 적합성의 원칙

- 보험회사 또는 보험의 모집에 종사하는 자는 일반보험계약자가 보험계약을 체결하기 전에 면담 또는 질문을 통하여 보험계약자의 연령, 재산상황, 보험가입의 목적 등 대통령령으로 정하는 사항을 파악하고 일반보험계약자의 서명(「전자서명법」 제2조 제2호에 따른 전자서명을 포함한다), 기명날인, 녹취, 그 밖에 대통령령으로 정하는 방법으로 확인을 받아 유지·관리하여야 하며, 확인받은 내용은 일반보험계약자에게 지체 없이 제공하여야 한다.
- 보험회사 또는 보험의 모집에 종사하는 자는 일반보험계약자의 연령, 재산상황, 보험가입의 목적 등에 비추어 그 일반보험계약자에게 적합하지 않다고 인정되는 보험계약의 체결을 권유하여서는 안 된다.
- 제1항 및 제2항을 적용받는 보험상품은 대통령령으로 정한다.
- 보험회사 및 보험의 모집에 종사하는 자가 제1항에 따라 확인을 받아야 할 내용 및 확인 내용의 유지·관리기간은 대통령령으로 정한다.

④ 모집광고 관련 준수사항

- 보험회사 또는 보험의 모집에 종사하는 자가 보험상품에 관하여 광고를 하는 경우에는 보험계약자가 보험상품의 내용을 오해하지 않도록 명확하고 공정하게 전달하여야 한다.
- 보험회사 또는 보험의 모집에 종사하는 자가 보험상품에 관하여 광고를 하는 경우에는 다음 각 호의 내용이 포함되어야 한다.

- 보험계약 체결 전에 상품설명서 및 약관을 읽어 볼 것을 권유하는 내용
- 보험계약자가 기존에 체결했던 보험계약을 해지하고 다른 보험계약을 체결하면 보험인수가 거절되거나 보험료가 인상되거나 보장내용이 달라질 수 있다는 내용
- 변액보험 계약과 관련하여 대통령령으로 정하는 내용
- 그 밖에 대통령령으로 정하는 내용

• 보험회사 또는 보험의 모집에 종사하는 자가 보험상품에 대하여 광고를 하는 경우에는 다음 각 호의 행위를 하여서는 안 된다.
  - 보험금 지급한도, 지급제한 조건, 면책사항, 감액지급 사항 등을 누락하거나 충분히 고지하지 않아 제한 없이 보험금을 수령할 수 있는 것으로 오인하게 하는 행위
  - 보장금액이 큰 특정 내용만을 강조하거나 고액 보험금 수령 사례 등을 소개하여 보험금을 많이 지급하는 것으로 오인하게 하는 행위
  - 보험료를 일할로 분할하여 표시하거나 보험료 산출기준(보험가입금액, 보험료 납입기간, 보험기간, 성별, 연령 등)을 불충분하게 설명하여 보험료가 저렴한 것으로 오인하게 하는 행위
  - 만기 시 자동갱신되는 보험상품의 경우 갱신시 보험료가 인상될 수 있음을 보험계약자가 인지할 수 있도록 충분히 고지하지 않는 행위
  - 금리 및 투자실적에 따라 만기환급금이 변동이 될 수 있는 보험상품의 경우 만기환급금이 보험만기일에 확정적으로 지급되는 것으로 오인하게 하는 행위
  - 그 밖에 보험계약자 보호를 위하여 대통령령으로 정하는 행위

• 제1항 및 제2항 각 호에 관한 구체적인 내용, 보험회사 또는 보험의 모집에 종사하는 자가 광고를 하는 방법 및 절차, 그 밖에 필요한 사항은 대통령령으로 정한다.

• 보험회사 또는 보험의 모집에 종사하는 자가 광고를 할 때 「표시·광고의 공정화에 관한 법률」 제4조 제1항에 따른 표시·광고사항이 있는 경우에는 같은 법에서 정하는 바에 따른다.

- 보험협회는 필요하면 보험회사 또는 보험의 모집에 종사하는 자로부터 광고물을 미리 제출받아 보험회사 등의 광고가 이 법이 정한 광고기준을 지키는지를 확인할 수 있다.

⑤ 중복계약 체결확인 의무

- 보험회사 또는 보험의 모집에 종사하는 자는 대통령령으로 정하는 보험계약을 모집하기 전에 보험계약자가 되려는 자의 동의를 얻어 모집하고자 하는 보험계약과 동일한 위험을 보장하는 보험계약을 체결하고 있는지를 확인하여야 하며 확인한 내용을 보험계약자가 되려는 자에게 즉시 알려야 한다.
- 제1항의 중복계약 체결의 확인 절차 등에 관하여 필요한 사항은 대통령령으로 정한다.

⑥ 통신수단을 이용한 모집·철회 및 해지 등 관련 준수사항

- 전화·우편·컴퓨터통신 등 통신수단을 이용하여 모집을 하는 자는 제83조에 따라 모집을 할 수 있는 자이어야 하며, 다른 사람의 평온한 생활을 침해하는 방법으로 모집을 하여서는 안 된다.
- 보험회사는 다음 각 호의 어느 하나에 해당하는 경우 통신수단을 이용할 수 있도록 하여야 한다.
  - 보험계약을 청약한 자가 청약내용을 확인·정정 요청하거나 청약을 철회하고자 하는 경우
  - 보험계약자가 체결한 계약의 내용을 확인하고자 하는 경우
  - 보험계약자가 체결한 계약을 해지하고자 하는 경우(보험계약자가 계약을 체결하기 전에 통신수단을 이용한 계약해지에 동의한 경우에 한한다.)
  - 제1항에 따른 통신수단을 이용하여 모집을 하는 방법과 제2항에 따른 통신수단을 이용한 청약 철회 등을 하는 방법에 관하여 필요한 사항은 대통령령으로 정한다.

⑦ 보험계약의 체결 또는 모집에 관한 금지행위

보험계약의 체결 또는 모집에 종사하는 자는 그 체결 또는 모집에 관하여 다음

각 호의 어느 하나에 해당하는 행위를 하여서는 안 된다.

- 보험계약자나 피보험자에게 보험상품의 내용을 사실과 다르게 알리거나 그 내용의 중요한 사항을 알리지 않는 행위
- 보험계약자나 피보험자에게 보험상품의 내용의 일부에 대하여 비교의 대상 및 기준을 분명하게 밝히지 않거나 객관적인 근거 없이 다른 보험상품과 비교하여 그 보험상품이 우수하거나 유리하다고 알리는 행위
- 보험계약자나 피보험자가 보험상품의 중요한 사항을 보험회사에 알리는 것을 방해하거나 알리지 아니할 것을 권유하는 행위
- 보험계약자나 피보험자가 보험상품의 중요한 사항에 대하여 부실한 사항을 보험회사에 알릴 것을 권유하는 행위
- 보험계약자 또는 피보험자로 하여금 이미 성립된 보험계약(이하 이 조에서 '기존보험계약'이라 한다)을 부당하게 소멸시킴으로써 새로운 보험계약(대통령령으로 정하는 바에 따라 기존보험계약과 보장 내용 등이 비슷한 경우만 해당한다. 이하 이 조에서 같다)을 청약하게 하거나 새로운 보험계약을 청약하게 함으로써 기존보험계약을 부당하게 소멸시키거나 그 밖에 부당하게 보험계약을 청약하게 하거나 이러한 것을 권유하는 행위
- 실제 명의인이 아닌 자의 보험계약을 모집하거나 실제 명의인의 동의가 없는 보험계약을 모집하는 행위
- 보험계약자 또는 피보험자의 자필서명이 필요한 경우에 보험계약자 또는 피보험자로부터 자필서명을 받지 않고 서명을 대신하거나 다른 사람으로 하여금 서명하게 하는 행위
- 다른 모집 종사자의 명의를 이용하여 보험계약을 모집하는 행위
- 보험계약자 또는 피보험자와의 금전대차의 관계를 이용하여 보험계약자 또는 피보험자로 하여금 보험계약을 청약하게 하거나 이러한 것을 요구하는 행위
- 정당한 이유 없이 「장애인차별금지 및 권리구제 등에 관한 법률」 제2조에 따른 장애인의 보험가입을 거부하는 행위
- 보험계약의 체결 또는 모집에 종사하는 자가 다음 각 호의 어느 하나에 해당하는 행위를 한 경우에는 제1항 제5호를 위반하여 기존보험계약을 부당하게

소멸시키거나 소멸하게 하는 행위를 한 것으로 본다.

- 기존 보험계약이 소멸된 날부터 1개월 이내에 새로운 보험계약을 청약하게 하거나 새로운 보험계약을 청약하게 한 날부터 1개월 이내에 기존보험계약을 소멸하게 하는 행위. 다만, 보험계약자가 기존 보험계약 소멸 후 새로운 보험계약 체결 시 손해가 발생할 가능성이 있다는 사실을 알고 있음을 자필로 서명하는 등 대통령령으로 정하는 바에 따라 본인의 의사에 따른 행위임이 명백히 증명되는 경우에는 그러하지 않는다.
- 기존 보험계약이 소멸된 날부터 6개월 이내에 새로운 보험계약을 청약하게 하거나 새로운 보험계약을 청약하게 한 날부터 6개월 이내에 기존보험계약을 소멸하게 하는 경우로서 해당 보험계약자 또는 피보험자에게 기존 보험계약과 새로운 보험계약의 보험기간 및 예정 이자율 등 대통령령으로 정하는 중요한 사항을 비교하여 알리지 않는 행위
- 보험계약자는 보험계약의 체결 또는 모집에 종사하는 자(보험중개사 제외)가 제1항 제5호를 위반하여 기존보험계약을 소멸시키거나 소멸하게 하였을 때에는 그 보험계약의 체결 또는 모집에 종사하는 자가 속하거나 모집을 위탁한 보험회사에 대하여 그 보험계약이 소멸한 날부터 6개월 이내에 소멸된 보험계약의 부활을 청구하고 새로운 보험계약은 취소할 수 있다.
- 제4항에 따라 보험계약의 부활의 청구를 받은 보험회사는 특별한 사유가 없으면 소멸된 보험계약의 부활을 승낙하여야 한다.
- 제4항과 제5항에 따라 보험계약의 부활을 청구하는 절차 및 방법과 그 밖에 보험계약의 부활에 관하여 필요한 사항은 대통령령으로 정한다.

3) 보험 관련 법에서의 소비자보호

「보험업법」과 다른 보험 관련 법에서 소비자에게 중요한 법 내용을 종합하고 정리하여 살펴보면 다음과 같다.

(1) 보험계약자(또는 피보험자)의 권리

① 보험료감액청구권

보험계약의 당사자가 특별한 위험을 예정해서 보험료를 정한 경우에 보험기간 중 그 예정한 위험이 소멸한 경우, 보험계약자는 이후 보험료에 대해서 감액을 청구할 수 있다(「상법」 제647조).

② 보험료반환청구권

보험계약자와 피보험자 또는 보험수익자가 선의이고 중대한 과실이 없는 경우에는 보험계약의 전부 또는 일부가 무효임을 이유로 보험자에게 보험료의 반환을 청구할 수 있다(「상법」 제648조).

③ 보험계약부활청구권

보험계약자가 2개월 이상 보험료 납입을 연체해서 보험계약이 해지되고(「상법」 제650조 제2항) 해지환급금이 지급되지 않은 경우로서 보험계약자가 보험계약의 부활을 원하는 경우에는 보험계약이 해지된 날부터 2년 이내에 연체보험료에 약정이자를 더해 보험자에게 지급하고 그 보험계약의 부활을 청구할 수 있다(「상법」 제650조의 2).

④ 계약해지권

보험계약자는 보험사고가 발생하기 전에는 언제든지 보험계약의 일부 또는 전부를 해지할 수 있으며, 당사자 간에 다른 약정이 없으면 미경과된 보험료의 반환을 청구할 수 있다(「상법」 제649조 제1항 전단 및 제3항). 그러나 타인을 위한 보험(「상법」 제639조)의 계약에서는 그 타인의 동의를 얻지 않거나 보험증권을 소지하지 않으면 해당 보험계약을 해지할 수 없다(「상법」 제649조 제1항 후단). 그리고 보험사고의 발생으로 보험금액이 지급되었더라도 보험금액이 감액되지 않는 보험의 경우에는 보험사고가 발생된 후에도 보험계약자가 해당 계약을 해지할 수 있다(「상법」 제649조 제2항).

⑤ 손해배상청구권

보험모집인이 보험모집을 하는 과정에서 손해를 입은 보험계약자는 보험자에게 그 손해의 배상을 청구할 수 있다(「보험업법」 제102조 제1항 본문). 다만, 보험자가 보험설계사 또는 보험대리점에 모집을 위탁할 때 상당한 주의를 했고 또한 이들이 행하는 모집에 있어서 보험계약자에게 가한 손해를 방지하기 위해 노력한 경우에는 배상책임을 물을 수 없다(「보험업법」 제102조 제1항 단서).

보험과 은퇴코너 7-1

채무부존재 소송이란?

채무부존재소송 '이유 있는 반격?' "보유계약 늘어 선의계약자 보호 의무" 소송 걸면 금감원 민원 평가에 안 잡혀

- 채무부존재 소송: 실질적인 채무(빚)가 없음에도 채무의 면제를 청구당했을 경우 법적인 도움으로 채무가 없음을 확인하는 소송

최근 보험사기가 늘어나면서 보험사들의 채무부존재소송도 증가하고 있다. 일각에서는 보험사들이 이유 없는 채무부존재소송을 "너무 남발하는 것 아니냐"는 우려도 나오고 있다. 하지만 보험사들은 선의의 계약자를 보호하기 위해 소송은 필요하다는 입장이다. 업계에 따르면 보험사들의 민사조정 신청 건수는 최근 급증하고 있는 것으로 나타났다. 국내 15개 보험사들이 피해자를 상대로 제기한 민사조정은 2년 만에 10배 늘어났다. 지난해는 8월까지만 3,500여 건이었다. 특히 민사조정 건수는 사망을 주된 보장으로 하는 생명보험사보다는 손해보험사에서 더 많이 일어나고 있는 것으로 파악됐다.

이에 대해 업계 관계자는 "민사조정 건수가 매년 늘어나고 있는 것은 맞지만 보유 계약 건수도 늘어나고 있다는 점도 염두해 두어야 한다."며 "보유 계약이 늘어나는데 소송도 함께 늘어나고 있는 것은 어찌 보면 당연한 이야기"라고 말했다. 즉, 보유계약이 늘었는데 민사조정 건수가 줄고 있다면 그만큼 언더라이팅에 소홀해져 선의의 계약자가 피해를 볼 수 있다는 것이다.

실제로 보험사들의 보유계약은 해마다 증가하고 있는 것으로 나타났다. 2008년 9월 기준 생명보험사들의 보유계약(일반계정 기준)건수는 7,911만 2,511건으로 전년 동기 대비 118만 8,397건이 늘었다. 같은 기간 손해보험사들의 보유보험로도 16조 9,017만 2,400만원으로 전년에 비해 13.4%가 늘어 증가 추세다. 아울러 보험사들은 보험금을 지급할 경우 불특정 다수인 보험계약자들의 돈으로 보험금이 지급되기 때문에 상당히 신중할 수밖에 없다는 입장을 밝히고 있다. 만약 보험금이 불필요하게 지급됐을 경우 향후 보험금을 지급받아야 하는 계약자들이 피해를 볼 수 있기 때문이다. 소송을 한 건 진행하더라도 법무팀의 자문 변호사 등을 거쳐 법률적으로 하자가 있는 부분에 대해서만 처리를 하지 무분별하게 남발하지 않는다는 의견이다.

(계속)

업계 관계자는 "고객의 신뢰와 이미지가 중요한 보험 산업의 특성상 이미지에 타격을 입을 만한 부분을 하지 않고 있다."며 "채무부존재소송의 경우 철저한 자체 시스템을 거쳐 보험 사기가 의심되는 건에 대해서만 진행을 하지 아무 건이나 진행하지 않는다."라고 말했다.

하지만 일각에서는 채무부존재소송에 남발에 대해 "금융감독당국의 민원 평가를 너무 의식하는 것이 아니냐"는 의견도 나오고 있다. 금감원은 해마다 민원 발생수 등 다양한 부분을 평가하고 우수한 보험사를 선정해 마크를 부여함으로써 이미지 제고에 도움을 주고 있다. 하지만 금감원의 민원 평가에도 허점이 있어 이를 악용하는 보험사도 있는 것으로 알려졌다. 금감원에 민원이 들어가기 전 채무부존재소송을 걸면 민원에 잡히지 않기 때문에 무조건 채무부존재소송을 걸고 본다는 것이다.

업계 관계자는 "이러한 허점이 있기 때문에 일부 보험사들이 민원 평가를 좋게 받기 위해 채무부존재소송을 남발하고 있다."며 "일단 지르고 보자는 행위가 나중에는 해당 보험사에 독으로 작용할 것"이라고 말했다.

이에 대해 금감원 측은 민원이 접수 처리 중이더라도 감독당국의 민원사무처리 조항에 의거 법원에서 소송이 진행 중이거나 소송이 접수됐을 경우 민원이 자동 해제된다고 설명했다.

출처: 한국보험신문(2009년 1월 23일자).

(2) 보험계약자(또는 피보험자)의 의무

① 주요사실 고지의무

보험계약을 체결할 때 보험계약자 또는 피보험자는 보험사에 중요한 사항을 고지해야 하며, 거짓된 고지를 해서는 안 된다. 보험계약자 또는 보험대상자(피보험자)는 청약 시(진단계약의 경우에는 건강진단시 포함, 다만 「의료법」 제3조의 종합병원 및 병원에서 직장 또는 개인이 실시한 건강진단서 사본 등 건강상태를 판단할 수 있는 자료로 건강진단 대신 가능) 청약서에서 질문한 사항에 대하여 반드시 사실대로 알려야 하는데 '이를 계약 전 알릴 의무'라고 한다.

보험계약자가 고지의무(계약전 알릴 의무)를 위반하면 보험자는 그 사실을 안 날부터 1개월 이내, 보험계약을 체결한 날부터 3년 이내에 계약을 해지할 수 있다(「상법」 제651조 전단). 그러나 보험자가 보험계약 당시에 보험계약자가 고지를 하지 않거나 거짓고지를 한 사실을 알았거나 중대한 과실로 인해 알지 못한 경우에는 계약을 해지할 수 없다(「상법」 제651조 후단).

② 위험변경·증가 통지의무

보험기간 중에 보험계약자 또는 피보험자는 사고발생의 위험이 현저하게 변경 또는 증가된 사실을 알게 되면 지체 없이 보험자에게 통지해야 한다(「상법」 제652조 제1항 전단). 보험계약자 등이 이를 게을리 하면 보험자는 그 사실을 안 날부터 1개월 이내에 계약을 해지할 수 있다(「상법」 제652조 제1항 후단). 보험자는 위의 통지를 받거나, 보험기간 중에 보험계약자, 피보험자 또는 보험수익자의 고의 또는 중대한 과실로 인해 사고발생의 위험이 현저하게 변경 또는 증가된 경우에는 1개월 내에 보험료의 증액을 청구하거나 계약을 해지할 수 있다(「상법」 제652조 제2항 및 「상법」 제653조).

③ 보험사고발생 통지의무

보험계약자·피보험자 또는 보험수익자는 보험사고가 발생한 것을 알게 되면 지체 없이 보험자에게 그 사실을 통지해야 한다(「상법」 제657조 제1항). 보험계약자 등이 이 통지의무를 게을리해서 손해가 증가했다면 보험자는 그 증가된 손해에 대해서는 배상하지 않는다(「상법」 제657조 제2항).

④ 소멸시효

보험금 청구권, 보험료 또는 환급금 반환청구권 및 배당금 청구권은 2년간 이를 행사하지 않으면 소멸시효(消滅時效)가 완성된다. 즉, 계약자나 수익자가 보험금을 2년 동안 청구하지 않으면 법상 그 권리는 소멸되어 버린다.

⑤ 계약의 무효

보험계약의 무효란 보험계약이 성립한 때로부터 법률상 당연히 그 효력이 발생하지 않는 것을 말한다. 보험계약이 무효가 되면 보험회사는 위험을 담보하지 않는 것이므로 보험료도 당연히 보험계약자에게 돌려주어야 한다. 보험계약이 성립한 경우라도 다음의 한 가지에 해당하는 경우에는 그 계약을 무효로 하고 이미 납입한 보험료를 반환한다.

- 타인의 사망을 보험금 지급사유로 하는 보험계약에서 계약체결 시까지 보험대상(피보험자)의 서면에 의한 동의를 얻지 아니한 경우(「상법」 제731조)

보험과 은퇴코너 7-2

채무부존재 소송사례
: 빙판길 하차 시 사고 보험금 받을 수 있나? 있다.

경사지 빙판길에서 자동차를 일시 정차시켜 놓고 물건을 내리는 동승자를 도와주기 위해 하차하던 중 넘어지는 바람에 부상을 입었다면 보험사고에 해당한다는 대법원 판단이 나왔다. 대법원 1부(주심 김지형 대법관)는 8일 H해상화재보험이 최모 씨 등을 상대로 낸 채무부존재 확인소송 상고심에서 원고 패소판결한 원심을 확정했다.

재판부는 "이 사건 사고는 경사지 빙판길로 주·정차 및 하차과정에서 위험 가능성이 객관적으로 존재하는 곳에 일시정차, 내리던 중 하차자 과실이 경합하면서 '운행상 위험'이 현실화돼 부상을 당한 경우인 만큼 자동차보험계약이 정한 보험사고에 해당한다."고 밝혔다.

재판부는 "자동차를 용법에 따라 사용한다는 것은 자동차가 반드시 주행상태에 있지 않더라도 주행의 전후 단계인 주·정차 상태에서 문을 여닫는 등 각종 부수적인 장치를 사용하는 것도 포함된다."고 설명했다.

최 씨는 지난 2005년 12월 전북 순창군 노상에서 자동차를 일시 정차한 후 동승했던 부인이 장바구니를 내리는 것을 도와주기 위해 시동과 전조등이 켜진 상태에서 하차하던 중 무언가에 걸려 균형을 잃고 빙판길에 넘어지는 바람에 머리를 크게 다쳤다. 차량 보험사인 H해상화재보험은 당시 사고가 운행 중 발생한 것이 아니기 때문에 보험금을 지급할 의무가 없다며 채무부존재 소송을 냈다.

- 만 15세 미만자, 심신상실자 또는 심신박약자를 보험대상자(피보험자)로 하여 사망을 보험금 지급사유로 한 계약의 경우

(2) 보험자(보험회사) 등의 의무

① 보험약관 교부·명시의무

보험자는 보험계약을 체결할 때 보험계약자에게 보험약관을 교부하고 그 약관의 중요한 내용을 알려 주어야 한다(「상법」 제638조의3 제1항). 보험자가 보험약관 교부·명시의무를 위반했다면 보험계약자는 보험계약이 성립한 날부터 1개월 이내에 그 계약을 취소할 수 있다(「상법」 제638조의3 제2항).

② 보험증권 교부의무

보험자는 보험계약이 성립하면 즉시 보험증권을 보험계약자에게 교부할 의무가

있다. 그러나 보험계약자가 보험료의 전부 또는 최초 보험료를 지급하지 않은 경우에는 보험증권을 교부하지 않아도 된다(「상법」 제640조 제1항). 기존의 보험계약이 연장되거나 변경되는 경우에는 기존 보험증권에 그 사실을 기재하는 것으로 보험증권의 교부를 대신할 수 있다(「상법」 제640조 제2항).

③ 보험료 지급의무

보험계약자가 보험계약을 체결했다면 지체 없이 보험료의 전부 또는 제1회 보험료를 지급해야 하며, 이를 지급하지 않고 계약 성립 후 2개월이 지나면 다른 약정이 없는 한 그 계약은 해제된 것으로 본다(「상법」 제650조 제1항). 또한 계속보험료가 약정한 시기에 지급되지 않으면 보험자는 상당한 기간을 정해 보험계약자(타인을 위한 보험인 경우 그 타인을 포함)에게 최고하고, 그 기간 내에 보험료가 지급되지 않으면 계약을 해지할 수 있다.

한편, 손해보험료 지급에서 중요한 사항은 비례보상이다. 손해보험은 실손을 보상하는 것이 원칙이다. 그렇기에 실손을 보상하는 의료비항목은 여러 개의 보험이 있다 해도 각각 비례해서 실제 본인 부담금만 보상을 받을 수 있기 때문에 비례보상한다 또는 중복보상 되지 않는다라고 한다(약관상 '다수의 계약이 체결되어 있는~' 표현 항목).

④ 청약철회제도

보험계약을 체결한 후에 보험계약자가 꼭 필요하지 않은데도 가입하였거나 보험계약자의 실제 필요와 부합되지 않게 보험에 가입하는 경우가 발생할 수 있다. 이러한 경우를 고려하여 일종의 냉각기간(cooling-off)으로 15일간의 청약철회기간을 정한 제도로서 보험회사의 경우 청약철회제도를 인정해야 하는 일종의 의무사항이 된다. 청약철회는 보험계약자가 청약을 한 날 또는 1회 보험료를 납입한 날로부터 15일 이내에 할 수 있다(TV 홈쇼핑의 경우 1개월 이내).

⑤ 품질보증제도

보험회사가 아래의 세 가지 내용 중 이행하지 않은 경우가 있을 때 보험계약자는 청약일로부터 3개월 이내에 계약을 취소할 수 있는 제도로 보험사의 의무사항이다.

- 계약자가 자필서명(도장, 전자서명 포함)을 하지 않았을 경우
- 청약서 부본 및 약관을 전달하지 않았을 경우
- 약관의 주요 내용을 설명 받지 못했을 경우

(3) 통신수단을 이용한 모집에서의 준수사항

보험설계사, 보험대리점, 보험중개사, 보험회사의 임·직원 등 보험모집인은 전화·우편·컴퓨터통신 등의 통신수단을 이용해 보험계약자를 모집할 때 다른 사람의 평온한 생활을 침해하는 방법으로 모집해서는 안 되며, 보험회사는 통신수단을 이용해서 보험계약을 청약한 사람이 그 청약을 철회하려고 할 때 통신수단을 이용할 수 있도록 해야 한다(「보험업법」 제96조).

(4) 금융기관보험대리점 등의 금지행위

보험대리점 또는 보험중개사로 등록한 은행, 증권회사, 상호저축은행 등 금융기관보험대리점 등이 보험계약자를 모집할 때 다음의 행위가 금지된다(「보험업법」 제100조).

- 대출 등을 제공하는 조건으로 대출 등을 받는 사람에게 해당 금융기관이 대리 또는 중개하는 보험계약의 체결을 요구하거나 특정한 보험회사와 보험계약을 체결할 것을 요구하는 행위
- 대출 등을 받는 자의 동의를 미리 받지 않고 보험료를 대출 등의 거래에 포함시키는 행위
- 보험모집자격이 없는 해당 금융기관의 임직원으로 하여금 모집을 하도록 하거나 이를 용인하는 행위
- 해당 금융기관의 점포 외의 장소에서 모집을 하는 행위
- 모집과 관련이 없는 금융거래를 통해 취득한 개인정보를 미리 동의를 받지 않고 모집에 이용하는 행위
- 보험모집자격이 없는 소속 임원 또는 직원으로 하여금 상담 또는 소개를 하게 하거나 상담 또는 소개의 대가를 지불하는 행위

(5) TV홈쇼핑 보험상품 광고심의 리스트

TV홈쇼핑을 통해 보험상품에 가입하는 소비자가 증가하면서 TV홈쇼핑 보험상품의 광고가 보험소비자문제의 주요 요인이 되고 있다. 이 같은 상황에서 보험업법이 개정(2010년 6월 국회통과, 2011년 1월 시행)되어 보험소비자 보호장치가 강화되었다. 특히, TV홈쇼핑 광고기준을 법제화시켰는데, 구체적으로 TV홈쇼핑 광고에서 필수포함사항 및 금지사항을 세부적으로 규정(위반 시 등록취소 및 홈쇼핑에 직접 1,000만 원 과태료 부과 가능)하였다. 또한, 금융감독원에서는 보험통신판매 업무 모범규준(표준 rule, 2010년 9월 1일 시행)을 정하여 통신보험판매 및 TV홈쇼핑 보험판매와 관련한 소비자보호 및 보험업무에 대한 구체적인 내용을 포함하였다. 예를 들면, 완전판매를 위한 모니터링 강화, 청약수령 이후 실시하는 통화내용 품질모니터링 강화, 완전판매모니터링의 실시비율, 방법 및 절차 등을 대폭 강화, 통신판매 과정에서 준수사항 및 금지사항 규정, 불완전판매에 따른 소비자보호장치 마련 등이 그것이다. 게다가, 공정거래위원회에서는 TV홈쇼핑 및 통신판매에서의 보험판매와 관련하여 부당표시·광고 및 기만적 정보제공 행위를 조기에 적발·시정하고 소비자피해발생 및 확산을 예방하고자 법위반이 의심되는 표시·광고 및 기만적 정보제공행위를 모니터링하고 있다. 한국소비자원에서도 2006년 TV홈쇼핑사의 보험판매 허위·과장광고사례 적발 및 통신판매 모범규준 배포로 홈쇼핑사의 보험판매 관련 광고 자율규제확대 촉진시킨 바 있고, 개인정보관리·보호에 관한 모범규준(2006년)을 발표 한 바 있다. 이들 여러 기관의 다양한 법제도적 규제사항 중 보험상품광고와 관련한 내용을 정리·종합하여 보면 다음과 같다.

① 경고문구(제20조, 22조)

- 변동가능성: 예시된 해약환급금 또는 만기보험금 등이 금리에 따라 변동된다는 내용
- 예시수익률 관련: 예시된 해약환급금 또는 만기보험금 등이 미래의 수익을 보장하는 것이 아니라는 내용
- 갱신형 상품: 특약 등의 갱신주기 및 갱신 시 보험료가 인상될 수 있다는 내용

- 경고문구 안내방법: 소비자가 쉽게 인식할 수 있도록 안내(일반), 20분당 1회 이상 음성과 자막(홈쇼핑 판매방송), 1회 이상(단, 10분 이상 광고물은 2회 이상) 음성과 자막(TV 광고상품)
- 실적배당형 상품의 원금손실 가능성[손해보험]: 운용결과에 따라 납입원금의 손실이 발생할 수 있으며, 그 손실은 가입자에게 귀속된다는 내용
- 실적배당형 상품의 예시 수익률 관련[손해보험]: 과거운용실적/해약환급금/보험금 등을 예시할 경우 예시된 내용이 미래의 수익을 보장하는 것이 아니라는 내용
- 실적배당형 상품의 특별계정 투입금액[손해보험]: 해약환급금을 예시할 경우 납입한 보험료 중 일부(위험보험료, 부가보험료 등 차감)만 특별계정에서 운용된다는 내용
- 실적배당형 상품의 예금자보호법 적용관련[손해보험]: 당해 보험계약이 예금자보호법의 적용을 받지 않는다는 내용
- 실적배당형 상품의 적립금에 대한 최저보증예외사항[손해보험]: 연금개시 또는 보증만기 시점이전 중도 해지 시에는 최저보증이 되지 않는다는 내용

② 필수안내사항(제21조, 23조)

- 상품명: 약관상 명칭 사용(단, 표시상의 동일성이 인정될 수 있는 범위 내에서 명칭의 일부만을 사용가능)
- 보장내용 및 지급제한사항 등: 주계약, 특약의 보험금 지급사유 및 보험금액, 입원비, 진단비, 실손의료비 등에 대한 지급횟수 및 한도, 공제금액 등, 일정기간 내 보험금 감액지급 내용, 암, 치매 등 보장내용별 보장개시일, 실손의료비의 경우 중복가입시 비례보상에 관한 사항, 고액암, 3대 질병 등 약관에서 정한 질병구분에 대한 내용
- 만기환급금유무: 만기환급형, 순수보장형, 중도급부형[생명보험] 등 안내
- 보험기간 및 납입기간: 보험기간(만기) 및 보험료 납입기간 안내
- 보험료: 남녀별 30세/40세/50세 등을 도표로 예시(어린이보험, 고령자 대상 보험은 별도기준 가능)

• 적용이율의 변동가능성: 공시이율 등 적용이율의 변동가능성을 안내
• 해약환급금: 해약환급금 예시(해약환급금이 이미 납입한 보험료보다 적거나 없을 수 있다는 내용 안내)
• 청약철회 및 품질보증해지: 청약철회 및 품질보증해지(청약 후 3개월 내 계약취소) 요건 등에 관한 사항 안내
• 계약 전 알릴의무: 계약 전 알릴의무 및 위반 시 불이익 사항 안내
• 일반 면책사항: 고의로 인한 사고 등 약관상 일반적으로 보장하지 않는 사항
• 가입제한 사항: 위험직종 등 가입이 거절되거나 제한될 수 있는 사항 안내
• 약관 및 상품설명서: 자세한 내용은 약관 및 사품설명서를 참고하라는 내용안내
• 예금자보호법: 예금자보호법에 따라 예금보험공사가 보호함을 안내

③ 준수사항(제22조, 24조)

• 보장내용표시 명확화: 주계약과 특약의 보장내용을 구분하여 주 계약, 특약의 순서대로 설명, 특약의 보장내용 설명 시 특약보험료를 포함, 특약가입 시 보장되는 내용은 '특약가입 시'를 보장내용과 동일한 형태 및 방법으로 함께 안내(단, 방송광고 시 특약 보장내용의 음성 설명 횟수의 1/2 이상 횟수로 '특약가입 시'를 음성안내), 보험금 지급한도 및 지급제한 사항을 보장내용과 동일 형태 및 방법으로 함께 안내(단, 방송광고 시 보장내용의 음성 설명 횟수의 1/2 이상 횟수로 지급제한사항 등을 음성 안내), 보장금액이 조건에 따라 상이할 경우 각 보장금액을 동일한 형태 및 방법으로 모두 안내, 중도인출 기능 등 설명 시 해당 수수료를 함께 안내[생명보험]
• 보험료 예시: 보장내용 설명 시 보험료를 동일한 방법과 비중으로 안내, 보험료 산출기준(주계약/특약 가입금액, 보험기간, 납입기간, 성별, 나이 등)을 명확히 안내하고 보험금 예시기준에 일치, 보험료는 남녀별로 30세/40세/50세 등을 도표로 예시(단, 대표연령은 40세로 예시 가능하나 가입나이, 성별 등에 따라 변경됨을 안내/어린이보험, 고령자 대상 보험은 별도기준 가능), 환급금 형태(만기환급형, 중도급부형 등)별 내용을 모두 광고할 경우 각 형태별 보험료를 모두 예시, (특약 등의)갱신형 상품의 경우 갱신시 보험료 인상가능성 및 갱신 거절

사유 등을 안내, 직업이나 직종 등 피보험자의 특성에 따라 보험료가 변경될 수 있는 경우 그 내용을 안내, 무심사보험은 회사에서 정한 심사절차를 거친 경우보다 저렴한 정기보험에 가입할 수 있다는 내용과 일반정기보험과의 보험료 비교표 등을 인식이 용이하게 안내, 자동차보험 상품의 경우 위원회에서 정한 기준에 따라 보험료를 예시[손해보험]

- 만기환급금 및 해약환급금 예시: 만기환급금(또는 중도환급금)을 표시할 경우 지급시점 및 대상을 명확히 안내, 상품종류(순수보장형 · 만기환급형 · 중도급부형 등)에 따라 만기 환급금의 유무가 결정됨을 안내, 만기환급형의 경우 주계약 및 특약을 구분하여 각각에 대해 환급여부를 설명, 해약환급금은 이미 납입한 보험료보다 적거나 없을 수 있음을 안내, 만기환급금, 해약환금의 예시기준은 보험료 및 보험금 예시기준과 동일하게 안내, 적용이율의 기준시점과 변동금리임을 명확히 안내(생명보험), 금리연동형 상품인 경우 적용이율이 변동금리임과 기준시점을 명확히 안내(손해보험), 해약환급금 등 예시 시 최저보증이율과 현재 공시이율을 동일한 형태 및 방법으로 예시
- 홈쇼핑판매방송의 상품설명 자격: 「보험업법」 제83조에 의한 모집할 수 있는 자

④ 금지행위(제24조, 25조)

- 허위 또는 중요한 사실 미안내
- 보험법규 등 위반: 보험 관련 법규, 표시광고법 관련 법규, 상품공시기준 등의 내용과 상이하거나 오해를 주는 행위
- 극단적 · 단정적 표현: 객관적인 기준 설명 없이 최고, 최대, 제1위, 가장 많은, 무려, 획기적인 등 극단적 표현, 미래수익, 경제전망 등에 위험이 없는, 보장된, 약속된 등의 단정적 표현, 일정한 제약조건이 있음에도 원인에 상관없이, 묻지도 따지지도 않고, 한방에, 무조건 보장, 반복보장, 중복보장, 횟수에 상관없이 등의 표현
- 과장, 허위의 보장내용: 보험금 지급한도, 지급제한조건, 면책사항, 감액지급사항 등을 누락하거나, 충분히 고지하지 않아 오인하게 하는 행위, 보장하지 않는 경우가 있음에도 감기에서 암까지, 수천 가지 등 포괄적인 표현으로 보장

범위 과장, 고액의 보장금액만을 강조하거나, 보험금지급사유의 발생시점이 상이한 두 개 급부를 합산하는 행위, 특정한 보험금 수령사례(인터뷰 등)를 소개하여 보험금을 많이 또는 반복해서 지급하는 것으로 과장, 큰 보장, 고액보장, 거대보장, 무려 ~원, 넉넉하게, 통 크게 등 보장내용을 과장하여 안내

- 부적절한 보험료 안내: 보장내역은 주계약과 특약을 합친 보장내용으로 예시하면서 보험료는 주계약 보험료만 예시 등, 상품설명은 고보장 또는 만기환급형 기준으로 안내하고 보험료는 기본보장 또는 순수보장형으로 안내, 보험료 예시연령을 제22조 제2항 제2호에서 정한 연령 이하로 낮춰 보험료가 저렴한 것으로 오인하게 하는 행위, 보험료를 일할로 분할하여 표시, 정확한 금액을 설명하지 않고 ~만 원 대, ~만 원도 안 되는 등으로 표현, 부담 없는, 초특가, 파격가, 단돈 ~원 등으로 과장하여 표현, 갱신형상품의 경우 갱신 시 보험료가 인상될 수 있다는 사실을 충분하게 고지하지 않는 행위, 보험가입금액, 보험료 납입기간, 보험기간, 성별, 연령 등 보험료 사출기준을 불충분하게 설명, 객관적인 기준이나 합리적인 비교대상 없이 저렴한 보험료를 강조, 해당보장내용을 위한 위험보험료가 포함되어 있음에도 추가부담 없이 등의 표현을 사용
- 해약환급금, 보험금 예시: 해약환급금 예시시 환급률이 높은 특정기간 또는 가입 후 일정기간 경과한 시점 이후만을 예시, 연금보험 또는 연금전환기능을 이용하여 연금을 지급하는 경우 등에서 연금액을 합산하여 안내, 해약환급금 및 보험금을 예시하면서 가장 높은 예시기준만 보여 주거나, 확정된 투자수익률인 것으로 오해를 유발
- 역선택 조장 또는 자극적 표현: 치료비를 쓰고도 남는, 본인의 과실여부에 상관없이 등의 표현을 사용하여 역선택을 조장, 지나친 감탄사나 수식어를 사용하여 과장하거나 거부감을 유발, 교통사고 등의 발생장면, 급작스럽게 사람이 쓰러지는 장면 등 소비자를 지나치게 위협하는 표현, 천둥(낙뢰)소리, 기관차나 차량 등의 경적 및 급정거 소리, 무거운 물체의 낙하소리 등의 자극적인 음향 사용, 섬과 또는 번개 치는 영상 등 자극적인 효과 사용, 사회의 건전한 미풍양속을 해치는 표현을 사용하는 행위

표 7-1 TV 홈쇼핑 보험광고 심의 평가표 예시

항 목	평가내용	정보제공여부		질적 평가			
		Yes (음성, 자막)	No	자 막		음 성	
				크 기	게시 시간	빈 도	말 속도
경고 문구	1. 변동가능성						
	2. 해약환급금						
	3. 만기보험금						
	4. 갱신 시 보험료인상가능						
	5. 원금손실 가능성안내						
	6.「예금자보호법」 적용안내						
필수 안내	1. 보험보장내용						
	2. 보험금지급 제한사항						
	3. 보험만기환급 유무						
	4. 보험기간 및 납입기간						
	5. 청약철회 품질보증 해지						
	6. 계약 전 알릴의무						
	7. 가입제한 고객						
	8. 약관 및 상품설명서						
광고 금지 행위	1. 극단적·단정적 표현						
	2. 과장·허위보장내용						
	3. 부적절한 보험료 안내						
	4. 해약환급금, 보험금예시						
	5. 역 선택조장						
	6. 왜곡된 자료인용						
	7. 타사와의 비교광고						

- **자료인용**: 기사내용 및 특정단체의 발표자료 인용 시 일부만 발췌하거나 수정함으로써 전체의 의도 및 내용을 왜곡, 사실과 다른 내용 또는 최근자료가 있음에도 과거자료를 인용하여 현실을 오인하게 하는 행위

- 타사와의 비교광고: 객관적 기준이 아닌 자사에 유리한 내용만 비교, 타 보험회사의 경영상태 등을 비교할 경우 특정회사명을 지칭하는 행위
- 기 타: 건전한 거래질서를 해치거나 신의성실에 위배, 보험가입 판단에 오해 유발하는 행위(예1 : 추가납입, 중도인출, 납입중지 등에 일정제약이 있음에도 자유로운, 수시, 은행의 입출금기능, 자유납입 등의 표현사용 등, 예2 : 보험차익 비과세 설명 시 10년 이상 유지 시라는 조건 설명 미비 등), 보험가입판단에 오해를 유발하는 행위

8장

보험구매와 소비자주권

보험에 대한 소비자태도 개선, 보험에 대한 소비자만족도 증진은 보험회사의 중요한 과제이다. 보험거래 과정에서 소비자불만을 줄이지 않으면 보험회사의 부정적 이미지가 누적되어 보험해약률을 증대시킬 뿐만 아니라 잠재고객에게도 나쁜 영향을 미치게 된다. 또한 보험 소비자불만을 줄이기 위해서는 보험에 대한 소비자들의 올바른 이해, 보험에 대한 지식이 요구된다. 결국, 소비자의 보험가입동기, 보험가입채널이 어떤 것이든 보험에 대한 소비자의 부정적 인식해소, 보험에 대한 소비자지식 향상, 보험판매전후의 소비자만족을 높여 보험에 대한 소비자의 긍정적 구전활동촉진 및 보험산업분야의 발전을 꾀하여야 한다. 고객만족이 높은 경우 충성도가 높으며, 재구매, 긍정적 구전활동을 할 가능성이 보험 소비자만족도는 보험산업에서 매우 중요한 사항이다. 본 장에서는 보험 소비자만족과 불만족 및 소비자문제와 피해에 대해 다루고 기업의 소비자 친화적 보험경영에 대해 논의하고자 한다.

1. 보험 소비자만족·불만족과 소비자문제

1) 보험 소비자만족

보험에 대한 소비자만족도에 대한 조사 및 연구는 많이 진행되어 왔다. 대표성 있는 대규모 자료를 사용하여 조사한 보험소비자연맹의 연구결과를 구매단계별로 구분하여 살펴보면 다음과 같다.

(1) 보험청약 단계 소비자만족도

보험청약 단계(subscription stage)의 소비자만족도는 표 8-1에 제시한 바와 같이 5점 만점에 평균 3.14로 나타났다. 보험가입시 알릴의무 내용 중 건강상태에 대해 알릴여부를 보험설계사 및 상담직원이 정확하게 안내했다가 3.33으로 가장 높은 점수를 보인 반면, 보험상품에 대한 안내자료는 이해하기 쉽다가 2.80으로 가장 낮았다. 따라서 보험사는 보험상품에 대해 소비자가 이해하기 쉽도록 안내자료를 제작해야 하며, 보험설계사는 충분한 상품에 대한 설명과 전문적 지식, 기술로 다가가야 할 필요성이 있다.

(2) 보험유지 단계 소비자만족

보험유지 단계(maintenance stage)의 소비자만족도는 5점 만점에 평균 3.13으로 나타났다. 보험가입후 보험증권, 약관 등을 확인했을 때 보험설계사의 상담대로 제대로 가입되었다고 생각한다가 3.43으로 응답자가 가장 높게 평가하였으며, 보험사의 콜센터나 ARS 등을 통한 전반적인 전화 안내 서비스에 만족한다는 3.17로 낮은 평가를 하였다.

표 8-1 청약단계 소비자만족

보험청약 단계 소비자만족	평균(S.D.)
보험상품에 대한 안내자료(안내장, 가입설계서 등)는 이해하기 쉽다.	2.80(1.00)
보험가입시 보험설계사 및 상담직원이 상품내용을 이해하기 쉽게 충분히 설명하여 신뢰가 된다.	3.22(0.92)
보험가입 시 알릴의무내용 중 건강상태에 대해 알릴여부를 보험설계사 및 상담직원이 정확하게 안내했다.	3.33(0.90)
가입한 보험료 수준에 비해 보험 상품의 보장내용에 만족한다.	3.19(0.87)
평 균	3.14(0.76)

출처 : 보험소비자연맹

표 8-2 보험 유지단계 소비자만족도

보험청약 단계 소비자만족	평균(S.D.)
보험가입 후 보험증권, 약관 등을 확인했을 때 보험설계사의 상담대로 제대로 가입되었다고 생각한다.	3.43(0.83)
정기적으로 보험유지현황을 안내받고 있다(보험료납입안내, 중도보험금발생 현황 등).	3.40(0.99)
가입한 보험회사의 인터넷 홈페이지 이용에 대해 만족한다.	3.18(0.84)
가입한 보험회사의 고객프라자 또는 객장 이용에 대해 만족한다.	3.18(0.82)
보험사의 콜센터나 ARS 등을 통한 전반적인 전화 안내 서비스에 만족한다.	3.17(0.95)
가입한 보험회사의 재가입 또는 다른 사람에게 추천할 생각이 있다.	3.87(0.92)
평 균	3.13(0.74)

출처: 보험소비자연맹

표 8-3 보험수령 단계 소비자만족

보험수령 단계 소비자만족	빈 도(%)
보험청구 등 방법(구비서류 등)을 소비자가 안내 받는 절차가 번거롭지 않았다.	3.40(0.96)
보험의 청구(사고, 입원, 수술 등)및 수령 등 절차에 대해 만족한다.	3.10(0.95)
가입 시 설명 받은 대로 제대로 지급되었다고 생각한다.	3.36(0.92)
보험금 수령기간에 대해 만족한다.	3.37(0.97)
보험금청구 후 조사 직원(외주업체포함)의 고객응대에 대해 만족한다.	3.24(0.91)
평 균	3.30(0.60)

출처: 보험소비자연맹

(3) 보험수령 단계 소비자만족

보험금 등을 수령경험이 있는 응답자를 대상으로 수령 단계(receive stage) 소비자만족도는 보험청구 등 방법을 안내 받는 절차가 번거롭지 않았다가 3.40으로 가장 높은 반면, 보험의청구 및 수령 등 절차에 대해 만족한다가 3.10으로 가장 낮은 수준을 보였다. 이는 보험금청구 및 수령절차가 상대적으로 복잡하고 어렵기 때문에 소비자들의 불만요인으로 작용한다고 볼 수 있다.

2) 보험 소비자불만족

2009년 금융감독원에 접수된 금융민원은 76,826건이며 이중 보험민원은 40,936건으로 53.2%를 차지하고 있다. 2010년 상반기 중 금융민원은 총 35,449건으로 2009년보다 10.9% 감소하였고, 보험 부문의 민원은 19,585건으로 전년 동기보다 4.2% 감소하였는데, 특히 보험모집 관련 민원이 전년 동기보다 크게 감소(21.3%↓, △1,351건)한 것으로 나타났다.

한편, 2007년 한국갤럽조사에서 접수된 보험소비자불만 1,126건을 보험구매단계에 따라 구분하여 살펴보면 보험체결단계 36.0%(405건), 보험유지단계 7.8%(88건), 보험지급단계 56.2%(633건)로 나타났다. 보험은 미래생활 보장 및 삶의 질을 위해 중요한 사항이므로 과거에 비해 많은 소비자들이 가입하고 있다. 특히, 미래의 삶에 대한 불안감 및 각종 재해가 급증하면서 보험에 가입하는 소비자가 증가하고 있다. 그런데 보험상품이 점차 다양해지고 복잡해지면서 이에 대한 소비자불만 또한 증가하고 있다. 보험과 관련한 대표적 소비자불만은 상품에 대한 약관 및 정확한 계약내용을 알지 못한 상태에서 가입한 후 나중에 보험금을 지급받지 못하

표 8-4 금융감독원 생명보험 민원현황 (단위 : 건)

구 분	2005	2006	2007	2008	2009	증감률
보험 모집	3,473	4,409	5,182	6,218	9,999	187.7%
계약의 성립 및 실효	787	80	832	964	976	24.0%
고지 및 통지의무 위반	559	827	680	592	627	12.2%
면부책 결정	873	1,405	1,247	1,187	2,197	151.7%
보험금 및 제지급금산정	987	836	907	864	1,941	96.6%
장해 및 상해등급적용	1,425	1,501	1,217	1,101	1,120	-21.4%
보험금 및 제지급금지급	236	27	621	1,155	476	101.7%
재산운동	257	173	139	195	199	-22.6%
보험질서	195	186	173	564	376	92.8%
기 타	1,075	1,379	1,690	2,288	3,688	243.1%
소 계	9,867	11,787	12,389	15,119	21,599	118.9%

* 2005년 대비 2009년 민원신청건수 증감률

표 8-5 금융감독원 손해보험민원 발생현황 (단위 : 건)

구 분	2005	2006	2007	2008	2009	증감률
보험 모집	1,455	1,536	2,016	1,630	2,885	98.3%
계약의 성립 및 실효	597	566	1,007	964	1,397	134.0%
고지 및 통지의무 위반	295	401	543	655	1,232	317.6%
면부책 결정	1,598	1,689	1,795	1,341	2,001	25.2%
보험금 및 제지급금산정	2,420	2,756	3,080	2,413	3,316	37.1%
장해 및 상해동급적용	360	288	239	291	246	-31.7%
보험금 및 제지급금지급	805	838	939	2,403	1,602	99.0%
재산운동	111	129	96	95	72	-35.1%
보험질서	71	88	78	179	132	85.9%
기 타	1,377	1,446	1,830	2,507	3,865	180.7%
소 계	9,089	9,737	11,623	12,478	16,760	84.3%

* 2005년 대비 2009년 민원신청건수 증감률

는 데 있다. 보험상품 판매원이 실적 위주의 영업관행 속에서 무리하게 보험 계약을 권유하여 소비자가 보험상품을 계약하였는데, 나중에 정작 보험금을 타기는 까다로워 이에 대한 소비자들의 불만은 끊이지 않고 있다. 보험과 관련한 소비자들의 불만은 다음과 같다.

- 보험계약의 내용이 가입자가 알고 있는 것과 다르다.
- 약관의 내용을 잘 모르고 그에 대한 설명이 부족하다.
- 보험금 산정이 부당하고 그 지급절차가 복잡하다.
- 보험모집인으로부터 고지의무에 대한 설명을 듣지 못했다.
- 중도해약 시 해약 환급금이 적다.

이렇게 늘어나는 보험분쟁에 대하여 원만하게 해결할 만한 제도적인 장치가 부족하고 소비자가 법원에 소송을 제기할 경우 시간과 비용문제는 심각하다. 정보력, 조직력과 자금력이 월등한 보험사와 계약자와의 싸움에서 보험사가 유리한 상황이다. 실제로 최근 5년간(2003~2007.6)보험사의 채무부존재소송 2,298건 중 보험사의 승소비율이 87%를 넘는 것으로 나타났다. 보험사가 채무부존재소송을 내는 것은 주로 사고유형이 면책 대상일 때 사고와 손해와의 관계가 문제가 될 때이나 보험사는 소비자를 압박하는 수단으로 작용한다. 예컨대 금융감독원에 민원이 접수된 상태에서 이 소송을 제기하면 보험사의 민원발생건수 평가에서 제외된다. 이런 채무부존재 확인소송은 보험사가 법률적 또는 경제적 약자인 피해자를 강자의 입장에서 억압할 수 있기 때문에 보험금을 삭감하거나 합의 종용하는 수단으로 적극 활용되고 있다.

3) 보험구매 단계별 소비자문제

(1) 보험가입단계

보험가입 단계에서는 계약서 교부의무, 계약 주요 내용의 설명의무, 보험 가입자의 고지의무 등 보험판매자의 정보제공 관련 소비자문제가 발생한다. 보험가입 단계에서의 주요 소비자불만 및 피해는 다음과 같다.

① 계약서 및 약관부실과 교부의무 위반

보험 자필미서명, 계약서 및 약관 등 미교부

- 서명(동의) 없이 가입된 경우
- 서명이 없는 상태에서 보험료가 인출된 경우
- 자필서명이 없는 상태에서 보험료가 일방적으로 인출된 경우
- 약관 등의 교부가 지연된 경우

② 설명의무 위반

- 주요사실의 불고지
  - 사업비용을 설명하지 않은 변액 연금 계약취소 요구
  - 보험이라는 사실을 고지하지 않은 연금보험 계약취소 요구
  - 보험료감액 납입 시 손해에 대해서 고지하지 않은 변액보험 계약취소 요구
  - 펀드인 줄 알고 가입한 보험 계약 취소 요구

• 주요내용을 사실과 다르게 설명
  - 요실금 등의 질병이 계약 시와 달리 보장이 안 된 경우
  - 보험기간이 다르게 체결된 경우
  - 언제든지 인출 및 감액이 가능하다고 한 경우
  - 약관대출의 금액을 잘못 설명한 경우
  - 사실혼인데 영업소장 과실로 보험 보장된다고 한 건의 이행요구
  - 모든 보상이 다된다고 설명한 경우
• 약관의 중요내용을 단정적으로 설명
  - 연 최저 8% 보장 등의 단어 사용
  - 50만 원씩 7년 납입하면 1억 보장 등의 문장 사용
  - 배당금 1,400만 원 지급 등의 단어 사용
  - 가입 3년 후 원금지급 된다고 한 경우
• 적합성 권유 위반
  - 한 달에 80만 원 받는 사람에게 월보험료 160만 원 상품을 권유한 경우
  - 월 150만 원의 수입원을 지닌 운동선수에게 월 100만 원씩 10년간 납입 상품을 권유한 경우

보험상품가입 단계에서 주로 발생하는 소비자불만은 불완전판매와 관련이 많다. 불완전판매란 신규계약 건수 중 상품설명을 제대로 하지 않았거나 서면동의, 자필서명 등 3대 기본원칙을 지키지 않아 해지 또는 무효처리된 것으로 보험판매의 건전성을 판단하는 지표이다. 2007년 한국소비자원에 보험과 관련한 피해구제를 요청한 1,126건 중 계약체결과정에서 보험판매자의 정보제공미흡 등 불완전판매로 인한 소비자피해접수 건수는 전체의 24.9%(280건)로 나타났다. 구체적으로, 자필서명을 받지 않음(17.5%), 약관 또는 청약서 미교부(5.4%), 보험판매자가 계약 중요내용을 미고지, 사실과 다르게 고지(74.6%), 보험계약자의 경제적 수준과 부적합한 보험상품판매(2.5%) 이다. 한편, 한국갤럽 2007년 조사결과 불완전판매는 생명보험이 73.9%로 손해보험보다 높게 나타났으며, 생명보험중 변액보험의 불완전판매는 12.1%인 것으로 밝혀졌다.

표 8-6 판매방법별 불완전판매 현황

(단위 : 건, %)

구 분	방문판매	전화권유판매	TV홈쇼핑	방카슈랑스	계
건 수 (비율)	202 (72.1%)	57 (20.4%)	10 (3.6%)	11 (3.9%)	280 (100.%)

불완전판매로 보험계약이 성립된 경우 소비자는 15일 이내(TV홈쇼핑이나 통신판매로 구매한 경우 1개월 이내)에 보험계약의 취소가 가능하다. 약관 미교부 및 중요내용 설명이 미흡한 경우 보험증권을 받은 날부터 3개월 이내에 계약취소가 가능하다. 그런데 일부 소비자들은 불완전판매에 대한 인지시기가 늦은 점, 불완전판매여부의 입증곤란으로 청약철회가 되지 않는다는 불만을 제기하고 있다.

불완전판매 현황을 보험상품유형 및 판매방법에 따라 구체적으로 살펴보면 불완전판매로 판매된 보험상품의 종류를 보면 생명보험이 73.9%로 손해보험보다 높게 나타났으며, 생명보험중 변액보험은 12.1%로 나타났다. 한편, 불완전판매로 판매된 보험판매방법별 유형을 살펴보면, 표 8-6에서 제시한 바와 같이 방문판매 72.1%, 전화권유판매 20.4%, TV홈쇼핑 3.6%, 방카슈랑스 3.9%로 나타났다. 전화권유판매의 실제 판매점유율은 초회보험료 기준으로 생명보험 2.4%, 손해보험 6.2%인데 반해 부당권유로 인한 소비자피해점유율은 20.4%로 나타나, 전화권유판매에서 상대적으로 소비자피해가 높게 나타난다고 볼 수 있다.

(2) 보험유지 단계

보험유지 단계에서는 보험계약 실효 및 부활, 계약변경, 명의도용으로 인한 대출, 모집인의 횡령, 보험료 납입변경요구 등의 소비자문제가 발생한다.

(3) 보험지급 단계

보험지급 단계의 소비자문제는 보험사고발생이후 보험금지급과 관련한 다양한 문제들이다. 보험에 관한 상담 및 분쟁은 금융감독원이나 보험협회에 의뢰하여 조정 받을 수 있는데 이들 기관은 보험 사업자와 보험 계약자 간의 분쟁을 심의·의결하기 위하여 인보험과 손해보험으로 구분하여 각각 보험분쟁조정위원회를 두고 있다. 보험분쟁조정위원회는 당사자에게 합의권고할 수 있으며, 합의가 이루어지지 않는 경우 분쟁조정위원회에 회부한다. 보험분쟁조정위원회는 30일 이내에 심의하여 조정안을 작성하고 당사자가 이를 수락하면 재판상의 화해와 동일한 효력을 갖는다.

2. 보험금지급 관련 소비자문제 및 피해

1) 보험금 지급분쟁의 주요 이유

(1) 보험사의 보험금지급거부 및 축소

보험금지급 분쟁은 사업자가 보험금지급을 거부 또는 보험금의 축소 등으로 인한 소비자들의 불만에서 시작된다. 한국소비자원(2009)이 보험금지급 분쟁을 경험한 보험소비자 400명을 대상으로 조사한 결과 보험사가 어떤 근거에 의해 보험금지급거부 또는 과소지급을 판정했는가라는 질문에 대해 보험회사의 판단이라는 응답이 135명(33.8%)으로 가장 많았다.

다음으로 소비자 측의 진단서 (86명, 21.5%), 보험사가 자문한 자문에 의한 진단서(81명, 20.3%)로 응답해 보험사가 보험금지급여부를 결정할 때 자체의 판단을 우선적 근거로 적용하고 있는 것으로 나타났다. 소비자의 고지의무미이행이 사유가 되어 발생한 보험금지급분쟁에서는 소비자의 고지의무에 대한 보험모집인의 설명이 충분하지 않거나 부실하게 알리도록 방관한 경우가 많은 것으로 나타났다. 보험금지급분쟁으로 소비자들은 민원기관이나 소송을 통해 279명(69.8%)이 보험금을 받았으며, 이들의 보험금 수령액은 애초 요구액과 같거나 많은 경우가 136명(48.7%)으로 나타났다. 보험사의 보험금 지급거부 또는 과소지급의 이유는 사업자의 보상책임이 없는 면책사유에 해당하는 경우가 128명(32.0%)으로 가장 많았고, 약관상 보험금 지급사유에 해당하지 않아서가 17명(26.8%), 보험사가 약관상 정해진 보험금액 중 일부만 지급하겠다고 제시한 경우가 93명(23.3%), 소비자의 고지의무미이행이 69명(17.3%) 순서였다.

(2) 보험모집인의 설명의무이행 및 소비자의 고지의무 이행

보험계약 체결 시 보험금을 받을 수 있는 사고유형에 대한 보험모집인의 설명에 대해 5점 척도로 조사한 결과 평균 3.37로 보통(3점)을 약간 상회하는 것으로 나타났다(한국소비자원, 2009). 보험계약체결시 소비자의 질병상태 등을 보험회사에 정직하게 알려야 하는 고지의무에 대해 보험모집인의 설명정도는 평균 3.37이었고, 소비자의 이행정도는 평균 3.30으로 나타났다. 소비자가 청약서에 기록한 사항과 상이한 내용을 모집인에게 구두로 설명한 경험이 있다는 응답도 145명(36.3%)으로 나타났다. 소비자가 청약서에 기록한 사실과 다르게 구두로 설명한 이유는 고지사항인 줄 몰랐다라고 답한 소비자가 70명(48.3%), 모집인 등이 설명하지 않아서 40명(27.6%), 모집인 등이 상관없다고 해서 20명(13.8%)의 순서로 나타났다. 이처럼 많은 소비자가 고지의무에 대해 정확히 알지 못하고 있으며, 고지의무에 대한 보험모집인 등의 설명이 충분하지 않거나 부실하게 알리도록 방관하는 경우도 많음을 알 수 있다.

2) 보험금지급분쟁 과정 및 해결

최근 3년(2005~2007)간 한국소비자원에 접수된 생명보험 관련 피해구제접수건에 대한 생명보험사의 보험금합의율을 높지 않은 것으로 밝혀지고 있다. 보험금지급 분쟁의 해결수단으로는 한국소비자원이나 금융감독원 등 민원기관에 접수한 경우가 183명(45.8%)이었고, 나머지 217명(54.2%)은 소송(조정)으로 해결한 것으로 나타났다. 한국소비자원이나 금융감독원 등의 처리 및 소송(조정)에 의해 보험금을 받았다는 응답자가 279명(69.8%), 받지 못했다는 응답자는 121명(30.3%)으로 나타나 소비자의 요구대로 해결된 경우가 더 많았다(한국소비자원, 2009). 보험금을 받은 소비자 279명의 보험금 수령액은 소비자가 애초에 요구한 수준과 같거나 그보다 많은 경우가 136명(48.7%)이었다. 반면 보험사가 제시한 수준과 같거나 그보다 적은 경우는 19명(6.8%)으로 나타났다.

보험금지급분쟁을 해결하기 위해서는 금감원, 공정거래위원회(허위과장광고 등), 한국소비자원 등 보험금지급 관련 기관에서 보험금지급심사의 공정성을 제고

할 수 있는 장치의 마련, 징벌적 손해배상제도의 도입, 소비자가 피해구제를 신청한 경우 사업자의 소송제기금지 등 다양한 방안이 필요하다. 또한, 계약과정에서 약관이나 계약내용 등 보험사의 설명의무를 대행하고 있는 보험설계사에게 고지수령권을 부여해야 한다는 의견도 있다.

3) 보험금지급분쟁 유형별 소비자문제

보험 관련 가장 대표적인 소비자문제 및 소비자피해는 보험가입 후 지급사유가 발생했다고 생각되어 보험금지급을 신청했으나 보험금을 타지 못하는 경우이다. 실적 위주의 무리한 보험모집 등으로 보험가입은 용이해도 정작 보험금을 타기가 까다롭다는 소비자불만이 끊이지 않고 있다. 보험상품은 그 내용이 매우 복잡하고 규정이 까다로우므로 소비자들은 계약할 당시 보험금지급 관련 주의사항 및 지급조건 등을 명확하게 검토한 후 신중한 구매를 해야 한다.

(1) 사고배상 책임보험 분쟁

본인이 보험에 가입하지 않았으나 사고에 따른 배상책임을 타인이 가입한 보험회사로부터 받는 경우가 많다. 예를 들면, 상업적 건물이나 쇼핑센터, 지하 주차장 등에서 부상을 입는 경우, 화재로 인한 피해, 건물 붕괴 등 각종 사고로 인한 피해가 발생할 경우가 있다. 이 같은 경우, 보통 과실이 누구에게 있는가, 어느 정도의 과실이 있는가에 대한 판정을 근거로 시설물에 대한 배상책임보험회사로부터 보험금을 지급받을 수 있다. 그러나 이 같은 사고에 대한 배상이 제대로 되지 않아 분쟁이 끊이지 않고 있다.

(2) 소비자 고지의무 분쟁

손해보험회사가 판매하는 장기손해보험 상품(예: 암보험, 건강보험)의 경우 소비자들의 고지 의무위반으로 보험금지급을 거절당하는 경우가 빈번하게 발생하고 있다. 장기손해보험의 표준약관 제6조에 따르면 계약 전 피보험자(소비자)가 알릴 의무(이하 고지할 의무)라 하여 계약을 맺을 때 계약자 또는 피보험자는 청약서의 기재사항에 아는 사실을 빠짐없이 적어 회사에 알려야 한다고 규정되어 있다. 또한 제17조에는 피보험자의 고의 중과실로 청약서에 기재사항을 사실대로 알리지 않을 경우 보험금 지급사유 발생과 무관하게 보험사는 계약을 해지(안 날로부터 1개월 이내, 계약체결 날로부터 2년 이내, 단 진단을 받고 보험에 가입한 경우 1년 이내)할 수 있다고 규정하고 있다. 결국, 계약체결시 피보험자(소비자)는 과거의 병력, 현재의 건강상태, 직업 등에 대한 중요한 사항을 정확히 고지할 의무가 있음을 알 수 있다.

뿐만 아니라 계약이 실효된 후 다시 부활할 경우 신계약 절차를 거치므로 변동된 사항이나 관련 고지 의무 등을 새로이 알려야 한다. 다시 말해, 전에 고지한 사항이 아니라 부활한 당시의 신체 상태나 직업변동 등을 명확히 알려야 고지의무 위반으로 불이익을 당하지 않을 수 있다. 그러나 피보험자의 고지의무가 고의 또는 중과실이 있어야 하며 단순한 고지의무 위반은 보험사의 해지사유에 해당하지 않는다. 또한 고지의무가 위반되었다 해도 계약해지 전 발생한 보험사유와 고지의무가 인과관계가 없다면 보험금은 지급받을 수 있다. 게다가 보험회사가 계약자가 고지의무를 위반한 사실을 안 날로부터 1개월이 지났거나, 계약체결 후 2년이 경과한 경우, 계약 당시 이미 의무 위반을 알았거나 중대한 과실로 알지 못한 경우는 보험회사에서 계약해지를 할 수 없다.

(3) 보험금 불지급사유 관련 분쟁

보험상품에 계약하였더라도 보험금 불지급사유에 해당하는 경우 보험금을 지급받지 못할 수 있으므로 소비자는 이에 대한 충분한 이해가 필요하다. 계약무효나 보험금 불지급사유는 다음과 같다.

① 계약의 무효

사망을 보험금 지급사유로 하는 계약에서 피보험자의 서면동의를 얻지 않은 경우, 사망을 보험금지급사유로 하는 계약에서 만 15세 미만자, 심신상실자 또는 심신박약자를 피보험자로 하는 경우 계약은 무효다.

② 보험금 불지급 사유

피보험자가 고의로 자신을 해친 경우(기납입 보험료지급), 수익자가 고의로 피보험자를 해친 경우(해약환급금 지급), 계약자가 고의로 피보험자를 해친 경우(지급금 없음), 보험금 지급사유 발생에 영향을 미치는 고지의무위반(이미 납입한 보험료 지급)의 경우 보험금을 받지 못한다.

(4) 보험금 청구기간 및 지급기간 관련 분쟁

보험사고를 당한 보험계약자나 보험수익자는 보험금을 일정기간 내에 청구해야 한다는 사실을 모르고 제때에 신청하지 않는 경우, 보험청구기간을 알고 있더라도 기간을 계산하는 방법을 잘못 알고 있는 경우, 치료 등이 끝나면 향후 보험금을 청구하겠다는 의사표시를 그 기간 내에 하지 않아 보험금을 받지 못하는 경우, 보험사의 잘못된 안내로 신청기한이 지난 뒤에 청구하여 보험금을 지급받지 못하는 경우 등의 소비자문제가 증가하고 있다. 예를 들면, 보험계약자가 보험사고로 사망한 경우, 가족 등 보험수익자 또는 법정상속인이 보험가입 사실을 알지 못하여 기간 내에 보험금을 청구하지 않음으로써 보험금청구권이 아예 소멸된 사례들도 종종 발생하고 있다. 소멸시효가 중단되기 위한 사유로는 청구, 압류 또는 가압류·가처분, 승인 등이 있다.

• 사례 1

보험사고 치료 중임에도 소멸시효가 경과되었다며 보험금지급을 거절

> 소비자 계씨(36세, 남)는 B화재보험의 상해보험에 가입하여 오던 중 1998년 2월 교통사고로 부상을 입고 치료중에 있었음. 치료도중 보험금 청구도 일정 기간 내에 해야 한다는 사실(소멸시효)을 알게 되어 보험사에 문의하자, 이미 청구기간이 경과되었다며 보험금지급을 거절함. 청구인 계씨는 병원에서 현재까지 치료중이라 보험금을 청구하지 않았고, 장해진단서도 2000년 11월 22일에 발급 받았음에도 사고가 발생한 날을 소멸시효 기산점으로 하여 2년이 경과하였기 때문에 보험금을 지급할 수 없다고 하는 것은 부당하다며 피해구제를 요청함.

• 사례 2

보험가입사실을 알지 못해 소멸시효완성으로 보험금을 지급받지 못함

> 청구인 동생 송씨는 1992년도에 상해보험에 가입하여 유지하여 오던 중 1996년에 보험사고로 사망함. 가족들은 송씨의 보험가입사실을 알지 못하여 보험금을 청구하지 않고 지내 오다가 2001. 2월경 보험가입 사실을 알게 되어 보험사에 문의하자 보험금 청구기간이 지났다며(소멸시효완성) 보험금지급을 거절함.

• 사례 3

교통사고로 동일부위 2차 수술 후 보험금청구, 소멸시효가 지났다며 장해보험금 지급 거절당함

> 소비자 황 씨(50세, 여)는 1994년 9월 30일 작업도중 사고를 당하여 우대퇴골 골수염 진단을 받고 치료 중 1998년 3월 1차 수술인 우측하지절단술을 시행함. 그 후 2000년 1월 2차 수술을 받고, 후유장해진단을 받은 후 2000년 5월 보험금을 청구했으나, 소멸시효가 완성되었다며 장해보험금 지급을 거절함.

보험금지급기간과 관련한 피해를 예방하기 위해 보험소비자는 첫째, 보험사고로 장기간 입원할 경우 치료가 끝나지 않았더라도 해당 약관 및 관련 규정을 검토한 후 서류를 갖춰 서면으로 보험금을 청구한다. 보험금을 청구하기 전에 소멸시효가 완성될 것으로 판단될 경우에는 소멸시효 중단조치(치료가 끝나면 청구하겠다는 등의 의사표시)를 강구해야 한다. 둘째, 보험가입 시 가족 등 보험수익자 또는 법정상속인에게 보험가입 사실을 알리고, 가족들은 보험사고가 발생하면 보험협회 등을 통해 몇 건의 보험을 어디에 가입하였는지 확인하도록 한다. 셋째, 보험금지급 유무와 관련하여 보험사 안내에만 의존하지 말고 보험약관이나 관련 규정을 검토하거나 분쟁조정기관에 의뢰한 후 정확한 안내를 받는다. 최근 보험계약이 실효되었거나 만기가 지난날로부터 2년 이상 지나도록 계약자가 찾아가지 않은 보험금 또한 보험금을 청구하여 보험회사가 지급하기로 결정하였으나 받아가지 않는 경우는 휴면보험금(2000년 9월 기준 1,450억 원)으로 분류하여 지급하고 있기 때문에 해당 보험금을 받을 수 있다.

(5) 보험계약 소멸시효 관련 소비자문제

소멸시효란 권리자가 그의 권리를 행사할 수 있음에도 일정기간 동안 이를 행사하지 않는 상태가 지속된 경우에 그 권리를 소멸시키는 것을 말한다. 즉, 받을 채권이 있음에도 일정한 기간 동안 잠자는 자의 권리는 소멸시킴으로써 권리관계의 불안정을 확정시키는 제도이다. 상법 제662조(보험금청구권의 소멸시효)에 따르면, 보험금액의 청구권과 보험료 또는 적립금의 반환청구권의 소멸시효기간을 2년으로 규정하고 있다. 한편, 손해배상청구권자의 소멸시효에 대한(민법 제766조) 규정에 따르면 불법행위로 인한 손해배상청구권은 피해자나 그 법정대리인이 그 손해가 발생한 사실 및 가해자를 안 날로부터 3년, 불법행위를 한 날로부터 10년이 지나면 소멸한다고 규정하고 있다(민법 제166조 제1항). 소멸시효는 권리를 행사할 수 있는 때로부터 진행한다라고 규정하고 있으며, 보험금청구권을 행사할 수 있을 때라 함은 특별한 사정이 없는 한 보험사고 발생일을 의미하고, 후유장해에 대한 보험금청구권 소멸시효의 기산점은 장해가 발생한 증상고정의 시점이라고 할 수 있다. 소멸시효와 관련한 판례에 따르면 권리자의 개인적 사정이나 법률지식의 부족, 권리존재의 부지 또는 채무자의 부재 등 사실상 장애로 인하여 권리를 행사하지 못하였다고 하여 시효가 중단되는 것은 아니므로 하면서 특별한 사정이 없는 한 소멸시효는 보험사고가 발생한 후 2년이 경과한 때에는 소멸시효가 완성하는 것으로 간주하고 있다.

보험금청구권은 특별한 사정이 없는 한 보험사고가 발생한 날로부터 2년 이내에 행사하여야 하지만 소멸시효중단 사유가 있을 경우 그 소멸시효는 중단된다. 소멸시효가 중단되기 위한 사유로는 청구, 압류 또는 가압류·가처분, 승인 등이 있다.

(6) 누락보험금문제

누락 보험금이란 손해보험사가 자동차보험 피해자에게 지급해야 할 보험금을 지급하지 않아 발생하게 되는 보험금이다. 만일 자동차사고 피해자가 3년이 지난후 누락보험금을 보험사에 청구할 경우 소멸시효(3년)로 보험금을 지급받을 수 없게 된다. 보험소비자연맹은 2000년 4~5월 자동차보험 가입자로부터 1,026건의 보험금누락 민원을 접수해 보험사에 청구했지만 이 중 26%(183건)에 대해 보험사들이

표 8-7 자동차보험 관련 누락보험금 소멸시효

종 류	빠뜨리기 쉬운 보험금
대차료 (렌터카 비용)	수리 시 최대 30일 한도로 차를 빌리면 렌트비 보상. 렌트하지 않으면 해당 차종 렌트비의 20% 지급. 폐차하는 경우 10일치 인정
차량대체비용	사고로 폐차하고 차주명의로 다른 차량을 구입하면 취득세, 등록세, 신차 인수비용, 인지대 등 보상 가능
시세하락 손해	출고된 지 1년 이내의 차량이 사고 당시 중고 시세의 30%가 넘는 수리비가 발생하면 수리비의 10% 보상 가능(2001년 8월 1일 이후 사고만 해당)
휴차료	피해 영업용 차량이 수리하는 기간 동안 입은 영업손해보상 가능
영업 손실	사업하는 자의 사업장이나 시설물 파손으로 입은 상실이익보상
가족사고 보상	가족이 운전하는 차량에 다른 가족이 탑승 중 사고가 나면 가족사고 보상을 받을 수 있는데도 자손 보험금만 지급 받고 마는 경우

출처 : 보험소비자연맹

소멸시효를 이유로 거절했다고 밝혔다.

손해보험업계는 앞으로 미지급보험금이 발생하지 않도록 대차료, 휴차료, 시세하락손해 등 피해자들이 잘 알지 못할 수 있는 부분에 대해 안내를 해 주고 누락보험금 청구 시 적극적으로 지급하도록 노력하기로 한 바 있다. 또한 보험금미지급을 막기 위해 업계가 자율적으로 안내 포스터를 게시하고 보상담당 직원에게 철저히 안내하는 자율적 노력이 필요하다.

3. 보험상품 유형별 소비자문제 및 피해

1) 변액보험의 소비자문제 및 피해

변액보험이란 보험계약자가 납입하는 보험료 가운데 사업비와 위험보험료를 제외한 적립보험료를 따로 분리해 주식·공채·채권 등 수익성이 높은 유가증권에 투자한 뒤, 운용실적에 따라 투자성과를 계약자에게 나누어 주는 실적배당형 보험상품을 말한다. 변액보험의 종류는 기존의 종신보험과 양로보험을 변형시킨 변액종신보험과 변액양로보험 등이 있다. 펀드의 100%를 채권이나 기업대출 등으로 운용하는 채권형, 주식에도 30~50%를 투자하는 혼합형과 안전혼합형 등이 있다. 변액보험은 고수익을 올릴 수 있는 반면, 위험부담도 감수해야 하기 때문에 가입할 때에는 잘 따져보고 선택해야 한다. 한편, 변액보험의 특징은 다음과 같다.

• 투자의 결과에 따라 원금 손실 또는 원금 이상의 보험금이 발생할 수 있다.
• 고객의 투자 성향에 따라 자산 운용 형태를 설정할 수 있다.
• 기존의 종신보험에 비해 상대적으로 보험료가 비싸다.
• 별도 자격을 갖춘 사람만 판매할 수 있다.
• 예금자보호법의 보호를 받지 못한다.
• 목표수익률을 사전에 제시하지 못한다.
• 반기별로 투자 실적 현황을 계약자에게 통지해야 한다.

(1) 변액보험상품의 소비자문제 및 피해

소비자는 변액보험이 보험사의 보험상품 이므로 투자수익에 따른 손해위험, 사입비의 지출에 따른 위험, 해지환급에 따른 위험 3가지 손해를 입을 수 있음에 주의해야 한다. 소비자가 중도에 변액보험을 취소할 경우 환급금이 적은 이유는 보험상품이기 때문으로 사실상 수익률이 마이너스에서 출발하는 구조이다. 펀드보다 변액보험이 유리한 점은 장기적으로 보유할 경우 주식시장이 위기인 시점에 펀드 변경이 가능하며, 장기유지에 따른 유니버셜, 연금전환, 비과세혜택과 복리적용 등의 장점이 있다. 보험은 가입 그 자체보다 장기유지에 따른 위험관리와 보장이 가장 중요하다는 점을 소비자가 인지하여야 한다.

그런데 보험설계사들이 변액보험을 판매하면서 원금손실위험을 알리지 않거나 일반 펀드 상품인 것처럼 설명해 소비자피해가 빈발하는 것으로 보고되고 있다. 변액보험과 관련해 최근한국소비자원에 접수된 상담 380건을 분석한 결과 가입 후 일정기간만 불입하면 원금이 보장된다는 보험설계사의 약속이 사실과 다르다는 불만, 월대체보험료, 중도인출요건 등의 약관내용에 대한 설명이 미흡하다는 불만이 많다.

① 원금 보장된다는 약속불이행에 대한 불만

변액보험 관련 소비자불만중 가장 많은 것은 일정기간 경과후 원금이 보장된다는 보험설계사의 약속 불이행(29.2%, 111건)이다. 다음으로 월대체보험료, 중도인출요건 등을 제대로 소비자에게 알리지 않은 약관내용 설명부실이 23.2%(88건), 약관미교부 및 계약체결상의 하자 등 품질보증 관련 건이 21.8%(83건), 해약환급금 과소지급이 8.7%(33건) 순이었다.

② 원금보장약속 등 저축성보험인 것처럼 판매

변액보험은 저축성보험과 달리 보험료의 일부가 펀드에 투입되어 운영되기 때문에 보험금이 자산운용성과에 따라 달라지고 원금손실까지 발생할 수 있다. 그런데, 일부 보험설계사들은 원금손실의 위험이 있다는 사실을 알리지 않거나 저축성보험처럼 일정기간(대부분 2년)이 지나면 원금이 보장된다며 가입을 유도해 소비자피해가 발생하고 있다.

③ 납입보험료에서 사업비가 공제됨을 알리지 않는 등 약관설명 미흡

변액보험은 보험상품 이므로 사고보장에 대한 보험료와 보험모집에 따른 사업비 등이 대체보험료라는 명목으로 매달 공제된다. 소비자들이 매달 변액보험에 납입하는 보험료 가운데 펀드에 투자되는 금액은 약 86% 정도다. 그런데도 일부 보험설계사들은 월대체보험료에 대한 정확한 설명없이 사업비보다 소액인 위험보험료만 공제된다고 설명해, 상당수 소비자가 납입보험료의 대부분이 펀드에 투입되는 것으로 오인하고 있다. 이는 보험회사가 보험계약자에게 약관의 중요한 내용을 설명할 것을 의무화하고 있는 상법과 보험약관의 규정을 위반한 것으로 볼 수 있다. 이밖에 소비자가 보험을 유지하는 상태에서 자금이 필요할 때는 해약환급금의 50%범위 내에서만 중도인출이 가능한데도 납입한 보험료 전체 범위에서 인출할 수 있는 것처럼 설명 해 정작 자금이 필요할 때 곤란을 겪을 수도 있다.

④ 손해 없이 보험료 감액해 준다 약속하고 미이행

보험약관은 보험료를 감액하는 경우 그 감액된 비율만큼 계약이 해지된 것으로 보고 보험금액을 정산하도록 규정하고 있다. 그러나 보험설계사가 소비자에게 고액의 보험료를 납입하는 계약을 유도하면서 경제사정에 따라 언제든지 보험료 규모를 줄여서 납입할 수 있다며, 해약되는 부분을 알려주지 않아 소비자불만이 발생하고 있다.

(2) 변액보험상품 구매 시 유의사항

변액보험으로 인한 소비자피해예방을 위해 소비자가 유의해야 할 사항은 다음과 같다.

- 약관의 내용을 꼼꼼히 살펴 보험설계사의 설명과 차이가 없는지 반드시 확인한다.
- 투자 위험에 대한 책임은 소비자에게 있음을 알고, 단기간에 원금이 보장된다는 약속 등을 그대로 믿지 않는다.
- 변액보험도 보험의 일종이기 때문에 위험보험료 및 사업비가 공제된 금액이 펀드에 투자된다는 사실을 명심한다.
- 펀드수익률은 보험회사의 홈페이지 등에서 확인한다. 보험회사에서 통지하는 자산운용보고서(3개월마다) 및 보험계약의 변동내용(6개월마다) 이외에 궁금한 사항은 보험회사의 홈페이지에서 확인한다.

(3) 노후대비 변액연금보험 가입시 유의사항

- 변액연금 가입 시 보험료를 많이 설정하지 말고 추가납입을 활용한다. 대부분의 보험사가 가입 후 10년간 10%씩 사업비를 가져가기 때문에 일단 안정적인 10~20만 원 정도의 소액으로 납입을 한 뒤 추가납입을 해서 줄어든 수수료로 더 많은 수익을 창출해 낼 수 있다.
- 납입기간을 짧게 할수록 해약이 줄고, 자금을 유동성 있게 사용할 수 있다. 변액연금보험과 같은 장기보험은 납입기간을 길게 납입하면 기본납입은 반드시 해야 하므로 가계 사정이 안 좋아졌을 때 해약하는 경우가 많이 발생한다. 납입기간은 너무 길지 않게 7~10년 정도가 적당하다. 더 많은 금액을 투자하고 싶은 경우에는 기본보험료 납입기간이 끝나고 거치기간 직전까지 추가납입이 가능하기 때문에 추가 납입계를 이용하면 된다.

- 수익률 창출을 위해서는 운용사의 다양성이 중요하다. 보통 연금계열의 상품을 선택한다면 보험사의 규모와 안정성을 최우선으로 보게 된다. 지급준비율 때문이다. 지급준비율이 상품선택에서 중요한 요인이긴 하지만 수익률창출 부분에서 가장 중요한건 펀드종류별로 운용사가 다양한지가 가장 중요하다. 얼마나 우수한 운용사가 많이 있는지에 따라 주식하락과 경기변동에도 유리한 투자를 진행할 수 있기 때문이다. 변액연금 보험은 채권형, 혼합형, 주식형 펀드별로 각각 강점이 있는 운용사가 따로 있기 때문에 운용사가 많을수록 투자방식의 자유로운 변경이 가능하다.
- 변액연금보험은 지속적인 관리가 필요하다. 한번 가입하면 정해진 보장을 해주는 보장성보험과 달리 변액연금보험은 가입 후에도 지속적인 관리가 필요하다. 주식과 채권의 동향에 따라 향후 노후수입이 달리지기 때문이다. 변액연금보험은 펀드변경 및 추가납입이란 기능이 있어 내 상품의 투자형태나 투자하는 펀드가 손해가 심해질 경우 방식을 변경할 수 있다. 같은 회사의 상품일지라도 경제동향에 따른 관리자의 빠른 대처에 따라 적립액이 차이가 날 수 있음을 기억해야 한다.

2) 자동차보험의 소비자불만 및 피해

(1) 자동차보험과 운전자보험의 특성

자동차 보험이란 자동차를 보험의 목적으로 하고 그 소유·사용·관리에 기인하여 발생한 손해를 전보(塡補)하는 보험이다. 운전자 보험이란 자동차 보험과는 달리 자동차손해배상보장법에서 보장되지 않는 사고들을 위해서 가입하는 운전자 본인을 위한 보험이다. 소비자가 운전자보험을 가입하게 되면 형사합의지원금이나 방어비용 등의 보장을 받을 수 있다. 형사합의지원금의 경우는 자동차 보험에서 보장되지 않는 11대중과실 사고로 인하여 형사입건이 되었을 경우 피해자와의 합의금을 지원해 주는 특약이다. 단 무면허운전이나 음주운전으로 인한 사고는 보험의 혜택을 받을 수 없다. 11대 중과실로 인한 교통사고의 발생의 경우 형사적 책임까지 져야 하며 운전자는 형사합의금, 벌금 변호사선임비 등 1000~2000만 원 이상이 소요되며 형사 합의금을 내지 못할 경우 구속될 수 있다. 하지만 운전자보험 가입만으로 11대 중과실 사고인 경우라도 약 2000만원까지 보상금이 지원되며 게다가 면허취소, 면허정지시 위로금이 나오며 치료비 임시생활비 등이 지급된다.

자동차 보험의 특성은 다음과 같다.

- 자동차의 소유주가 가입한다.
- 자동차 소유자는 자신의 차량으로 인하여 다른 사람이 신체나 재물에 손해를 입게 되었을 때 배상책임을 진다. 이를 자동차 보험의 대인배상과 대물배상에서 보상한다.
- 자동차보험은 차량 소유자 및 가족이나 운전자 및 그의 가족이 교통사고를 당하게 되면 사망보험금이나 병원치료비를 보상하고, 보험가입 차량이 도난당하거나 파손되면 원상복구비를 보상한다.

한편, 운전자 보험의 특성은 다음과 같다.

- 운전자가 가입한다.
- 운전자 보험은 보험증권에 기재된 1인만 보상혜택을 받을 수 있다.
- 자동차보험은 운전자의 사망, 후유장애 및 부상치료 시 1,500만 원 범위 내에서 보상한다. 이러한 보상금액은 현실적으로 매우 미흡한 수준이므로 운전자보험과 같은 별도의 보험을 필요로 하게 된다.
- 운전자보험은 전체 교통사고 중 20% 정도의 운전자에게 해당되는 벌금(최고 2,000만 원)이나 변호사 비용, 구속 시 생활비, 자동차보험료 할증료 등에 대한 손해비용도 보장한다.
- 자동차만 소유할 뿐 운전을 하지 않는다면 운전자보험에 가입할 필요가 없겠지만 자기 차량이나 남의 차량을 운전한다면 운전자 보험을 고려할 수 있다.
- 교통사고 시 민사적 책임이나 자기차량 손해에 대해서는 자동차보험으로 보상받을 수 있지만 벌금, 변호사비 등의 형사적 책임에 대해서는 운전자보험으로 보상받을 수 있다.
- 자동차보험이 자동차 소유자의 손해를 보전하기 위한 보험이라면 운전자보험은 운전자의 손해를 보전하기 위하여 필요하다.

• 자동차보험에서 보상이 미흡하거나 혹은 보상을 아예 받지 못하는 손해가 있을 때, 특히 운전자가 교통사고처리특례법에서 정한 중대법규를 위반하여 사고를 냈을 경우 매우 큰 비용이 필요할 수 있으며, 이 때 운전자보험이 유용한 역할을 한다.

표 8-8 자동차보험과 운전자보험의 기본사항

항 목	운전자보험	자동차보험
보험기간	15년(장기)	1년
납입방법	월 납	일시납, 2~6회 분납
만기환급금	지급(저축성 보험)	미지급(소멸성 보험)
강제성	선택보험	의무가입

표 8-9 자동차보험과 운전자보험의 보상내용의 비교

보상항목		자동차보험	운전자보험
타 인	타인의 사망 및 상해	손해금액 전액	형사합의금(최고 6,000만 원)
	타인의 재물 손해	(보통) 2,000~3000만 원	없음
운전자	운전자의 차량 손해	차량가입금액 이내	20~100만 원
	운전자의 사망	(보통) 1,500만 원	5,000만 원~2억 5,000만 원
	운전자의 부상 치료비	1,500만 원 이내	100~500만 원+(1일당) 1~6만원
	운전자의 후유장애	(보통) 1,500만 원 이내	2,000만 원~8억 원
	벌 금	없 음	최고 2,000만 원
	방어비용(변호사비)	없 음	100~600만 원
	구속시 생활비	없 음	(1일당) 1~4만 원
	면허정지 위로금	없 음	(1일당) 1~2만 원
	면허취소 위로금	없 음	100~200만 원
	사고처리 긴급비용	없 음	10만 원
	자동차보험료 할증금	없 음	10~30만 원
	교통사고 위로금	없 음	5~10만 원

보험과 은퇴코너 8-1

교통사고처리특례법

교통사고처리특례법이란 업무상과실 또는 중대한 과실로 교통사고를 일으킨 운전자에 관한 형사처벌 등의 특례를 정함으로써 교통사고로 인한 피해의 신속한 회복을 촉진하고 국민생활의 편익을 증진함을 목적으로 제정된 법으로, 형법에 대해 특별법의 위치에 있어 우선 적용된다. 이 법은 운전자가 대인사고를 내더라도 사망사고, 뺑소니사고, 11대 중과실 사고[5]가 아닌 경우 피해자와 원만한 합의를 하거나, 일정요건을 갖춘 자동차보험(종합보험) 또는 공제에 가입된 경우에는 형사처벌을 받지 않도록 규정하고 있다.

그러나 2009년 2월 26일 헌법재판소에 따르면 교통사고처리특례법 제4조 1항에 대한 위헌판결이 내려졌다. 요지는 가해차량이 자동차보험에 가입했고, 사망사고, 뺑소니사고, 11대 중과실 사고에 해당하지 않더라도 피해자가 중상해를 입은 경우에는 제4조 1항의 처벌의 특례를 적용받지 못하고, 별도의 형사처벌을 받게 된다고 판시했다.

표 8-10 자동차보험 가입전략

가입내용	보상내용/가입금액	가입이유 및 가입금액 설정 이유
대인배상 I (책임보험)	피보험자동차의 운행으로 인하여 남을 사상시킨 경우 발생된 손해보상/1,000만 원	• 대인배상 I 미가입시 자가용 자동차의 경우 과태료가 최고 90만 원까지 부과 • 무보험 상태에서 자동차를 운행하게 되면 1년 이하의 징역 또는 500만 원 이하 벌금형
대인배상 II (책임초과)	피보험자동차의 사고로 남을 사상시킨 경우 발생된 손해를 보상/무한보상	• 남을 죽게 하거나 다치게 했을 경우 보상할 금액을 예측하기 어렵기 때문에 무한보상으로 가입 • 운전자가 교통사고처리특례법에서 정한 형사처벌의 면제 특례를 적용 위해
대물배상 (책임보험)	피보험자동차의 사고로 남의 재물을 손괴한 경우 그 손해를 보상/1천만~10억 원	• 자동차손해배상보장법에 의해 1천만 원 의무 가입. 또한 2천만 원 이상 가입하여야만 교통사고처리특례법상 처벌의 특례를 적용받을 수 있음 • 보험개발원 자료에 따르면 대물사고의 97.6%는 보상금이 1천만 원 미만이나 최근 고가의 국산차와 외제차가 늘어남에 따라 1억 원 가입자가 65%, 3~5천만 원 가입자가 27%를 넘어서고 있음

(계속)

5) 11대 중과실은 신호위반, 중앙선침범, 속도위반, 앞지르기방법위반, 건널목통과방법위반, 보행자보호의무위반, 무면허운전, 주취운전, 보도침범, 승객추락방지의무위반, 어린이보호구역 안전운전의무위반이다.

가입내용	보상내용/가입금액	가입이유 및 가입금액 설정 이유
자기신체 사고	운전자 및 가족이 사상한 경우 발생된 손해를 상해급별 한도에서 보상/1천 5백만~1억 원	• 자동차를 주로 혼자서 운행할 경우, 가입금액을 낮추는 것이 상대적으로 유리 • 여러 사람이 자동차를 운전하거나 자동차에 탑승하는 가족이 다수인 경우, 가입금액을 높이는 것이 유리 • 자동차를 운전하는 시간이 많거나, 생명보험 및 상해보험을 가입한 금액이 높지 않다면 자기신체사고의 가입금액을 높이는 것이 좋음
무보험차 상해	피보험자가 자기차량에 탑승중 무보험차에 의하여 생긴 사고로 죽거나 다쳤을 때. 피보험자는 보행 중 사고도 보상/2억 원	• 우리나라에서 운행하는 자동차의 약 20%가 무보험차에 해당. 무보험차나 뺑소니차에게 사고를 당하면 자동차 소유자, 운전자 및 그들의 가족은 손해배상보장법에 따른 책임보험과 자기 자동차로 가입한 자기신체사고에서만 보상받을 수 있기 때문에 보상금액이 제한적인 실정이므로 무보험차상해에 가입하여 보완할 필요가 있음 • 무보험차상해에 가입하면 다른 자동차운전담보특약에 자동으로 가입할 수 있으므로 필요시 친척, 친구, 직장 동료 등의 자동차를 운전할 수 있음
자기차량 가액	피보험자동차에 발생한 직접적인 손해 보상/차량금액×100~60%	• 자기차량가액은 100%를 가입하는 것이 기본. 그래야만 전부손해(도난, 폐차 등)가 발생할 경우에 차량을 원상복구 할 수 있기 때문 • 선택에 의해 자기차량가액의 60% 이상 100% 미만으로 가입하여 보험료를 절약할 수 있으나 사고 발생시 가입금액의 한도 내에서만 보상받을 수 있음
자기 부담금	피보험자동차가 망가졌을 때 자동차 수리비 일부를 직접 부담하는 것/0~100만원	• 피보험차량의 가격이 낮다면 자기부담금도 낮게 설정하고, 반대로 가격이 높다면 자기부담금도 높게 설정하는 것이 효과적 • 자기부담금을 차의 가격 대비 1% 수준으로 정하는 것이 효율적 • 자기부담금을 0만 원으로 선택하면 보험료가 더 올라가지만 자기차량 손해 시 자기부담금을 전혀 내지 않게 됨
긴급출동 서비스	사고 발생 시 업체의 견인 서비스 이용/가입 또는 미가입	• 사고 발생 시 뿐만 아니라, 기타 사유로 인한 운행 불능 시에도 연간 5회까지 보험사가 서비스 제공 • 자동차보험 가입자는 긴급출동 서비스에 가입하지 않았더라도 보험사로 연락하여 서비스를 제공받을 수는 있으나 서비스 비용을 별도로 지불해야 함
법률비용 특약	벌금, 방어비용, 형사합의금 보상/가입 또는 미가입	• 중대법규 위반사고로 남을 죽게 하거나 다치게 한 경우, 또는 피해자에게 중상해 사고를 입힌 경우에는 형사처벌을 받게 되는데, 이때 필요한 벌금, 방어비용, 형사합의금을 보상받을 수 있음 • 피해자와 합의를 하면 형사처벌을 면할 수 있기 때문에 형사합의금의 금액을 높게 가입하는 것이 좋음

(2) 운전자보험과 11대 중과실

교통사고처리특례법은 자동차보험을 종합보험으로 가입하고 있으면 교통사고를 냈다고 하더라도 보험으로 보상처리를 하면 별도의 처벌을 받지 않는다는 것이다. 하지만 사망사고, 뺑소니사고, 11대 중과실사고의 경우에는 교통사고처리특례법의 적용을 받을 수 없어 운전자보험이 만들어 졌다(11대 중과실 포함 운전자보험으로 보상처리 받아도 형사처벌을 받을 수 있다).

표 8-11 **운전자보험 보장내용 예시**

보장내역	지급사유	가입금액
교통상해 사망, 후유장해	교통사고로 사망 또는 후유장해분류표에서 정한 지급률이 3% 이상의 후유장해 판정을 받은 경우	5,000만 원
교통상해입원일당	교통사고로 입원하여 치료를 받은 경우(사고일로부터 180일 한도)	2만 원
골절, 화상수술비	급격하고 우연한 외래의 사고로 약관에서 정한 골절 및 화상으로 진단확정 후 수술 받은 경우	30만 원
면허취소위로금	자동차운전 중 사고로 행정처분에 의해 운전면허 취소 시	300만 원
면허정지위로금	자동차운전 중 사고로 행정처분에 의해 운전면허 일시 정지 시(최고 60일 한도)	3만 원
벌 금	자동차운전 중 사고로 타인의 신체에 상해를 입혀 벌금형 확정판결을 받은 경우	2,000만 원
방어비용	자동차운전 중 사고로 타인의 신체에 상해를 입혀 구속되거나 공소제기된 경우	300만 원
자동차보험료 할증위로금	자동차운전 중 사고로 자동차보험의 대인, 대물, 자차 담보에서 합계 50만원 이상의 보험금이 지급된 경우	10만 원
교통사고처리지원금	자가용자동차를 운전하던 중 자동차사고로 타인(부모, 배우자, 자녀 제외)을 사망케 하거나, 11대 중과실사고(음주, 무면허, 약물복용 제외)로 피해자가42일(6주)이상 치료를 요한다는 진단을 받은 경우(실제로 부담한 합의금 지급)	3,000만 원
중상해교통사고 처리지원금	자가용자동차를 운전하던 중 자동차사고로 타인(부모, 배우자, 자녀, 탑승자 제외)을 사망, 11대중과실 이외의 일반교통사고를 일으켜 형법상 중상해로 검찰에 공소제기 되거나 자동차손해배상보장법 시행령에 전한 상해급수1, 2, 3급에 해당하는 부상을 입힌 경우(실제 부담한 합의금 지급)	3,000만 원
생활안정지원금	자동차운전 중 사고로 타인의 신체에 상해를 입혀 구속영장에 의해 구속된 경우(최고 180일 한도)	2만 원

11대 중과실 사고의 정의란 자동차보험, 운전자보험 교통사고처리특례법 제3조 2항의 단서조항에 의해 규정된 것으로, 사망사고, 뺑소니사고와 더불어 이 법에서 정한 처벌의 특례가 적용되지 않는 운전자의 중대한 과실에 의한 사고를 말한다. 11대 중과실 사고는 신호위반 사고, 중앙선침범 사고, 속도위반 사고, 앞지르기방법위반 사고, 건널목통과방법위반 사고, 보행자보호의무위반 사고, 무면허운전 사고, 주취운전 사고, 보도침범 사고, 승객추락방지의무위반 사고, 어린이보호구역 안전운전의무위반 사고이다.

특히, 최근 11대 중과실로 추가된 어린이보호 관련 사항은 어린이의 보호구역에서 시장 등이 정한 조치를 준수하고 어린이의 안전에 유의하면서 운전할 의무를 위반하여 어린이의 신체를 상해에 이르게 한 경우(도로교통법 제12조 제3항) 중과실로 간주하는 것이다.

(3) 성인자녀의 자동차보험 가입

① 운전하기 전 할 일

자녀가 부모의 차를 운전하기 이전에 자녀도 보험에 포함될 수 있도록 특약을 변경하거나 자녀의 명의로 새로운 자동차 보험을 가입해야 한다.

② 가입할 수 있는 보험

• 자녀명의의 자동차보험

자녀명의의 자동차보험 가입으로 위험에 대비할 수 있다. 자녀의 나이가 만 21세 미만이 경우 운전자연령을 전 연령으로 지정하여 가입해야 하며 이렇게 가입할 경우 보험료가 높게 책정된다. 만 21세 이상의 자녀인 경우 자녀의 연령을 고려하여 운전자 연령을 설정하면 보험료를 절약할 수 있다.

• 가족한정특약 가입

현재 부부한정이나 1인 한정특약으로 되어 있는 보험을 가족한정특약으로 변경하고 연령한정특약을 주민등록상 만 나이에 맞게 변경하면서 추가 보험료를 납입하면 된다. 가족한정특약은 만 21세 이상부터 가입 가능하다. 보험효력은 변경일 자정부터 적용되므로 변경일이후에 운전해야 보상이 가능하다는 것을 염두에 두어야 한다.

• 단기운전자확대특약 가입

자녀가 지속적으로 운전을 하지 않고 일정 기간 동안만 단기적으로 운전하는 경우 단기운전자확대특약에 가입할 수 있다. 단기운전자 확대특약은 단기간 동안 일정액의 특약보험료를 내고 운전자의 연령한정 및 운전자의 범위에 제한 없이 누구나 보상처리가 가능하도록 운전자의 범위를 확대해주는 특약이다. 보상받을 수 있는 기간은 보험회사마다 다를 수 있는데 대부분 5~7일 정도이다. 단 특약에 가입한 그 시간부터 효력이 발생하는 것이 아니고 가입일의 24시부터 종료일 24시까지만 보상효력이 발생하니 실제로 운전을 하기 전날 미리 가입해 두어야 한다.

③ 보험에 가입 안했을 경우

부모님만 운전할 수 있는 부부한정 혹은 1인 한정특약으로 가입되어 있는 경우 자녀가 운전하다 사고가 나면 책임보험(대인1)범위 내에서만 보험의 혜택을 받을 수 있고 초과로 발생하는 금액에 대해서는 종합보험의 혜택을 받을 수가 없기 때문에 대인1 초과 분 및 대물수리비 등 초과 발생비용은 자기부담으로 해결해야 한다. 만약 비용을 제대로 지급하지 못할 경우 피해자와 합의가 이루어지지 못하면 형사처벌을 받을 수 있다.

(4) 자동차보험과 운전자보험 지급분쟁 사례

① 음주사고 관련 지급 분쟁 사례

• 사례 1

음주사고, 도로안전시설 부실했다면 지자체도 책임(노컷뉴스, 2010년 7월 11일)

- 사건경위 : D사는 보험계약자인 최 모 씨가 지난 2005년 12월 술에 취해 차를 몰다 전남 광양시 인근의 도로에서 교통사고를 내 보험금 4억 8,000만 원을 지급하게 됨
- 분쟁내용 : D사는 도로안전시설이 부실해 사고가 발생했다며, 도로를 관리하는 광양시를 상대로 지급한 보험금 일부를 부담하라며 소송제기
- 재판결과
  - 1심은 음주운전을 한 최 씨에게 사고의 책임 있다며 원고패소 판결

- 2심은 광양시에도 일부 책임이 있다며 보험금의 10%를 부담하라고 판결
- 음주운전으로 교통사고가 났을 때 도로안전시설이 부실했다면 지방자치단체도 일부 책임을 져야 한다는 판결

• 사례 2

약관상 보험금 지급 감액 사유인 음주운전 사고로 사망해도 보험금 전액 지급해야(서울신문, 2009년 4월 13일)

– 사건경위

- A씨는 '무배당 다보장 상해보험'에 가입
- 보험 약관에는 음주나 무면허 상태에서 운전하다 사고를 내 사망할 경우 보험금의 20%만 지급한다는 '감액조항'이 명시
- A씨는 혈중 알코올농도 0.382% 상태로 화물차를 운전하다 신호등 기둥을 들이받아 그 자리에서 숨짐

– 분쟁내용

- 보험사는 감액 조항을 근거로 보험금 6,000만 원 가운데 20%인 1,200만 원만 지급
- 유족들은 이 조항이 특약으로 보험 계약자에게 불이익을 주지 못하도록 한 상법 규정에 어긋난다며 보험금 전액을 달라고 요구했고, 보험사는 보험금을 더 주지 않아도 된다는 확인을 구하기 위해 소송 제기

– 재판결과

- 상법 732조에 '사망보험은 사고가 계약자의 중대한 과실로 인해 생긴 경우에도 보험금을 지급해야 한다'는 규정 존재
- 고의가 아닌 과실로 인한 인사 사고일 경우 감액조항은 무효라고 판단

• 사례 3

음주운전 동승, 미성년자라도 30% 책임(MBN, 2010년 3월 6일)

– 사건경위

- 17살이던 A양은 김 모 씨와 식사를 한 뒤 노래방에서 함께 술을 마심
- A양은 김 씨가 운전하는 트럭을 타고 귀가하던 중 마주 오던 차량을 들이

받는 사고를 당함

- 분쟁내용
  - 사고로 심한 골절상을 입은 A양은 석 달 동안 입원치료를 받음
  - 결국 김 씨가 종합보험계약을 맺은 전국화물차운송사업연합회에 손해배상 청구소송 제기
- 재판결과
  - 법원이 계산한 피해액은 2,600만 원
  - 그러나 연합회 측의 배상책임을 70%로 한정해 2,100만 원을 지급하라고 판결
  - A양이 김 씨와 함께 술을 마셨고, 음주상태인 것을 알면서도 차에 탔기 때문에 미성년자일지라도 동승자 과실책임을 면하기 어렵다고 판단
  - 다만, A양이 미성년자이고, 김 씨가 보호책임을 다하지 않았다는 점을 고려해 A양의 과실책임은 30%를 넘지 않는다고 판단
  - 음주운전 동승자에 대한 과실책임이 강화되고 있는 가운데, 미성년자라도 운전자의 음주운전을 제지하거나 동승을 거부해야 할 책임이 있다는 뜻으로 풀이됨

② 동승 관련 지급분쟁 사례

- 사례 1 : 무단 운전자의 차량에 동승
  - 사건개요 : 어떤 여성은 남자친구와 함께 자동차 드라이브에 동승하였다. 남자친구가 무면허 운전 상태에서 사고를 내 여성은 사망하였다. 남자친구는 차량소유자(카센터 주인)의 사촌동생으로 평소에 차량소유자가 그 자동차의 키를 카센터 사무실 책상에 올려놓았으며, 그 남자친구는 전에도 수시로 그 차를 운전하곤 했다. 그러나 보험회사에서는 그 종업원이 주인의 허락 없이 자동차 열쇠를 가지고 운전을 하였을 뿐만 아니라 무면허운전 사고의 경우에는 손해배상을 해 주지 않는다는 책임면책 약관을 들어 손해배상을 거절하였다.

- 조정위심의결과 : 자동차의 소유자는 비록 제 3자가 그 자동차를 운전하다가 사고를 냈다 하더라도 운행에 있어 소유자의 운행지배와 운행이익이 완전히 상실되었다고 볼 특별한 사정이 없는 경우에는 그 사고에 대하여 자동차손해배상보장법 소정의 운전자로서 책임을 부담하여야 한다. 그리고 운행지배와 운행이익의 상실여부는 평소 자동차나 그 열쇠의 보관 및 관리상태, 소유자의 의사와 관계없이 운행이 가능하게 된 경위, 소유자와 운전자의 인적관계, 운전자와 차량반환의사의 유무, 무단운행 후 소유자의 사후 승낙 가능성, 무단운전에 대한 피해자의 인식 유무 등 객관적이고 외형적인 여러 사정을 종합적으로 평가하여 판단한다. 특히 피해자가 무단 운전자의 차량에 동승한 때에는 피해자인 동승자가 무단운행에 가담하였다거나 무단운행의 사실을 알고 있었던 경우도 있다. 그러나 무단운행이라도 하더라도 자동차의 운행경위나 운행목적에 비추어 소유자가 운행지배와 운행이익을 완전히 상실하지 않았다고 보는 경우가 있다. 예를 들어, 무단운행이 운전자의 평소 업무와 사실상 밀접하게 관련된 것이어서 소유자의 사후승낙 가능성을 전적으로 배제할 수 없는 사정이 있는 때이다. 따라서 사망한 여성의 유가족은 차량소유자로부터 손해배상을 받을 수 있다. 운전자가 차량소유자의 사촌동생이자 카센터의 종업원으로 평소에도 위 차량의 열쇠를 이용하여 운전을 하였으므로, 여러 가지 기준에 비추어 자동차 소유자는 손해를 배상해 줄 책임이 있다. 또한 무면허 운전이 피보험자(차량소유자 등)가 지배 또는 관리가 가능한 상황 하에 이루어지므로 이 경우는 운전자의 평소 자동차열쇠관리 및 운전한 종업원과의 관계 등을 살펴볼 때 무면허 운전사고 면책약관이 적용될 여지가 없다고 본다.

• 사례 2 : 음주운전 알고 동승 시 동승자도 20~40% 책임

법원이 운전자의 음주 사실을 알고도 차량에 동승했다가 사고가 발생할 경우 동승자에게도 20~40%의 책임을 지우고 있다. 음주로 교통사고가 발생할 가능성이 더 높은데도 탑승했다면 동승자도 사고를 발생시키고 확대시키는 원인을 제공했고 이에 따라 일정부분 책임을 져야 한다는 것이다.

- 사건개요 : 정 씨는 지난 2004년 9월 혈중알코올농도 0.114% 상태인 회사 동료 양 씨가 운전하는 차에 탑승했다가 고장으로 정차 중이던 화물차와 충돌하는 사고로 숨졌다. 정씨 유족은 사고차 보험사를 상대로 소송을 냈다.
- 법원판결 : 2006년 전주지법은 보험사가 정씨 유족에게 3억 8,000여만 원을 지급하라고 판결했다. 그러나 재판부는 사망자 정씨가 운전자의 음주 사실을 알고 동승한 만큼 사망한 동승자에게도 20%의 책임이 있다고 판시했다. 서울중앙지법도 2006년 만취상태인 남자친구가 운전하는 차량에 동승했다 사고를 당한 박 씨에게 40%의 책임을 묻는 판결을 했다.

• 사례 3: 졸음운전 사고 동승자도 책임

졸다가 사고를 내면 옆자리에 앉은 가족에게도 책임이 있다는 판결이 나왔다.

- 사건개요 : 2003년 가족과 캠프를 마치고 귀가하던 이 모 씨도 쏟아지는 졸음을 참지 못해 사고를 냈다. 잠이 부족한 상태로 운전하다, 중앙선을 넘어 맞은 편 트럭을 들이받았다. 조수석에 앉았던 아내 한 모 씨도 등뼈가 탈골돼 목을 정상적으로 움직이지 못하는 장애가 생겼다.
- 법원판결 : 배상을 두고 벌어진 1심 소송에서 보험사에게 1억여 원을 배상하라는 판결이 나왔지만 2심에선 배상액이 깎였다. 장애등급 판정도 잘못됐지만 남편의 잠이 부족한 상황에서, 말을 거는 등 졸음을 막기 위한 주의의무를 다하지 않았다는 것이다. 법원은 오랜 시간 운전할 때는 졸음운전의 가능성이 있기 때문에 함께 타고 가는 가족으로선 운전자가 졸지 않도록 도와줘야 하고, 그러지 않고 사고가 났을 경우엔 동승자에게도 상당한 과실이 인정될 수 있다고 판시하였다. 전문가들은 창문을 열어 차내 공기를 환기시키거나, 운전자의 휴대전화를 대신 받아주는 것 또한 사고위험을 줄이는 동승자의 역할이라고 조언한다.

(5) 자동차보험사의 보험인수거부 문제

자동차보험 관련 소비자불만 중에서 자동차보험 인수거부가 가장 심각한 것으로 발표되고 있다. 자동차보험사이 보험인수거부의 구체적인 실태를 살펴보면, 자차(자기차량손해담보)가입 거부, 추가특약가입 요구, 공동인수 조건을 내걸어 보험료를 부당하게 올려 받는 등 자동차보험 인수권한을 남용하여 소비자불만을 야기시키고 있다는 주장이 제기되고 있다.

① 보유불명사고 이유로 자동차보험 가입거부를 당한 사례

1994년부터 차량을 운행 중인 권 씨(남)는 3~4년 전 보유불명사고로 자차사고 50만 원 이하 2회, 1년 전 대물 30만 원 등 총 3회 사고처리한 경력이 있는 상태에서 2008년 2월 1일 자동차보험 만기가 도래하여 자동차보험을 가입하려 했으나 D다이렉트 자동차험으로부터 가입을 거부당함

② 사고다발을 이유로 자동차보험 가입거부를 당한 사례

차량운전 경력 10년 이상인 어떤 소비자는 지난 1년 내 자동차 사고로 3회의 자동차보험을 처리한 상태에서 2008년 1월 7일 자동차보험만기가 도래하여 자동차보험을 가입하려 했으나 H해상 및 H화재보험 등 2곳으로부터 보험가입을 거부당함

손해보험회사들은 여러 요인을 종합적으로 평가하여 보험인수여부를 결정한다. 지역, 사고경력, 연령, 할인·할증율, 직업·업종·용도, 보험가입담보, 차량종류, 차량연식, 공동인수 등의 기준을 가지고 개별 회사별로 보험인수여부결정에 활용하고 있다.

2007년 11월 한국소비자원 및 2개 민간 보험소비자단체에 접수된 자동차보험 인수거부 소비자 88명의 사례를 보험사별로 분석하면, 지역에 따른 인수거부가 가장 많아 전체의 43.2%(38건)를 차지하고 있으며, 차량종류(38.6%), 사고경력(33.0%), 할인·할증률(19.3%), 차량연식(15.9%) 등의 순서로 나타났다.

표 8-12 인수거부 사유별 현황

구 분	지 역	차량종류	사고경력	할인·할증률	차량연식	기 타
사례수(건)	38	34	29	17	14	11
비 율(%)	43.2	38.6	33.0	19.3	15.9	12.5

참조 : 전체 88명의 사례 중 사유를 중복 합산하여 복수처리 함.

자동차보험 인수거부에 적용된 세부 인수기준을 조사한 결과 손해보험회사별로 다소 상이하나지역별로는 수도권의 경우 인천, 부천, 안산, 파주(일부 손해보험사는 안성, 평택), 충청도 지역의 경우, 대전(중구), 천안, 아산, 계룡시, 전라도는 광주, 전주, 순천, 군산, 고창, 여수, 경상도는 포항, 거제, 강원도는 원주지역에서 보험가입을 거부한 사례가 많은 것으로 나타났다.

차량종류별로는 국내외 스포츠카(스쿠프, 투스카니, 티뷰론, 벤츠SLK, BMW Z4 등), 특수차량(지게차, 렉카 등), 외제차량(BMW, 사브, 벤츠, 아우디 등)이 인수거부된 사례가 많았고, 특히 경차(비스토, 마티즈 등)도 가입을 거부당한 사례가 있으며, 보험사들은 소비자들에게 자차가입 거부, 공동인수조건 등을 내세우기도 했다. 사고경력자별로는 1년간 3회 이상, 3년간 3회 이상의 사고를 낸 경우 보험가입을 거부하거나, 이들 피해자에 대하여 책임보험만 가입시키거나, 자차 가입을 거부하고 있고, 1인 한정, 부부한정 특약 등 추가특약을 가입해야만 자동차보험을 가입시키는 등의 사례가 있는 것으로 조사됐다. 할인·할증률이 낮은 차량도 회사의 수익성에 도움이 되지 않는다는 이유로 가입을 거부한 사례가 많았다. 구체적인 내용을 보면 책임보험만 받고 가입을 거부하거나, 자차가입을 거부하거나, 부부한정특약 등 추가특약 등의 가입을 요구하는 조건으로 인수하는 등이다. 차량연식의 경우, 10년 이상의 국산차, 5년 이상 된 외제차량의 경우, 책임보험만 가입시키고, 자차보험가입을 거부하는 등의 방법으로 인수를 거부하였으며 이외에도 인수여부판정 점수시스템에 의하여 2가지 이상의 사유를 복합적으로 결부시켜 가입 거부한 사례도 상당한 것으로 조사됐다.

최근 이 같은 상황에서 자동차보험 인수거부 관련하여 일반적인 자동차보험 상품에 대한 공통적인 인수기준을 손해보험협회 및 개별 손해보험사 인터넷 홈페이지에 공시하여 가입자들이 알 수 있도록 지도·감독하는 것이 필요하다는 주장이 제기되고 있다. 특히, 자차가입을 거부하거나 추가특약가입이나 공동인수 조건을 내걸어 보험료를 부당하게 올려 받는 등의 자동차보험 인수권한을 남용하는 부당한 사례가 생기지 않도록 자동차보험 인수기준 공시제도를 만들어 관리할 필요가 있다는 의견도 제시되고 있다.

4. TV홈쇼핑보험판매와 소비자문제 및 피해

컨설팅형 상품이나 복합금융상품이 등장하면서 보험상품판매의 다양한 채널등장, 신판매채널, 개방형판매채널 등이 증가하고있다. 이 같은 상황에서 소비자들은 보험상품판매채널에 대해 과거보다 더 엄격한 고객지향성, 전문성, 신뢰성 그리고 투명성을 요구하고 있다. 인터넷 등 통신수단의 발달에 기초한 보험상품정보의 수요확대, 소비자권리의식신장 등 보험소비자들의 권리에 대한 소비자요구가 높아지고 있다. 보험회사에 대한 우리나라 소비자들의 이미지는 전반적으로 좋지 않으며, 보험회사에 대한 존경도가 낮아지고 있다. 최근 소비자의식이 높아지면서 보험에 대한 민원증가율이 높은 편이다. 2003년 방카슈랑스 시행, 변액보험 출시, 투자형 보험상품의 출시, TV홈쇼핑 보험판매급증 등 신보험상품출시 및 판매채널의 다원화로 불완전판매가 증가하고 있다. 최근 금융감독원, 한국소비자원 등 정부기관에서 금융소비자보호를 위한 다양한 행정적 조치 및 보험감독·관리업무를 강화시키고 있다. 2007년 갤럽조사에 따르면 불완전판매의 판매방법별 유형은 방문판매 72.1%에서 가장 많고, 다음이 전화권유판매 20.4%, TV홈쇼핑 3.6%, 방카슈랑스 3.9% 순서로 나타나고 있다.

1) TV홈쇼핑 보험판매의 소비자만족 및 불만

TV홈쇼핑보험판매에 대한 소비자인식 조사결과(갤럽, 2009년 12월)에 따르면 조사대상의 42.4%가 TV홈쇼핑 보험에 대해 긍정적인 관심을 보이고 있는데 특히 여성, 젊은 연령층, TV홈쇼핑 보험가입 유경험자, 보험개수가 많은 경우 관심이 많은 것으로 나타났다. TV홈쇼핑 보험구매 장점은 저렴한 보험료, 단점은 방송만 보고 가입하기 쉬운 점이다. TV홈쇼핑과 설계사를 통한 보험구매후 소비자불만의 내용은 둘 다 상품의 주요내용 미설명이 가장 빈번하였다. TV홈쇼핑 보험방송 필수전달사항의 설명에 대한 보험가입소비자의 인지도를 조사한 결과 보험보장 지급금액에 대해서 95% 이상 소비자 전달받았다고 기억한 반면, 담보증액/추가 불가사항, 갱신시 보험료인상 가능성, 실손해보험험 만기환급률변동의 설명에 대해서는 70%가 인지한 것으로 나타났다.

한편 TV홈쇼핑과 설계사(면대면 조직) 간의 만족도를 비교한 결과 가입 및 계약 과정, 보험금 신청 및 지급과정에서 만족도는 거의 비슷하였고 상담과정에서는 TV 홈쇼핑이 조금 낮은 반면, 가입거절의 용이성과 소비자 스스로의 구매의사결정에서 TV홈쇼핑이 우위를 차지하는 것으로 나타났다. 종합만족도의 경우 TV홈쇼핑 보험만족도 66.8점, 보험설계사 만족도 72.3점, 보험계약유지의향 TV홈쇼핑 80.4점, 설계사 84.5점으로 나타났다. 인포머셜(예: cable TV) 보험광고와 TV홈쇼핑 보험방송에 소비자 대부분 61.6%만이 구분, TV홈쇼핑 방송에 대해 소비자의 정보전달 내용에 만족도가 높은 것으로 나타났다. TV홈쇼핑 보험 관련 건의사항으로 신뢰있는 정보제공희망, 보장내용, 계약조건 자세히 설명, 상담원이 천천히 설명해 줄 것으로 나타났다. 한편, 한국소비자원의 조사발표에 따르면 TV홈쇼핑 보험은 TM 및 방카슈랑스와 비교 시 정보전달성, 설명만족도, 상품다양성에서 기타 채널에 비해 높은 수준의 소비자만족을 보이고 있으나 '신뢰성' 에서는 비교적 낮은 만족을 보이고 있는 것으로 밝혀졌다.

2) TV홈쇼핑의 불완전판매 순제

TV홈쇼핑에서 보험상품을 판매할 경우 청약서 부본전달, 자필서명, 약관전달 및 주요 내용 안내 등 3대 기본지키기를 강화함으로써 완전판매를 위한 판매형태 개선이 필요하다. 통신판매상의 불완전판매사유로는 보험체결권유를 위한 무분별한 전화 및 개인정보 취득경로에 대한 안내 미흡 및 불충분하고 속도가 빠른 상품내용 설명, 텔레마케터가 임의로 만든 상품설명대본 사용, 통화내용품질 및 완전판매 모니터링 미흡 등이 있다. 불완전판매율 지표 중 가장 많은 비중을 차지하는 청약철회는 TV홈쇼핑 고객의 특성(자발적 상담신청-자발적 보험가입-자발적 취소/해지)을 감안 시 청약철회율이 높다고 해서 불완전판매가 높다고 보기는 어렵다(TV홈쇼핑 회사 평균 청약철회율 14.1~15.8%) 대부분의 TV홈쇼핑 고객들은 상품구입 또는 사용 후 일정기간 내 무료반품이 가능하다고 대부분 인지하고 있으며, 반품율은 평균 15~20%로 나타나고 있다.

3) TV홈쇼핑 보험판매의 광고문제

최근 TV홈쇼핑의 허위·과장광고에 대한 문제가 계속해서 제기되고 있다. TV홈쇼핑 보험판매광고의 특성에 대해 살펴보자.

(1) 상품광고시간의 제약

TV홈쇼핑 보험광고는 대면채널과 비교하여 짧은 방송광고시간에 보험상품을 제대로 설명하기에는 제약조건이 너무 많다. 광고에 의존하여 판매하는 TV홈쇼핑 보험상품은 불완전판매의 가능성이 상존하고 있다. TV홈쇼핑은 제한된 방송시간과 최소한의 매출목표를 달성하기 위하여 소비자에게 잘 호소할 수 있는 장점이나 혜택을 너무 강조하는 반면 유의사항이나 제한사항은 너무 작게 표기를 하거나 생략하고 있어 언제나 과장광고가 될 가능성이 상존하고 있다. TV홈쇼핑에서의 보험판매 광고는 발생 가능성이 거의 없는 보험손실의 경우를 모두 합하여 총 보험금액을 과장하는 경향이 있다. TV홈쇼핑 보험상품의 불완전판매로 보험사와 보험상품에 대한 이미지가 급속히 추락하고 있다. 보험사에 대한 신뢰도는 보험상품의 매출과 직결되기 때문에 단기적인 안목의 TV홈쇼핑 광고는 장기적으로 보험산업을 위축시키고 있다.

(2) 정보제공의 문제

복잡한 보험상품 특성상 정보제공의 어려움이 있다. 보험상품의 종류가 너무 많고 표준화가 되어있지 않아 소비자가 보험상품을 전혀 비교할 수 없는 상태로 광고되므로 소비자는 자신의 선택이 잘 되었는지 그렇지 않은지 판단할 수 없다. 또한, 보험상품 특약이 많아 상품구성이 복잡하다. 각 회사마다 가입에 대한 제한사항이나 적용하는 이자율, 보험료예시 연령, 환급률이 달라 상품을 이해하기 어렵다. 특히 주계약 위주로 상품을 설명하는 것이 아니라 특약을 중심으로 설명하는 경향이 있어 더욱 어렵다. 따라서 소비자는 특약을 포함한 담보를 주계약으로 착각하고 가입할 가능성 상존하고 있다.

(3) 광고표현의 문제

자극적 광고표현 등으로 보험상품의 정확한 정보제공전달 한계가 있다. 구체적으로 살펴보면 다음과 같다.

- 사용하는 표현이 너무 자극적이고 보험의 본질을 왜곡하는 문구가 난무 : 최고보장, 최저보험료, 유일한 보험, 최초 보장, 넉넉한 보장, 딱 한 방에 해결, 단돈 2만 원 등 소비자를 현혹할 수 있는 자극적 문구 등
- 보험을 저축이나 투자상품처럼 광고하는 경우 보험의 본질을 흐리고 있음 : 변액보험 광고에서 투자안정성 보장 등 상품특성을 제대로 알리지 않음(미국 1993년 Metropolitan Life Agent는 간호사들에게 종신생명보험을 퇴직저축플랜보험으로 판매로 수백만 달러 벌과금 부과받음)
- 과대광고, 무조건 가입 유도 광고 : 정액건강보험은 진단금, 진료비, 수술비 총합 얼마의 보험금을 받을 수 있음 강조, 치료비 수술비 제외 돈이 남음을 강조, 묻지도 따지지도 않으니 보험가입 권유 등, 고위험군(고연령, 기왕증 대상 무진단, 무심사보험) 대상 가입 가능 광고
- 비윤리적/비도덕적 광고 표현 : 병원입원 시 일당을 준다는 식의 병원입원 유도
- 협박성 광고 표현 : 부모님 나이가 많아도 사망보험에 가입 가능: 자식들이 싸게 보험가입하고 부모님 사망의 경우 사망보험금을 수령하라는 식의 비윤리적 비도덕적인 광고 표현, 지금 당장 보험가입하지 않으면 암이나 중병에 걸릴 경우 거액 필요 등

(4) 정보전달의 문제

보험상품의 경우 상품설명 및 정보의 어려운 표현 등으로 일반 소비자가 이해하기 어렵다. 광고에서 사용하는 표현의 경우 전문가가 아니면 이해할 수 없는 표현이 너무 많다. 예를 들면, Step-up 기능, 투자 관련 설명에 전문 용어를 그대로 사용하거나 영어로 또는 우리말로 영어를 표기하는 경우가 너무 많아 소비자가 이해하기 어렵다. 자막을 사용한 경고문구 또는 유의사항은 소비자들이 도저히 인지할 수 없도록 글씨가 너무 작거나 화면에 노출되는 시간이 너무 짧아 화면에 나오는

주의사항이나 경고문구의 경우에는 정보전달 기능이 부족하다. 판례에 따르면 상품설명, 경고문구, 유의사항을 단순히 책 빨리 읽는 정도로 말하면 소비자에게 주의사항이 도달하지 않은 것으로 판시하고 있다.

(5) 책임소재의 문제

TV홈쇼핑 회사와 보험회사 간의 판매 광고관련 책임소재 문제가 존재한다. TV 홈쇼핑 회사는 보험사의 대리점 자격으로 판매 방송을 하는 것인지 아니면 단순히 방송시간을 판매하는 방송회사로서의 입장인지를 분명하게 규정하여 자격에 걸맞는 책임과 권리를 분명하게 해야 한다. 다시 말해, 보험판매 광고방송에 대해 홈쇼핑의 책임소재를 분명하게 하고 홈쇼핑사의 법적 지위와 실질적 지위를 명확히 규정하여 불공정관행을 근절할 필요가 있다.

판매 및 판매관리에 관한 모든 책임은 보험사가 부담하고, 대리점으로서의 판매수수료는 방송사가 받는 비합리적이고 불공정한 관행에서 나오는 피해는 결국 소비자에게 전가될 것이다. TV홈쇼핑 보험상품광고 문제해결이 되지 않는 이유는 선진국의 광고규제체계에 비해 한국의 규제나 감독체제가 구체적이지 않기 때문이다. 또한, 최고경영자들이 광고의 윤리에 대해 관심이 별로 없거나 판매 경쟁이 심해 어느 정도의 비윤리적 행위에 대해 제제를 하지 않기 때문이라는 지적이 많다.

다행히, 최근 TV 홈쇼핑사에서는 다양한 방법으로 보험상품 판매에서의 광고문제를 해결하고자 노력하고 있다. 예를 들면, 홈쇼핑 방송사는 고객에게 유리한 보

표 8-13 TV홈쇼핑 보험광고의 체크리스트

항 목	확인할 내용		
경고문구	• 변동가능성 • 갱신 시 보험료인상가능	• 해약환급금 • 원금손실 가능성안내	• 만기보험금 • 예금자보호법 적용안내
필수안내	• 보험보장내용 • 보험기간 및 납입기간 • 가입제한 고객	• 보험금지급제한사항 • 청약철회 품질보증해지 • 약관 및 상품설명서	• 보험만기환급유무 • 계약 전 알릴의무
광고금지행위	• 극단적·단정적 표현 • 해약환급금, 보험금예시 • 타사와의 비교 광고	• 과장·허위보장내용 • 역 선택조장	• 부적절한 보험료 안내 • 왜곡된 자료인용

험상식을 알려주는 코너를 제작하여 보험소비자권리보호를 위해 노력하고 있다. 또한, 보험정보 제공을 위한 자막크기, 설명방법 등을 개선하고 있다. 구체적으로 홈쇼핑 방송사에서 최근부터 보험상품 관련 각종 자막, 계약 전 소비자주의사항, 고지사항 등에 대해 개선하고 있다.

5. 보험 구매의사결정과 소비자주권

보험소비자가 소비자주권을 확보하기 위해서는 무엇보다도 보험회사와 보험상품의 선택에서 합리적 의사결정을 하는 것이다. 강한 보험소비자가 강한 보험사를 만들기 때문에 경쟁력 있는 보험소비자가 되는 것은 소비자의 주권확보는 물론 보험의 경쟁력강화를 위해서도 필수적인 사항이다. 이를 위해서는 보험, 보험계약 및 유지, 보험금지급 등에 대한 소비자정보탐색 및 합리적 의사결정을 위한 자구노력이 필요하다. 예를 들면, 보험 관련 소비자지식 및 경험을 인터넷 사이트 등에서 공유하여 책임 있고 합리적인 보험소비자가 되도록 보험시민인식 강화가 시급하다. 이외에도 소비자가 보험윤리를 지키는 것이 중요하다. 예를 들면, 보험소비자의 자동차사고 등 각종 보험 관련 사기방지 자구노력이 필요하다. 불필요한 병원 입원, 치료 등으로 보험료가 올라가지 않도록 현명한 소비주권 의식을 인식하는 태도 역시 갖추어야 한다. 보험사와 보험상품구매 의사결정과 관련한 주요 내용을 보험구매 전 또는 구매단계와 구매이후로 나누어 살펴보면 다음과 같다.

1) 보험구매전 또는 구매단계 의사결정

(1) 보험회사 결정

소비자의 보험사선택은 매우 중요한 일이다. 보통 보험의 보장기간은 장기간이며 미래에 보험금이 지급되는 상품이 대부분이기 때문에 현재의 보험사의 인지도뿐만 아니라 안정성, 수익성, 건전성 등을 기준으로 우수한 보험사를 선택해야 한다. 고객에 대한 서비스 평판이 좋고, 민원, 소송 등 분쟁발생이 적은 보험회사 그리고 고객서비스 평가가 좋은 회사를 선택하여야 한다(6장에서도 논의한 바 있음).

보험소비자연맹에 따르면 보험소비자가 보험사 선택 시 고려해야 할 중요한 사항은 규모(20%), 건전성(25%), 안전성(35%), 수익성(20%) 등으로 밝혀지고 있다. 구체적으로 이 4분야의 세부기준은 다음과 같다.

- 규모 : 책임준비금(50%), 자본총계(50%)
- 건전성 : 위험가중자산비율(15%), 부실자산비율(15%), 유가증권투자 및 평가손익(55%), 대손충당금적립율(15%) 이다.
- 안정성 : 지급여력비율(80%), 유동성비율(10%), 수지차비율(10%)
- 수익성 : 당기순이익(60%), 평균예정이율대 총자산이익율(5%), 위험보험료대보험금비율(5%), 예정사업비대 실제사업비율(10%), 총자산수익율(ROA)(10%), 자기자본수익율(ROE)(10%)

이외에도 소비자는 적합한 보험회사를 결정해야 하는데, 즉 보험회사의 재정적 상태, 즉 보험예약자 잉여금, 투자실적, 준비금의 정도 등을 고려해야한다. 또한 보험자가 제공하는 서비스, 즉, 손실통제방법이나 위험방지 시설에 대한 자문, 법률적 서비스 등을 고려해야 한다.

(2) 보험상품가입 채널의 선택

보험가입채널은 보험대리점, 보험설계사(FP, FC), 텔레마케팅, 인터넷, 은행(방카슈랑스), TV홈쇼핑 등이 있으므로 소비자는 이중 적절한 것을 선택하게 된다. 가입채널이 다양한 만큼 편리성의 정도가 차이가 있지만 보험상품의 특성을 고려해 볼 때 가입의 편리성 보다는 정확한 상품정보를 소비자에게 전달하여 주고 필요한 보장내용에 대한 효과적인 상품설계를 제공할 수 있어야 한다. 소비자는 보험사고 발생시 신속한 보험처리를 보장해 줄 수 있는 채널을 신중하게 선택하여야 한다. 혈연, 지연, 학연에 의한 채널의 선택은 합리적인 소비생활을 저해할 우려가 있다. 채널과 상품은 밀접한 관계가 있어 대인 채널은 상품이 부가보험료 비중이 크며, 인터넷 등 비대면 채널은 상대적으로 부가보험료 비중이 적다.

(3) 보험상품의 선택

소비자는 적합한 보험회사를 결정해야 하는데, 즉 보험회사의 재정적 상태, 즉 보험예약자 잉여금, 투자실적, 준비금의 정도 등을 고려한다. 또한 보험자가 제공하는 서비스, 즉, 손실통제방법이나 위험방지 시설에 대한 자문, 법률적 서비스 등을 고려해야 한다. 좋은 보험상품은 개인의 보장 수요에 적합하며, 예정이율이 타사보다 높고, 예정위험율과 예정사업비율이 낮게 적용되어 보험료가 저렴한 상품이 좋은 상품이다. 개인의 보장 수요는 개인별로 주관적이기 때문에 상품별로 비교하여 계량화하기는 매우 어렵다(다양한 특약, 서비스 제도의 선택). 그럼에도 불구하고 좋은 보험상품순위를 제공하는 사이트가 운영되고 있어 참고할 만 하다.

보험상품은 위험대비상품과 저축상품으로 구분할 수 있는데 여기서는 위험대비에 적합한 보험선택에 대해서 살펴보자.

① 보험내용우선순위결정

다양한 보험상품 중 어떤 상품을 선택할 것인지, 즉 다양한 보험상품 중 어떤 것을 선택할 것인지의 우선 순위를 결정해야 한다. 보통, 치명적인 위험을 위주로 보장설계를 한다. 보통 조기사망, 중대질병/상해, 장기생존 등의 순서로 보험상품 선택의 우선 순위를 두게 된다. 조기사망, 특히 가정의 주요 소득원의 사망은 부양가족 등이 생활비, 부채, 자녀양육비 등의 심각한 경제적 부담을 초래하게 된다. 중대질병/상해의 경우 고도장애, 암, 치매, 중대한 수술 등 고액의 치료비와 소득의 중단, 고액의 재활치료 등 가정경제를 위협하는 위험이다. 한편, 장기생존위험은 장기생존으로 인하여 발생할 수 있는 조기퇴직, 고령화, 부양기능미비 등으로써 은퇴 후의 경제능력은 삶의 가장 절박한 이슈이다.

② 보험가입대상 결정

보험상품선택에서 가입대상을 결정해야 한다. 가입대상 또는 담보대상이 남자인가, 여자인가, 가장인가 아닌가 등 가족구성원에 따라 다르게 설계하여야 한다. 가정의 가장은 종신기능(사망시 유족보상을 위한 일반사망보장)이 있는 종신보험이나 변액유니버셜을 가입하고, 여성이나 어린이는 순수보장형인 건강보험이나 통합보험으로 설계한다.

③ 연령대별 적절한 보험상품결정

보험상품선택 시 가입자의 연령을 고려해야 한다. 보험을 가입하고자 하는 연령대별로 보험상품을 선택해야 한다. 이에 대해 구체적으로 살펴보자. 첫째, 20대의 경우 재무적 관점의 생애 설계에서 매우 중요한 시기이다. 20대에 계획적인 재무설계를 가지고 인생을 설계하는 사람과 그렇지 않은 사람과는 위험에 처했을 때나 노후생활의 질적인 면에서 큰 차이가 날 것이므로 인생주기에 따른 재무관심사를 비롯한 생애 설계에 관심을 가져야 할 때이다. 변액보험은 주식과 채권에 장기로 투자하는 펀드로 운용하여 실적에 따라 수익률이 달라지고, 연금과 원금보장의 기능을 가지고 있으며 장기복리 상품이라는 점이 매력적이다. 최근에는 일부 입출금이 가능하고 납입액 조정이 가능한 변액유니버셜 보험도 고려할 만하다.

둘째, 30~40대는 자녀교육과 주택구입을 재무목표로 세우고 적극적인 재테크를 해 나가는 시기이다. 이 시기에는 종신보험의 가입이 필요하다. 종신보험은 어떠한 형태의 사망이든 일정한 보험금이 지급되는데, 가족의 생계를 주요 수입원에 의존하는 경우 가족의 미래를 위하여, 충분한 재산이 있는 경우라면 상속세를 대비한 재테크 수단으로 적절하다. 종신보험은 보험료가 고정되어 있으며, 보험료지급전 배당금 사용선택이 가능하고, 현금 가치를 근거로 대출도 가능한 등의 장점이 있다. 그러나 종신보험은 초기의 비싼 보험료와 장기간 보험료를 납부해야 하는 부담감이 있다.

셋째, 가입자가 40~50대인 경우에 대해 살펴보자. 현대사회의 치명적 위험의 하나는 장기생존이다. 퇴직 후 소득 없는 20~30년의 생활을 준비하여야 하는 것이다. 연금은 아직 노후자금을 축적하지 못했지만 노후에 재무적 독립을 성취하고자 하는 사람들에게 매력적인 저축수단이다.

끝으로, 50~60대는 건강에 관련된 보험에 관심이 집중된다. 질병보험, 상해보험, 장기 간병보험 등이 그것인데 장기 간병보험의 경우 일상생활 장해상태 또는 치매상태가 되었을 때 가족들의 간병수고를 덜 수 있는 보험이다. 장기간병은 고연령 뿐만 아니라 상해나 질병에 의해서도 발생할 수 있는데 현대와 같은 핵가족과 맞벌이가 일상화된 사회에서는 가족 중 한 사람이 장기 간병상태에 빠지게 되면 그로 인한 재무적, 비재무적 손실이 심각할 수 있기 때문에 필요한 보험이다.

④ 보험금 결정

일생의 보험설계에서 소비자는 보험계획은 최소비용으로 최대효과를 추구하도록 하며, 장기자금(연금)은 미리부터 총소득의 20% 이상의 액수에 대한 준비가 필요하다. 소비자는 가입하고자 하는 보험의 보험금결정에 목적자금(주택, 자녀교육, 사업자금 등)의 마련을 위한 수준의 목표를 설정할 필요가 있다. 가계의 자산 중 기대손실에서 손실보충에 사용할 수 있는 자산은 보험금이다. 이때, 월소득과 지출을 계산하여 누수자금을 없애는 지출을 통제한다. 긴급예비자금 확보는 월생활비(고정/변동지출)의 3~6배(월소득 300만 원, 생활비 120만 원일 경우 예비자금액수는 360~720만 원)이다.

⑤ 공제액 결정

소비자는 보험가입 시 손해보험 등에서 공제액을 결정해야 한다. 공제조항(deduction)이란 손실발생시 피보험자로 하여금 손실의 일부를 부담하게 하는 조항인데 보통 재산보험, 자동차보험, 건강보험 등에서 많이 사용한다. 보험계약의 특수조항으로 공제조항이 있는데 소비자는 손실의 얼마만큼까지 자기 돈으로 부담할 것인지의 공제액을 결정해야 한다. 적절한 공제액의 선택은 상당한 보험료 및 비용의 절약효과를 갖는다. 따라서 예상되는 손실의 규모와 횟수를 고려하여 적절한 공제액의 종류와 규모를 결정해야 한다.

2) 보험상품 구매후 소비자 검토 및 선택사항

(1) 보험약관 검토

보험약관이란 보험사와 가입자간의 의무나 권리 등 계약조건을 명문화 해 놓은 계약조항이다. 이미 보험상품을 구매한 후에는 본인이 가입한 보험의 약관에 대해 검토해 보아야 한다. 구체적으로 보험약관의 검토과정에서 살펴보아야 할 것은 첫째, 단서조항의 검토이다. 보험약관에서 특별히 살펴볼 것은 보장되는 것보다 안 되는 것을 검토해야 한다. 즉 약관에서 명시된 단서조항을 꼼꼼히 살피고 보험에 가입할 때는 설계사 말이나 안내장 외에 약관에 보장된 내용이나 주의사항 등을 살펴본 후 가입하여야 한다. 약관을 충분히 확인하고 가입했다고 해도 막상 보험사고가 발생했을 경우 애매한 해석 때문에 보장을 받지 못하는 경우가 발생할 수도 있다. 보험약관의 내용 중에는 일반 가입자들이 파악하기에 상당히 복잡하고 까다로운 내용이 많다. 보험분쟁이 발생했을 경우는 혼자 처리하는 것보다 전문가의 도움을 받는 것이 좋다.

둘째, 보험상품의 특성을 파악해야 한다. 오랫동안 보험에 가입해 왔는데도 정작 보험사고가 발생했을 때에는 피해에 대한 보상을 받지 못하는 경우가 발생한다. 이러한 경우 보험분쟁으로 확대되는 경우도 있어 그러한 피해를 막기 위해서 약관을 꼼꼼히 검토한 후 계약을 해야 한다. 보험의 종류에 따라 중요한 내용도 다르다. 일반적으로 보험료와 지급방법, 보험금액, 보험기간, 보험사고의 내용, 보험계약의 해지사유 또는 보험자의 면책사유 등을 검토해야 한다.

셋째, 이미 가입한 보험상품의 비보장내역을 확인하는 것이다. 보험가입상담을 받다보면 보장을 받을 수 있는 질병이나 범위에 대해 장황한 설명을 듣게 되는 일이 많다. 하지만 보장이 되지 않는 것에 대해서는 설계사들도 중요하게 언급하지 않는 경우가 많다. 실제로 사소한 차이로 인해 보장이 되지 않는 경우도 많다. 예를 들어, 성인들이 많이 걸리는 특정 질병 대부분이 보장된다고 하지만 새롭게 발견된 신종병은 해당되지 않는 경우가 있다. 또 같은 수술이라고 해도 입원수술의 경우는 보장이 되지만 입원을 하지 않고 수술을 한 경우는 보장에서 제외되는 경우가 있다. 보험약관에 대해서 설명을 들을 때는 되는 것보다 되지 않는 항목에 특히 더 유의해서 설명을 들어야 한다. 책 한권 분량의 방대한 약관을 2장 분량의 간단한 자료로 확인하게 되는 경우가 많으며 그러할 경우 보험상품에 대한 오해나 사후분쟁이 발생할 확률이 높다.

(2) 선택한 보험상품의 이해

보험을 가입한 이후에 소비자는 보험의 대상이 되는 재정적 손실을 초래하는 화재, 도난, 질병, 사고 등 모든 사건의 손인이 무엇인가, 보험 목적물이 무엇인가, 보장되는 손실의 종류는 무엇인가, 즉 목적물 자체의 손실, 부대비용, 손실되는 소득보상여부에 대해 확인한다. 소비자는 보험상품 구매 후에도 보험대상이 되는 사람은 누구인가, 사고발생 장소의 제한은 있는가, 보험기간은 언제까지인가, 보험을 무효화시키는 위태(손실의 기회를 증가시키는 개인이나 물질의 특성)는 무엇인가, 보험금은 얼마인가 등에 대해 다시 한 번 분명히 이해하여야 한다.

(3) 가입한 보험상품의 정기적 검토

소비자는 위험관리 측면에서 본인이 가입해 둔 보험상품을 정기적으로 검토해야 한다. 보험금 미지급이나 그 밖의 문제가 있을 때에는 금융감독원에 민원을 신청할 수 있다.

(4) 보험금분쟁 발생 시 해결방법 검토

보험 소비자가 보험사와 보험금 지급 관련 분쟁이 발생하여 도저히 수용할 수 없을 경우 분쟁조정신청서를 작성하여 금융감독원에 제출할 수 있다. 이 경우 분쟁조정위원회에서 사실관계조사, 합의권고 단계를 거치고 최종적으로 분쟁조정위원회에서 조정하게 된다. 분쟁조정 결과는 법적으로 화해와 같은 효력을 갖게 된다. 소비자 또는 보험사가 조정결과에 불복할 경우 법원에 소송을 제기하는 방법밖에 없다.

6. 소비자친화적 보험경영

최근 보험회사에서도 보험소비자보호를 위한 다양한 노력을 펼치고 있다. 예를 들면, 첫째, 보험회사 윤리경영전담조직 설치·운영(임직원 윤리함양과 법규준수 등 윤리교육)하고 있다.

둘째, 보험협회 중심 2008년 우수인증설계사제도를 도입하여 불완전판매금지 등의 활동을 펼치고 있다.

셋째, 사망자보험가입정보, 휴면보험금, 의료실손해보험험, 중복계약 등의 일괄적 조회서비스 제공의 활동을 취하고 있다.

넷째, 보험상담센터 운영 및 보험소비자의 경영참여를 위한 고객패널)제도 시행 등 소비자친화적 경영을 하고 있다.

소비자친화적 보험사경영의 지속적 수행을 위해 몇 가지 제언하면 다음과 같다.

1) 보험사 경영업무의 소비자친화성 확대

(1) 보험경영의 방향 전환

보험소비자 지향적 경영으로의 전환이 가장 중요하다. 좋은 평판을 만드는 데는 20년이 걸리나 이를 무너뜨리는 데 5분이면 충분하다는 최고경영자 워렌버핏의 언급을 상기시킬 필요가 있다. 보험회사는 법규준수 수준 이상의 활동으로 소비자 이익을 제고하는 경영전략이 필요하다. 특히, 보험은 장기적 특성이 있으므로 소비자와의 장기간에 걸친 신뢰유지가 중요하므로 고객관계마케팅, 고객만족경영이 다른 어떤 상품이나 서비스보다 중요하다. 보험사는 소비자보호를 단순히 민원해결 차원의 문제로 인식해서는 안 되며 보험소비자의 만족은 경영상의 중요한 전략적 과제로 인식, 대응책 마련이 필수적이다. 민원해결 위주로 보험소비자문제를 사후적으로 접근할 경우 보험기업 이미지가 나빠짐은 물론 더 많은 비용이 소요된다.

보험사의 소비자친화적 경영을 추구하기 위한 구체적인 방법을 제언하면 첫째, 경영자의 인식 및 경영패러다임을 보험소비자 지향적으로 전환이 필요하다. 예를 들면, 보험소비자보호 경영체제 구축을 위해 보험소비자보호 관련 업무전담부서 강화, 기능별 감독체계 구축 방안, 별도의 보험소비자보호기구 설립 등이 필요하다. 보험사 자체내 보험영업 관련 규제 자율감시시스템 구축 및 감시기구 설립이 검토될 필요가 있고 이 기구는 법위반에 대한 제재 및 개선의 업무수행이 필요하다.

둘째, 보험소비자가 원하는 사항을 미리 체계적으로 파악하기 위해서는 주기적으로 설문조사 및 각종 조사연구 결과를 보험경영에 반영하고, 보험경영에서 보험소비자 중심주의를 확립할 필요가 있다. 다양한 계층의 보험소비자로 구성된 소비자자문기구를 설치하여 중요한 의사결정 및 새로운 보험경영 아이디어를 얻을 수 있는 시스템 구축이 시급하다. 보험소비자의 니즈(needs)에 맞추어 보험상품을 개발하되 지나치게 복잡하여 소비자가 제대로 이해하지 못하여 분쟁의 원인이 되지 않도록 해야 한다.

셋째, 각종 보험소비자민원 및 불만에 대한 보험사 임원수준의 업무 관장이 중요하다. 임원의 보험소비자민원 실시간 상담체험 강화, 임원의 보험모집원과의 대화 및 상담 강화로 현장감 확보, 보험소비자와 임원의 직접 대화통로나 채널 마련(예 : 모 회사는 사옥의 한 쪽 벽면에 60대의 LED스크린을 통해 고객민원을 실시간으로 공개하는 '통곡의 벽' 을 설치한 것은 좋은 사례) 등이 적절할 것으로 보인다.

(2) 보험판매자 전문성확보 및 자질함양교육

보험판매 관련자의 전문성 확보 및 자질함양을 위한 각종 교육이 필요하다. 예를 들면, TV홈쇼핑판매와 관련한 쇼호스트, 2차 보험상담사, 텔레마케팅 보험모집자, 일반 설계사 등 보험모집종사자들에 대한 정보를 체계적이고 지속적 관리가 시급하다. TV홈쇼핑 판매자(쇼호스트, 2차 보험상담사), 텔레마케팅 보험모집자, 일반 설계사 등을 대상으로 보험판매 자격과정의 수준을 높여 전문성 확보가 필요하다.

(3) 보험소비자 지향적 약관 및 정보제공

보험소비자 중심의 약관 및 정보제공 업무체제 수립이 중요하다. 보험약관, 상품설명서 등 보험계약체결에서 필요한 문서 등에 가능한 평이한 용어 및 문장, 명료함을 갖추어 소비자가 이해하기 쉽게 하고, 소비자에게 불리한 조항의 적극적 개선이 필요하다. 보험약관이나 상품설명서 등에 사용되는 용어 및 문장은 가급적 이해가 쉽도록 간결하게 작성하며, 소비자 관점에서 검토하여 소비자에게 불이익이 있는 조항을 자발적으로 변경하는 노력을 적극적으로 수행할 필요가 있다. 약관교부, 설명의 의무, 자필서명 확인 등을 충실히 이행하도록 함으로써 보험소비자 보호강화가 시급하다. 전화 및 인터넷 등에 익숙하지 않은 세대의 경우 상품복잡성이 높은 것일수록 TV홈쇼핑판매의 경우 2차 상담원의 적극 지원을 통해 충분한 설명을 기초로 보험계약이 이루어질 수 있어야 한다. 보험약관, 상품설명서, 보험지급여부 등 각종 보험업무에서 소비자 눈높이에서의 서비스, 평가, 지원 등의 업무가 필요하다.

(4) 판매 후 지속적 서비스

고객과의 지속적 서비스 및 연계 강화가 필요하다. 특히, TV홈쇼핑 판매의 경우 보험적용기간 동안 보험상담사와 소비자의 지속적인 연계를 통해 판매자의 책임을 부가시켜야 한다. 현재 일부 TV홈쇼핑업체에서 실시하고 있는 계약체결 후 사후방문서비스의 확대가 필요하다. 최근 TV홈쇼핑업체가 Hybrid 채널이라는 이름으로 방송 및 전화상담만으로 불충분한 부분에 대한 보험전문가를 직접 소비자에게 파견하여 증권 및 약관전달, 고객의 질문사항상담 등 각종 서비스를 제공하고 있다. 또한 TV홈쇼핑업체가 happy call 제도를 이미 도입하여 계약성립 이후 중요한 사항을 확인하고 있는데, 이를 더 확대시켜 소비자주의사항, 계약 전 고지해야 할 사항, 중복가입여부(손해보험사), 소비자의 고지의무 등 중요사항을 모두 확인하도록 확대할 필요가 있다. TV홈쇼핑에서 보험계약 후 사후서비스를 위해 one-stop-service 시스템을 통해 소비자가 불편하지 않게 해야 하며, 보험소비자별로 전담 2차상담원 제도를 도입할 필요가 있다.

(5) 보험소비자불만 및 피해구제

보험소비자불만 및 피해구제지원 시스템 구축이 필요하다. 보험고객과의 지속적 연계강화를 통해 보험소비자불만 및 피해구제 지원이 시급하다. 예를 들면, 사후적 보험소비자보호를 위해 자율보험분쟁조정기구 구축 및 적극적 활용, TV홈쇼핑 보험판매의 경우 5개 홈쇼핑회사 통합 상담 및 피해구제센터를 구축하여 운영하거나 손해보험/생명보험협회 차원의 통합 보험상담피해구제센터 구축 및 운영을 검토할 필요가 있다. 한편, 보험판매업자의 위반행위에 대해 보험 관련 협회 차원의 자율적 시정명령권, 관리감독강화가 전제되어야 한다.

(6) 보험소비자 개인정보보호 강화

다양한 보험 관련 개인정보를 보유하고 있는 보험사는 개인정보이용 등에서 법규준수는 물론, 개인정보보호 관련 소송이나 배상책임에 유의해야 한다. 법규상 허용된 보험정보의 집적 범위, 이용목적, 이용가능한 개인 및 기관 등을 명확히 하고 운영과정상 투명성을 제고하는 과정이 필요하다.

(7) 보험윤리경영 및 사회적 책임경영체제 확립

보험사는 보험소비자 중시 윤리헌장, 전담조직, 교육체계 등을 확립하고 이와 관련한 상벌제도 마련이 필요하다. 보험윤리교육은 임직원, 보험모집조직, 보험 관련 모든 종사자들에게 적용해야 한다. 또한, 저소득층, 노인, 다문화가정 대상 저렴한 보험상품개발 및 지원 프로그램 필요하다. 예를 들면, 일반 소비자의 보험상품에 일부 돈(예 : 5%)이 소외계층을 위한 보험상품의 개발 및 보험금납입에 기부하는 상품을 만들 수 있다. 보험설계사의 수수료, TV홈쇼핑사의 영업이익, 일반 보험사의 영업이익 등의 일부를 사회소외계층의 보험금납입에 지원할 수 있다.

2) 보험소비자대상 소비자보호 강화

(1) 보험 관련 정보제공의 확대

법규에서 정한 수준 이상으로 소비자가 원하는 정보를 제공할 필요성이 있다. 보험사는 보험정보를 소비자가 접근하기 편리하게 자사 인터넷은 물론 책자, 전화문의 등 다양한 방법과 수단을 통해 제공할 수 있다. 광고 또는 홍보시 보험소비자에게 정확하고 바른 정보를 전달하여 보험계약을 한 후 광고 및 정보 관련 민원이 제기되지 않도록 한다. 최근 보험민원의 급증은 모집, 특히 광고와 연계된 홈쇼핑 및 직판조직과 관련이 많으므로 이를 적극적으로 보완하여 민원발생을 최소화할 수 있도록 해야 한다.

(2) 소비자대상 보험소비자교육 확대

보험사가 보험소비자교육 수행자로서의 역할을 적극 수행할 필요가 있다. 완전판매, 보험업무 관련 공시제도 등에 대한 교육을 통해 국민들의 보험에 대한 이해도를 높일 수 있는 보험소비자교육을 강화하여 소비자가 다양한 정보를 활용하여 현명한 보험소비자로 거듭날 수 있도록 도와야 한다. 보험소비자교육의 효과는 보험소비자의 보험에 대한 긍정적 인식 확대로 보험수요 확대, 불완전판매 축소, 보험사의 경쟁력 강화(강한 소비자가 강한 보험회사를 만든다)로 향후 보험사의 필수업무가 되어야 한다. 보험사, TV홈쇼핑사, 보험협회 등의 홈페이지에 각종 소비자교육을 위한 정보제공 활성화가 필요하다. 예를 들면, 대표적 보험상담사례 정보, 보험사기 관련 정보, 향후 보험지급가능여부, 소비자의 보험 관련 지식 및 상식 등에 대한 교육자료를 제공해야 한다. TV홈쇼핑사의 경우 정기적으로 1개월에 1~2회 등 일반 소비자대상 오프라인 보험소비자교육(가칭 보험소비자대학) 및 온라인상의 교육(가칭 보험사이버소비자대학) 등을 개설하여 적극 운영할 필요가 있다. 적극적 보험소비자대학 수강자를 대상으로 보험광고 모니터요원들로 위촉하여 실시간 보험광고 모니터링을 위탁하고 필요한 경우 이들을 각종 봉사자 및 인턴으로 고용하여 기회를 제공하여 보험의 신뢰도를 확보하는 것 역시 중요하다. 일부 보험회사는 초·중·고·대학 및 금융교육기관 등에 강사파견과 같은 지원을 하고 있는데 이러한 교육사업 활동이 전체 보험사 및 협회 차원으로 확대되어야 한다. 보험사의 보험소비자교육에 예산지원 등의 실질적인 지원이 필요하다.

4부 은퇴설계의 이해

9장 / 은퇴설계의 기초
10장 / 은퇴설계 프로세스
11장 / 생애주기별 은퇴설계

9장

은퇴설계의 기초

본 장에서는 먼저 인구 고령화에 따른 사회, 경제적 변화를 살펴봄으로써, 최근 사회적·개인적으로 은퇴설계에 대한 관심이 높아진 배경을 이해한다. 은퇴의 개념과 은퇴경로 및 은퇴유형에 대해 학습함으로써 은퇴에 대한 이해를 높이고, 은퇴설계의 개념과 특성, 필요성을 학습한다. 또한 은퇴설계와 관련된 주요 개념인 노후보장체계에 대해 이해한다.

1. 인구 고령화의 이해

1) 우리나라 고령화 추이와 특성

한국 사회는 급속한 인구 고령화문제에 직면해 있다. 유엔(UN)에서는 고령인구를 65세 이상 인구로 정의하는 가운데, 전체 인구 중 고령인구의 비중이 7%를 넘으면 고령화 사회(aging society), 14%를 넘으면 고령사회(aged society), 20%를 넘으면 초고령사회로 구분한다. 우리나라는 이미 2000년에 고령화 사회로 접어들었고, 2019년 고령사회, 2026년 초고령사회로 진입할 것으로 예측되고 있다(통계청, 2006). 고령화사회에서 고령사회로 가는데 프랑스가 115년, 미국이 72년, 독일이 40년, 일본이 24년 걸린 것과 비교할 때, 우리나라의 고령화 진행은 세계적으로 유례 없이 빠른 속도이다.

의료기술의 발달, 생활수준의 향상으로 평균 기대수명은 2010년 현재 80.8세(남성 77.2세, 여성 84.1세)에 이른 반면(통계청, 2011a), 출산율은 지속적으로 감소하여 고령화 현상이 가속화되고 있다. 그림 9-1에서 보는 바와 같이, 우리나라의 65세 이상 고령인구 비율은 1970년 3.1%에 불과했으나 2010년 현재 11%를 차지하고 있으며, 2060년에는 40.1%가 될 것으로 예측되고 있다. 반면, 1970년 42.5%를 차지하던 0~14세의 유소년 인구 비율은 2010년 16.1%로 감소하였으며, 2060년에는 10.2%가 될 것으로 예상되고 있다. 또한 2010년 현재 72.8%를 차지하는 15~64세 생산가능인구는 2016년 인구의 72.9%를 정점으로 감소하여, 2060년이 되면 49.7%가 될 것으로 예측되고 있다(통계청, 2011b).

노년부양비(15~64세 생산가능 인구 100명에 대한 65세 이상 인구)는 2010년 현재 15.2명에서, 베이비붐 세대의 고령인구 진입 및 기대수명 증가로 인해 2030년 38.6명, 2060년 80.6명 수준으로 급증할 것으로 보인다. 표 9-1에서 보는 바와 같이, 2060년이 되면 15~64세 생산가능 인구 10명이 10명(노인 8명, 어린이 2명)을 부양해야 상황이 된다(통계청, 2011b).

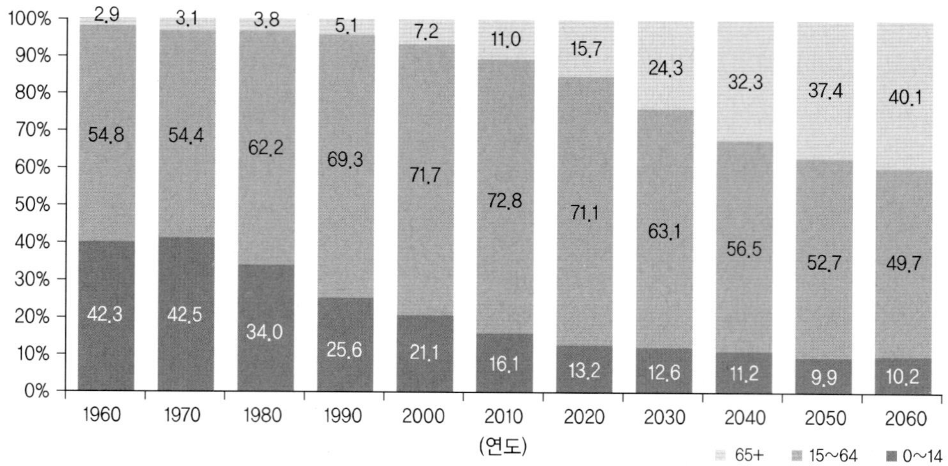

그림 9-1 연령계층별 인구 구성비: 1960~2060년

자료: 통계청, 장래인구추계(2011).

표 9-1 부양비 및 노령화지수: 1960년~2060년 (단위: 명, 생산인구 100명당, 유소년인구 100명당)

연 도	1960	1970	1980	1990	2000	2010	2020	2030	2040	2050	2060
유소년부양비	77.3	78.2	54.6	36.9	29.4	22.2	18.6	20.0	19.8	18.9	20.5
노년부양비	5.3	5.7	6.1	7.4	10.1	15.2	22.1	38.6	57.2	71.0	80.6
노령화지수	6.9	7.2	11.2	20.0	34.3	68.4	119.1	193.0	288.6	376.1	394.0

유소년 부양비＝(0~14세 인구÷15~64세 인구)×100
노년부양비＝(65세 이상 인구÷15~64세 인구)×100
노령화지수＝(65세 이상 인구÷0~14세 인구)×100

자료: 통계청, 장래인구추계(2011).

2) 인구 고령화의 사회·경제적 영향

고령화 현상이 심화되면서 가장 우려되는 것은 노동투입, 노동생산성 감소로 인한 국가의 잠재성장률 저하 및 재정 악화 문제이다. 즉, 출산율 하락으로 인한 생산인구의 감소로 노동투입이 감소하며, 노동인구의 고령화로 인해 노동생산성이 감소하게 된다. 생산가능인구(15~64세) 중에서도 주력생산인구에 해당하는 25~49세 인구는 2007년 2,082만 명으로 정점을 기록한 후 감소세로 전환하여, 2020년 1,865만 명, 2040년 1,376만 명, 2060년에는 1,070만 명까지 감소할 것으로 예상하고 있다(통계청, 2011b). 또한 고령인구의 비중이 증가하면서 상대적으로 경제 전반의 저축률이 감소하고, 자본투입 재원 역시 감소하게 된다. 일반적으로 은퇴 후에는 은퇴 전 보유하고 있던 저축을 소비로 전환하기 때문에 고령인구 증가에 따라 경제 전반의 저축률도 감소하는 것이다.

한편 지속되는 고용시장 불안으로 발생한 조기은퇴의 증가는 개인과 가계 및 국가의 경제적 부담을 가중시키고 있다. 개인과 가계는 점점 길어지는 노후생활을 위해 안정적인 은퇴 소득원을 마련해야 하는 부담이 있고, 국가는 고령인구 증가로 인한 사회보장지출 부담문제를 해결함과 동시에, 생산인구 감소로 인한 사회보장 기여금의 부족분을 보충해야 하는 과제를 안고 있다. 국민연금의 경우, 가입자 대비 수급자 비율이 1989년 1.3%에서 2009년 15.0%로, 공무원연금은 1989년 2.6%에서 2009년 28.0%로 10배 이상 증가하였다(통계청, 2011c). 사회보장수입과 지출의 불균형은 국가의 재정을 악화시키는 요인으로 작용하며, 재정 부담은 후세대에 전가되어 세대 간 분배의 형평성 문제를 야기할 수도 있다.

이러한 문제를 해결하기 위한 새로운 방안으로 중·고령자의 노동시장 참여를 활성화시킴으로써 이들의 삶의 질을 향상시키고, 국가의 재정적 부담도 함께 경감시키고자 하는 정책이 설득력을 얻고 있다. 은퇴자가 겪게 되는 노후의 경제적 문제를 개인과 국가의 연금만으로 해결하는 데에는 한계가 있으며, 아직 신체적·정신적으로 건강하고 근로의욕이 있는 은퇴자들의 노동력을 활용하는 방안은 국가경제의 경쟁력 차원에서 효율적인 방안이 될 수 있을 뿐 아니라, 은퇴자 스스로도 노후생활에 대비할 수 있기 때문이다. 중·고령 은퇴자의 노동시장 참여를 활성화시키는 구체적인 방안에는 주된 일자리에서의 근로시간 단축과 임금수준의 감축과 같은 방법으로 이들의 은퇴시기를 지연시키거나, 주된 일자리 퇴직 후 재취업을 장려하는 방법이 중점적으로 고려되고 있다.

2. 은퇴의 이해

1) 은퇴의 개념

일반적으로 은퇴와 퇴직이라는 용어가 혼용되고 있으나 두 단어의 사전적인 의미에는 차이가 있다. 퇴직(退職)은 현직에서 물러남을 뜻하며, 은퇴(隱退)는 직임에서 물러나거나 사회 활동에서 손을 떼고 한가히 지낸다는 뜻을 지니고 있다(국립국어원, 2010). 즉, 퇴직은 단순히 현재의 직업을 그만두는 것이고, 은퇴는 근로활동을 완전히 종료한다는 의미이다. 외국에서는 'retirement' 라는 용어로 통용되는데, 이는 퇴직보다는 은퇴의 개념에 더 가깝다.

은퇴(retirement)는 본격적인 소득활동을 그만두고 일을 하지 않거나 소일거리 정도의 일을 하고 있는 경우, 또한 앞으로도 특별한 변화가 없는 한 소일거리 정도의 일 이외의 일을 할 의사가 없는 상태를 말한다(한국노동연구원, 2003).

은퇴를 정의하는 기준, 은퇴 여부를 판단하는 방법은 다양한 접근이 가능하며, 하나의 표준화된 기준이 존재하지는 않는다. 그러나 은퇴를 어떻게 측정하느냐에 따라 은퇴자의 정의가 달라지고, 은퇴설계의 방법이 달라질 수 있기 때문에 어떤 기준을 선택, 적용할 것인가는 중요한 문제이다.

기존의 조사와 선행연구에서는 연령으로 판단하는 방법, 경제활동 참가 여부와 재취업의사 여부에 따라 구분하는 방법, 응답자의 주관적 평가에 의존하는 방법, 연금수급 여부에 따라 구분하는 방법, 노동시간이나 임금수준으로 판단하는 방법, 생애 주된 일자리(career job)중단 여부로 판단하는 방법 등이 사용되었다(권문일, 1996; 김지경, 2004; 이정원, 2006). 최근에는 다양화되고 있는 은퇴 사유, 확대되고 있는 은퇴자 연령범위를 고려하여 은퇴자의 개념을 재정립해야 한다는 의견이 제기되고 있다.

또한 은퇴와 관련된 국내외 연구를 보면, '완전은퇴', '부분은퇴', '은퇴하지 않음'으로 나누어 응답자들이 스스로 선택하도록 한 경우(Quinn, 1981)도 있고, 응답자의 주관적 답변과 함께 경제활동상태, 소득수준 등 객관적 자료를 적용하여 판단한 경우(Ruhm, 1990; 국민연금연구원, 2005)도 있다.

2) 은퇴경로와 은퇴유형

전통적 관점에서는 은퇴를 생애직업에서 노동시장의 영구적 이탈로 이어지는 일회적 사건으로 보았던 것에 반해, 최근에는 은퇴를 점진적 과정으로 보고 있다. 점진적인 은퇴경로(gradual retirement)는 전통적 은퇴경로와는 달리 전일제 경력직 이후 곧바로 노동시장에서 이탈하지 않고, 전일제 경력직에서 시간제 근무를 하거나 전일제 경력직과는 다른 연결직업(bridge job)을 거쳐 은퇴하는 형태를 말한다. 연결직업은 평생직장 이탈 이후 완전히 은퇴하기 전까지의 기간을 연결해 주는 직업으로, 하나가 될 수도 있고 여러 개가 될 수도 있다(이현기, 2003; 장지연, 2003).

은퇴경로에 따라 은퇴유형을 구분하면, 완전은퇴(full-retirement)와 부분은퇴(partial-retirement)라는 개념으로 설명할 수 있다. 완전은퇴는 노동시장에서 소득활동을 완전히 그만둔 상태를 의미한다. 반면 부분은퇴는 전일제 경력직에서 바로 노동시장을 이탈하지 않고 노동시간이나 임금을 줄여 직업 활동을 유지하는 상태,

은퇴의 과정으로서 연결직업에 종사하는 상태를 말한다. 즉, 부분은퇴는 단순한 이직행동과는 달리 점진적 은퇴경로에 포함되는 과정인 것이다.

보험과 은퇴코너 9-1

"노후 스스로 부양해야" 57%, 그러나 39%만 은퇴준비 중

시장조사전문기관인 엠브레인트렌드모니터가 월평균 350만 원 이상의 근로소득이 있는 만 45~53세 성인남녀 1,000명을 대상으로 〈2011년 은퇴 및 노년 관련 인식조사〉를 실시하였다.

조사에 따르면, 응답자의 89.1%가 은퇴 준비의 필요성에 대해서는 전적으로 공감하고 있었으나, 현재 은퇴 준비를 하고 있는 응답자는 39.1%에 그쳤다. 아예 준비를 하지 않고 있다는 응답자가 39.7%에 이르렀다.

노후 부양문제에 대해서는 본인 스스로 부양해야 한다는 응답이 56.8%로 가장 많았다. 국가가 주도적으로 책임져야 한다는 의견이 13.7%, 자녀 형편이 좋으면 자녀가 부양했으면 좋겠다는 의견은 9.5%로 나타났다.

은퇴 준비를 해야 하는 적정시기로는 40대 초반이 20.3%, 30대 초반이 15.3%로 높게 나타났다. 예상 은퇴연령은 평균 60세로 2009년, 2010년에 비해 낮아졌다. 60~65세를 예상 은퇴연령으로 생각하는 응답자가 33.6%로 가장 많았으며 65~70세, 55~60세 순이었다. 희망 은퇴연령은 평균 62.6세로 예상 은퇴연령보다 다소 높았다.

예상 은퇴자금을 묻는 질문에는 30.6%가 4~5억 원, 26.4%가 6~10억 원이라고 답하여, 은퇴준비에 대해 상당한 경제적 부담감을 느낄 수 밖에 없을 것으로 보인다. 은퇴 후 가장 염려되는 요인(복수응답) 역시 생활자금 부족 등 경제적인 문제가 75.5%로 가장 높았다. 다음으로 건강(46.8%), 자녀교육·결혼(26.4%), 여가시간 관리(16.9%), 사회적 역할 감소(15.8%) 등으로 나타났다.

은퇴 후 생활에 대해서는 21.7%만이 기대감을 나타냈으며 생활여건이 좋아질 것이라고 바라보는 응답자도 26.2%에 그쳤다. 은퇴 후 생활에 대해 희망적이지 않다고 답한 응답자가 54.1%에 이를 만큼 은퇴 이후의 노년생활에 대한 불안감이 큰 것을 알 수 있다.

출처: 메디컬투데이(2011년 11월 30일자), 데이터뉴스(2011년 12월 1일자).

3. 은퇴설계의 이해

1) 은퇴설계의 개념

은퇴설계(retirement planning)는 은퇴라는 사건의 발생과 그것이 미치는 영향력을 미리 예측하고, 가능한 모든 자원과 정보를 동원하여 합리적으로 대비하는 과정이다. 다시 말해, 가계가 보유한 다양한 자원을 효율적으로 관리하여 은퇴 후 노후생활의 복지실현을 위한 재정적·비재정적 목표를 실현하는 과정이라고 할 수 있다. 준비가 충분히 이루어지지 않은 상태에서 은퇴를 한 사람들은 경제수준의 하락과 사회활동의 단절, 가족 내에서의 역할 부재, 개인적으로 경험하는 여러 가지 문제들로 인해 어려움을 겪게 된다. 본질적으로 은퇴설계는 재정적 부분뿐 아니라 가족생활, 여가생활, 신체적·심리적 활동 등 다양한 영역의 관리를 포함하여 접근해야 한다. 그러나 소득의 부재, 경제적 어려움으로 인하여 많은 노인들이 사회활동에서 소외되고 가정에서도 의존적 존재로 여겨질 뿐 아니라, 노인 스스로도 경제문제를 가장 일차적인 어려움으로 인지한다는 점에 근거하여 은퇴설계는 주로 재정적인 측면에 초점을 맞추고 있다.

일반적으로 재무설계는 개인과 가계의 재무목표를 달성하기 위해 재정자원을 획득하여 효율적으로 소비하고 증대시키고 보존함으로써 재정적 복지를 실현해 가는 전 생애에 걸친 과정으로 정의되며, 은퇴설계는 그 재무목표가 노후 삶의 질 향상으로 구체화된 것이라고 볼 수 있다.

2) 은퇴설계의 특성

은퇴설계는 그림 9-2에서 보는 바와 같이 현금관리, 저축과 투자설계, 대출과 부채관리, 위험관리와 보험, 세금설계 등 여타의 재무설계 영역과 함께 이루어져야 하는 통합적 과정이며, 생애주기 전체에 걸쳐 이루어지는 장기적 과업이다.

젊어서 은퇴준비를 위한 저축을 시작하려면, 그만큼 지출을 줄여야 하고 다른 투자를 포기해야 한다. 그러나 저축을 일찍 시작하면 그만큼 복리의 수익을 올릴 수 있고, 안정적인 노후를 맞이할 수 있다. 만약 50세 이후에 은퇴준비를 시작한다

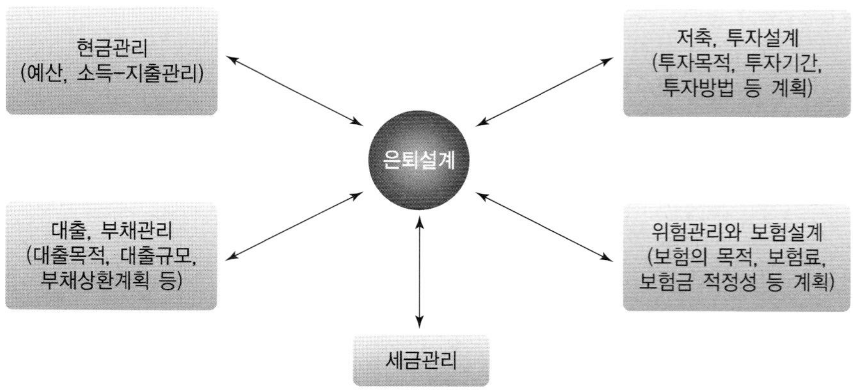

그림 9-2 **은퇴설계와 타재무설계 영역의 관계**

면 자산을 빨리 축적하기 위해 과도한 위험 부담을 감수해야 한다. 가계의 지출과 유동자산을 줄이고, 자산의 상당부분을 고수익이 예상되는 투자자산 형태로 보유해야 할 것이다. 이로 인해 일상생활에서 현금흐름의 창출이 어려워질 수 있고, 고수익을 위해 고위험을 감당해야 하므로 가계의 재무안전성 측면에 타격을 입을 수 있다. 또한 이 시기에는 부채상환에 대한 부담이 크기 때문에 신용대출이나 주택담보대출 등도 사용하기 어렵다.

은퇴설계를 빨리 시작하면 할수록 그만큼 우리는 축적할 시간적 여유가 생긴다. 장기적인 시각으로 다양한 투자대안을 이용할 수 있고, 대출을 적절하게 이용하면서 여타의 장기 재무목표를 함께 달성해 나갈 수 있다.

3) 은퇴설계의 필요성

최근 사회적으로나 개인적으로 은퇴설계에 대한 관심이 매우 높다. 그러나 여전히 많은 사람들이 다음과 같은 생각들을 가지고 있다. 안타깝게도 이러한 생각들은 모두 옳지 않다.

"은퇴설계? 천천히 하지 뭐. 은퇴는 내게 아직 먼 이야기인걸."

"지금 돈 쓸 데가 너무 많아서, 도저히 은퇴 후를 생각할 여유가 없어."

"은퇴하면 돈 쓸 데도 별로 없을 텐데 뭐."

"국민연금과 퇴직금이면 살지 않겠어?"
"한 달에 몇 만원 저축한다고 해서 그게 도움이 되겠어?"

(1) 고령화와 경제 환경의 변화

20여 년 전만 해도 안정된 직장에서 30년 정도 근무하고, 퇴직금을 받아서 은행에 넣어 두면 거의 15%에 달하는 이자를 얻을 수 있었고, 자녀들의 보조를 받으면 노후생활에 큰 걱정이 없었다.

그러나 요즘은 얘기가 다르다. 고령화의 급속한 진행으로 평균 수명이 증가하고 있는 반면, 고용시장의 불안으로 취업의 시기가 늦어지고 조기실업의 가능성 또한 높아졌다. 이에 따라 은퇴 후 기간이 길어지고, 은퇴 후 생활에 필요한 자산이 증가하고 있다. 돈을 버는 기간 보다 돈을 쓰는 기간이 점점 길어짐에 따라 은퇴설계의 필요성이 더욱 절실하게 된 것이다.

오늘날의 경제환경은 지속적인 인플레이션으로 실질소득이 감소하고 생활비 부담은 증가하는 동시에, 저금리 기조로 인해 예금이나 적금을 통한 자산축적이 쉽지 않은 현실이다. 게다가 많은 부모들이 과도한 자녀교육비를 감당하느라 은퇴 후 생활에 대해서는 생각할 여유가 없다. 인플레이션과 저금리의 위험에 방어할 수 있는 은퇴설계의 방법을 찾는 것도 매우 중요한 과제이다.

성공적인 은퇴설계를 위해서는 개인의 직업적 특성과 가족 특성, 가계 재무상태 및 사회·경제적 환경 변화를 충분히 고려해야 한다. 또한 많은 사람들이 은퇴를 먼 훗날의 이야기로 생각하곤 하는데, 은퇴준비는 빠르면 빠를수록 그만큼 큰 효과를 낸다는 사실을 기억해야 한다. "Your retirement may seem far off, but it is never too early to start planning." 이라는 말이 있다. 심지어 지금 고등학생이 은퇴설계를 시작한다고 해도 결코 이른 것이 아니다.

(2) 은퇴 후 소득보장의 미비

지금 쓸 돈도 없는데 20년, 30년 후를 위해서 돈을 모은다는 것이 비현실적이고 엄두가 안 나는 일이라고 생각할 수도 있다. 그러나 현재 돈을 벌고 있어도 쓸 돈이 항상 부족한데, 나중에 은퇴를 하고 소득이 없어지면 어떻게 살 것인가?

보험과 은퇴코너 9-2

"한국 가계 은퇴준비기간, 은퇴자금 모두 부족"

• 고령화는 심각한 사회위협 요인

우리나라는 이미 초고령사회로 접어든 일본보다도 빠른 속도로 고령화가 진행되고 있다. 한국의 출산율은 OECD국가 중 최하수준을 기록, 고령화는 저출산과 더불어 심각한 사회위협 요인으로 작용하고 있다. 이에 따라 2060년경에는 생산가능인구 10명이 노인 8명을 부양해야 하는 것으로 전망된다.

평균수명은 연장되고 있으나 고용불안 등으로 정년은 빨리 다가오는 현실에서 한국의 사회안전망 역할을 해야 하는 국민연금의 소득대체율은 평균 40% 수준에 불과하다. 또한 가계자산에서 부동산이 차지하는 비중이 75%를 넘어서 은퇴 후 자산처분 과정에서 유동성 제약 및 자산가격 폭락 리스크에 노출되어 있는 것으로 나타났다.

• 노후준비자금 부족

통계청(2011)에 따르면 60세 이상 가구주의 월평균 생활비는 약 200만 원이다. 국민연금만으로 이 돈을 충당하기는 어렵다. 국민연금이 도입된 1988년부터 20년간 돈을 낸 가입자의 월평균 수령액은 70만 원 안팎에 불과하다. 가입 기간이 늘어나면 수령액도 증가하지만 그래도 한 달에 100만 원 가량의 노후자금은 개인이 따로 마련해야 한다는 이야기이다.

은퇴가 본격화되고 있는 베이비붐 세대(1955~1963년생)의 상당수는 자녀교육비 부담 등으로 거의 저축을 하지 못했다. 메트라이프생명과 서울대가 2010년 베이비붐 세대 4,668명을 대상으로 조사한 결과, 노후대비 저축액은 월 17만원에 불과했다.

• 자녀교육과 뒷바라지로 인해 은퇴준비 취약

하나은행과 한국갤럽이 2007년 만 35~49세 남녀 1,001명을 대상으로 실시한 설문조사에 따르면, 59%가 은퇴준비를 하지 않고 있었는데, 가장 큰 이유는 자녀교육비에 대한 부담 때문이었다. 그러나 은퇴 준비를 위해 자녀교육비를 줄일 의사가 있느냐는 질문에는 73.3%가 그럴 의사가 없다고 응답했다.

자녀의 독립 시기가 늦어지면 부모의 노후대비도 부실해질 수밖에 없다. LG경제연구원(2011)에서는 △부모의 평균 은퇴 연령을 61세 △자녀의 평균 독립 연령(첫 취업시기)을 25세로 산정한 뒤 한국에서 부모가 자녀를 독립시키고 나서 은퇴를 본격적으로 준비할 수 있는 기간을 8.7년으로 추정했다. 자녀의 취업 시기가 늦어지면 준비기간은 짧아진다. 미국 부모의 은퇴 준비 기간은 15년, 일본은 12.4년인 것과 비교하면 한국의 가정은 구조적으로 취약한 상태다.

출처: 경향신문(2007년 7월 3일자), 세계파이낸스(2012년 2월 13일자), 한국경제(2012년 2월 19일자).

지금은 자녀교육비와 주택대출금 때문에 돈이 많이 드는 것이고 은퇴 후에는 돈 쓸 일이 별로 없을 거라고 생각하기 쉽지만, 일반적으로 보건·의료비와 여가활동

관련 비용이 크게 증가한다. 많은 선행연구들은 은퇴 전 생활비의 70% 정도가 필요한 것으로 보고하였고, 최근의 조사결과에서는 많은 사람들이 그 이상의 생활수준을 기대하는 것으로 나타났다. 경제발전과 생활수준의 향상을 경험한 현재의 청·장년층이 기성세대에 비해 더 높은 수준의 노후생활을 기대하기 때문이다.

직장 생활을 오래하면 국민연금, 퇴직금이나 퇴직연금으로 살 수 있지 않을까 생각할 수 있지만, 이에 의존하기에는 여러 가지 위험요소들이 존재한다. 근본적으로 국민연금은 최소한의 생활을 보장하기 위한 수단에 불과할 뿐 아니라, 국민연금 재정 고갈에 대한 우려는 익히 알려져 있는 상황이다. 퇴직금이나 퇴직연금 역시 재직하는 직장과 고용상태의 안정성이 보장될 때만 기대 가능한 대안이다. 2005년 12월에 도입된 퇴직연금제도가 안정적으로 자리를 잡으면 노후보장에 어느 정도 도움이 되겠지만, 아직은 개인과 가계가 스스로 준비해야 하는 부분이 크다.

(3) 화폐의 시간가치

일반적으로 은퇴를 60세에 한다고 가정을 해도 평균 수명이 이미 80세에 도달했기 때문에 적어도 20년 이상의 생활을 유지하기 위한 비용이 필요하다. 그런데 돈이라는 것은 시간과 결합되어 그 가치가 크게 변화할 수 있다. 은퇴설계뿐만 아니라, 적합한 투자방법을 선택할 때에도 시간의 흐름에 따라 화폐의 가치가 변화한다는 사실을 반드시 기억해야 한다. 돈은 그냥 두면 시간이 흐름에 따라 인플레이션에 의해 그 가치가 하락하는 반면, 저축을 하면 복리가 적용되어 그 가치가 상승한다. 그리고 그 상승분은 얼마나 많은 수익을 내는 투자대안을 선택했는지, 얼마나 긴 시간을 투자했는지에 따라 달라진다. 그런데 많은 사람들이 수익률에 큰 관심을 갖는 것에 비해, 투자기간의 중요성에 대해서는 간과하는 경향이 있다.

다음의 예를 생각해 보자. 어떤 직장인이 60세에 은퇴할 때 까지 3억 원의 목돈을 모아야겠다는 계획을 세웠다. 연이자율이 8%인 적립식 상품에 매달 저축을 한다고 가정할 때, 20세부터 시작한다면 매달 8만 6,000원씩 저축하면 되고, 30세부터 시작한다면 매달 20만 1,000원을 저축해야 한다. 또한 40세에 시작한다면 매달 50만 9,000원이 필요하고, 50세에 시작한다면 매달 무려 164만원을 적립해야 한다. 시작 시기가 늦어질수록 매달 저축해야 하는 금액은 점점 더 큰 폭을 상승하게 됨을 알 수 있다.

뿐만 아니라, 20세에 저축을 시작해서 매달 8만 6,000원씩 20년 동안 저축을 하다가 사정이 생겨서 더 이상 적립을 못하더라도, 그 돈을 이후 20년 동안 인출하지 않고 그냥 두면 은퇴 시점에 2억 3,600만 원의 목돈을 모을 수 있게 된다. 이는 다시 한 번 은퇴 준비가 빠르면 빠를수록 좋다는 진리를 확인해준다. 한 달에 몇만 원일지라도 여기에 시간의 가치가 결합되면 그 돈이 노후를 풍요롭게 만들어 준다는 것이다.

4) 노후보장체계의 이해

바람직한 노후보장을 위해서는 1층 국가보장 또는 사회보장, 2층 기업(고용주) 보장, 3층 개인보장의 3층 보장체계(three layers of protection system)가 유기적으로 기능해야 한다. 우리나라는 2005년 12월부터 퇴직연금제도가 도입되면서 비로소 선진국형인 3층 구조를 띠게 되었다.

1층 국가보장(사회보장)은 국민의 기본적인 생활을 보장하기 위한 것으로서, 공적연금이 이러한 기능을 한다. 우리나라의 공적연금제도는 국민연금과 특수직역연금(군인연금·공무원연금·사립학교교직원연금)으로 나누어 운영되고 있다. 국민연금은 국가가 국민의 생활안정과 복지증진을 도모하기 위해 보험의 원리를 도입하여 만든 사회보험이다. 노령, 장해 또는 사망으로 소득능력이 상실되거나 감퇴한 경우, 국가가 본인이나 유족에게 일정액의 급부를 제공해 주는 장기적인 소득보장

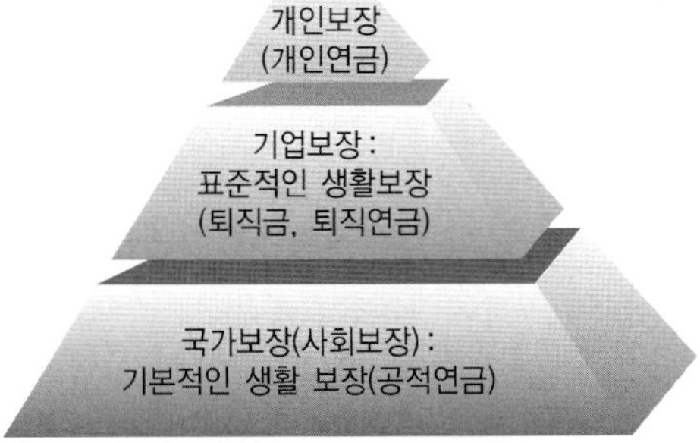

그림 9-3 **노후보장체계: 3층 보장제도**

제도이며, 강제가입제도이다. 가입자, 사용자, 국가로부터 일정액의 보험료를 받고 이를 재원으로 노령연금, 유족연금, 장애연금 등을 지급한다.

2층 기업보장은 고용주가 피고용인의 표준적인 생활을 보장하기 위해 만들어진 제도로서, 퇴직연금 또는 퇴직금이 이에 해당한다. 우리나라는 과거 오랜 기간 동안 우리나라는 퇴직금 제도를 시행해 왔다. 그러나 기업이 도산이나 청산을 할 경우 퇴직금을 받지 못하는 경우가 많을 뿐 아니라, 이직이 잦고 근속년수가 짧아짐에 따라 퇴직금이 노후를 위해 축적되지 못하고, 생활자금이나 자녀교육비로 사용되곤 했다. 이에 1997년 외환위기 이후 국제통화기금(IMF)에서 퇴직연금의 도입을 권고하였고, 2005년 말부터 퇴직연금 제도를 시행하게 되었다. 퇴직연금은 사업장별로 노사가 협의하여 확정급여형(DB)와 확정기여형(DC) 중 한 가지를 선택하도록 되어 있다.

3층 개인보장은 1층 사회보장과 2층 기업보장으로 충분하지 못할 경우, 보다 여유 있는 생활을 보장하기 위한 것으로서 개인연금이 이러한 기능을 한다. 연금저축, 연금신탁, 연금보험 등 노후의 안정적인 현금흐름 창출을 위해 연금형태로 받는 소득을 포괄하는 개념이다. 노후보장 3층 체계에서 1층과 2층이 충분히 그 기반을 마련해 준다면, 개인의 몫이 되는 3층 삼각형의 면적은 줄어들 수 있다. 그러나 아직 우리의 현실은 개인이 짊어져야 하는 3층의 면적이 매우 부담스러운 실정이다.

3층 노후보장체계에 해당하는 공적연금, 퇴직연금, 개인연금에 대한 내용은 본 교재의 제5부 12장, 13장, 14장에서 자세하게 다루도록 하겠다.

구 분	국민연금	퇴직연금	개인연금저축
가입대상	전 국민(특수지역군 제외)	근로자	개 인
가입형태	의무가입(국가결정)	의무가입(기업결정)	임의가입(개인결정)
운영 및 책임 주체	국 가	기 업	개 인
운영수단	공적부조, 공적연금	퇴직연금, 퇴직금	개인연금
연금 지향점	국민의 최저 생계비 보장	근로자에 대한 노후생활 보장	개개인의 풍요로운 노후생활
연금급부 형태	소득 및 가입 연수 비례	소득 및 근로 연수	개인 결정, 월 불입금액

그림 9-4 3층 보장제도의 연금체계

나의 노후준비 점수는?

보험과 은퇴코너 9-3

보건복지부와 국민연금공단은 건강한 생활습관, 소득과 자산, 여가활동, 사회적 관계 등 4개 분야 35개로 구성된 노후 준비 지표를 개발했다.

나의 노후 준비는? 주요자기평가 항목

분야	항목	응답
건강한 생활습관	1. 3개월 이상 앓고 있는 만성질병은 몇 개인가	없다~3개 이상
	2. 일상생활 중에 스트레스는 어느 정도 느끼는가	거의 안 느껴~대단히 많이 느껴
	3. 최근 6개월간 한 술자리에서 소주 7잔 이상 마신 횟수는	전혀 없다~거의 매일
	4. 현재 담배를 피우는가	전혀 안 피운다~매일 피운다
	5. 최근 6개월간 규칙적으로 체조나 운동을 했나	전혀 그렇지 않다~매우 그렇다
소득과 자산	1. 현재 일하는 직장에서 몇 세까지 일할 수 있나	49세 이하~65세 이상
	2. 본인 · 배우자가 제2의 일을 하기 위한 준비를 하고 있나	별 다른 준비 안 해~이미 제2의 일 시작
	3. 은최 이후에 필요할 것으로 예상하는 생활비는 얼마인가	매월 총(　)만 원
	4. 개인연금이나 장기 저축에 얼마나 투자하나	수입 3% 미만~수입 12% 이상
	5. 중시하는 직종의 소득은 안정적인가	매우 불안정~매우 안정
여가 활동	1. 취미 · 여가 생활에 대해 생각해 본 적이 있나	전혀 생각 못해~매우 구체적으로 생각
	2. 노후를 고려해 취미 · 여가생활을 시작해 본 적이 있나	전혀 없다~두 가지 이상 활동
	3. 현재하고 있는 취미 · 여가생활을 노후에도 계속 할 것인가	전혀 아니다~매우 그렇다
	4. 취미 · 여가활동을 어떻게 하고 있나	활동 안해~매주 정기적으로 활동
	5. 꾸준히 하고 있는 활동이 있다면 얼마 동안 했나	활동 안해~5년 이상
사회적 관계	1. 최근 1년 동안 배우자와 몇 번 외출했나	6개월에 1번 미만~격주에 1번 이상
	2. 자녀들솨 대화를 충분히 하고 있나	전혀 그렇지 않다~매우 그렇다
	3. 마음을 털어놓을 수 있는 친구 · 이웃은 몇 명인가	(　)명
	4. 최근 1년 동안 형제자매와 자주 만나거나 통화했나	6개월에 1번 미만~격주에 1번 이상
	5. 최근 1년 간 친구를 얼마나 자주 만났나	6개월에 1번 미만~격주에 1번 이상

복지부가 2011년 연금공단을 방문해 상담받은 1,092명에게 이 지표를 시범 적용해 본 결과 이들의 노후 준비 점수가 평균 63.1점(100점 만점 기준)인 것으로 나타났다. 남성 63.6점, 여성 62.7점으로 남성의 점수가 조금 더 높았고, 연령대별로는 40대(64.8점), 50대(63.4점), 40대 미만(61.9점), 60세 이상(60점)의 순이었다. 또한 전문대졸 이상 65점, 고졸 62.5점, 중졸 59.2점, 초졸 55.2점으로 교육수준이 높을수록 노후준비 점수가 높은 것으로 나타났다. 지역별로는 대도시(63.8점)와 중소도시(63.2점)에 비해 농어촌 거주자(60.4점)의 평균 점수가 낮았다.

평가 영역별로는 '건강한 생활습관' 영역이 72.5점으로 가장 높았다. 은퇴 후 생활비, 예상 연금수령액, 저축규모, 부동산 등을 평가하는 '소득과 자산' 영역은 67.1점이었다. 반면 '여가활동' 영역은 59.2점, '사회적 관계' 영역은 54.1점에 그쳤다.

연금공단은 2012년 3월부터 141개 행복노후설계센터에서 이 지표를 활용해 노후 진단과 상담 서비스를 진행할 예정이다. 9월부터는 최종 지표를 확정해 보건복지부 인터넷 홈페이지(www.mw.go.kr)와 연금공단 '내연금' 사이트(csa.nps.or.kr)를 통해 온라인 자가 진단 프로그램을 제공할 예정이다.

출처: 중앙일보(2012년 2월 22일자).

10장

은퇴설계 프로세스

본 장에서는 은퇴설계프로세스에 대해 단계별로 구체적으로 학습하고자 한다. 은퇴설계의 첫 번째 단계인 가계특성 파악과 재무상태 평가를 시작으로, 둘째, 은퇴 후 생활을 위해 필요로 하는 자금을 계산하는 과정을 이해하며, 셋째, 은퇴자금의 부족분을 계산하고, 부족분 마련을 위해 활용 가능한 투자대안에 대해 다룬다. 마지막으로 성공적인 은퇴설계를 위한 정기적인 평가와 조정방법을 이해한다.

1. 가계특성 및 재무상태 파악

은퇴설계의 첫 번째 단계는 가계의 생애주기 단계, 가족구성 형태, 가계구성원의 직업, 개인적 특성 등을 파악하고 가계의 재무상태를 평가·분석하는 것이다.

1) 가계특성 및 장기 재무목표

은퇴설계를 위해서 수집해야 하는 기본적인 정보는 가구주 및 가족 구성원의 연령, 결혼 여부, 생애주기(life-cycle) 단계, 자녀 수, 직업, 맞벌이 여부 등과 같은 사회·인구학적 특성, 가계의 장기 재무목표, 그리고 각 가계가 가지고 있는 재무성향과 태도 등이다. 이는 현재 가계의 재무상태를 파악하고, 앞으로의 재무행동을 예측하며, 재무목표를 설정하는 데 있어 매우 중요한 요소들이다.

결혼, 자녀 출산, 자녀 양육 및 교육, 주택마련, 자녀 결혼, 은퇴 등은 일반적인 가정에서 경험하는 중요한 사건이다. 이러한 사건들은 생애주기에 따라 순차적으로 발생하며, 모두 커다란 재정적 지출을 동반한다. 그러나 가계소득은 그러한 지출 부담을 걱정 없이 해결해 줄 만큼 항상 충분할 수 없기 때문에 많은 지출이 예상되는 사건에 대해서는 미리 계획을 세워서 유연하게 대처해야 한다.

은퇴설계는 생애주기 전체에서 매우 중요한 장기 재무목표임에도 불구하고, 종종 우선순위에서 밀리는 경향이 있다. 왜냐하면 은퇴라는 사건이 자녀양육 및 교육, 주택마련, 자녀결혼 등 여타의 과업들보다 시기적으로 늦게 출현하기 때문이다. 그러나 은퇴설계는 뒤로 미루어지면 미루어질수록 더욱 힘들어진다. 가장 먼저 시작해서 가장 오랜 기간 동안 지속되어야 하는 장기 재무목표가 바로 은퇴설계이다. 그러므로 현재 각 가계가 우선적으로 생각하고 있는 장기 재무목표를 다시한번 점검하고, 아직 은퇴설계를 하고 있지 않거나 부족하다면 이를 보다 적극적으로 보완해야 한다.

직업의 종류, 맞벌이 여부 등과 같은 직업적 특성은 은퇴설계 방법을 선택하는 데 있어 영향을 미친다. 예를 들어, 1년 평균 소득이 같은 두 가계가 있다고 가정하자. 그런데 한 집은 가구주가 공무원이고 다른 한 집은 음식점을 경영한다면, 연간 소득은 동일하지만 각 가계가 취해야 할 은퇴설계방법은 확연하게 달라진다. 직업적 특성에 따라 고용 안정성과 소득 안정성, 예상 은퇴시기, 퇴직금과 퇴직연금 등의 상황이 달라지기 때문이다. 퇴직연금이 없는 직종에 종사하는 경우, 소득이 불규칙하고 고용이 불안한 경우에는 개인연금 등의 노후준비가 보다 철저하게 이루어져야 한다. 또한 상대적으로 은퇴가 빠른 직종에 종사하는 사람들은 은퇴자금 준비 기간은 짧고 은퇴 후 살아가야 할 기간이 길기 때문에 이에 적합한 은퇴설계 방법을 찾아야 한다.

개인이나 가계가 가지고 있는 재무성향이나 태도 역시 은퇴자금 마련 방법을 선택할 때 영향을 미친다. 즉 투자위험에 대한 감수 정도가 어떠한가에 따라 은퇴자금 마련을 위한 투자방법이 달라지고, 많은 정보력과 분석력을 가진 사람이 보다 효과적인 포트폴리오를 작성할 수 있다.

2) 재무상태 평가

현재 재무상태의 객관적 위치를 알기 위해서는 그것을 보여주고 판단해 줄 지표를 알아야 한다. 재무제표는 개인과 가계의 재무관련 정보를 정리, 요약해 놓은 자료이다. 이 중에서도 가장 기본적이고 유용한 재무제표는 자산상태표와 현금흐름표이다. 또한 재무비율을 적용하여 가계의 재무상태가 바람직한 수준인지를 판단할 수 있다.

(1) 자산상태표

자산상태표(balance sheet, asset-liability statement)는 기업재무에서 사용되는 대차대조표와 같은 개념으로, 말 그대로 가계의 자산상태를 일목요연하게 나타내주는 표이다. 자산상태표를 통해 가계의 재무상태가 얼마나 안정적인지, 어느 한 종류의 자산에 편중되어 있는 것은 아닌지, 부채의 목적은 무엇이며 장·단기 부채의 분배는 어떠한지 등을 파악할 수 있다.

자산상태표는 저량(貯量)의 개념으로, 일정 시점을 기준으로 자산상태를 기록하는데, 매년 혹은 상반기와 하반기로 나누어 정기적으로 작성하여 재무상태의 변화를 파악하는 것이 바람직하다.

자산상태표는 왼쪽에 자산상황을 기록하고, 오른쪽에 부채와 순자산을 기록하여, 왼쪽과 오른쪽을 대조해 볼 수 있게 구성된다. 자산과 부채, 순자산의 개념과 이에 포함되는 세부항목을 살펴보면 다음과 같다.

① 자산(asset)

- 현금성자산: 유동자산(liquid asset)이라고도 하며, 쉽게 현금화할 수 있는 자산을 의미한다. 현재 보유하고 있는 현금, 수표, 언제든지 쉽게 인출할 수 있는 요구불예금이나 보통예금, 저축예금 등이 포함된다.
- 투자자산: 이자나 배당금과 같이 파생되는 재산소득을 기대하거나 자산가치의 상승을 기대하여 보유하는 자산을 말한다. 정기예금, 정기적금, 신탁, 주식, 채권, 저축성 보험, 연금 등 주로 가계에서 장기 재무목표를 달성하기 위해 보유하는 대부분의 자산이 투자자산에 속한다.

표 10-1 자산상태표(2011년 12월 31일 현재)

자 산		부 채	
현금성 자산		**단기부채**	
• 현금이나 수표	______ 만 원	• 신용카드	______ 만 원
• 보통/저축예금	______ 만 원	• 외상 및 할부	______ 만 원
• MMF	______ 만 원	• 마이너스통장	______ 만 원
		• 세금미지급금	______ 만 원
투자자산(현재가치)		• 기 타	______ 만 원
• 주식/채권	______ 만 원		
• 펀 드	______ 만 원		
• 정기적금	______ 만 원	**중장기부채(현재잔액)**	
• 정기예금	______ 만 원	• 금융기관대출	______ 만 원
• 신 탁	______ 만 원	• 직장대출	______ 만 원
• 저축성보험	______ 만 원	• 주택자금대출	______ 만 원
• 변액보험	______ 만 원	• 기 타	______ 만 원
• 개인연금	______ 만 원		
• 기 타	______ 만 원		
		총 부채	______ 만 원
부동산(현시가)			
• 주 택	______ 만 원		
• 주택외 부동산	______ 만 원		
기타자산			
• 자동차	______ 만 원		
• 미술소장품	______ 만 원		
• 전세보증금	______ 만 원		
• 빌려준 돈	______ 만 원	순자산	______ 만 원
총 자산	______ 만 원	총 부채+순자산	______ 만 원

- 부동산: 주택, 토지, 상업용 부동산, 별장 등과 같은 실물자산을 의미하며, 부동산의 가치는 현재의 시가로 계산해야 한다.
- 기타 자산: 자동차, 가구집기, 보석, 골동품, 미술소장품 등과 같은 개인소유물은 비교적 수명이 길고, 평소의 생활양식을 유지하는데 사용하는 물리적 형태의 자산이다. 또한 빌려준 돈, 전세보증금, 콘도회원권, 골프회원권 등도 기타 자산에 포함될 수 있다.

② 부채(liability)

- **단기부채:** 일반적으로 1년 이내에 갚아야 하는 부채를 말하며, 유동부채라고도 한다. 신용카드 대금, 외상, 세금 미지급금, 현금서비스, 기타 개인 채무 등이 포함된다.
- **중·장기부채:** 상환기일이 1년 이상 남은 부채로서 고정부채라고도 한다. 상환기일이 1~5년 사이인 경우 중기부채로, 5년 이상 남은 경우 장기부채로 구분하기도 한다. 자동차, 주택 관련 부채, 학자금대출 상환금 등 장기재무목표를 달성하기 위해 대출받은 경우가 포함되며, 자산상태표에는 현재 잔액을 계산해서 기입하고, 미래에 지불할 이자는 제외한다.

③ 순자산(net worth)

순자산은 총 자산과 총 부채의 차액을 의미한다. 즉, 자산상태표에 열거한 모든 자산을 처분해서 모든 부채를 갚은 후에 남는 잔액이다. 자산의 개념에는 근본적으로 부채가 포함되어 있다. 예를 들어, 할부로 자동차를 구입한 경우 아직 갚아야 할 돈은 많이 남아있지만 자동차는 자산에 포함되며, 돈을 빌려서 내구재를 산 경우도 마찬가지이다. 이처럼 갚아야 할 부채가 포함되어 있는 자동차나 내구재는 엄격히 말하면 진정한 의미의 본인 소유라고 할 수 없고, 총 자산에서 총 부채를 뺀 나머지가 진정한 의미의 소유자산이다. 이를 순자산이라고 부른다.

순자산은 총 자산과 총 부채의 크기에 따라 양의 값이 될 수도 있고 음의 값이 될 수도 있다. 만약 지속적으로 순자산이 음의 값을 갖는다면 그 가계는 부채에 의존해서 산다는 의미이고, 가계파산의 위험이 있는 것이다. 또한 순자산의 규모는 생애주기에 따라 달라지게 마련인데, 젊은 시절에는 순자산이 적다가 소득이 증가하고 재정적으로 안정기에 접어드는 중년기에는 순자산이 증가하며, 은퇴 후에는 순자산을 처분하여 생활비로 사용하기 때문에 다시 감소하게 된다.

결국 순자산과 총 부채의 합은 총 자산이 되므로, 자산상태표의 왼쪽에 기입한 총 자산 금액과 오른쪽에 기입한 총 부채와 순자산의 합계 금액은 항상 균형을 이룬다. 그래서 자산상태표를 'balance sheet'이라고 부른다.

(2) 현금흐름표

현금흐름표(cash flow statement)는 가계의 수입과 지출을 정리한 가계부로서, 가계수지흐름표(income-expense statement)라고도 한다. 기업이 수익과 비용을 파악하기 위해 작성하는 손익계산서와 유사한 개념으로, 일정 기간 동안 가계로 유입된 자금과 가계로부터 유출된 자금의 흐름을 보여준다. 이를 통해 가계 재무상태의 변화과정을 파악하고, 저축과 투자여력을 분석할 수 있다.

앞서 살펴 본 자산상태표가 일정 시점을 기준으로 작성했던 것과는 달리, 가계수지흐름표는 유량(流量)의 개념을 다루기 때문에 일정기간(주로 1개월) 또는 1년 동안을 기준으로 작성한다. 현금흐름표는 왼쪽에 수입을, 오른쪽에 지출을 기록하며, 총수입과 총지출이 일치해야 한다. 수입과 지출의 세부항목을 살펴보면 다음과 같다.

① 수입(cash Inflow, 유입)

- 근로소득: 가계구성원이 시장에서 정신적·육체적 노동력을 제공한 대가로 얻는 소득으로서, 정기적으로 받는 일반 월급, 노동자의 임금, 자유 직업인의 비정기적인 급여, 아르바이트로 받는 시급, 일당 등이 포함된다.
- 재산소득: 가계가 소유한 화폐, 토지 등을 생산 자본으로 제공하고 얻는 대가이다. 금융기관에 저축해서 받는 이자, 토지나 집을 빌려주고 받는 지대나 집세, 주식을 보유함으로써 받는 배당금, 그리고 보유한 주식이나 부동산 등의 자산가치가 상승하여 얻게 되는 자본이득 등이 포함된다.
- 사업소득·부업소득: 가계가 자기자본과 노동력을 결합하여 생산활동을 하고 얻는 소득을 말한다.
- 이전소득: 대가 없이 일방적으로 주어지는 소득이다. 빈곤층에 대한 정부보조와 같은 공적 이전소득, 그리고 상속이나 증여, 선물 등으로 생기는 사적 이전소득이 포함된다.
- 기타 현금의 유입: 소득 외에 가계로 유입된 자금을 말한다. 이는 일정기간 동안 가계로 유입된 현금이지만, 소득과는 달리 실질적인 자산(순자산)의 증가를 가져오지 않은 화폐가치이다. 부동산이나 예금, 주식 등을 처분하여 현금화한 경우, 대출받은 자금 등이 포함된다.

표 10-2 **현금흐름표(2011년 12월 1일~12월 31일)**

수 입		지 출	
소득(세후)		**고정지출**	
• 남편 근로소득	______ 만 원	• 세 금	______ 만 원
• 아내 근로소득	______ 만 원	• 대출상환금	______ 만 원
• 기타 가구원 근로소득	______ 만 원	• 국민연금, 건강보험	______ 만 원
• 재산소득	______ 만 원	• 자동차보험	______ 만 원
(이자, 배당금 등)		• 기 타	______ 만 원
• 사업 및 부업소득	______ 만 원		
• 이전소득	______ 만 원	**저축과 투자**	
		• 적금/저축	______ 만 원
기타 현금의 유입		• 펀 드	______ 만 원
• 대출금	______ 만 원	• 변액보험	______ 만 원
		• 개인연금	______ 만 원
		변동지출	
		• 식료품비	______ 만 원
		• 외식비	______ 만 원
		• 피복·신발비	______ 만 원
		• 주거·광열·수도비	______ 만 원
		• 보건·의료비	______ 만 원
		• 교육비	______ 만 원
		• 교통비	______ 만 원
		• 통신비	______ 만 원
		• 기 타	______ 만 원
		기타 미확인지출	______ 만 원
총 수입	______ 만 원	총 지출	______ 만 원

② 지출(cash outflow, 유출)

- 고정지출: 일정 금액을 정기적으로 지출해야 하는 비목을 의미한다. 세금, 대출금 상환, 이자비용, 자동차 할부금, 보험료, 국민연금, 월세, 임대료 등이 포함된다.
- 저축과 투자: 이는 일정 금액을 정기적으로 지출한다는 점에서 고정지출에 포함될 수 있지만, 저축과 투자라는 목적을 위해 자발적으로 지출하는 것이므로 따로 분류하여 관리하는 것이 바람직하다.

- **변동지출:** 개인이나 가계가 지출규모와 시기를 융통성 있게 조절할 수 있는 지출 비목을 말한다. 식료품비, 외식비, 피복비, 가구집기비, 교육비, 교양오락비, 교통비, 통신비 등 재무설계 과정에서 통제가 가능한 비목들이다.
- **기타 미확인 지출:** 위의 지출비목에 포함되지 않은 미확인 유출액을 기록한다. 확인이 안 되는 지출액으로 인해 총 수입과 총 지출 간에 차액이 발생할 수 있는데, 이를 기록하고 향후 이러한 차액이 발생하지 않도록 주의한다.

③ 총 수입과 총 지출

기업의 손익계산서에서 총 수입과 총 지출의 차액을 구하여 손익결산을 하는 것과 달리, 가계의 현금흐름표에서는 총 수입과 총 지출이 일치해야 한다. 저축과 투자의 비목을 따로 구분하여 지출액을 기록하였고, 기타 미확인 지출액까지 기록하였기 때문이다. 경제학적으로 저축의 개념은 소득에서 지출을 차감한 금액이지만, 재무설계 영역에서는 저축을 행동적 측면에 초점을 두고 고정지출로 먼저 배정한다.

(3) 재무상태 평가

① 자산과 부채 분석

우선 자산상태표를 통해 금융자산과 부동산의 구성비가 적절한지, 순자산이 매년 증가하고 있는지, 투자자산의 비중이 적절한지 등 자산구성의 적절성을 평가한다. 특히 투자자산과 관련해서는 수익성과 위험자산의 비중이 적당한지를 평가하되, 가계구성원의 위험수용성향을 함께 고려해야 한다. 일반적으로 순자산 대비 투자자산의 비중은 30~40% 정도가 적절한 것으로 보고 있다.

부채와 관련해서는 총 자산과 총 부채의 규모를 비교하여 부채 규모가 적절한 수준인지 파악하고, 단기부채와 유동성 자산의 규모를 비교하여, 1년 내에 상환해야 하는 단기부채를 상환할 여력이 충분한지 파악해야 한다. 또한 부채의 용도가 적절한지, 용도별 부채액이 적당한 수준인지 생각해 보고, 한 달 소득에서 부채상환을 위해 지출하는 금액이 부담스럽지 않은지 평가해 본다.

부채의 적정수준은 소득규모, 직업안정성, 장단기 부채상환능력 등을 파악하여 진단해야 한다. 일반적으로 총 자산대비 총부채 규모는 40% 이내, 총 부채상환액은 총 소득의 35% 이내이어야 바람직하다고 알려져 있다.

② 소득과 지출 분석

가계의 소득규모보다 더 중요한 것은 근로소득 외에 다양한 소득의 종류가 있는지, 가구주 외에 다른 가계구성원이 소득원을 가지고 있는지 등 가계소득의 성격일 것이다. 우리나라 가계의 상당수가 가구주의 근로소득에만 의존하는 경향이 있는데, 이러한 가계는 가구주의 사망이나 질병, 해고 등으로 인한 소득원의 상실에 대비하는 구체적인 방안을 가지고 있어야 한다. 일반적으로 소득이 중단되는 긴급상황에 대처하기 위해 월평균소비지출의 2~6배에 해당하는 현금성자산을 비상예비자금으로 보유하고 있는 것이 바람직하다고 본다.

가계의 지출과 관련해서는 고정지출과 변동지출의 적절성, 예산수립의 적절성, 평균소비성향 및 소비습관 등을 파악해야 한다. 또한 정기적으로 적당한 규모의 저축이 잘 이루어지고 있는지를 평가한다. 일반적으로 총 소득 대비 총 저축액은 20% 이상을 바람직한 것으로 본다.

(4) 재무비율 분석

재무비율(financial ratio)은 두 가지 이상의 재무변수를 조합하여 가계 재무상태를 진단하는 지표이다. 표 10-3은 대표적인 재무비율과 여러 선행연구에서 제시한 가이드라인을 정리한 것이다.

표 10-3 대표적인 재무비율

평가지표		개 념	재무비율	가이드라인
안정성 지표	가계수지 지표	가계의 소비생활수준과 흑자, 적자 여부 파악. 평균소비성향	월평균소비지출/월평균가처분소득	0.9 미만
	비상자금 지표	실업 등 사건으로 소득이 중단될 경우 유동성자산으로 현재 생활수준을 몇 개월 정도 유지 가능한지 평가	유동자산/월평균생활비	2~6
			총 자산/월평균생활비	6~12
	위험대비 지표	장기적 위험에 대한 대비 정도 파악. 가계소득 대비 보험료를 어느 정도 지출하는가를 측정	월평균보험료/월평균가계소득	0.1~0.2
	부채부담 지표	매월 지출하는 부채상환액(주택 관련 부채 포함)이 가계소득에서 차지하는 비중 측정. 유량적 측면에서 부채부담 평가	월평균부채상환액/월평균가계소득	0.35 미만
		주택관련 부채를 제외한 소비자부채상환액이 가계소득에서 차지하는 비중 측정. 유량적 측면에서 부채부담 평가	월평균소비자부채상환액/월평균가계소득	0.2 미만
		유동성(금융)자산으로 부채상환능력 평가. 추가대출 여부 판단에 이용	총 부채/유동자산	10 미만
		가계의 총자산으로 부채를 청산할 수 있는지 부채청산능력 평가	총 부채/총 자산	0.4 미만
성장성 지표	저축성향 지표	가계소득에서 어느 정도를 저축하는지 파악. 평균저축성향	연간총저축액/연간가처분소득	0.2 이상
	투자성향 지표	위험부담은 있지만 상대적으로 수익성이 높은 투자자산으로 포트폴리오를 구성하는 정도 측정. 성장성 평가	투자자산/총 자산	0.1 이상
			투자자산/순자산	0.3~0.4
	유동성 지표	총자산에서 유동자산이 차지하는 비중을 측정하여 가계의 유동성 평가	유동자산/총 자산	0.1 이상
			유동자산/순자산	0.2 이상

출처: Griffith(1985), 양정선(1997), 최현자 · 이희숙 · 성영애 · 양세정(2003)

자녀교육, 부동산에 올인 … 한국 은퇴준비 낙제점

보험과 은퇴코너 10-1

경제협력개발기구(OECD)가 충격적인 보고서를 내놓았다. 2010년 기준 한국의 노인빈곤율이 45.1%라는 내용이다. OECD 평균의 세 배 이상이다. 노인빈곤율은 노인인구 중 소득이 전체 가구 가처분 소득 평균의 절반 미만인 비율이다. 2010년 가처분 중위소득은 약 157만원. 월 78만 원으로 생활하는 노인이 100명 중 4.5명이라는 뜻이다.

피델리티자산운용이 2008년 내놓은 은퇴백서에 따르면, 한국인의 은퇴 준비에 대한 우려는 75%로 스웨덴, 네덜란드, 독일, 스위스, 프랑스 이탈리아 등 9개국 가운데 3위이다. 전문가들은 높은 교육비와 부동산에서 그 원인을 찾고 있다.

은퇴자금 준비상황 국가간 비교
(단위: %)

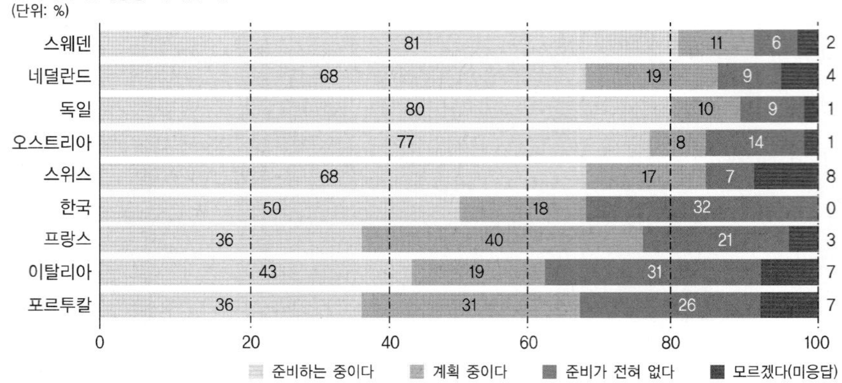

자료: 피델리티자산운용, 2008 국가별 은퇴준비 인식 조사

2011년 통계청 자료에 따르면, 각 가구별 월 소득은 30대가 399만 원, 40대가 434만 원, 50대가 413만 원이다. 가계소득과 지출의 차액(가계수지)은 오히려 월 소득이 가장 적은 30대가 82만 원으로 가장 높고, 50대(74만 원), 40대(56만 원)가 뒤를 이었다.

미래에셋퇴직연금연구소의 조사에 따르면, 40대, 50대는 자녀교육비 부담으로 노후자금 마련이 어렵다는 응답비율이 높다. 대학 진학 후에도 각종 어학연수, 인턴 등 취업 관련 비용이 들어간다. 졸업 시기가 늦춰지는 것도 이 시기 가계수지를 악화시키는 요인으로 분석되었다.

주택에 대한 강한 애착도 문제이다. 큰 집을 보유하고 있을수록 비용부담도 커진다. 집값이 1억 원이라면 4% 금리를 적용해도 연간 400만 원이고, 재산세와 관리비를 더하면 기회비용은 더욱 커진다. 주택의 규모를 적당히 줄여 목돈을 마련하고, 생활비를 줄이고, 가사노동을 줄이는 세 가지 이점을 취하는 것이 현명한 선택일 것이다.

출처: 헤럴드경제(2012년 2월 7일자).

2. 은퇴 후 필요자금 산정

은퇴설계의 두 번째 단계는 은퇴 후 생활을 위해 필요한 자금이 얼마인지 계산해 보는 것이다. 간단하게 말하면, 은퇴 후 예상생활비에서 은퇴 후 예상소득액을 차감하여 연간 필요자금을 구한 후, 은퇴 후 기간(년)을 곱하면 된다.

은퇴 후 필요자금 총액
=[은퇴 후 예상생활비-은퇴 후 예상소득]×은퇴 후 기간

그러나 은퇴 후 살아가야 할 기간이 얼마나 될 것인지, 은퇴 후에는 매달 얼마의 생활비가 필요하며, 어떤 소득원을 통해 얼마의 소득을 벌 수 있을지 등을 계산해 내는 것은 그리 간단하지가 않다. 미래를 예측하고 추정하는 과정이기 때문에 다양한 요인을 체계적으로 고려해야 한다.

1) 은퇴시점과 은퇴 후 기간 추정

은퇴시점은 직업의 성격에 따라 차이가 있겠지만 대게 55세에서 65세 사이 이다. 통계청의 2010년 가계금융조사 자료에 의하면, 은퇴자의 평균 은퇴연령은 60.7세였다. 그러나 미은퇴자를 대상으로 조사한 예상 은퇴연령은 65.5세로 나타났다. 예상 은퇴연령은 연령대별로 차이가 있었는데, 20대는 61.4세, 30대는 62.5세, 40대는 63.6세세, 50대는 65.4세, 60대는 71.6세로 연령대가 높아질수록 예상 은퇴연령도 증가하는 것으로 조사되었다.

2011년 엠브레인 트렌드모니터가 월평균 350만 원 이상의 근로소득이 있는 만 45~53세 성인남녀 1,000명을 대상으로 은퇴 및 노년 관련 인식에 대해 조사한 결과에서는 예상 은퇴연령이 평균 60세로 나타났다. 60~65세를 예상 은퇴연령으로 답한 응답자가 33.6%로 가장 많았으며 65~70세, 55~60세 순이었다. 반면, 조사대상자의 희망 은퇴연령은 평균 62.6세로 예상 은퇴연령보다 다소 높게 나타났다. 또한 20~30대 남녀 근로자를 대상으로 조사한 차경욱 등(2007)의 연구에서는 예상 은퇴연령이 56세 정도로 나타났는데, 그들이 바람직하다고 생각하는 정년은 59.6세로서 4세 정도의 편차가 있었다.

표 10-4 우리나라 인구의 기대수명 추이* (단위: 세)

연 도	전 체	남 성	여 성
1970	61.9	58.7	65.6
1980	65.7	61.8	70.0
1990	71.3	67.3	75.5
2000	76.0	72.3	79.6
2010	80.8	77.2	84.1
2020	82.6	79.3	85.7
2030	84.3	81.4	87.0
2040	86.0	83.4	88.2
2050	87.4	85.1	89.3
2060	88.6	86.6	90.3

* 기대수명 : 0세 출생자가 향후 생존할 것으로 기대되는 평균 생존 년수. '0세의 기대여명'을 말함
출처: 통계청. 생명표(각 년도); 장래인구추계(2011).

은퇴 후 기간은 개인의 건강 상태에 따라 달라지겠지만, 일반적으로 20~30년 정도가 될 것이다. 은퇴 후 기간을 추정할 때에는 은퇴 후 부부가 공동으로 생존하는 기간과 배우자 일방(주로 남편)이 먼저 사망한 후 다른 일방(주로 아내)이 혼자 생존하는 기간을 고려해야 한다.

우리나라 인구의 기대수명은 지속적으로 증가하고 있다. 표 10-4에서 보는 것처럼 2010년 현재 전체 인구의 평균 기대수명은 80.8세이고, 남성의 기대수명은 77.2세, 여성의 기대수명은 84.1세이다. 또한 표 10-5에 제시된 기대여명 자료에 따르면, 2010년 현재 30세인 남성과 여성의 평균 예상수명은 각각 78.1세, 84.7세이고, 현재 50세인 남성과 여성의 예상수명은 각각 79.5세, 85.5세이다.

그러나 연령의 증가폭보다 기대여명의 감소폭이 작을 뿐 아니라, 의료와 과학기술의 발달로 평균 기대수명이 빠르게 증가하고 있기 때문에, 은퇴 후 기간을 추정할 때는 표 10-5에 제시된 예상수명에 짧게는 5년에서 길게는 15년 정도의 기간을 더하는 것이 바람직하다. 특히 다른 소득원이 없는 남성 가구주의 경우는 10~15년을 더하는 것이 바람직한데, 이 중 약 5년은 평균 수명의 증가를 고려하여 더한 것이고, 나머지 5~10년은 남편 사망 후 아내 혼자 살아가야 하는 6년 이상 기

표 10-5 2010년 연령대별 기대여명*

(단위: 년)

연 령	전 체	남 성	여 성
0	80.79	77.20	84.07
10	71.16	67.60	74.39
15	66.20	62.64	69.43
20	61.30	57.76	64.49
25	56.43	52.92	59.60
30	51.60	48.11	54.74
35	46.78	43.31	49.88
40	42.00	38.58	45.05
45	37.31	33.97	40.24
50	32.73	29.51	35.49
55	28.27	25.23	30.80
60	23.92	21.10	26.16
65	19.74	17.16	21.63
70	15.78	13.49	17.31
95	3.49	3.00	3.57
100 이상	2.60	2.34	2.66

* 기대여명: 특정연령 x세의 생존자가 앞으로 생존할 것으로 기대되는 평균 생존년 수
출처: 통계청. 2010년 생명표.

간 동안의 노후생활을 위해 더한 것이다. 또한 남편 또는 아내가 장수하는 가족력을 가졌다면, 은퇴 후 기간을 좀 더 길게 잡아야 할 것이다.

OECD 국가들의 평균을 볼 때, 일반적으로 평균수명이 1년 마다 약 3개월씩 증가한다고 한다. 앞으로 의학기술이 더욱 발전하고, 삶의 질이 점점 더 높아짐에 따라 평균수명의 연장은 우리가 생각하는 것 이상이 될 것이다. 그러므로 보다 안전하게 은퇴설계를 하고 싶으면 은퇴 후 기간을 가능한 길게 잡는 것이 바람직하다.

나의 기대여명 계산하기

보험과 은퇴코너 10-2

START: 숫자 81에서 시작합니다.

• 개인 사항
- 남성이면 3을 빼세요.
- 여성이면 4를 더하세요.
- 200만 명 이상의 인구를 가진 도시 지역에 살면 2를 빼세요.
- 1만 명 이하의 읍이나 농지에서 살면 2를 더하세요.
- 조부모 중 한 명이라도 85세 이상까지 살았으면 6을 더하세요.
- 부모가 50세 이전에 뇌졸중이나 심장마비로 사망했으면 4를 빼세요.
- 부모나 형제, 자매가 50세 이전에 암이나 심장병에 걸렸거나, 아동기 이후 당뇨병이 있으면 3을 빼세요.
- 1년 총 수입이 6,00만 원 이상이면 2를 빼세요.
- 대학을 졸업했으면 1을 더하세요. 석사학위나 전문직 자격증이 있으면 2를 더하세요.
- 65세 이상이고, 아직 일을 하고 있으면 3을 더하세요.
- 배우자나 가족, 친구와 함께 살면 5를 더하고, 그렇지 않으면 25세 이후로 홀로 있었던 매 10년 마다 1을 빼세요.

• 라이프스타일, 건강관련
- 책상에서 일하면 3을 빼세요.
- 정기적으로 다소 심한 육체노동이 필요한 일을 하면 3을 더하세요.
- 30분간 지속적으로 하는 운동(테니스, 달리기, 수영 등)을 일주일에 5번 이상 하면 4를 더하세요.
- 일주일에 2~3번 운동을 하면 2를 더하세요.
- 매일 10시간 이상 수면을 취하면 4를 빼세요.
- 성격이 감정적이고 공격적이며 쉽게 화를 냅니까? 그렇다면 3을 빼세요.
- 편안히 생각하고 쉬는 편이면 3을 더하세요.
- 행복합니까? 행복하다고 생각하면 1을 더하고, 불행하다고 생각하면 2를 빼세요.
- 최근 1년 내에 자동차 속도위반 딱지를 뗀 적이 있으면 1을 빼세요.
- 여성이고 1년에 1번 산부인과 의사를 찾으면 2를 더하세요.
- 하루에 담배를 1갑 피우면 6을 빼세요. 2갑 피우면 8을 빼세요.
- 정상체중 범위=(키-100)×0.9±10입니다. 초과 체중이 23kg이 넘으면 8을 빼고,13~23kg이면 4를 빼세요. 초과체중이 5~12kg이면 2를 빼세요.
- 연령이 40세 이상인 경우 매년 건강검진을 받으면 2를 더하세요.

• 연 령
- 20대이면 1을 더하고, 30대면 2를 더하세요. 40대이면 3을 더하고, 50~60대이면 4를 더하세요. 70대 이상이면 5를 더하세요.

출처: Harris(1998)에서 2010년 한국인 평균 기대수명 81세 기준으로 수정

2) 은퇴 후 예상생활비 산정

(1) 은퇴 후 월평균 생활비 예측

개인의 가치관과 생활양식에 따라, 가계가 처한 사회·경제적 상황에 따라 은퇴 후 생활에 대한 기대수준이 다르므로, 은퇴 후 필요한 생활비 역시 다를 것이다. 그러므로 은퇴 후 예상생활비를 구하기 위해 가장 먼저 해야 할 일은 앞서 작성한 현금흐름표를 꼼꼼히 분석하여, 가계의 지출패턴을 파악하고 은퇴 후 생활비에 어떠한 변화가 있을지 예측해 보는 것이다.

우재룡·민주영(2012)은 은퇴 후 가계의 지출구조가 은퇴 전과는 다른 특성을 갖게 됨을 강조하면서, 생활비의 쓰임을 크게 기본적 생활비, 의료비, 장기요양비, 취미생활비 등으로 구분하였다. 의료비를 만성질환이나 질병 등으로 통원치료를 받는데 쓰는 일상적인 병원비와 암, 뇌혈관질환, 심장질환 등을 위한 거액의 병원비로 구분하였고 치매, 뇌졸중, 당뇨와 같은 노인성 질환의 장기치료를 위해 소요되는 장기요양비에 대해 설명하였다.

통계청의 2010년 가계금융조사 결과(표 10-6)에 따르면, 노후생활을 위해 필요한 최소한의 월평균 생활비는 약 140만 원, 적정 생활비는 약 216만 원으로 조사되어 약 76만 원의 차이를 보여주었다. 적정 생활비는 30대가 242만 원, 40대가 243만 원으로 다른 연령대보다 높게 추정하였고, 최소 생활비와 적정 생활비의 차이는 20대와 30대에서 크게 나타났다(통계청, 2011).

하나은행과 한국갤럽이 만 35~49세 남녀 직장인 1,001명을 대상으로 조사한 결과에 따르면, 응답자의 70%가 은퇴 후 평균 생활비로 월 100만~200만 원을 예

표 10-6 예상생활비 및 노후대비 저축액 (단위: 만 원)

구 분	전 체	20대	30대	40대	50대	60대
월평균 최소 노후생활비	140	138	156	160	148	121
월평균 적정 노후생활비	216	224	242	243	226	188
노후대비 월평균 저축액	27	20	34	37	34	16

* 생활비는 현재가치를 기준으로 답함
** 저축액은 저축, 보험, 공적, 사적 연금 등을 모두 포함한 금액임
출처: 통계청(2011). 2010년 가계금융조사.

상하고 있었다. 또한 은퇴 후 월 1회 이상 외식, 6개월에 한 번 국내여행, 연 1회 해외여행을 기대하고 있는 것으로 조사되었는데, 그들이 예상하는 생활비로는 이러한 기대를 충족시키기 어려울 것으로 보인다(연합뉴스, 2007년 7월 3일자).

미래에셋 퇴직연금연구소(2012)가 서울·인천·경기 지역 직장인 700명(퇴직연금 가입자 350명·미가입자 350명)을 대상으로 2011년 근로자의 퇴직연금에 대한 인식조사를 실시한 결과, 근로자의 74.3%가 노후생활에 대해 걱정하고 있었으며, 예상하는 은퇴 후 기초생활자금은 한 달 평균 151~200만 원이 30.8%로 가장 높았다. 그 다음으로 201만~250만 원(29%), 101만~150만 원(23.9%), 251만~300만 원(10.7%) 순이었다.

보험과 은퇴코너 10-3

가장 은퇴 시 가계소비지출 15% 감소

가장의 직장 은퇴 시 가계소비지출이 14.9% 감소한다는 국민연금연구원의 연구결과가 나왔다. 전국 5,000여 가구를 대상으로 조사한 한국조세연구원의 재정패널 데이터베이스를 활용해 분석한 결과 이같이 나타났다.

소비지출항목을 구체적으로 보면, 교육비(65.9%) 주류·담배 구입비(36.2%) 등 소비 전반 지출액이 은퇴 이전에 비해 감소하는 것으로 조사됐다. 그러나 의료비(61.9%) 지출은 크게 늘었다. 은퇴자 가구의 자녀는 대개 교육과정을 마치고 사회에 진출할 연령이기 때문에 교육관련 지출이 감소하는 반면, 고령자일수록 질병 등 건강상의 문제가 발생할 확률이 높아져 의료비 부담이 커지는 것이다. 직장생활과 직접 관련 있는 교통비(35%) 의류·신발(31.9%) 통신비(30.5%) 외식비(26.2%) 등의 항목은 은퇴 이후 크게 감소하는 것으로 나타났다.

부유한 가구주의 은퇴는 전체 소비지출을 8.3% 감소시키는 것으로 분석됐다. 주로 기타 상품·서비스구입(47.8%) 주류·담배(34%) 교통비(30%) 등이 크게 줄었다. 빈곤한 가구는 통신비를 제외한 지출항목에서 변동이 거의 없었다.

국민연금연구원 연구자는 "은퇴 전 생활수준을 유지하기 위해서는 은퇴 전후의 소득과 소비지출 변화폭을 완화해야 한다."며 "사회안전망 확대, 임금피크제 도입, 중·고령층 일자리 창출 등 다각적인 대책이 필요하다."고 지적했다.

출처: 매일경제(2011년 11월 23일자).

(2) 소득대체율의 적용

은퇴 후 예상생활비는 은퇴 전 소득 대비 은퇴 후 필요 생활비를 나타내는 소득대체율(income replacement ratio)을 이용하여 구한다. 그런데 은퇴 전 소득의 기준을 어느 시점의 어떤 소득으로 정하는가에 따라 예상생활비가 달라질 수 있다. 시점은 은퇴 직전을 기준으로 하면 된다. 가족의 형태나 생활패턴 등을 볼 때, 은퇴 후와 가장 유사한 상태이기 때문이다.

어떤 소득을 기준으로 할 것인가는 항상소득(permanent income)의 개념을 적용하여, 가계의 총 소비지출액을 사용하는 것이 현실적일 것으로 보인다. 은퇴 직전 시점의 가계 총소득을 기준으로 할 경우 은퇴 후 생활비가 과대 추정될 수 있다. 모든 가계가 현재소득을 모두 지출하는 것이 아니고, 소득의 일부는 저축과 투자를 통해 자산으로 축적되기 때문이다. 또한 총 소비지출뿐 아니라 비소비지출을 포함하여 총 가계지출을 기준으로 삼을 수도 있는데, 이 때 비소비지출 중 대출상환금이나 국민연금, 보험료 등 은퇴 후에는 주로 없어지게 될 지출항목은 제외하는 것이 보다 정확할 것이다.

은퇴 후 가계의 월평균 총 소비지출액은 은퇴 전의 70% 정도로 가정하는 것이 일반적이다. 물론 개인과 가계의 재무적·비재무적 특성에 따라 달라지겠지만, 적어도 은퇴 전 지출규모의 60%는 되어야 최소한의 생활을 유지할 수 있고, 70% 정도면 은퇴 전과 비슷한 생활을 유지할 수 있으며, 80% 정도가 되면 여유로운 생활을 영위할 수 있다고 보는 것이 일반화된 기준이다.

삼성생명 은퇴연구소에서 발간한 은퇴총서에서도 은퇴 이후의 생활을 위해 은퇴 전 생활비의 70% 정도가 확보되어야 한다고 설명하였다(우재룡, 민주영, 2012). 하나은행과 한국갤럽이 만 35~49세 남녀 은퇴잠재자 1,001명과 퇴직자 200명을 대상으로 조사한 결과에 따르면, 은퇴잠재자들은 현재 가계소득의 약 57%를 은퇴 후 적정 생활비로 예상한 반면, 퇴직자들은 은퇴 전 가계소득의 65%는 되어야 한다고 응답함으로써 은퇴 전·후 집단 간 차이를 보여주었다(연합뉴스, 2007년 7월 3일자).

한편 20~30대 근로소득자 227명을 대상으로 조사한 차경욱 등(2007)의 연구에서는 은퇴 후 예상생활비로 현 생활비의 89% 정도가 필요할 것이라는 응답이 나왔다. 조사대상자의 17%는 현재 생활비보다 더 많은 금액이 필요할 것이라고 답하기도 했다. 물론 20~30대의 생활비를 기준으로 답한 것이기 때문에 향후 중년기 이후의 생활비를 적용하면 그 비율이 줄어들겠지만, 젊은 층일수록 은퇴 후 풍요로운 생활에 대한 기대수준이 점점 더 높아질 것이라는 점은 기억해야 한다.

은퇴를 했다고 해서 갑자기 낮은 생활수준을 감내하는 것이 쉽지 않을 뿐더러, 노후에는 여유시간이 증가하기 때문에 그만큼 돈을 쓸 곳도 많아질 수 있다. 실제로 상당수의 은퇴자들은 은퇴 전·후의 생활비에 큰 차이가 없다고 말한다. 특히 중산층보다는 저소득층과 고소득층에서 그러한 경향이 더 많이 나타나는데, 저소득층의 경우 노화와 더불어 보건·의료비 부담이 커지고, 고소득층의 경우는 보건·의료비 뿐 아니라 여가활동과 관련된 지출이 증가하기 때문이다.

소득대체율을 70%로 적용할 것인지, 80%로 할 것인지 혹은 그 이상이나 이하로 할 것인지는 개인과 가계가 처한 사회·경제적 상황, 개인과 가계의 재무적·비재무적 특성, 그리고 노후 삶에 대한 기대수준 등을 고려하여 결정해야 한다.

(3) 세금 지출분 예측

은퇴 후 생활비를 예측할 때 반드시 챙겨야 하는 부분이 바로 세금이다. 은퇴 후에는 소득이 상실되거나 급감하므로 소득세는 줄어들지만, 주택 또는 그 외의 부동산에 대한 보유세 부담이 풍요로운 노후생활에 걸림돌이 될 수 있다. 우리나라 대부분의 가계가 신혼 초기부터 중년기까지 일차적인 장기재무목표를 주택마련으로 삼고 살아간다. 주택을 마련하고 대출금을 모두 상환하고 나면, 이번에는 세금이 문제이다.

주택보유세는 재산세에 지방교육세와 도시계획세를 추가해서 결정한다. 재산세는 공시가격의 50%인 과표를 기준으로 누진세율이 적용되고, 지방교육세는 재산세액의 20%이다. 도시계획세는 지자체에 따라 세율이 다른데 서울은 과표의 0.15%가 적용된다. 공시가격이 6억 원이 넘으면 여기에 종합부동산세와 농어촌특별세가 추가로 부과된다. 보유세는 2006년부터 대폭 상승되었다. 정부가 세액을 결정하는 공시가격과 과표적용률을 대폭 올렸기 때문이다.

경제적 자립수명=집 뺀 은퇴자산×6÷은퇴 후 생활비

보험과 은퇴코너 10-4

은퇴와 관련해 꼭 살펴야 할 세 가지 수명, 즉 건강수명, 관계수명, 경제적 자립수명이 있다. 우리나라의 기대수명은 남자의 경우 현재 40세인 사람이 79세이고, 50세이면 80세, 60세이면 81세이다. 여자는 남자보다 평균 5년 정도 길다. 실제수명은 건강 등에 따라 5년 정도는 더 감안해야 한다.

건강수명이란 병이나 사고로 고통받는 기간을 제외하고 건강하게 삶을 유지하는 실질적인 수명을 말한다. 2007년 기준으로 건강수명은 남자가 68세, 여자가 74세이다. 적어도 사망하기 전까지 보통 10년 내외의 병치레가 있다는 이야기가 된다.

관계수명이란 인간관계를 따진 수명인데 가족적으로나 문화적으로 은퇴생활을 같이 할 사람이 몇 살까지 곁에 있는가이다. 건강하고 돈이 있어도 가족이든 친구든 같이 마음을 나눌 사람이 없어지는 나이이다. 관계수명은 지극히 개인적인 판단이겠지만 은퇴생활에서는 매우 중요한 요소다.

경제적 자립수명은 현재 가진 또는 준비할 은퇴자산으로 몇 살까지의 노후 생활비가 나오는가이다. 사는 집을 빼고 은퇴생활비로 사용할 돈이 은퇴생활을 시작할 시점에서 몇 억 원인지와 월 생활비가 몇 백만 원 정도 있어야 하는지를 생각해보자.

자립수명 '6의 법칙'

구 분	월 생활비		
은퇴자산	200만 원	300만 원	600만 원
1억 원	3년	2년	1년
5억 원	15년	10년	5년
10억 원	30년	20년	10년
15억 원	45년	30년	15년

아주 단순하게 만든 공식은 '은퇴자산의 약 6배(억 원 기준)를 월 은퇴생활비(100만 원 기준)로 나누는 것'이다. 예를 들어 지금 사는 집을 빼고 5억 원 정도의 은퇴자산이 있고, 은퇴 후에는 월 생활비로 300만 원 정도 필요한 은퇴자를 보자. 대략 5(억)×6(배)÷은퇴자산에 3(백만)=약 10(년)이 된다.

생활비를 줄여 월 200만 원 정도로 살아도 15년 정도이다. 은퇴연령이 60세라고 할 때 경제적으로 자립해서 살 수 있는 나이가 70~75세 정도까지라는 것이다. 만일 예상 수명이 85세라면 월 120만 원으로 줄여 살아야 한다. 그렇지 않으면 나중에 사는 집을 처분해서 생활비를 충당해야 한다.

행복한 은퇴생활은 세 가지 수명 중 가장 낮은 수명에 좌우된다. 이 세 가지 수명은 서로 연결되어 있는데, 그 중심에 있는 것이 자립수명이다. 일단 돈이 있어야 병도 고치고 친구도 만들 수 있기 때문이다. 결국 행복한 은퇴생활을 위해서는 자립수명을 최대한 연장하는 것이 선결과제다.

출처: 중앙일보(2011년 12월 20일자). 김진영의 행복한 은퇴설계.

2012년 전국 표준 단독주택의 공시가격은 전년 대비 5.38% 상승했다. 이는 2011년 상승폭(2.5%)의 두 배가 넘는 것으로, 부동산시장이 과열됐던 2007년 이후 가장 많이 오른 것이다. 2012년 전국 표준지 공시가격 상승률 역시 평균 3.14%로 2009년 이후 가장 높은 수준이다. 국토해양부는 지역별 형평성을 맞추기 위해 시가반영률(실거래가 대비 공시가격 비율)이 낮은 지역의 공시가격을 상향 조정하고, 일부 개발사업에 따른 가격 상승분을 반영한 것이라고 설명했다(국민일보, 2012년 1월 30일자; 서울경제, 2012년 2월 28일자).

공시가격을 근거로 재산세와 종합부동산세 등의 보유세, 취득세와 양도소득세 등의 거래세, 그리고 개발 부담금 등 각종 부담금이 정해지므로, 주택과 토지의 공시가격 상승은 가계의 세부담을 증가시킨다. 특히 노후에 별다른 재산 없이 본인 소유의 주택 하나만을 가지고 있는 은퇴자들의 경우 그 부담은 더욱 커진다.

그러므로 은퇴설계과정에서는 은퇴 후 생활비뿐 아니라, 세금을 어떻게 충당할 것인가에 대한 계획도 세워야 한다. 특히 세금은 연간 1~2회 목돈이 나가기 때문에 매달 일정액을 따로 떼어두지 않으면 해당 월의 일상생활이 부정적인 영향을 받게 된다. 또한 세금도 물가처럼 시간이 지날수록 증가한다는 점을 기억하여 은퇴 후 필요자금을 산정할 때 반드시 반영해야 한다.

3) 은퇴 후 예상소득 분석

앞서 은퇴 후 생활을 위해 필요한 금액이 얼마나 되는지를 계산해 보았으니, 이번에는 생활비를 충당할 수 있는 방법에 대해 고민해 보아야 한다.

은퇴 후 가용한 소득원을 크게 나누면, 정기적으로 들어오는 연금 형태의 소득, 비정기적으로 들어오는 소득, 그리고 퇴직금의 형태로 받은 일시금이 있을 것이다. 정기적으로 들어오는 소득에는 국민연금, 퇴직연금, 그리고 개인적으로 준비한 연금저축이나 연금펀드, 연금보험 등이 해당된다. 비정기적인 소득에는 정기적으로 일정액이 들어오는 것은 아니지만 저축이나 투자를 통해 받는 이자, 배당금, 자본이득 등의 재산소득이 포함된다.

연금은 물가상승률을 반영하여 매년 금액이 소폭 상승하는 것도 있고, 계속 일정한 금액이 지급되는 것도 있다. 국민연금은 평생 지급되면서 물가상승률을 반영하여 지급액이 상향조정되는 연금이다. 개인연금은 정해진 기간 동안 혹은 종신으로 연금을 지급받는다. 개인연금은 크게 신탁형과 보험형으로 나뉘는데, 신탁형은 주로 주식이나 채권에 투자한 후 실적배당을 하고, 보험형은 주어진 이자와 원금을 보장하기 때문에 물가상승에 따른 지급액 상승분을 반영하지는 않는다. 일부 개인연금은 물가상승률을 반영하기도 하는데 보편적인 상품형태는 아니다.

(1) 국민연금 급여 계산

국민연금은 나이가 들거나 장애 또는 사망으로 인해 소득이 감소할 경우 일정한 급여를 지급하여 소득을 보장하는 사회보험으로서, 지급받는 급여의 종류는 노령연금(분할연금), 장애연금, 유족연금, 반환일시금, 사망일시금이 있다.

이 중 노령연금은 국민연금의 기초가 되는 급여로서, 국민연금 가입자가 나이가 들어 소득활동에 종사하지 못할 경우 생활안정과 복지증진을 위해 지급된다. 본 장에서는 가장 많은 사람들이 보편적으로 지급받는 노령연금을 기준으로 예상 수급액을 계산하겠다. 국민연금의 다양한 종류와 각 연금별 수급요건 및 급여수준 등에 대해서는 12장에서 자세히 다루도록 하겠다.

노령연금은 가입기간(연금보험료 납부기간)이 10년 이상이면 60세(소득이 있는 업무에 종사하지 않는 경우 55세) 이후부터 평생 동안 매월 지급받을 수 있다. 그러나 가입기간이 20년 이상 되어야 기본연금액(100%)과 부양가족 연금액을 합산하여 평생 동안 지급하는 완전노령연금을 받을 수 있다. 노령연금은 가입기간, 연령, 소득활동 유무에 따라 완전노령연금, 감액노령연금, 재직자 노령연금, 조기노령연금으로 나뉘며, 이혼한 배우자에게 지급될 수 있는 분할연금이 있다.

노령연금의 수급개시연령은 현재 만 60세이지만, 2013년부터 5년 마다 1세씩 연장하여 2033부터는 65세가 된다(표 10-7).

연금보험료는 가입자의 기준소득월액에 보험료율(9%)을 곱하여 산정한다. 기준소득월액이란 국민연금의 보험료 및 급여 산정을 위하여 가입자가 신고한 소득월액에서 천원미만을 절사한 금액을 말하며, 최저 23만 원에서 최고금액은 375만 원까지의 범위로 정한다. 따라서 신고한 소득월액이 23만 원보다 적으면 23만 원을

표 10-7 노령연금 수급개시연령

출생년도	수급개시연령
1953~56년생	61세
1957~60년생	62세
1961~64년생	63세
1965~68년생	64세
1969년생 이후	65세

기준소득월액으로 하고, 375만 원보다 많으면 375만 원을 기준소득월액으로 한다.

표 10-8은 가입기간 중 기준소득월액과 가입기간에 따라 달라지는 노령연금 예상월액표의 일부를 제시한 것이다. 모든 등급의 기준소득월액과 예상연금월액은 국민연금관리공단 홈페이지(www.nps.or.kr)에서 확인할 수 있다.

그러나 국민연금의 제도 개정이 지속적으로 이루어질 예정이기 때문에, 현재의 기준으로 계산한 금액만큼을 받지 못할 수도 있다. 2047년에 국민연금이 고갈될

표 10-8 노령연금 예상연금월액표

(단위: 원)

구분	가입기간 중 기준 소득월액평균액	연금 보험료 (9%)	가입기간						
			10년 (50%)	15년 (75%)	20년 (100%)	25년 (100%)	30년 (100%)	35년 (100%)	40년 (100%)
1	230,000	20,700	118,750	173,310	225,050	230,000	230,000	230,000	230,000
5	270,000	24,300	121,060	176,690	229,430	270,000	270,000	270,000	270,000
10	400,000	36,000	128,580	187,650	243,670	299,280	354,880	400,000	400,000
15	620,000	55,800	141,300	206,220	267,780	328,880	389,980	451,090	512,190
20	920,000	82,800	158,640	231,530	300,650	369,250	437,850	506,450	575,060
25	1,290,000	116,100	180,030	262,750	341,180	419,040	496,890	574,740	652,600
30	1,760,000	158,400	207,200	302,400	392,680	482,280	571,880	661,490	751,090
35	2,300,000	207,000	238,420	347,970	451,840	554,950	658,050	761,150	864,250
40	2,940,000	264,600	275,420	401,970	521,960	641,070	760,170	879,270	998,370
46	3,750,000	337,500	322,050	470,110	610,520	749,870	889,230	1,028,580	1,167,940

출처: 국민연금관리공단(www.nps.or.kr).

것이라는 우려가 나오면서, 연금지급액을 줄이고 연금보험료를 높이는 방안이 불가피한 실정이다. 정부가 추진 중인 개정안이 통과되면 예상연금월액이 등급에 따라 20% 정도 감소한다고 하니, 현재 예상 연금월액의 80% 정도만 받는다고 계산하는 것이 안전할 것 같다.

(2) 퇴직연금, 개인연금 수급액 계산

국민연금 외에 정기적으로 들어오는 중요한 수입원으로 퇴직연금과 개인연금이 있다. 국민연금이 물가상승률을 반영하여 연금액이 상향조정되는 데 반해, 퇴직연금과 개인연금은 대부분 지급액이 고정되어 있다.

퇴직연금은 2005년부터 도입되었는데, 사업장별로 노사가 협의하여 확정급여형(DB)와 확정기여형(DC) 중 한 가지를 선택한다. 확정급여형은 예전의 퇴직금제도와 비슷하다. 정해진 급여공식에 따라 취직 시점부터 적립되기 시작하며, 근로자가 받는 퇴직금의 액수가 미리 정해져 있다. 단, 퇴직자금을 외부에서 운용한다는 점과 근로자가 원하면 퇴직할 때 연금 형태로 받을 수도 있다는 점이 기존 퇴직금제도와 다르다.

확정기여형은 회사가 연간 납부하는 퇴직금이 사전에 정해지는 제도이다. 기업이 근로자에게 매년 중간정산을 해 준다고 생각하면 된다. 회사는 해마다 일정 금액(연간 임금 총액의 1/12 이상)을 노사가 선정한 금융기관의 개인별 계좌에 적립하며, 이때 기업은 몇 가지 투자대안을 제시하고, 근로자가 투자방법을 선택하여 자신의 퇴직금을 맡긴다. 투자수익률에 따라 연금액이 결정되므로 정확한 연금액을 알 수 없으나 회사 측이나 노조 등으로부터 예상 연금액에 대한 정보를 얻을 수 있다.

4) 은퇴 후 필요자금의 미래가치 계산

은퇴 후 기간 동안의 예상생활비 총액에서 은퇴 후 소득총액을 차감하면, 은퇴 후 생활을 위해 필요한 자금 총액을 계산할 수 있다. 그런데 은퇴시점까지는 아직 긴 시간이 남아있고, 그동안 물가가 지속적으로 상승할 것이다. 물가의 상승은 화폐가치를 하락시키고 소비자의 실질소득과 구매력을 저하시킨다. 현재의 화폐가치와 미래 은퇴시점에서의 화폐가치 간에는 매우 큰 차이가 있다. 그러므로 은퇴 후 필요자금을 구할 때는 반드시 물가상승률을 고려해야 한다.

(1) 물가상승률의 반영

표 10-9를 보면, 물가상승률에 따라 화폐의 가치가 얼마나 변화하는지에 대해 쉽게 알 수 있다. 물가상승률을 4%라고 가정했을 때 20년 후 1억이라는 돈은 현재 가치로는 4,500만 원 정도이고, 물가상승률을 6%라고 가정하면 3,100만 원에 불과하다. 이는 바꾸어 말하면, 우리가 20년 후 은퇴자금으로 필요한 돈이 현재가치로 6억이고 물가상승률이 6%라고 가정하면, 실제로 20년 후에 그 돈은 20억에 가까운 금액이 되어 있다는 것이다.

표 10-10은 물가상승의 추이를 파악하기 위해 통계청에서 발표하는 가계동향조사 자료를 이용하여 도시 근로자가구의 소득 및 지출을 연도별로 비교한 것이다. 2010년 도시 근로자가구의 월평균가계소득은 401만 원으로서, 10년 전인 2000년 239만 원의 1.7배이고, 20년 전인 1990년 94만 원의 4.2배, 30년 전인 1980년 23만 원의 17배에 달하는 금액이다. 가계지출 역시 비슷한 수준으로 증가했다. 2010년 도시 근로자가구의 월평균 가계지출은 321만 원으로서, 2000년의 1.7배, 1990년의 4.4배, 1980년의 17.5배이다. 경제성장에 따른 소득과 지출의 증가, 가파른 물가상승으로 인해 화폐의 명목가치가 증가한 것임을 알 수 있다.

표 10-9 미래 1억 원의 현재가치는? (단위: 천 원)

물 가 상승률	5년 후 1억 원	10년 후 1억 원	15년 후 1억 원	20년 후 1억 원	25년 후 1억 원
3%	86,261	74,409	64,186	55,368	47,761
4%	82,193	67,556	55,526	45,639	37,512
5%	78,353	61,391	48,102	37,689	29,530
6%	74,726	55,839	41,727	31,180	23,300

표 10-10 **도시 근로자가구의 월평균 가계수지** (단위: 원, %)

구 분	1970년	1980년	1990년	2000년	2010년
가계소득	28,180	234,086	943,272	2,386,947	4,007,671
가계지출	26,710	183,578	723,035	1,888,160	3,209,504
소비지출	24,700	173,983	649,969	1,614,761	2,435,102
비소비지출	2,010	9,595	73,066	273,399	774,402

출처: 통계청(각 년도). 가계동향조사.

더 중요한 문제는 은퇴를 한 후에도 물가가 계속 상승한다는 것이다. 은퇴를 하기 전까지는 물가상승과 함께 소득의 증가도 있지만, 은퇴 후에는 소득 없이 가파른 물가상승을 견뎌야 한다. 물가상승으로 인해 실질적인 구매력이 하락하므로 생활의 부담은 점점 더 커질 수밖에 없다. 그러므로 물가상승에 따른 실질소득의 변화, 실질구매력의 변화를 고려하여 은퇴자금을 산정하는 것이 무엇보다 중요하다.

(2) 미래가치 계산

예상생활비에서 예상소득을 차감하여 구하는 은퇴 후 필요자금을 은퇴시점의 미래가치로 환산해 보자. 물가상승률을 반영해야 하는데, 은퇴 후 소득원 중에는 국민연금처럼 물가상승률을 반영하는 것도 있고, 그렇지 않은 것도 있다.

현재 40세인 직장인이 65세에 은퇴할 예정이고, 은퇴 후 예상생활비를 현재가치로 연간 3,000만 원으로 산정했다. 노령연금 예상월액표(표 10-8)를 통해 현재가치로 연간 760만 원의 국민연금을 받을 수 있다. 국민연금은 물가상승률을 반영하여 매년 상승하므로 현재가치에서 차감하면, 연간 필요자금은 2,240만 원이 된다. 물가상승률을 평균 연 4%라고 가정하여 표 10-11에 제시된 기준승수 2.665836을 적용하면, 연간 필요자금 2,240만 원은 25년 후 은퇴시점의 미래가치로 5,971만 원이다.

한편 확정기여형(DC) 퇴직연금에 의해 은퇴 이후 연간 1,200만 원, 개인연금저축을 통해 은퇴 이후 연간 600만 원을 받는다고 가정하자. 퇴직연금과 개인연금저축은 물가상승률을 반영하지 않으므로 미래가치에서 직접 차감하면, 연간 필요자금은 4,171만 원이 된다. 보다 정확한 노후자금 산정을 위해서는 은퇴 후 물가상

표 10-11 물가상승률 기준승수

기간(년)	물가상승률 3%일 때	물가상승률 4%일 때
1	1.03	1.04
5	1.159274	1.216653
10	1.343916	1.480244
15	1.557967	1.800944
20	1.806111	2.101123
25	2.032794	2.665836
30	2.427262	3.243398

승에 따른 화폐가치의 하락으로 인해 감소하는 퇴직연금과 개인연금의 실질 구매력을 반영해야 한다.

65세에 은퇴한 후 20년을 더 산다고 가정하면, 은퇴시점의 화폐가치로 연간 4,171만 원×20년=총 8억 3,420만 원의 자금이 필요하다. 그러나 은퇴시점에 8억 원이 넘는 돈을 모두 가지고 있어야 한다는 이야기는 아니다. 은퇴시점에 일정 금액의 돈이 있으면 그 후에도 지속적인 투자운용을 통해 재산소득을 창출할 수 있고, 은퇴 이후 소일거리를 통해 근로소득을 보탤 수도 있기 때문이다.

예를 들어, 은퇴 후 자금운용의 기대수익률을 8%로 정하고, 은퇴 후 물가상승률을 4%로 가정하면 실질수익률(real interest)은 대략 4% 정도가 된다. 정확히 구하면 [(1+0.08)/(1+0.04)]-1=3.85% 이지만, 간략하게 [0.08-0.04]=4%로 계산하기도 한다. 실질수익률 4%로 투자하면서 20년 동안 매년 4,171만 원씩 인출하기 위해서는 은퇴 시점에 5억 6,685만 원의 자금을 가지고 있으면 된다. 은퇴 후 자금운용을 보다 안정적으로 하고 싶어서 기대수익률 6%, 실질수익률이 2%를 가정하면, 은퇴 시점에 6억 8,202만 원을 가지고 있으면 된다.

물론 6억 8,000만 원도 매우 큰 금액이다. 그러나 이 금액은 25년 후의 미래가치임을 기억하자. 연평균 물가상승률 4%를 가정할 때, 25년 후의 6억 8,000만 원은 현재가치로 2억 5,500만 원이다. 결국 현재가치로 2억 5,500만 원의 자금이 필요한 것이다.

보험과 은퇴코너 10-5

저성장 시대 은퇴 준비

20~30代 더 일찍, 40~50代 더 많이 적립해야

삼성경제연구원과 LG경제연구원은 2012년 한국 경제성장률을 3.6%로 전망했다. 한국개발연구원(KDI)은 3.8%의 경제성장을 전망했지만, 민간 경제연구소와 해외투자은행(IB) 등이 내놓은 경제성장률은 평균 3.6%로 세계 평균인 4.0% 보다 낮다. 이처럼 본격화되어가고 있는 저성장시대에 맞는 은퇴 준비, 어떻게 해야 할까.

삼성생명 은퇴연구소는 최근 '저성장 시대의 은퇴준비 5계명'이라는 보고서를 통해 하루라도 빨리, 그리고 더 많이 은퇴준비를 해야 한다고 주장했다. 저성장시대가 본격화되어 기대수익률이 지금보다 2% 포인트 떨어지면 20대의 은퇴저축기간은 6년 더 연장되고 40대의 은퇴저축금액은 25% 늘어난다고 예상한 것이다.

• 은퇴준비 첫 단계, '금융 이해력을 높일 것'

삼성생명 은퇴연구소는 은퇴준비를 위해 우선 '금융 이해력을 높일 것'을 강조했다. 경제성장이 높을 때는 금융 이해력의 중요성이 덜하지만 저성장 시대에서는 금융상품 이용 시 더 많은 수수료나 비용을 내게 되어 결과적으로 은퇴자산이 그만큼 더 적게 모아진다는 것이다. 실제 전미경제연구소(National Bureau of Economic Research, NBER)의 연구결과에 따르면 금융이해력이 낮을 경우 은퇴자산이 적은 것으로 조사되기도 했다. 또한 저성장 시대에는 과거와 같은 높은 수익률을 기대하기 어렵다. 따라서 은퇴자산을 모을 때는 물론이고, 은퇴 후 생활비를 꺼내 쓸 때에도 유의해야 한다며 첫해에 꺼내 쓸 은퇴자산의 비율은 4%가 적당하다는 '4% 룰'을 강조했다. 은퇴연구소 관계자는 "은퇴설계에서는 은퇴 후 30년 이상 생활한다고 할 때, 첫해 꺼내 쓸 은퇴자산의 비율은 4%가 적당하다"며 "5%는 위험하고, 6%는 도박에 가깝고, 저성장으로 기대수익률이 낮아지면 인출 비율도 4%보다 낮춰야 한다."고 설명했다.

• 20~30대 은퇴준비 "일찍 시작하라"

20~30대의 은퇴준비는 일찍 시작할 것을 권유했다. 저성장으로 기대수익률이 낮아진다면 은퇴저축기간이 늘어날 수밖에 없다. 하루라도 빨리 은퇴준비를 해야 한다는 것이다. 통계청의 2010년 가계금융조사에 따르면 20대가 생각하는 은퇴연령은 61세, 은퇴 후 월 최소 생활비는 138만 원이다. 물가상승률이 3%라고 가정하면 현재 27세인 사람이 61세가 됐을 때 월 377만 원이 필요하다는 계산이 나온다. 100세 사망을 전제로 39년 동안의 생활비를 확보하려면 기대수익률이 6%일 경우, 매월 120만 원씩 342개월(약 28년)간 저축해야 한다. 하지만 기대수익률이 4%면 413개월(약 34년)을 저축해야 한다.

• 40~50대, "은퇴적립금 최대한 늘려라"

40~50대 은퇴적립금액 늘려야 하는데, 보고서는 적립금액을 높이는 방법으로 부동산 자산 비중을 낮춰 원리금 상환 금액을 줄이고, 노후 대비 적립금액은 늘릴 것을 제안했다.

(계속)

통계청에 따르면 40대가 생각하는 은퇴연령은 63세, 은퇴 후 월 최소 생활비는 160만 원이다. 물가상승률을 3%로 가정하면 현재 43세인 사람이 63세가 됐을 때는 월 평균 288만 원이 필요하다.

100세에 사망한다고 할 때 37년 동안의 생활비를 확보하려면 기대수익률이 6%일 경우 20년간 매월 171만 원씩 저축해야 한다. 그러나 기대수익률이 4%면 213만 원씩 저축해야 한다. 기대수익률이 2% 포인트 하락하면 은퇴저축금액이 24.5%(171만 원 → 213만 원) 늘어나는 것이다.

• 슬로라이프(slow life)에 익숙해져라

보고서는 마지막으로 앞서 강조한 재무적 준비 외에 비재무적 준비를 위해 '슬로라이프에 익숙해지는 것'을 권유했다. 슬로라이프는 쉽게 말해 '과도한 소비를 지양하는 삶'이다. 은퇴연구소 관계자는 "대부분의 베이비붐 세대들은 빨리 성장하는(fast-growing) 경제에 맞춰진 라이프 스타일로 살아왔다."면서 "은퇴와 동시에 대부분 소득이 감소하기 때문에 저성장 시대 소득 감소에 맞춰 라이프스타일을 '저소비'로 조정해야 한다."고 분석했다.

출처: 매일경제(2011년 11월 27일자).

3. 은퇴자금 부족분 계산과 자금마련 계획

은퇴설계의 세 번째 단계는 앞서 구한 은퇴 후 필요자금과 현재 보유자산을 비교하여 부족한 자금이 얼마인지 계산하고, 부족한 금액을 마련하기 위해 투자기간, 투자대안 등에 대한 구체적인 계획을 세우는 것이다.

1) 은퇴자금 부족분 계산

앞서 계산한 은퇴자금의 현재가치 2억 5,500만 원을 여유자금으로 가지고 있고, 이 돈을 은퇴시점까지 다른 곳에 사용하지 않을 수 있다면, 매년 물가상승률 만큼의 이자만 확보하면 된다. 그러나 현실적으로 40세에 2억 원이 넘는 돈을 여유자금으로 가지고 있는 가계는 흔치 않다. 또한 자녀교육, 자녀결혼 등의 재무과업이 남아 있는 상태에서 이 돈을 유지하기는 더더욱 어렵다.

그러므로 은퇴 후 필요자금과 보유자산의 미래가치를 비교하여, 얼마만큼의 자금이 부족한지 계산하는 과정이 필요하다. 우선 은퇴 후 정기적으로 받게 될 국민연금, 퇴직연금, 개인연금 등에 불입한 금액 외에, 은퇴시점까지 저축 또는 투자하여 노후자금으로 사용하고자 하는 정기예금, 펀드 등의 미래가치를 계산한다. 즉, 은퇴시점까지 마련할 수 있을 것으로 예상되는 은퇴자금이 얼마인지 추정하는 것이다.

이렇게 구한 은퇴 준비자금을 은퇴 필요자금에서 차감하면, 은퇴자금 부족분을 구할 수 있다.

2) 월평균 필요 저축액 계산

이제 은퇴자금 부족분을 충당하기 위해 매달, 혹은 매년 얼마를 저축해야 하는지 계산해야 한다. 또한 저축을 늘리기 위해 어떤 비목의 소비지출을 줄여야 할지를 결정해야 한다. 현금흐름표를 통해 현재의 소득과 지출 구조를 면밀히 분석하여 어떤 부분의 지출을 줄일 수 있는지 파악해야 할 것이다. 뿐만 아니라, 각 개인과 가계가 감당할 수 있는 위험수준 내에서 수익률을 최대한 높일 수 있는 투자대안을 탐색하여 매달의 저축액 부담을 줄이는 방법을 고려해야 할 것이다.

3) 은퇴자금 부족분 마련을 위한 투자계획

은퇴자금 마련을 위해 필요한 저축액을 결정한 후에는 그것을 달성하기 위해 사용 가능한 투자대안을 선택하여, 각 투자대안별로 특성을 비교한 후 포트폴리오를 구성해야 한다. 즉, 각 가계의 특성에 따라 수익성·안전성·유동성을 고려하여 투자대안을 선택하고, 각 투자대안별로 수익률을 예측한다. 이때에는 특히 위험에 대한 투자자의 태도가 고려되어야 한다. 성공적인 투자의 핵심은 효과적인 자산 배분이라는 사실을 잊지 말아야 한다.

특히 은퇴자금을 마련할 때는 기대수익률이 높으면서 장기간 운용할 수 있는 상품이 바람직하다. 또한 투자운용에 따른 수수료가 적은 것으로 골라야 하고, 가능하면 연금 형태로 지급받는 상품을 선택하는 것이 좋다. 연금신탁(연금저축), 연금

보험 등 다양한 개인연금상품과 펀드, 변액보험 등이 주로 활용되는데, 개인연금에 대한 보다 구체적인 내용은 제14장에서 다루도록 하겠다.

(1) 개인연금상품의 활용

우리나라에 개인연금이 처음으로 도입된 것은 1994년 개인연금저축이다. 이후 2000년에 연금에 대한 세제체제가 전면 개편되면서 비과세 대신 소득공제 혜택으로 바뀌었으며, 기존의 개인연금저축 대신 2001년부터 연금저축이 도입되었다.

개인연금은 크게 신탁형과 보험형으로 나뉜다. 주로 은행이나 자산운용사(금융투자회사) 등에서 판매하는 연금신탁(연금저축)은 실적배당형으로서, 10년 이상 적립하면 원금과 투자수익을 연금 형태로 지급받는다. 소득공제 혜택이 있는 반면, 중도 해지에 대한 벌칙이 많다. 생명보험사에서 취급하는 연금보험은 계약 후 일정 시점까지 보험료를 납입하면, 활동기에는 사망·상해 등을 보장하며 연금지급개시 후에는 연금을 지급한다. 연금지급 기간에 따라 사망시점까지 연금이 지급되는 보통종신연금, 보증기간 동안에는 연금이 지급되고 보증기간이 끝난 후에도 피보험자가 생존해 있으면 연금이 지급되는 보증기간부 종신연금, 생사에 관계없이 일정기간 동안 연금이 지급되는 보통확정연금, 일정기간 동안 생존해 있는 경우에 한해서 연금이 지급되는 유기연금 등으로 구분할 수 있다. 연금보험은 소득공제 혜택은 없지만, 가입한 지 10년이 지나면 일시금으로 받더라도 이자 소득세를 안 낸다는 특징이 있다. 최근에는 투자운용실적에 따라 연금이 지급되는 변액연금보험 상품이 관심을 끌고 있다.

(2) 집합투자기구(펀드)의 활용

은퇴자금 마련을 위해 펀드를 가입할 때는 다음과 같은 점을 고려해야 한다.

첫째, 자신의 투자 성향과 자금의 성격을 고려해야 한다. 투자위험을 감당하고서라도 고수익을 선호하는 경우에는 주식형 펀드가 적절하고, 안전한 투자를 원하는 경우에는 채권형이 적합하다. 은퇴를 한 후에 자금을 운용할 때에는 채권형과 같은 안전한 투자가 바람직하겠지만, 은퇴자금을 마련하는 동안은 다소 적극적인 투자를 할 필요가 있다. 그렇지 않으면 부족한 자금을 마련하기 쉽지 않기 때문이다.

둘째, 가능하면 적립식 펀드를 활용하는 것이 좋다. 적립식으로 투자를 하면 증권의 매입시기가 분산이 되기 때문에 가격변화로 인해 손해를 볼 확률이 그 만큼 줄어들기 때문이다. 또한 적립식 펀드 투자를 할 때에는 수익률의 움직임이 예측 가능한 상품들이 좋다. 파생상품펀드나 부동산펀드 등 복잡한 펀드는 적립식 투자 대상으로 바람직하지 않다.

셋째, 펀드도 장기투자를 해야 한다. 펀드는 주식이나 채권이 쌀 때는 많이 사고, 비쌀 때는 적게 사는 방식으로 수익을 극대화하고 손실위험은 최소화한다. 때문에 주가가 폭등하거나 폭락한다고 해서 중도에 환매를 하면 기대효과를 얻기 어렵다. 주가가 떨어질수록 같은 자금으로 살 수 있는 주식 수가 많아지므로 주가 하락기는 오히려 적립식 펀드가 수익률을 올릴 수 있는 기회가 되기도 한다. 그러므로 단기수익률에 민감하게 반응할 필요가 없으며, 오히려 변동성이 있는 주식형 펀드를 선택하여 높은 수익을 기대하는 것이 좋다.

넷째, 장기로 운용되어 검증된 펀드를 고르는 것이 좋다. 노후자금 마련을 위해 펀드를 이용하는 투자자들은 일관성 있는 전략으로 안정적인 수익을 내며 장기간 운용된 펀드를 선택하는 것이 바람직하다.

(3) 변액보험의 활용

일반적인 생명보험은 보험금이 계약 당시에 약정되어 보험기간 동안 변하지 않는 정액보험의 형태를 갖는 반면, 변액보험은 자산의 운용 결과에 따라 보험금이 변동한다. 변액보험은 자산운용 수익이 많이 발생하면 보험계약자가 높은 수익을 얻을 수 있다는 장점이 있으나, 자산운용에 따르는 위험까지 계약자가 부담해야 한다. 그러나 투자실적이 악화되어도 보험의 본래의 기능을 보장하기 위해 사망 시 최저사망보험금을 지급한다.

주식이나 채권 등 유가증권에 분산투자한 후, 그 운용성과에 따라 수익을 돌려준다는 것은 변액보험과 펀드의 공통점이지만, 변액보험은 보험의 특성인 연금지급, 사망급부를 가지고 있다.

변액보험은 변액종신보험, 변액연금보험, 변액유니버설보험 등으로 나눌 수 있다. 변액종신보험과 변액연금보험은 기본보험금에 자산운용에서 발생한 변동보험

베이비부머, 은퇴 후 파산가능성 40% 초과

보험과 은퇴코너 10-6

한국 가계의 은퇴 준비가 매우 취약해 베이미부머의 은퇴 후 파산가능성이 40%를 넘는 것으로 조사됐다. KDB산업은행 조사분석부가 발표한 '고령화와 은퇴자산 적정성' 연구 보고서에 따르면 은퇴시점까지 축적한 은퇴자산의 미래 투자성과와 은퇴시점 이후 기대수명 불확실성 등을 분석한 결과 이 같이 나타났다.

• 공적연금 수령해도 파산가능성 40% 초과

산업은행 조사분석부는 은퇴 후 소비지출 수준을 현재가치로 할인한 금액이 은퇴자산을 초과할 확률을 '파산가능성(probability of ruin)'으로 정의하고, 보험수리적 모델을 통해 이를 분석했다. 은퇴연령을 55세로 가정하고, 은퇴자산을 모두 채권에 투자(투자수익률평균=5.13%, 변동성=0.36%)하는 보수적 자산배분 전략 수립 시 은퇴 후 파산가능성을 10% 이하로 통제하기 위해서는 소비지출 금액(연간)이 은퇴자산의 2.75% 이내이어야 한다. 베이비부머(1958~1963년 출생)의 순자산(2억 9,633만 원) 감안할 때, 2.75%의 소비수준은 연간 815만원에 불과하다. 따라서 현재의 소비지출(연평균 3,400만 원)은 도저히 감당할 수 없는 수준이다. 베이비부머의 현 소비지출 수준을 은퇴 후에도 유지하려고 할 경우 파산가능성은 85%를 초과하며, 국민연금 등 공적연금을 통해 은퇴 전 소득의 40%를 연금으로 수령한다고 가정하더라도 파산가능성은 41.4%로 여전히 높다.

• 차별화된 자산배분 전략 필요

55세에 은퇴하는 남성의 기대수명, 은퇴 후 소비수준(은퇴자산 대비 2% 가정)을 상정해 분석한 결과 은퇴자산을 주식과 같은 위험자산에 100% 투자하는 경우의 파산가능성은 17.3%로 분석됐지만 채권에 100% 투자하는 보수적 자산배분으로 변경 시 파산가능성은 3.8%로 현저히 감소하는 것으로 분석됐다. 나이가 들수록 보수적 자산배분이 필요하다는 투자업계의 정설을 거듭 확인한 대목이다.

다만 자산배분을 지나치게 보수적으로 할 경우 오히려 파산 가능성이 큰 것으로 조사됐다. 채권에 100% 투자하는 대신 위험자산인 주식에 일정 부분 투자하는 전략(주식 : 채권=20 : 80)으로 변경하는 경우 파산가능성은 3.8%에서 3.1%로 감소하는 것으로 조사됐다. 이와 같은 결과는 은퇴자의 건강상태, 자산 상황, 소비 여력, 리스크 성향 등을 종합적으로 감안해 차별화된 자산배분 전략이 필요하다는 점을 보여주고 있다.

산업은행 관계자는 "개인차원에서 다양한 노후준비 상품(퇴직연금, 개인연금, 주택연금 등)에 일찍 가입하여 은퇴 후 소득대체율을 제고하는 것이 필요하다."며 "다양한 상품을 체계적인 은퇴 준비가 시급하다."고 말했다. 또한 "정부차원에서 부동산에 편중된 가계자산을 중장기적으로 금융자산으로 전환할 수 있도록 주택연금의 가입조건을 완화하는 등 다양한 유인체계를 강구해야 한다."고 덧붙였다.

출처: 머니투데이(2012년 2월 13일자), 세계파이낸스(2012년 2월 13일자).

금을 가입자 사망 시 또는 연금형태로 지급한다. 변액종신보험은 보험가입자 사망 시 보험금이 최저보증금액 이상 지급되며, 일반종신보험과 같이 배우자나 자녀보장, 암 및 질병보장, 수술보장 특약 등을 갖추고 있다. 변액연금보험은 보험계약자의 연금납입액을 주식과 채권 등 수익성 높은 유가증권에 투자한 후, 그 운용성과를 연금액에 반영시켜 실적배당의 성격을 가진 종신연금을 지급한다.

변액유니버설보험은 유니버설보험과 변액보험을 결합한 상품이다. 즉 변액보험처럼 실적배당형 연금상품의 특성을 가지고 있으며, 동시에 유니버셜 보험처럼 보험계약자가 자유롭게 저축액, 보장액, 보험료 등을 조절하고 자유입출금 하는 등의 장점을 가지고 있다. 생명보험의 순수기능인 사망보장을 그대로 유지하면서 의무납입 기간 2년 후부터 보험료를 자유롭게 납입할 수 있다.

4. 정기적인 평가와 조정

개인과 가계의 특성, 자금의 성격과 투자의 목적 등을 면밀히 고려하여 효과적인 자산분배를 하고 완성 포트폴리오를 구성하는 것도 중요하지만, 그에 못지않게 중요한 또 하나의 과제가 바로 정기적인 평가와 조정이다.

투자자는 정기적으로 포트폴리오의 성과를 평가하고 분석해야 하며, 정기적인 평가에 기초하여 투자목적과 효율성을 점검해야 한다. 투자목표와 투자실적의 차이를 비교함으로서 그 목표수준이 얼마나 달성되었는지를 파악하고, 투자성과가 낮았다면 그 원인을 파악하며, 이를 기반으로 포트폴리오 관리능력을 향상시켜야 한다. 만약 전문투자기관에 투자자금의 운용을 맡겼다면, 투자관리 업무를 담당하는 포트폴리오 관리자나 펀드매니저의 관리능력을 파악하고, 앞으로 지속적으로 운용을 위탁할 것인지, 위탁수수료의 수준은 적합한지 등을 판단하는데 도움을 얻을 수 있다.

정기적인 평가와 조정을 통해 시장경제 환경에 변화가 발생하면 필요에 따라 새로운 자산배분을 해야 한다. 그러나 은퇴자금과 같이 장기적으로 운용하는 자산의 경우에는 단기적인 변동에 민감하게 반응할 필요는 없다. 항상 관심은 가지고 있되, 너무 자주 평가하고 조정하기보다는 1년에 한 번 정도 정기적으로 체계적인 모니터링을 하는 것이 바람직하다.

5. 은퇴설계 프로세스 사례

올해 만 36세 남성인 김근면 씨는 제조업 계통의 중소기업에 근무하고 있다. 3세 연하의 아내와 1남 1녀의 자녀를 두고 있는 평범한 가장이다. 김근면씨의 사례를 중심으로 은퇴설계 프로세스를 적용해 보자.

1) 은퇴시점과 은퇴 후 기간 추정

- 은퇴예상연령: 61세(은퇴까지 남은 기간 25년)
- 은퇴 후 기간: 27년

김근면씨는 은퇴예상연령을 61세로 정했고, 은퇴 후 기간을 27년으로 가정했다. 은퇴 후 기간은 현재 36세 남성의 기대여명인 약 42년에 10년을 더한 값인데, 지속적인 평균수명의 증가, 3세 연하의 아내가 김씨 사망 후 살아가야 할 기간 등을 고려한 것이다.

2) 은퇴 후 예상생활비와 예상소득 산정

(1) 은퇴 후 예상생활비

- 소득대체율: 75% 적용
- 은퇴 전 총 소비지출: 월평균 300만 원

김근면씨는 은퇴 후 예상생활비를 산정하기 위해 소득대체율 75%를 적용했다. 생활비로 70% 정도를 생각했고, 세금을 위해 5%를 더한 것이다. 은퇴 전 총소비지출을 현재가치로 월평균 300만 원, 연간 3,600만 원으로 예상할 때, 은퇴 후 예상생활비는 75%에 해당하는 월 225만 원, 연간 2,700만 원이다.

(2) 은퇴 후 예상소득

- 국민연금
  - 가입시점: 31세(가입기간: 30년)
  - 기준소득월액: 월평균 294만 원

가입기간 중 기준 소득월액평균액	연금 보험료 (9%)	가입기간						
		10년 (50%)	15년 (75%)	20년 (100%)	25년 (100%)	30년 (100%)	35년 (100%)	40년 (100%)
2,940,000	264,600	275,420	401,970	521,960	641,070	760,170	879,270	998,370

- 퇴직연금과 개인연금
  - 퇴직연금: 확정기여형(DC), 은퇴 후 매달 150만 원 수령
  - 개인연금보험: 은퇴 후 매달 60만 원 수령

김근면 씨는 5년 전부터 국민연금에 가입했고, 앞으로 25년 후, 즉 완전노령연금을 받을 수 있는 61세에 은퇴를 할 예정이다. 김근면 씨의 가입기간 중 기준소득월액이 294만 원이라고 가정하자. 연금 보험료는 26만 4,600원이고, 이는 김근면 씨과 고용주가 각각 50%(13만 2,300원)씩 납입한다.

김 씨의 경우 30년 동안 보험료를 내고 은퇴를 하게 되므로, 은퇴를 하는 첫 해에 받는 노령연금은 현재가치로 월 76만 170원, 연간 912만 2,040원이다(표 10-8). 그러나 김근면 씨는 국민연금의 재정 안정성과 제도 개정 가능성을 고려하여 현재 기준보다는 조금 더 보수적으로 예측하는 것이 좋겠다는 판단을 하였다. 따라서 현재 예상 연금액의 80%인 월 60만 8,136원, 연간 729만 7,632원을 받을 것으로 가정했다.

3) 은퇴 후 필요자금의 미래가치 계산

- 물가상승률: 연평균 4%로 가정
- 은퇴 후 예상소득(연금)의 물가상승률 반영여부 파악
- 은퇴 후 기간 동안의 기대수익률 7%로 가정

이제 은퇴 후 연간 필요 생활비 2,700만 원 중 730만 원은 국민연금으로 충당되고, 1,970만 원이 남게 된다. 물가상승률이 연평균 4%라고 가정하면, 김 씨에게 필요한 연간 은퇴자금 1,970만 원은 25년 후 은퇴 시점이 되면 5,252만 원이 된다. 이는 표 10-11에 제시된 기준승수를 곱해서 구하거나, 다음의 식을 통해 구할 수 있다.

$$FV = PV(1+i)^{n}$$

$$\text{미래가치} = \text{원금} \times (1 + \text{이자율})^{\text{기간}}$$

김근면 씨는 작년부터 퇴직연금 계좌를 갖게 되었다. 김 씨가 다니는 직장은 확정기여형(DC)제도를 선택했는데, 은퇴 후 생존기간(27년) 동안 매달 150만 원의 연금을 받을 것으로 예상하고 있다. 그러므로 물가상승률을 반영한 연간 필요자금 5,252만 원에서 퇴직연금 1,800만 원을 제외하면 3,452만 원이 된다. 그 외에 개인연금보험을 통해 은퇴 후 매달 60만 원, 연간 720만 원씩 받을 예정이다. 그러므로 3,452만 원에서 720만 원을 차감하면 연간 필요자금은 2,732만 원이 된다.

퇴직연금과 개인연금은 물가상승률을 반영하지 않고 고정액을 지급하기 때문에, 은퇴 후 필요자금의 미래가치에서 직접 차감한다. 보다 정확한 계산을 위해서는 은퇴 후 물가상승으로 인해 하락하는 퇴직연금과 개인연금의 실질가치를 반영해야 할 것이다.

김근면 씨와 그가 부양해야 하는 아내가 은퇴 후 살아가야 할 기간은 27년이다. 그러므로 김 씨는 연간 2,732만 원씩 27년 동안 총 7억 3,764만 원의 자금이 필요하다. 은퇴 후 기간 동안의 자금운용 기대수익률을 7%, 물가상승률을 4%로 가정하면, 실질수익률(real interest)은 대략 3% 정도가 된다.

아래의 식을 이용하면, 실질수익률 3%로 투자하면서 27년 동안 매년 2,732만 원씩 인출하기 위해 은퇴 시점에 5억 원 정도의 자금이 필요하다는 것을 알 수 있다.

$$PV = PMT\left(\frac{1-(1+i)^{-n}}{i}\right)$$

$$\text{현재가치} = \text{연금} * \left(\frac{1-(1+\text{이자율})^{-\text{기간}}}{\text{이자율}}\right)$$

4) 은퇴자금 부족분 계산

- 적립식 주식형 펀드: 월 불입액 20만 원, 적립기간 10년
- 정기예금: 저축기간 21년
- 기대수익률: 펀드 10%, 정기예금 6%로 가정
- 물가상승률: 연평균 4%로 가정

36세인 김근면씨는 국민연금, 퇴직연금, 개인연금보험 외에 노후를 위해 6년 전부터 적립식 주식형 펀드에 매달 20만 원씩 불입하고 있다. 현재 불입액이 총 1,440만 원이고, 앞으로 4년 동안 더 적립한 후 은퇴시점인 61세까지 정기예금의 형태로 가지고 있을 예정이다.

이러한 노후자금은 투자기간과 수익률이 반영되어 그 가치가 상승하게 되는데, 김근면씨는 적립식 주식형 펀드의 연평균 기대수익률을 10%로, 정기예금의 연평균 기대수익률을 6%로 예상했다. 다음의 식을 이용하여, 10년간 적립한 주식형펀드의 미래가치를 구하면 약 4,100만 원이 된다.

$$FV = PMT\left(\frac{(1+i)^{n}-1}{i}\right)$$

$$\text{미래가치} = \text{적립금} * \left(\frac{(1+\text{이자율})^{\text{기간}}-1}{\text{이자율}}\right)$$

또한 이 금액을 은퇴시점까지 21년간 기대수익률 6%의 정기예금에 넣어 두면, 약 1억 4,000만 원이 된다. 김근면 씨의 은퇴 필요자금 5억 원에서 이 금액을 빼면, 은퇴시점에 부족한 자금은 미래가치로 총 3억 6,000만 원이라는 계산이 나온다.

5) 필요 저축액과 투자대안 결정

이제 은퇴시점인 25년 후에 3억 6,000만 원을 모으기 위해 어떻게 해야 할지를 고민해야 한다. 만약 연간 수익률 10%로 투자한다면 매년 366만 원, 즉 매달 30만 원 정도씩 저축해야 하고, 연간 수익률 6%로 투자한다면 매년 656만 원, 매달 55만 원 정도를 적립해야 한다. 이렇게 저축을 늘리기 위해서는 다른 부분의 지출

을 줄여야 하므로, 현재의 소득과 지출 구조를 면밀히 파악하여 조정 가능한 비목을 찾아야 한다. 뿐만 아니라, 본인이 감당할 수 있는 위험수준 범위 내에서 가능한한 수익률을 높일 수 있는 투자대안을 탐색해야 할 것이다.

11장

생애주기별 은퇴설계

본 장에서는 개인과 가계의 생애주기에 따라 재무자원과 재무과업, 재무목표가 어떻게 달라지는지 이해하고, 재무설계 측면에서 생애주기의 중요성을 이해한다. 또한 생애주기별로 신혼기, 자녀학령기, 중년기·자녀독립기 및 노년기 가계의 은퇴설계 전략을 이해하고, 사례분석을 통해 이를 적용해 본다.

1. 생애주기와 재무설계

1) 생애주기의 개념과 구분

우리는 살아가면서 여러 가지 큰 사건들을 경험하고 그것을 잘 겪어냄으로써, 인생의 새로운 막을 열게 된다. 학교에 입학을 하고, 직장을 얻고 결혼을 하고, 자녀를 출산하고, 또 직장을 그만두는 등 새로운 국면으로 접어드는 사건들이 있다. 이처럼 많은 사람들이 공통적으로 경험하는 사건도 있지만, 이혼을 한다든지 큰 병에 걸리는 것처럼 소수의 사람들만 경험하는 사건도 있다. 여러 가지 사건들은 우리에게 과업을 주며, 각각의 과업을 성공적으로 수행하는 것이 인생의 중요한 목표가 된다. 그리고 모든 사람들의 마지막 과업은 여유로운 노후생활을 보내고, 인생을 멋지게 마무리하는 것이 될 것이다.

생애주기(life-cycle)는 일반적으로 한 가족이 생성되어 일생 동안 겪는 중대한 사건의 연속을 말한다. 인간이 가족생활에서 경험하는 결혼, 출산, 자녀양육 및 교육, 자녀의 결혼, 은퇴 등 각 단계에 걸친 시간적 연속으로서 가족생애주기, 혹은 가족생활주기라고도 한다. 최근에는 사회가 변화하면서, 결혼을 하지 않거나 아이를 낳지 않는 사람들이 증가하여 기존의 전형적인 생애주기와는 다른 단계를 경험하는 가계들이 증가했다.

가족학을 연구하는 여러 학자들이 생애주기의 단계를 구분하고, 그에 따른 특성과 발달과업 등을 규명하였는데, 대표적인 구분을 살펴보면 다음과 같다.

1948년 워싱턴에서 개최된 가족생애주기회의에서는 결혼으로 가정을 형성하는 가정형성기, 자녀를 출산하고 양육하는 확대기, 그리고 자녀들이 혼인하거나 성인이 되어 가정을 떠나고 노부부만이 남는 축소기의 세 단계로 구분하였다. 가족발달이론의 대표적인 학자인 듀발(1985)은 생애주기를 8단계로 나누었으며, 각각을 결혼한 부부, 영아를 둔 가족, 학령 전 유아를 둔 가족, 학령기 아동을 둔 가족, 10대 자녀가 있는 가족, 발사대역할을 하는 가족, 중년기 가족, 노년기 가족으로 명명하였다. 또한 올슨과 매큐빈 등(1983)은 자녀 없는 신혼기, 학령 전 자녀를 둔 가족, 학령기 자녀를 둔 가족, 청소년 자녀를 둔 가족, 진수기 가족, 빈 둥지(Empty nest) 가족, 은퇴기 가족의 7단계로 나누었다.

2) 재무설계 측면에서의 생애주기 이해

재무설계에서 생애주기를 이해해야 하는 이유는 생애주기 각 단계에 따라 개인과 가계의 욕구와 목표가 다르고, 가지고 있는 자원이 다르기 때문이다. 일반적으로 신혼기에는 주택마련, 자녀출산 등이 주요 재무과업이고, 중년기에는 자녀교육이나 노후준비가 주요 과업이다. 생애 전체에 걸쳐 기대하는 생활양식을 달성하기 위해서는 생애주기별 재무목표를 고려하여, 장기적인 계획을 세워야 한다.

또한 생애주기 단계에 따라 소득과 지출에 차이가 있기 때문에 재무설계를 통해 이러한 불균형을 해결해야 한다. 중년기에는 소득이 많기 때문에 상대적으로 여유가 있는 반면, 노년기에는 경제적으로 큰 부담을 겪게 된다. 소득에 여유가 있을 때 저축과 투자를 통해 미래에 대비하고, 반대로 지출이 많을 때는 저축해 놓은 돈을 쓰거나 대출을 이용함으로써 생애 전체에 걸쳐 비슷한 수준의 생활을 유지할 수 있게 해주는 것이 재무설계의 목적이다.

미트라(Mittra, 1995)는 일반적인 생애주기를 가계재무관리 측면에서 재구분하여, 재무생애주기라는 것을 제시하고 축적기, 가속기, 보존기의 세 단계로 구분하였다.

축적기(accumulation stage)는 자산 축적이 요구되는 시기로, 20대에서 30대 중반 정도의 연령대가 포함되며, 신혼기와 자녀를 출산하여 가족이 형성되어 가는 시기라고 볼 수 있다. 이 시기에는 사고, 질병, 예기치 못한 사건 등으로부터 가족을 보호해야 하고, 자녀출산 및 교육, 주택 마련 등을 해야 하기 때문에 지속적으로 자산의 축적이 필요하다. 그러므로 이 시기에는 지나치게 공격적인 투자를 하기 보다는 유동성 자산, 저위험자산 등을 주로 보유하여 안전한 투자를 하는 것이 바람직하다.

가속기(acceleration stage)는 가족 구성원의 기본적인 욕구가 충족되고 비상자금에 대한 준비도 어느 정도 이루어지며, 가계소득이 절정에 달하여 전반적으로 재정적 안정감을 느끼는 시기이다. 연령대로 보면 35~55세 정도라고 볼 수 있다. 이 시기에는 자금의 여유가 있으므로 전 단계에 비해 위험부담이 높은 자산에 투자하여 보다 높은 투자수익을 기대하고 자산의 성장을 주목적으로 하는 시기이다.

마지막으로 보존기(preservation stage)는 노후 생활을 본격적으로 준비해야 하는 시기로서 55세 이상이 해당된다. 이 시기의 재무관리에서 가장 중요한 것은 은퇴 후 소득이 감소하거나 중단될 경우에 대한 대비이다. 자산 증대를 위해 공격적인 투자를 하는 것은 위험하며, 이전에 축적해 온 재정자원을 효과적으로 보존하여 원하는 소비수준을 유지하는 것이 중요하다. 그러므로 1단계인 축적기 때와 마찬가지로, 위험부담이 낮고 서서히 성장하는 자산을 보유하는 것이 바람직하며, 일정 수준의 수익을 지속적으로 내는 금융상품을 선택하는 것이 노후생활에 도움이 된다.

표 11-1 **생애주기별 주요 재무목표**

생애주기	해당연령	주요 재무목표
독신기/신혼기	20대	자신을 위한 투자자금(교육·건강), 결혼자금, 주택마련자금, 보험설계, 비상자금
가족형성기	30대	출산 및 육아, 자녀교육비용, 주택마련자금, 보험설계
가족성장기	40대	자녀교육자금, 주택규모확대자금, 노후자금, 부채관리
가족성숙기	50~54세	자녀교육자금, 자녀결혼자금, 노후자금, 부채상환, 상속설계
퇴직기	55~65세	노후설계, 상속설계
노년기	66세 이상	노후자금 운용, 의료, 여가비용, 상속설계, 절세

출처: Dwyer, D. P.(1989). The seven stages of financial planning, 여윤경·오정근(2006). FP기본지식.

표 11-2 **생애주기별 재무설계 영역의 중요도**

재무설계영역	예산관리	세금관리	위험관리	부채관리	투자설계	은퇴설계
신혼기	상	중	중	중	중	하
가족형성기	상	중	상	상	하	하
가족성장기	상	중	상	상	하	하
가족성숙기	중	상	중	중	상	중
정년퇴직기	하	중	중	하	중	상
노년기	하	중	하	하	중	상

출처: Ho, K., Perdue, G. & Robinson, C.(1999)

이와 같이 생애주기별 가계 특성을 고려하여 재무요구를 파악하고, 재무목표를 설정하는 것이 중요하다. 생애주기에 따른 주요 재무목표는 표 11-1과 같이 정리할 수 있다. 한편 호, 퍼듀와 로빈슨(Ho, Perdue, Robinson, 1999)은 생애주기별로 중요하게 여겨지는 재무설계의 영역을 정리하여 표 11-2와 같이 제시하였다.

표 11-1을 보면, 노후자금 준비가 40대 가족성장기에서부터 주요 재무목표로 등장하고 있다. 그러나 20대 독신기/신혼기와 30대 가족형성기의 과업으로 제시된 보험설계에서 질병, 상해, 고도의 장애, 퇴직, 고령 등의 위험으로 인한 경제적 손실에 대비하고 있으므로 이미 은퇴설계가 시작되었다고 봐도 무방하다. 노후준비는 가족형성기부터 시작되어, 시간이 흐름에 따라 재무목표의 우선순위가 높아지

는 형태로 이루어지는 것이 바람직하다. 그러나 실제로 가족형성기부터 노후준비를 하는 가계는 많지 않다. 은퇴라는 사건이 주택마련, 자녀양육 및 교육 등과 같은 과업들 보다 시기적으로 늦게 출현하기 때문에 뒤로 미루어지는 경향이 있다. 그러나 가장 먼저 시작해서 가장 오랜 기간 동안 지속되어야 하는 장기재무목표가 바로 은퇴설계인 것을 잊지 말아야 할 것이다.

2. 생애주기별 은퇴설계 전략

1) 신혼기 가계의 은퇴설계 전략

신혼기는 일반적으로 결혼을 해서 자녀가 생기기 이전까지의 기간으로서 주로 20대 후반에서 30대 중반 정도가 해당되는데, 최근에는 자녀를 출산을 미루거나 아예 하지 않는 가계들이 증가하면서, 신혼기의 특성을 갖는 가계가 많아졌다. 이 시기에는 자녀출산과 양육, 내 집 마련, 자녀교육 및 노후준비에 이르기 까지 다양한 재무목표를 수립하고 계획해야 하는 부담을 가지고 있다. 만약 결혼자금이나 전세자금 등을 대출받은 경우라면 부채상환도 중요한 재무목표가 된다. 때문에 은퇴설계에 까지 신경을 쓰지 못하는 경우도 많다. 그러나 은퇴시점 까지 아직 오랜 기간이 남아 있기 때문에 적은 액수의 투자로 큰 효용을 얻을 수 있는 시기이기도 하다.

신혼기에는 기반을 마련하기 위해 일단 저축을 해야 한다. 가능한 한 빨리, 그리고 가능한 많이 해서 자녀가 생긴 후 증가하게 될 지출에 대비하고, 자산증식을 위한 종자돈을 마련하며, 노후를 위한 장기저축도 시작해야 한다. 신혼기에는 소득의 50% 이상 저축하는 것으로 목표로 하는 것이 좋다. 향후 자녀가 태어나면 지출이 몇 배 이상 늘어날 것이므로, 신혼기만큼 알차게 저축할 수 있는 시기가 없음을 기억해야 할 것이다.

노후준비를 위한 시간이 아직 충분하다는 것이 최고의 장점이므로, 일단 은퇴설계를 시작하는 것이 가장 중요하다. 직장인의 경우 퇴직연금을 잘 활용하고 노후자금을 위한 장기투자대안을 찾아서 정기적인 저축과 투자를 멈추지 않도록 한다.

국민연금은 2047년에 재원이 고갈될 것이라는 우려가 나오면서, 연금수령액을 줄이고 연금 보험료를 높이는 방안이 불가피한 현실이다. 또한 연금수급 개시 연령도 2033년부터 65세가 된다. 반면 퇴직연금의 활용은 기대할만 한다. 확정기여형(DC)은 기업이 해마다 일정 금액(연간 임금총액의 1/12 이상)을 노사가 선정한 금융기관의 개인별 계좌에 적립하며, 근로자가 투자방법을 선택하는 것으로, 투자수익률에 따라 연금액이 결정된다. 주식에 대한 투자비중이 40%로 제한되어 있으므로 안정적인 운용수단을 채택할 것으로 보인다. 확정급여형(DB)은 정해진 급여공식에 따라 취직 시점부터 적립되기 시작하며, 근로자가 받는 퇴직금의 액수가 미리 정해져 있는데, 임금상승률 만큼의 증가율을 기록할 것으로 전망되고 있다. 이는 퇴직자금을 외부에서 운용한다는 점과 근로자가 원하면 퇴직할 때 연금 형태로 받을 수도 있다는 점이 기존 퇴직금제도와 다르다.

20~30대는 세제혜택이 주어지는 개인연금에 가입하고 지속적으로 투자하는 것이 바람직하다. 개인연금보험은 위험에 대한 대비와 노후생활 대비를 함께 할 수 있다. 개인연금신탁(연금저축)은 실적 배당형으로서, 10년 이상 적립하면 원금과 투자수익을 연금 형태로 지급하는데, 보험료에 대한 소득공제 혜택이 있다. 최근에는 투자운용실적에 따라 연금이 지급되는 변액연금 상품이 관심을 모으고 있다.

2) 자녀학령기 가계의 은퇴설계 전략

자녀 학령기는 자녀가 6~12세로 초등학교에 다니는 시기와 13~18세가 되어 중·고등학교에 다니는 시기로 구분할 수 있다. 부모의 연령대는 주로 30대 중반에서 40대 중반이며, 가정생활이 어느 정도 안정되고, 소득이 높으며 자산의 축적이 이루어지는 시기이다. 그러나 자녀교육, 주택확장 등으로 지출 역시 증가하기 때문에 가장 전략적인 재무설계가 필요한 때이다.

이 시기에는 소득의 대부분이 저축 보다는 생활비로 사용되는 것이 보편적인 가계의 상황이고, 생활비 중에서도 자녀 교육비 부분의 비중이 매우 크다. 주택확장과 노후 대비를 위한 목돈마련 역시 이 시기의 관심의 대상이다. 40대 정도가 되면 상당수의 가계가 주택을 소유하게 되는데, 문제는 자녀교육과 주택마련에만 매달려 노후준비가 턱없이 부족하다는 것이다. 자녀의 사교육비와 대학 등록금 때문에 자신의 노후를 위해 자금을 모아 놓기가 힘든 현실이다. 또한 외벌이 가계의 경우에는 40대 혹은 그 이후가 되어야 주택상환대출이 끝나는 경우가 많기 때문에 은퇴설계를 위한 시간적·경제적 여유가 부족하다.

이와 같은 상황을 고려할 때, 자녀학령기 가계의 은퇴설계 전략은 다음과 같이 제시할 수 있다.

첫째, 은퇴설계를 할 때 잊지 말아야 하는 부분은 인플레이션의 극복이다. 앞으로 20~30년 후에 사용할 자금을 모으는 것이므로 그 동안의 물가 상승을 감안한 투자가 이루어져야 한다. 저금리 기조에 대응하여, 약간은 적극적인 투자방법으로 노후자금을 마련하는 것이 좋겠다.

적극적인 투자를 하면, 기대수익이 올라가는 만큼 당연히 위험부담도 커진다. 그러나 40대는 소득이 높고, 여유자금도 있기 때문에 주식과 같은 위험자산을 선호하는 경향이 높다. 실제로 주식을 가장 많이 보유하고 있는 연령대가 40대이다. 또한 미국의 경우 베이비붐 세대가 은퇴자금 준비의 수단으로 주식을 대량 매수하기 시작하면서 주식시장이 성장한 바 있다.

적립식펀드의 지속적인 성장, 퇴직연금의 활성화 등에 힘입어 주식시장은 계속 성장할 것이므로, 은퇴설계를 하고 있는 40대에게 주식이나 주식관련 상품은 좋은 투자대안이 될 수 있다. 노후자금 마련은 장기투자이기 때문에 단기적인 변동성으로부터 기인하는 투자위험은 시간이 지남에 따라 상쇄될 수 있고, 특히 장기 적립식 투자는 코스트 에버리지 효과가 있기 때문에 투자위험에 대한 부담을 덜 수 있다.

둘째, 연금상품에서 기대수익률을 높이기 위해서는 적어도 10년 이상 장기투자를 해야 한다. 40대가 넘으면 연금투자에 필요한 기간을 확보하기 어려우므로, 더 이상 미루지 말고 연금형태로 수령하는 투자상품을 보유하는 것이 바람직하다.

연금저축펀드는 일반 펀드와 운용원리는 동일하나 소득공제의 혜택이 있으며, 연금 수령 시 5년 이상 나누어 받아야 한다. 변액보험은 운용결과에 따라 보험금이 달라지기 때문에 수익성이 있을뿐더러, 보장의 기능을 함께 하므로 연금을 수령하기 전에 사망하거나 고도장해가 되더라도 보험금을 받게 되어 있다. 그러나 변액보험은 보장의 기능과 투자의 기능이 합쳐져 있기 때문에 변액상품의 펀드 구성, 보장의 범위 등 상품의 조건을 꼼꼼히 살펴야 한다.

특히 변액연금보험은 채권형의 비중을 50% 이상으로 의무화하여 원금을 보장하며, 변액유니버셜보험은 펀드 선택에 제한이 없는 대신 원금을 보장하지 않는다. 중년기 이후의 가계는 안전성 높은 변액연금보험이 더 적절하겠지만, 30~40대의 경우에는 변액유니버셜보험을 통해 조금 더 공격적인 투자를 해도 괜찮을 것이다.

셋째, 우리나라의 사교육비 지출 증가율은 임금상승률의 3배 이상에 이르는 심각한 수준이다. 30~40대 중산층의 경우 가계 소득의 30~40% 이상을 자녀교육비로 지출하고 있으며, 노후준비를 못하는 가장 큰 이유도 자녀교육비로 인한 경제적 여력 부족이다. 그러나 자녀교육 때문에 은퇴설계를 미루어서는 안 된다.

초, 중고등학교 자녀의 교육비 수준은 자녀 수에 따라 달라지겠지만 아무리 많아도 소득의 20%를 넘지 않는 선에서 조절해야 한다. 물론 이렇게 개선하기 위해서는 공교육의 내실화라는 정책적 뒷받침이 반드시 필요할 것이다.

그리고 이 시기에는 자녀의 대학교육비라는 목돈을 마련해야 하는 또 하나의 재무목표가 있다. 대학 등록금 1,000만 원 시대가 현실화되면서 부모의 부담은 더욱 커졌다. 자녀의 대학교육비 마련은 장기적인 관점에서 투자해야 한다. 조금이라도 일찍 시작하는 것이 유리하다. 만약 자녀가 고등학생이라면 준비기간이 짧으므로 적립식으로 돈을 모으기보다는 현재 가지고 있는 여유자금을 단기로 운용하는 것이 좋다. 그러나 상대적으로 준비기간이 길게 남아 있는 초등학생의 자녀를 두었다면 장기 적립식으로 세금 혜택이 있는 저축을 선택하거나 적립식 펀드를 이용하는 것이 좋다. 10년 이상 후에 쓸 자금이기 때문에 변액유니버셜보험과 같은 상품을 이용하는 것도 가능하다.

자녀의 교육을 위해 현재소득과 미래소득(저축)의 대부분을 사용하는 부모들은 현재의 소비수준뿐 아니라, 노후의 재무 안정성에서 심각한 문제를 경험하게 된다. 사교육비와 대학등록금이 지속적으로 상승하고, 부모들이 자녀교육에 대한 책임의식을 가지고 있는 한, 자녀 교육비 지불로 인한 가계의 부담은 지속될 것이다. 그러므로 자녀의 교육이라는 인적자본투자와 더불어 가계의 다른 장기재무목표들이 함께 고려되어야 하며, 교육비 지불을 위한 재무전략은 은퇴설계와 함께 이루어져야 함을 간과해서는 안 된다.

3) 중년기, 자녀독립기 가계의 은퇴설계 전략

자녀가 고등학교 졸업 후 대학에 진학을 하거나 취업을 하면 가계는 생애주기에서 새로운 국면을 맞이하게 된다. 일반적으로 첫 자녀가 19세 이상이 되어 결혼이나 취업 등을 통해 독립하기 시작하면서, 마지막 자녀가 독립하게 될 때까지의 시기를 진수기(進水期)라고 부른다. 자녀의 대학교육, 결혼 등으로 인해 가계지출이 큰 시기이므로, 이 시기를 위한 경제적 준비가 이전 단계에서 제대로 이루어지지 않았다면 재정적인 어려움을 겪게 될 가능성이 크다.

조금 더 시간이 지나 자녀가 결혼이나 독립을 해서 가정을 떠나면, 다시 부부만이 남는 시기가 돌아온다. 이 때 부모가 아직 은퇴 이전이라 직업활동이나 사회활동을 하고 있으면 그 시기를 빈 둥지기(empty nest)라고 한다. 이 시기 부터는 경제적인 부담이 가벼워질 뿐 아니라 시간적 여유도 생기므로 노부부만을 위한 취미와 여가활동을 위한 투자가 이루어진다.

자녀 수 및 자녀의 독립시기, 가장의 은퇴시기 등에 따라 달라지겠지만, 대게 진수기와 빈둥지기에 해당하는 부부의 연령은 40대 후반부터 시작하여 50대를 거쳐 60대 초반 정도가 될 것이다. 또한 같은 50대라고 하더라도 직업과 가족관계, 건강 등에 의해 각기 처해진 여건이 많이 다를 것이다. 그러나 조만간 은퇴를 앞두고, 향후 노후생활을 위한 막바지 준비를 철저히 해야 한다는 것은 공통적인 과제이다.

30~40대에 꾸준히 저축을 해 왔다면, 보유한 여유자금의 투자 방법을 고민해야 하고, 이제껏 해왔던 공격적인 투자에서 안정적인 투자성향으로 전환해야 할 시기이다. 또한 주거용 부동산의 이전이나 투자용 부동산을 현금흐름이 있는 수익성 부동산으로 전환하여 노후대비용으로 활용하는 것을 고려할 때이기도 하다.

사실 50대에 은퇴설계를 시작하는 것은 사실 매우 늦은 것이다. 그러나 30, 40대 젊은 시절을 내 집 마련과 자녀 교육에 매달릴 수 밖에 없는 것이 현실이기 때문에 그나마 약간의 여유가 생긴 50대 시절에라도 노후준비에 매진하여, 마지막 기회를 제대로 활용해야 할 것이다.

이 시기에는 안정성에 비중을 두고 보수적으로 자산을 운용하는 것이 원칙으로 여겨지고 있다. 노후에 사용할 돈일 뿐만 아니라, 앞으로 경제활동을 할 시간이 별로 남지 않았으므로 원금 상실의 위험이 있으면 안 되기 때문이다. 그러나 최근에는 평균 수명이 늘어나면서 더 많은 자금이 필요하게 되었고, 저금리로 인해 정기예금과 같은 금융상품으로는 충분한 자금 축적이 어렵기 때문에 자산의 일부는 다소 공격적인 투자를 하는 경향도 있다. 특히 주식형 펀드 등 다양한 간접 투자상품을 활용하면 본인의 투자성향에 따라 어느 정도의 수익성과 안전성을 조절할 수 있다.

여유자금을 운용할 때는 상대적으로 안정성이 높은 채권관련 투자나 주식투자 상품 가운데는 고수익 추구보다는 안정적인 수익을 추구하는 상품이 적합하다. 은행의 특정금전신탁을 통해 금리 조건이 좋은 채권을 골라 만기까지 보유하는 투자 전략이나 원금보장이 가능한 주가지수 연동예금 등을 통해 투자하는 경우 안정성 확보와 함께 확정금리 예금이자 이상의 수익을 기대할 수 있다.

50대에는 총 금융자산의 40% 이내에서 투자형 상품에 투자를 하되, 주식시장 등락에 크게 영향을 받지 않고 안정적인 수익을 추구하는 상품들로 선택하는 것이 바람직하다. 주식 편입 비중을 30% 대로 낮추고 안정적인 채권에 투자하는 혼합형 펀드 상품이나 주식의 비중을 다소 높이더라도 1년 이상 장기 투자해 안정적인 수익을 추구하는 상품이 좋다.

현재 중년기, 노년기는 부동산에 대한 신뢰가 매우 높은 세대이다. 그러나 앞으로는 부동산에 대한 기대는 줄이는 것이 좋다. 고령화 사회가 본격화되고, 부동산 투자에 공을 세웠던 현재 중년기가 은퇴기에 접어들기 시작하면서 부동산시장은 부정적 영향을 받을 것이라는 전망이다. 또한 보유세, 양도세 등의 세금문제도 만만치 않은 부담이 된다. 그러므로 전체 자산에서 부동산의 비중을 줄이는 전략을 선택하는 것이 바람직하다. 또한 노후를 위한 수단으로 부동산 투자자산을 보유할 경우에는 반드시 현금화 가능성을 중요하게 고려해야 한다. 토지나 임야보다는 상가나 주택과 같은 임대 가능한 부동산을 보유하여 임대수입을 얻음으로서, 정기적인 현금 흐름을 창출하는 방안도 좋다. 그러나 개인연금을 보유하지 않고 부동산 임대수입에 전적으로 의존해서는 안 된다. 은퇴 후 생활비는 안정적인 연금 상품에서 나올 수 있도록 자산을 배분하는 것이 바람직하기 때문이다.

또한 50대에는 미래의 위험, 즉 각종 질병, 사고, 노후 질환에 대비하여 실버 보험에 가입하는 것도 고려해야 하는 사안 중 하나이다. 젊어서는 조기사망을 대비하거나 암과 같은 중질환에 대비한 보험 상품에 가입했지만, 앞으로는 장기 생존이나 치매, 간병 등의 위험에 대비한 보험이 필요하다는 것이다. 즉 현재 가계가 보유하고 있는 보험을 미래의 위험에 맞게 재구성하는 기회를 가져야 하고, 미래의 위험에 대한 준비가 부족하다면, 추가적인 보험에 가입해야 한다. 그러나 연령이 높아지면 보험료가 비싸지는 것이 당연하므로 위험과 비용의 관계를 잘 고려해서 적정 수준 범위 내에서 가입해야 할 것이다.

4) 노년기 가계의 은퇴설계 전략

UN에서 정한 공식적인 노인인구는 65세 이상을 말하지만, 재무설계에서 노년기란 노동활동을 중단하고, 축적된 자산, 노령 연금 등에 의존하여 생활하는 시기, 즉 은퇴 후 가계를 의미한다고 봐도 무방하다. 경제적, 정서적, 사회적으로 은퇴에 대한 준비가 되어 있지 않으면 노년기 삶의 질이 저하될 수 있다. 미리 은퇴에 대한 마음의 준비와 경제적인 준비를 하고, 노년기에 대해 긍정적인 태도를 가지며, 노후생활에 적합한 건전하고 적극적인 여가활동을 할 수 있도록 능력을 함양하는 것이 중요하다.

노년기, 은퇴기에는 급여나 사업소득이 급감하고, 그에 따라 지출도 급감하며 자산소득 및 연금소득의 비중이 커진다. 은퇴 전에 비해 여러 가지 재정적 제약이 생기기 때문에 은퇴기의 재무설계는 매우 소극적이 되기 쉽다. 그러나 요즘과 같이 평균수명이 증가하고, 삶의 질 향상에 대한 욕구가 커지며, 저금리 기조가 지속되는 시대에는 그냥 소극적으로 살면 원하는 수준의 삶을 살아가기 어려울 수도 있다. 은퇴 후에 20~30년의 긴 기간 동안 원하는 수준의 삶을 살기 위해서는 안정적인 현금 흐름 창출에 초점을 맞추어야 한다.

이미 은퇴를 맞이한 가계는 일반적으로 금융 지식에 대해 둔감해지거나 정보 획득이 늦어질 가능성이 높아 단조로운 금융상품을 구성하기 쉽다. 그러나 이제 은행 예금으로 자산 가치를 보존하고 생활비까지 벌던 시대는 끝났으며, 노년기에도 적극적이고 장기적인 투자가 필요하게 되었다. 그러나 개인의 투자성향과 가계의 특성에 따라 투자대안이 달라져야 함을 기억해야 한다. 원금을 지키는 것이 가장 중요하고 위험 부담을 감당하기 싫은 투자자들은 은행권의 정기예금, 연금보험 등을 고려해 보는 것이 좋다. 정기예금 보다 조금 더 수익을 얻기를 원한다면 지수연동형 정기예금을 고려해 볼만 하다. 아직 60세가 되지 않은 은퇴자들 중 국민연금에 가입하지 않은 경우가 있다면 국민연금의 불입도 고려해 볼 일이다.

또 하나의 중요한 전략은 제 2의 인생을 적극적으로 개척하는 것이다. 최근 인생 이모작, 인생 2막 등의 용어가 사용되며 은퇴 후 새로운 직업, 즉 세컨드 잡(second job)을 찾는 노령인구들이 증가하고 있다.

은퇴기 가계 중에는 부동산으로 인하여 종합과세에 대해 걱정을 하는 경우도 상당히 있다. 종합과세 대상이 되면 부담해야 하는 세액도 문제가 되지만, 이로 인하여 세무조사와 같은 불필요한 절차가 있을 수 있다. 따라서 무조건 종합과세를 피하고 싶은 경우에는 절세형 상품만으로는 부족하며 수익률이 다소 떨어지더라도 비과세 상품을 가지고 있는 것이 좋다. 주식 간접투자 상품에 일정액을 운용하여 금융소득종합과세 대상 금액을 줄이는 것도 필요하다.

또한 상속세는 엄청난 금액에 해당될 수 있다는 것을 주지해야 한다. 자산이 많은 경우, 일찍 증여하는 전략이 필수적이다. 증여세 면제한도를 활용하여 배우자와 자녀에게 되도록 빨리 증여하고, 현금보다는 향후 가치가 상승할 수 있는 부동산 위주로 증여하는 것이 유리하다. 또한 증여금액이 매우 많은 경우에는 3세대 증여를 하는 것이 유리할 수도 있다.

은퇴기 가계는 재무설계를 하더라도 급격히 포트폴리오를 변경하기 보다는 가계 구성원의 성향과 계획을 잘 반영하는 것이 중요하다. 은퇴 후 생활에서는 현금 흐름의 창출이 가장 중요하고, 자녀에게 상속을 얼마나 자연스럽게 진행하느냐도 중요하다. 뿐만 아니라, 유언에 대한 고려, 건강이 안 좋거나 병 등에 걸렸을 때의 준비, 보험을 포함한 현재의 자산과 부채현황의 정리 등도 미리 미리 예측하고 준비해 두는 것이 필요하다.

부부 함께 번다고 느긋해하다 '맞벌이 함정' 빠질라

보험과 은퇴코너 11-1

2011년 2분기 통계청의 가계동향 조사에 따르면 2인 이상 도시 가구 중 39%가 맞벌이를 하고 있는 것으로 나타났다. 부부가 함께 벌다 보니 외벌이 가구보다 소득이 높고 저축할 수 있는 여력이 많은 게 사실이다. 외벌이 가구의 경우 월평균 소득이 361만 원인 데 비해 맞벌이 가구는 484만 원으로 123만 원 정도 많다. 소득에서 소비를 뺀 저축 여력은 외벌이가 61만 원인 데 비해 맞벌이 가구는 두 배 가까운 118만 원이나 됐다.

통계자료만 놓고 본다면 맞벌이 가구가 외벌이 가구보다 훨씬 경제적 여유가 많아 은퇴준비도 더 잘할 것이라고 생각되지만 실제로는 그렇지 않다. 여성가족부의 '2010년 가족실태 조사'에 따르면 경제적인 노후 준비 여부에 대해 맞벌이 가구의 47.3%만 그렇다고 답한 반면 나머지 52.7%는 아니라고 대답했다. 외벌이 가구는 44.7%가 준비하고 있다고 했으며 55.3%는 준비하지 못한 것으로 나타났다.

맞벌이 가구의 지출을 분석해 보면 오히려 혼자 버는 가구에 비해 환경변화에 따른 위험에 취약하다. 일반적으로 맞벌이 가구는 외벌이 가구에 비해 외식 비중이 높고 육아 및 교육 비용도 상대적으로 많이 쓰는 게 특징이다. 또 무리하게 대출을 받아 집을 사는 경우도 많다.

이처럼 평소 소비 규모가 크다 보니 자칫 실업과 같은 예기치 못한 사태가 발생하면 경제적 파산에 이를 수 있다. 2004년 미국에서 베스트셀러를 기록했던 '맞벌이의 함정(The Two Income Trap)'이라는 책은 맞벌이 부부 중 한 명이 실직하면 가계가 급속도로 위축돼 가계 파산 및 신용불량자로 전락하는 매커니즘과 사례를 소개해 큰 반향을 일으켰다.

맞벌이 가구가 오히려 함정에 빠지지 않고 충분한 은퇴준비를 하기 위해서는 보다 철저한 관리가 필요하다.

첫째, 부부 중 한 사람의 소득은 갑자기 닥칠 수 있는 위험에 대한 대비나 미래 은퇴준비 등을 위해 저축하는 방향으로 현금흐름을 조절해야 한다.

둘째, 부부 중 한쪽의 소득이 없어도 이전과 크게 차이 없이 살아갈 수 있도록 준비해야 한다. 엘리자베스 워런 하버드대 교수는 '맞벌이의 함정'이라는 책에서 갑작스런 실직이나 질병으로 소득이 없어졌을 때 외벌이 가구보다 맞벌이 가구가 더 위험하다고 지적했다. 외벌이 가구의 경우 남편이 실직하면 대신 부인이 나가 상실된 소득을 메울 수 있기 때문이다.

셋째, 부부가 함께 은퇴준비를 설계하는 게 바람직하다. 맞벌이 가구는 부부가 따로 자산을 관리하는 경우가 많은데 이러다 보면 은퇴준비가 서로 중복되거나 비효율적으로 이뤄질 가능성이 높다. 특히 맞벌이 가구의 은퇴 전 소비수준이 높기 때문에 은퇴 이후 필요한 생활비 역시 외벌이 가구보다 많다.

따라서 국민연금과 같은 기본적인 연금제도 이외에 개인연금이나 변액연금 등과 같은 금융상품을 활용해 충분한 연금자산을 마련해야 한다.

출처: 한국경제(2011년 10월 9일자). "우재룡의 준비된 은퇴"

3. 생애주기별 은퇴설계 사례

1) 신혼기 가계

다음은 30대 신혼기에 해당하는 박영수, 김은희 부부 가계의 사례이다. 가계의 특성과 재무상태를 살펴보고 앞으로의 은퇴설계 전략을 생각해 보자.

가족사항

- 남편 박영수: 만 32세, 세대주, 대졸, ○○물산 직원
- 아내 김은희: 만 31세, 대졸, 전업주부(결혼 전 3년 근무 후 퇴사)
- 현재 결혼 3년차, 임신 5개월

자산상태표(2011년 12월 현재)

자 산	부 채
• 현금성 자산 – 자유저축예금 800만 원 • 투자자산(현재가치) – 상호저축은행 정기예금 1,000만 원 – 주택청약부금 210만 원 – 성장주식형 적립식펀드 420만 원 • 부동산 관련 – 전세보증금 1억 1,000만 원	• 단기부채 – 신용카드 현금서비스 260만 원 • 장기부채 – 전세자금 대출 8,000만 원 – 자동차할부금 450만 원
총 자산액=1억 3,430만 원	총 부채액=8,710만 원
순자산(net worth)=4,720만 원	

현금흐름표(2011년 연간 자료로 월평균액 계산)

월평균 가계소득	
근로소득(세금, 국민연금, 건강보험 공제 후 실수령액): 박영수 300만 원	
총 가계소득=300만 원	
월평균 가계지출	
• 고정지출 - 주택청약종합저축 15만 원 - 성장주식형 적립식펀드 30만 원 - 종신보험(부부가입, 암보험 특약 포함) 30만 원 - 자동차보험 6만 원 - 대출이자 40만 원 - 자동차 할부금 25만 원	• 변동지출 - 주식비 25만 원 - 외식비 30만 원 - 주거관리비, 광열수도비 16만 원 - 의복, 신발비 20만 원 - 보건의료비 10만 원 - 교육 및 교양오락비 10만 원 - 교통비 및 차량유지비 15만 원 - 통신비 20만 원 - 기타(교제비, 상조비 등) 8만 원
총 고정지출=146만 원	총 변동지출=154만 원
총 가계지출=300만 원	

(1) 재무상태 평가

대표적인 재무비율을 이용하여 박영수, 김은희 가계의 재무상태를 진단해보면 다음과 같다.

- 소득 대비 소비지출 비율=154만 원/300만 원=0.513
- 자산 대비 부채 비율=8,710만 원/1억 3,430만 원=0.649
- 순자산 대비 투자자산 비율=1,630만 원/4,720만 원=0.345
- 월평균지출 대비 유동자산 비율=800만 원/300만 원=2.667
- 순자산 대비 유동자산 비율=800만 원/4,720만 원=0.170
- 소득 대비 부채상환금 비율=65만 원/300만 원=0.133

고정지출을 제외한 소비지출이 소득의 51.3%로서, 재정상태의 안정성 측면에 있어서는 양호한 수준이다. 그러나 신혼기 가계이기 때문에 생활비를 조금 더 줄이고, 저축액을 높여서 성장성 부분에 보다 더 주력해야 한다. 현재 가계의 저축은 주택

청약부금 15만 원, 성장주식형 적립식펀드30만 원으로 총 45만 원에 불과하다. 저축액이 소득의 15%밖에 안 되는 수준이다. 외식비, 의복 신발비, 통신비 등 선택재비목의 소비지출을 줄여서 한 달 생활비를 100만 원 이하로 줄이고, 절세형 장기 적립식 저축에 50만 원 정도를 매달 납입하는 것이 좋겠다. 자동차 할부가 끝나면 그에 해당하는 금액 역시 저축이나 간접투자상품에 적립하는 것이 좋다.

박영수, 김은희 가계의 총부채액은 총자산의 65% 가량이다. 이는 전세자금 대출, 자동차할부금, 신용카드 현금서비스 등의 합인데, 일반적으로 부채가 자산의 50% 이상을 차지하면 재정적으로 위험하다고 판단한다. 그러나 이들 부부는 아직 신혼기이며, 부채액의 90%가 전세금 대출이기 때문에 충분히 극복할 수 있는 문제이다. 신용카드 현금서비스나 마이너스통장 등을 사용하지 않는 습관을 들이고, 차근차근 저축해서 부채 상환을 우선적인 재무목표로 삼아야 할 것이다.

순자산 대비 투자자산 비율은 34.5%로 나타났다. 신혼기 가계로는 상당히 높은 수준이라고 볼 수 있다. 그러나 정기예금에 들어 있는 1,000만 원을 CD, MMF 등 조금 더 수익성이 높은 상품으로 대체하는 것이 좋겠다. 그리고 공격적인 성향을 발휘한다면, 간접투자에 거치하는 것도 가능하다.

월평균지출 대비 유동자산 비율은 가구주의 실업 등으로 인해 소득상실이 일어날 경우, 월평균지출액을 감당할 수 있는 유동자산이 어느 정도 되는지 평가하는 것인데 일반적으로 2~6이 바람직하다. 비상사태가 발생할 경우에는 적립식 펀드도 환매가 가능하므로, 유동성에 있어서는 크게 문제될 것이 없어 보인다.

(2) 은퇴설계 제안

현재 남편 박영수 씨가 32세, 아내 김은희 씨가 31세이다. 박 씨가 60세에 은퇴하고 85세까지 생존하며, 박 씨 사망 후 아내 혼자 지내는 기간이 5년이라고 가정해 보자. 이들 부부가 은퇴까지 남은 기간은 28년, 은퇴 후 부부가 함께 사는 기간은 25년, 그리고 아내 김 씨가 혼자 살아야 하는 기간이 5년이다. 즉, 은퇴 후 30년 동안의 생활을 유지할 은퇴자금이 필요하고, 앞으로 28년 동안 그 돈을 모아야 한다.

은퇴 후 부부가 함께 사는 동안의 한 달 생활비는 현재 생활비의 70%인 210만 원으로 가정하고, 남편 사망 후 아내 혼자 살아갈 때의 생활비는 130만 원(210만 원의 약 60%)으로 추정한다. 그러면 박영수, 김은희 부부가 은퇴 후 필요한 총 생활비는 약 7억 원이 되고, 국민연금 수령액으로 60만 원을 받는다고 가정하면, 이들 부부의 은퇴자금은 현재가치로 5억 2,800만 원이 필요하다는 결과가 나온다.

연평균 물가상승률을 4%로 가정하면, 현재 가치로 5억 2,800만 원은 28년 후인 은퇴시점의 가치로 15억 8,300만 원이 된다. 또한 박영수씨는 연간소득의 12분의 1을 퇴직연금으로 적립해 나갈 수 있으므로 6%대의 수익률을 가정하면 퇴직연금으로 2억 2,000만 원을 확보할 수 있다. 그러므로 박영수, 김은희 부부의 은퇴자금은 미래가치로 13억 6,300만 원이 된다. 이는 아내가 사망하는 시점인 30년 후 까지 매년 평균 4,500만 원이 필요하다는 의미이다.

은퇴 후 자금운용의 기대수익률을 7%로, 은퇴 후 물가상승률을 4%로 가정하면, 실질수익률은 대략 3%가 된다. 실질수익률 3%로 투자하면서 은퇴 후 30년 동안 매년 4,500만 원씩 인출하기 위해서는 은퇴 시점에 9억 1,000만 원 정도의 자금을 가지고 있어야 한다.

박영수, 김은희 부부가 2년 전부터 매달 30만 원 씩 불입하고 있는 성장주식형 적립식펀드를 은퇴시점까지 계속 유지한다고 가정하고, 기대수익률을 10%로 잡으면 은퇴시점인 28년 후에 6억 8,000만 원이 된다. 박 씨 부부의 은퇴 필요자금 9억 1천만 원에서 이 금액을 빼면 은퇴시점에서 부족한 자금은 2억 3,000만 원이 된다. 물론 28년 동안 적립식 펀드를 유지하는 것도, 기대수익률이 10%로 유지되는 것도 어려운 일이므로, 투자대안의 적절한 변경을 통해 기대수익률을 유지하는 방법을 찾아야 할 것이다.

28년 후 2억 3,000만 원을 모으고자 할 때, 기대수익률을 6%로 가정하면 매년 317만 원 정도를 적립해야 한다. 박영수, 김은희 가계는 현재 개인연금을 가지고 있지 않으므로, 일단은 개인연금을 가입하여 매달 30만 원 정도씩 적립하는 것이 바람직하다. 특히 변액연금을 이용하여 주식형의 비중을 높인다면 상당한 성과를 거둘 수 있을 것이다.

2) 자녀학령기 가계의 은퇴설계 사례

다음은 자녀 학령기에 해당하는 이근면, 김성실 부부 가계의 사례이다. 가계의 특성과 재무상태를 살펴보고, 앞으로의 은퇴설계 전략을 생각해 보자.

가족사항

- 남편 이근면: 만 43세, 세대주, 대졸, 중소기업 차장
- 아내 김성실: 만 39세, 대졸, 전업주부
- 자녀 2명: 만 15세(중학생), 만 11세(초등학생)
- 8년 전 서울 외곽 신도시에 32평 아파트를 분양 받아 작년에 대출상환 완료

자산상태표(2011년 12월 현재)

자 산		부 채
• 현금성 자산	– 자유저축예금 400만 원	• 단기부채 – 마이너스 통장 2,000만 원
• 투자자산(현재가치)	– 정기예금 1,000만 원	• 장기부채 – 자동차할부금 500만 원
	– 거치식 펀드 2,000만 원	
• 부동산 관련	– 거주용 아파트 4억 원	
총 자산액=4억 3,400만 원		총 부채액=2,500만 원
순자산(net worth)=4억 900만 원		

현금흐름표(2011년 연간 자료로 월평균액 계산)

월평균 가계소득	
근로소득(세금, 국민연금, 건강보험 공제 후 실수령액): 이근면 400만 원	
총 가계소득=400만 원	
월평균 가계지출	
• 고정지출 – 생명보험(온가족) 30만 원 – 자동차보험 5만 원 – 자동차 할부금 40만 원 – 연금 (이근면) 20만 원	• 변동지출 – 생활비 195만 원 – 자녀 2명 교육비 110만 원
총 고정지출=95만 원	총 변동지출=305만 원
총 가계지출=400만 원	

(1) 재무상태 평가

자산상태표와 현금흐름표를 보면서 대표적인 재무비율을 이용하여 이근면, 김성실 부부 가계의 재무상태를 진단해 보면 다음과 같다.

- 소득 대비 소비지출 비율=305만 원/400만 원=0.763
- 월평균지출 대비 유동자산 비율=400만 원/400만 원=1.0
- 자산 대비 부채 비율=2,500만 원/4억 3,400만 원=0.058
- 소득 대비 부채상환금 비율=40만 원/400만 원=0.1
- 순자산 대비 투자자산 비율=3,000만 원/4억 2,900만 원=0.070
- 순자산 대비 유동자산 비율=400만 원/4억 2,900만 원=0.009

남편의 근로소득 외에 다른 소득원이 없기 때문에 고정지출을 제외한 소비지출이 전체 소득의 76.3%를 차지한다. 그래서 저축을 할 여력이 없는 것으로 보인다. 이는 고정지출의 내역을 봐도 알 수 있는데, 고정지출의 42%는 자동차 할부금으로 나가고, 37%는 보험이며, 저축은 연금으로 20만 원 넣는 것이 전부이다. 자녀교육비가 전체 변동지출의 36%를 차지하기 때문에 부담이 큰 것으로 보인다. 교육비 지출 내역에 대해 다시 점검해 볼 필요가 있다.

자산상태표를 보면, 작년까지 주택 마련에만 초점을 두어온 탓에 자산의 규모나 다양성이 있어서 부족함이 있다. 유동성(현금성) 자금이 400만 원 밖에 안 되는 것은 문제가 있다. 일반적으로 월평균지출 대비 유동자산 비율이 2~6이 바람직하고 알려져 있다. 즉, 가구주의 실업 등으로 인해 갑작스런 소득상실이 일어날 경우, 2~6개월 정도의 생활이 유지될 수 있도록 유동성 자산을 가지고 있어야 한다는 것이다. 그런데 이들 부부 가계는 단지 한 달 생활비만큼만 유동성 자산으로 가지고 있다.

이근면, 김성실 가계의 경우, 부채가 많지 않기 때문에 안전성 측면에서는 문제가 없다. 다만 자동차 할부금의 경우, 금리가 천차만별이기는 하지만 대개 10% 이상의 고금리이므로, 비싼 이자를 주면서 부채를 상환하기보다는 현재 5% 안팎의 금리를 제공하는 정기예금을 해지하여 500만 원의 자동차 할부금 잔액을 조기 상환하는 것이 좋겠다. 이렇게 하면 정기예금 500만 원의 잔액과 한 달 40만 원을 다른 대안에 투자할 수 있게 된다.

이들 가계는 유동자산뿐 아니라, 투자자산의 비율도 매우 낮다. 주택 마련 때문에 투자를 거의 못한 것인데 자녀교육과 노후자금을 위해 이제부터라도 다양한 투자방법을 통해 목돈을 마련해야 할 것이다. 일단 자유저축예금에 있는 400만 원은 조금이라도 이자를 더 얻을 수 있는 CMA로 옮기고, 앞서 정기예금을 해지하여 부채를 상환한 후 남은 500만 원, 거치식 펀드에 들어가 있는 2,000만 원 그리고 부채상환을 하던 40만 원을 재분배하여 투자 포트폴리오를 작성해야 한다.

(2) 은퇴설계 제안

현재 남편 이근면 씨는 43세, 아내 김성실 씨는 39세이다. 남편 이 씨가 60세에 은퇴하고 80세까지 생존하며, 이 씨 사망 후 아내 혼자 지내는 기간이 10년이라고 가정해 보자. 이들 부부가 은퇴까지 남은 기간은 17년, 은퇴 후 부부가 함께 사는 기간은 20년, 그리고 아내 김 씨가 혼자 살아야 하는 기간이 10년이다. 즉, 은퇴 후 30년 동안의 생활을 유지할 은퇴자금이 필요하고, 앞으로 17년 동안 그 돈을 모아야 한다.

은퇴 후 부부가 함께 사는 동안의 생활비는 예상 생활비와 세금을 고려해서 현재 생활비의 70%인 280만 원으로 정하고, 남편 사망 후 아내 혼자 살아갈 때의 생활비는 160만 원(300만 원의 약 60%)으로 예상했다. 이때 이근면, 김성실 부부가 부부가 은퇴 후 필요한 총 생활비는 8억 6,400만 원이 된다. 1964년생인 이근면 씨가 완전노령연금을 수급하는 연령은 63세이고, 국민연금 수령액으로 월평균 80만 원을 받는다고 가정하면, 이들 부부의 은퇴자금은 현재가치로 6억 500만 원이 필요하다는 결과가 나온다.

물가상승률을 4%로 가정하면, 현재 가치로 6억 7,700만 원은 17년 후인 은퇴시점의 가치로 11억 8,000만 원이 된다. 이근면 씨는 은퇴시점에 서 8,000만 원의 퇴직금을 받을 것으로 예상하고 있으므로 이들 부부 가계의 은퇴자금은 11억 원이 된다. 이는 아내가 사망하는 시점인 30년 후 까지 매년 평균 3,600만 원이 필요하다는 이야기이다.

은퇴 후 자금운용의 기대수익률을 7%로 잡고, 은퇴 후 물가상승률을 4%로 잡으면 실질수익률은 대략 3% 정도가 된다. 실질수익률 3%로 투자하면서 은퇴 후 30년 동안 매년 4,200만 원씩 인출하기 위해서는 은퇴 시점에 7억 2,000만 원 정도의 자금을 가지고 있으면 된다.

현재 이근면 씨 명의로 매달 20만 원씩 불입하고 있는 개인연금은 은퇴시점인 60세까지 계속 납입할 예정이고, 은퇴 후 현재 거주하고 있는 아파트를 작은 평수로 줄여 이사해서 은퇴자금을 마련할 생각이다. 은퇴준비자금이 많이 부족하기 때문에 부동산을 일부 매각하여 이를 은퇴자금으로 쓰는 방법을 선택한 것인데, 아마 많은 수의 40대 가장들이 이러한 계획을 가지고 있을 것으로 예상된다. 이렇게 연금과 부동산 등을 감안하면 은퇴시점에서 이근면, 김성실 부부의 부족한 은퇴자금을 계산할 수 있다. 개인연금의 기대수익률을 4%로 잡고 가입기간을 30년으로 계산하며 부동산으로부터 마련한 자금을 합치면 3억 2,000만 원이 되고, 이를 이시 부부의 은퇴 필요자금에서 차감하면 은퇴시점에서 부족한 자금은 4억 원 정도가 된다.

17년 후 4억 원을 모으고자 할 때, 기대수익률을 7%로 잡으면 매년 1,200만 원 정도를 적립해야 한다. 그런데 현재의 수입, 지출 구조를 볼 때, 이처럼 한 달에 100만 원을 추가적으로 투자한다는 것은 거의 불가능한 일로 보인다. 방법은 생활비와 교육비를 줄이는 것이다. 사실 현재 가지고 있는 정기예금 1,000만 원과 거

50대의 은퇴설계 체크리스트 보험과 은퇴코너 11-2

- 은퇴 후 대차대조표를 작성하라. 모아둔 노후자금을 점검하고 노후를 계산하라.
- 국민연금관리공단과 직장을 통해 얼마나 받을 수 있는지 확인하라.
- 과세이연 혜택을 받을 수 있는 퇴직계좌에 지속적으로, 추가적으로 기여를 하라.
- 착실히 준비해 왔다면 보수적인 운용전략으로 방향을 바꾸고 착륙을 준비하라.
- 건강보험, 질병보험 등 노인보험의 보장내용을 점검하라.
- 필요하다면 비싸도 가입하라.
- 보유한 부동산을 어떻게 처리할 것인지 생각하라.

출처: 우승호(2006). 노후설계 백서. p.399.

치식펀드 2,000만 원은 자녀교육비로 쓸 생각으로 은퇴자금 산정에 포함시키지 않았다. 그러나 이를 은퇴자금으로 편입하여 보다 수익률 높은 대안을 찾는 방법을 강구해야 할 것이다. 또한 현재 60세로 예상하고 있는 은퇴 연령을 증가시킬 수 있는 방법을 찾거나, 은퇴 후 제2의 직업을 가짐으로써 지속적인 소득원을 창출하는 방법을 적극적으로 고려해야 한다.

3) 중년기, 자녀독립기 가계의 은퇴설계 사례

다음은 중년기, 자녀독립기에 해당하는 최부장, 한여사 부부 가계의 사례이다. 가계의 특성과 재무상태를 살펴보고, 앞으로의 은퇴설계 전략을 생각해 보자.

가족사항

- 남편 최부장: 만 55세, 세대주, 대학원졸, 대기업 부장, 은퇴 예상 연령 60세
- 아내 한여사: 만 55세, 대졸, 전업주부
- 자녀 2명: 만 27세(사무직 종사, 부모로부터 독립), 만 22세(대학교 3학년)

자산상태표(2011년 12월 현재)

자 산	부 채
• 현금성 자산 - 자유저축예금 2,000만 원 • 투자자산(현재가치) - 정기예금 5,000만 원 - MMF 1억 5,000만 원(퇴직금 중간정산 금액) • 부동산 관련 - 거주용 아파트 4억 5,000만 원 - 토지 1억 1천만 원	• 단기부채 • 장기부채
총 자산액=7억 8,000만 원	총 부채액=0원
순자산(net worth)=7억 8,000만 원	

현금흐름표(2011년 연간 자료로 월평균액 계산)

<table>
<tr><th colspan="2">월평균 가계소득</th></tr>
<tr><td colspan="2">근로소득(세금, 국민연금, 건강보험 공제 후 실수령액): 최부장 520만 원</td></tr>
<tr><td colspan="2">총 가계소득=520만 원</td></tr>
<tr><th colspan="2">월평균 가계지출</th></tr>
<tr><td>• 고정지출
- 보험(남편 종신, 연금) 15만 원
- 자동차보험 7만 원
- 저축 100만 원</td><td>• 변동지출
- 생활비 398만 원(자녀교육비 포함)</td></tr>
<tr><td>총 고정지출=122만 원</td><td>총 변동지출=398만 원</td></tr>
<tr><td colspan="2">총 가계지출=520만 원</td></tr>
</table>

(1) 재무상태 평가

자산상태표와 현금흐름표를 통해 최부장, 한여사 부부 가계의 재무상태를 진단해 보면 다음과 같다.

월 소득에서 생활비를 제외하고 매달 100만 원을 고정적으로 저축하고 있는 것은 매우 바람직하다. 이 금액이 노후생활에 큰 도움이 되므로 향후 지속적으로 운용할 뿐 아니라, 생활비를 조절하여 저축액을 더 늘리고 저축방법을 바꾸는 것에 대해 고려해 볼 필요가 있다.

현재 보유 자산은 거주하고 있는 아파트 4억 5,000만 원, 토지 1억 1,000만 원으로 부동산이 총 5억 6,000만 원, 퇴직금 중간 정산 금액을 포함하여 금융 자산이 총 2억 2,000만 원 규모이다. 부채가 전혀 없기 때문에 자산상태는 매우 안정적이라고 볼 수 있다. 그러나 자산의 구성을 볼 때, 부동산의 비중이 과도하다. 은퇴를 5년 앞둔 가계의 경우, 부동산보다는 유동성이 있는 자산을 보유하는 것이 좋다. 급한 것은 아니지만, 좋은 기회가 있으면 부동산을 처분하여 금융자산 쪽으로 바꾸는 것이 바람직하다.

현재 가지고 있는 자산이 은퇴 후 노후 생활을 위해서만 모두 사용될 수 있다면 여유 있는 생활이 가능하겠지만, 예상치 못한 질병에 대비할 여유자금, 자녀들의 결혼비용 등 목돈이 들어갈 상황에 대해서도 대비를 해야 한다. 또한 은퇴 후 여가생활을 즐기기 위해서는 여유자금이 더 필요하다.

특히 현재 최부장, 한여사 가계의 보험료 지출 구조를 보면, 남편의 종신 및 연금보험으로 15만 원을 지출하고 있는데, 아내의 보험이 전혀 없다는 것은 매우 큰 문제이다. 미래의 위험, 즉 각종 질병, 사고, 노후 질환에 대비하여 건강보험에 가입해야 한다. 남편의 보험도 다시 한 번 점검하여 미래의 질병 위험에 대비할 수 있도록 재구성하는 것이 좋다. 부부의 건강보험으로 20~30만 원 정도 지출한다면 적합할 것으로 보인다. 또한 자녀결혼과 자녀 주택 원조 등에 예상되는 비용과 그 시기는 미리 구체적으로 계산하고 계획을 수립해서 목돈 마련을 위한 투자대안을 선택해야 한다. 현재 보유하고 있는 토지는 전세를 끼고 부동산을 매입하거나 임대를 위한 주택구입을 고려하는 것도 좋겠다. 이는 향후 자녀 주택 마련에 도움이 될 수도 있기 때문이다.

(2) 은퇴설계 제안

현재 남편 최부장 씨와 아내 한여사 씨는 55세이다. 남편 이 씨가 60세에 은퇴하고 83세까지 생존하며, 최 씨 사망 후 아내 혼자 지내는 기간이 7년이라고 가정해보자. 이들 부부가 은퇴까지 남은 기간은 5년, 은퇴 후 부부가 함께 사는 기간은 23년, 그리고 아내 한 씨가 혼자 살아야 하는 기간이 7년이다. 즉, 은퇴 후 30년 동안의 생활을 유지할 은퇴자금이 필요하다.

은퇴 후 부부가 함께 사는 동안의 생활비는 예상 생활비와 세금을 고려해서 현재 생활비의 65%인 340만 원으로 잡고, 남편 사망 후 아내 혼자 살아갈 때의 생활비는 220만 원(340만 원의 약 65%)으로 예상했다. 이 때 최부장, 한여사 부부가 은퇴 후 필요한 총 생활비는 11억 2,000만 원이 된다. 최부장씨는 1988년 국민연금이 시작되던 시점에 가입하여 직장가입자로 국민연금을 납부해 왔고, 만 61세부터 월평균 74만 원 씩 노령연금을 수령하기 시작한다. 이들 부부의 예상생활비에서 국민연금 수령액을 차감하면 은퇴자금은 현재가치로 8억 5,000만 원이 필요하다는 결과가 나온다.

물가상승률을 4%로 가정하면, 현재 가치로 8억 5,000만 원은 5년 후인 은퇴시점의 가치로 10억 3,000만 원이 된다. 이는 아내가 사망하는 시점인 30년 후 까지 매년 평균 3,400만 원이 필요하다는 이야기이다.

은퇴 후 자금운용의 기대수익률을 7%로 정하고, 은퇴 후 물가상승률을 4%로 잡으면 실질수익률은 대략 3% 정도가 된다. 실질수익률 3%로 투자하면서 은퇴 후 30년 동안 매년 4,200만 원씩 인출하기 위해서는 은퇴 시점에 6억 8,000만 원 정도의 자금을 가지고 있으면 된다.

최부장, 한여사 부부 가계는 현재 보유자산이 이미 총 7억 8,000만 원 규모이며, 만약 은퇴시기 까지 앞으로 5년 동안 계속해서 한 달에 100만 원씩 계속 적립을 해 간다면 약 6,600만 원 정도의 돈을 추가로 모을 수 있다. 이처럼 최부장, 한여사 부부는 은퇴 시에 8억 원이 넘는 자산을 가지고 있으므로 생활에 큰 어려움이 없을 것으로 보인다. 그러나 문제는 자산의 60% 이상이 부동산이며, 그 중 80%는 거주 중인 아파트라는 점이다. 자산의 금액으로 보면 이미 은퇴자금을 모은 것으로 보이지만, 자산의 구성을 고려하면 상당히 부족한 수준이라고 할 수 있다. 안정된 노후 생활을 위해서는 금융자산의 비중을 절대적으로 높여야 한다.

현재 가지고 있는 정기예금이 절세혜택이 있는 것이라면, 정기예금을 유지하고 그렇지 않다면 세금우대 상품으로 바꾸는 것도 좋을 것 같다. 또한 현재 MMF에 들어 있는 퇴직금 중간 정산액 1억 5,000만 원은 ELS 펀드, 주식형 및 채권 혼합형 거치식 펀드 및 적립식 펀드 등을 이용하여 수익성과 안정성을 고려한 포트폴리오를 구성하고, 변액유니버셜 보험에 월 50만 원 정도씩 납입함으로써, 보장과 투자를 한꺼번에 하는 것도 좋은 방법이 될 것이다.

4) 노년기 가계의 은퇴설계 사례

다음은 노년기에 해당하는 강청춘, 정여유 부부 가계의 사례이다. 가계의 특성과 재무상태를 살펴보고, 은퇴설계에 대해 고민해 보자.

가족사항

- 남편 강청춘: 만 65세, 세대주, 중소기업을 운영하다가 3년 전 은퇴
- 아내 정여유: 만 62세, 전업주부

• 자녀 1남 2녀: 장녀 35세(기혼), 차녀 33세(기혼, 회사원), 장남 29세(미혼, 회사원)

자산상태표(2011년 12월 현재)

자 산	부 채
• 현금성 자산 - 자유저축예금 2,400만 원 • 투자자산(현재가치) - 특정금전신탁 2억 원 - 공사채형 수익증권 1억 원 - MMF 1억 원 - 주식(직접투자) 4,000만 원 • 부동산 관련 - 거주용 아파트 시가 6억 원 - 임대상가 시가 약 2억 5,000만 원	• 단기부채 • 장기부채 - 상가 임대보증금 3,000만 원
총 자산액=13억 1,400만 원	총 부채액=3,000만 원
순자산(net worth)=12억 8,400만 원	

현금흐름표(2011년 연간 자료로 월평균액 계산)

월평균 가계소득	
국민연금 수령액 40만 원 임대 상가 월세 120만 원	
총 가계소득=160만 원	
월평균 가계지출	
• 고정지출(fixed outflows) - 실버보험(부부) 15만 원 총 고정지출=15만 원	• 변동지출(variable outflows) - 생활비 270만 원 총 변동지출=270만 원
총 가계지출=285만 원	

(1) 재무상태 평가와 은퇴설계 제안

강청춘, 정여유 부부 가계는 주식, 채권, 부동산 등 다양한 형태의 자산구조를 가지고 있으며, 자산규모도 크고 상가에서 나오는 월세와 금융자산에서 발생되고 있는 이자 소득, 국민연금 등 다양한 소득원천을 가지고 있으므로 비교적 안정적인 경제상태라고 판단할 수 있다.

그러나 문제는 매월 지출하는 생활비를 감당할 만한 소득원이 없다는 것이다. 대부분의 금융소득이 장기간에 걸쳐 목돈 형태로 이루어지고 있기 때문에 은퇴 생활에서 가장 필수적 요소인 원활한 현금 흐름 창출이 잘 이루어지지 않을 수 있다. 매달 가계지출은 285만 원인데 소득은 160만 원이므로, 나머지는 금융자산에서 원금을 꺼내 쓰고 있다는 의미이다. 생활비를 다소 줄이고, 일정 금액의 이자소득을 받을 수 있는 소득원을 확보하여 소득과 지출 구조의 균형을 맞출 필요가 있다.

부채는 나중에 세입자에게 돌려주어야 하는 상가 임대 보증금 3,000만 원 뿐이고, 투자자산이 4억 4,000만 원, 거주용 아파트를 합하여 부동산이 8억 5,000만 원이며, 순자산액이 12억 8,400만 원이다. 자유저축예금을 합하여 금융자산이 4억 6,400만 원으로 적지 않은 규모이지만 비과세형 상품이 없다는 단점이 있다.

강청춘, 정여유 가계는 특정금전신탁, 공사채형 수익증권, MMF, 주식투자, 아파트 및 상가 등 다양한 투자대안을 가지고 있으므로 포트폴리오를 크게 바꿀 필요는 없을 것으로 보인다. 다만 연금형태의 자산이 없으므로 매달 일정 금액의 이자 소득을 받을 수 있도록 자산구조를 변경하는 것이 좋겠다.

전체 자산 대비 주식투자비중이 높지는 않다. 주식투자 비중을 높이되, 안정성을 보완하여 주식형 펀드 등 간접투자 상품을 이용하면 좋을 것 같다. 투자용 부동산인 상가는 큰 규모가 아니고, 임대수입이 중요한 소득원이 되므로 계속해서 보유하는 것이 좋고, 특정금전신탁 만기자금이나 공사채형 수익증권 자금을 가지고 약 1억 5,000만 원 상당의 상가나 소형 아파트를 구입하여 월세를 받는 것도 무리가 없어 보인다.

상속과 관련해서는 별로 상황이 좋아 보이지 않는다. 부인과 자녀 명의의 분산이 거의 이루어져 있지 않다. 일찍 상속하는 전략이 필수적이므로 유동성 자산부터 자녀의 소득 범위 내에서 조금씩 명의를 바꾸어 나가는 것이 좋다. 아직은 60 **대 중반이므로 장기적인 절세 전략을 위해 지금부터라도 체계적인 관리를 할 필요가 있다.**

5부 은퇴설계와 연금제도

12장 / 공적연금의 이해
13장 / 퇴직연금의 이해
14장 / 개인연금의 이해

12장

공적연금의 이해

우리나라의 연금제도는 3층 노후생활 보장체계로 이루어져있다. 제1층은 국가가 담당하는 공적연금을 통해 노후를 보장하는 것이고, 제2층은 기업이 퇴직금과 퇴직연금을 통하여 담당하고 제3층은 개인이 저축을 통해 준비하는 것이다. 제 5부에서는 공적연금, 퇴직연금, 개인연금에 대해 살펴보기로 한다.

국민연금은 노후소득보장제도의 기본핵심으로서 국민의 기본적인 생활을 보장하는 성격을 가진다. 국민연금은 건강보험, 재해보험, 고용보험과 함께 우리나라의 4대 사회보험 중의 하나로 국민의 최저생계보장을 위해 의무적으로 가입해야 하는 제도이다.

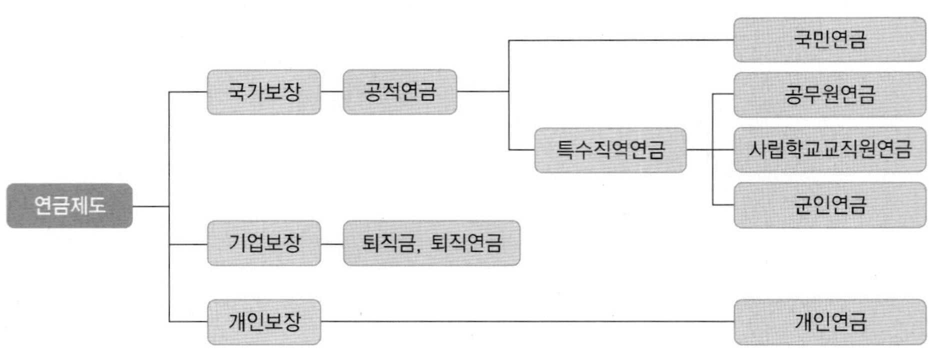

그림 12-1 우리나라의 연금제도

출처: 금융감독원. 퇴직연금 종합안내. 우리나라의 연금체계.

이 장에서는 공적연금인 국민연금에 대한 이해를 위해 국민연금의 연혁과 특징을 살펴보고 가입대상, 보험료, 연금급여의 종류, 신청방법 등의 구체적인 운영원리를 학습한다. 또한 특수직역연금인 공무원연금, 사립학교 교직원연금, 군인연금에 대해서도 살펴본다.

1. 국민연금

1) 국민연금의 목적 및 연혁

국민연금은 국민의 노령, 질병, 폐질 또는 사망에 대하여 연금급여를 실시함으로써 국민의 생활안정과 복지증진에 기여하는 것을 목적으로 하는 제도이다. 국민연금은 국가가 보험의 원리를 도입하여 법률로 제정한 사회보험의 일종으로 가입자, 고용주 및 국가로부터 일정한 보험료를 받고 이를 재원으로 소득능력이 상실하였거나 감퇴된 경우 가입자 본인이나 그 유족에게 일정액의 연금을 지급하여 안정된 생활을 할 수 있도록 지원해 주는 사회보장제도의 하나이다.

우리나라 정부는 1960년대 추진된 경제개발계획으로 산업화, 도시화, 핵가족화, 노령화가 진전됨에 따라 발생된 여러 가지 사회문제를 해결하기 위해 1973년 국민복지연금법을 제정·공포하였다. 그러나 1973년 석유파동의 영향에 의한 경기불황으로 인하여 1974년 1월부터 시행예정이었던 국민연금제도는 무기한 연기되었다. 이후 1986년 종전의 국민복지연금제도를 수정·보완하여 1988년 1월부터 국민연금제도를 본격적으로 시행하게 되었다.

국민연금제도는 기금운용 등 효율적 관리운영을 위해 1987년 9월 독립기관으로 국민연금공단을 설립하였고, 우선적으로 10인 이상 사업장에 근무하는 18세 이상 60세 미만의 근로자 및 사업주를 대상으로 실시하였다. 1992년에는 상시근로자 5인 이상 사업장으로 적용대상을 확대하였으며, 1995년에는 농어촌지역으로 제도가 확대되었다. 1999년부터는 도시지역에까지 확대됨에 따라 전국민 연금시대가 열리게 되었다.

2003년 7월 1일부터는 사업장의 적용범위를 근로자 1인 이상 법인, 전문직종

사업장으로 확대하였고, 2006년 1월 1일부터는 근로자 1인 이상 사업장 전체로 확대하여 비정규직 근로자도 사업장 가입자로 가입할 수 있게 되었다.

2) 국민연금 가입대상자

국민연금의 가입대상자는 원칙적으로 국내에 거주하는 18세 이상 60세 미만의 **개인으로 사업장가입자, 지역가입자, 임의가입자 및 임의계속가입자로 구분된다.**

(1) 사업장가입자

사업장가입자는 국민연금에 의무적으로 가입되는 당연적용사업장에 근무하는 개인을 말한다. 당연적용 사업장은 2006년 1월부터 1인 이상의 근로자를 사용하는 사업장 또는 주한외국기관으로서 1인 이상의 대한민국 국민인 근로자를 사용하는 사업장을 말한다. 따라서 사업장 가입자는 국민연금에 가입된 사업장의 18세 이상 60세 미만의 사용자와 근로자가 해당된다. 그러나 아래의 경우에는 사업장 가입자에서 제외된다.

- 공무원연금, 군인연금, 사립학교교직원연금 가입자 등 타 공적연금 가입자
- 「공무원연금법」, 「사립학교교직원연금법」, 「별정우체국법」에 의한 퇴직연금·장애연금·퇴직연금일시금 수급권을 취득하거나 「군인연금법」에 의한 퇴직연금·상이연금·퇴직연금일시금을 받을 권리를 얻은 자
- 「국민기초생활보장법」에 의한 수급자
- 일용근로자나 1개월 미만의 기한을 정하여 사용되는 근로자. 다만, 1개월 이상 계속 사용되는 경우에는 근로자에 포함(참고: 일용근로자 및 시간제근로자인 경우, 근로계약 여부 또는 근로계약 내용과 관계없이 고용기간이 1개월 이상이고 근로시간이 월 80시간 또는 주당 평균 18시간 이상인 경우에는 가입대상임)

(2) 지역가입자

국내에 거주하는 18세 이상 60세 미만의 사업장가입자가 아닌 사람은 지역가입자가 된다. 다만, 다른 공적연금에서 퇴직연금(일시금), 장애연금을 받는 퇴직연금

수급권자, 국민기초생활보장법에 의한 수급자, 소득활동에 종사하지 않는 사업장 가입자 등의 배우자 및 보험료를 납부한 사실이 없고 소득활동에 종사하지 않는 27세 미만인 자는 지역가입자가 될 수 없다.

표 12-1 **국민연금 가입대상자 유형 및 가입요건**

<table>
<tr><th colspan="2">종 별</th><th>종 류</th><th>가입요건</th></tr>
<tr><td rowspan="4">사업장 가입자</td><td rowspan="3">적용 대상</td><td>일반가입자</td><td>근로자 1인 이상 사업장에 종사하는 18세 이상 60세 미만의 자</td></tr>
<tr><td>특례적용</td><td>국민연금 가입사업장에 종사하는 18세 미만의 근로자로 자기가 원하여 사용자의 동의를 받아 가입한 자</td></tr>
<tr><td>외국인</td><td>국민연금 적용사업장에 종사하는 외국인 또는 외국에 거주하는 재외동포로서 국내에 체류하면서 국민연금 적용사업장에 종사하는 자</td></tr>
<tr><td colspan="2">적용대상 제외자
(임의가입자로 가입가능)</td><td>•「공무원연금법」, 「사립학교교직원연금법」, 「별정우체국법」에 의한 퇴직연금·장해연금·퇴직연금일시금이나 「군인연금법」에 의한 퇴직연금·상이연금·퇴직연금일시금을 받을 권리를 얻은 자(퇴직연금등수급권자)
•「국민기초생활보장법」에 따른 수급자</td></tr>
<tr><td rowspan="2">지역 가입자</td><td>적용 대상</td><td>일반가입자
외국인</td><td>• 18세 이상 64세 미만으로서 사업장가입자가 아닌 자
• 18세 이상 60세 미만으로서 국내에 거주하는 외국인(국내체류 재외동포 등 포함)</td></tr>
<tr><td colspan="2">적용대상 제외자
(임의가입자로 가입가능)</td><td>• 다음 해당자의 배우자로서 별도의 소득이 없는 자
– 타공적연금가입자 – 사업장가입자·지역·임의계속가입자
– 별정우체국직원 – 노령연금수급자·퇴직연금수급권자
• 18세 이상 27세 미만인 자로서 별도의 소득이 없는 자(연금보험료를 납부한 사실이 있는 자는 제외)
• 퇴직연금등수급권자
•「국민기초생활보장법」에 의한 수급자</td></tr>
<tr><td rowspan="4">임의 계속 가입자</td><td colspan="2">임의가입자</td><td>사업장가입자 및 지역가입자 이외의 18세 이상 60세 미만의 자
* 본인의 신청에 의해 가입</td></tr>
<tr><td colspan="2">사업장임의계속가입자</td><td>사업장에 종사하는 60세 이상 65세 미만의 자로 연장가입 신청한 자</td></tr>
<tr><td colspan="2">지역임의계속가입자</td><td>60세에 달한 지역가입자로서 65세 미만의 자로 연장가입 신청한 자</td></tr>
<tr><td colspan="2">기타임의계속가입자</td><td>60세에 달한 지역가입자로서 65세 미만까지 연장가입 신청한 자 및 지역·사업장 임의계속가입자를 제외한 임의계속가입자</td></tr>
</table>

* 특수직종근로자로서 특례노령연금수급권을 취득한 자는 60세 미만이라 하더라도 임의계속가입자를 제외한 임의계속가입자

** 국민연금 가입대상 제외자: 「공무원연금법」, 「군인연금법」 및 「사립학교교직원연금법」의 적용을 받는 공무원, 군인 및 사립학교교직원

출처: 국민연금관리공단. 「알기쉬운 국민연금」. http://www.nps.or.kr.

(3) 임의가입자와 임의계속가입자

사업자가입자와 지역가입자가 될 수 없는 사람도 60세 이전에 본인의 희망에 의해 가입신청을 하면 임의가입자가 될 수 있다. 그리고 가입기간이 20년 미만인 가입자가 60세에 도달하여 국민연금 가입자 자격을 상실한 경우에도 가입기간을 연장하여 더 많은 연금을 받기 원하는 경우에는 65세에 도달할 때 까지 본인의 신청에 의하여 임의계속가입자가 될 수 있다.

3) 국민연금보험료율과 보험료 납부

연금보험료는 연금급여를 지급하기 위한 재정 마련을 목적으로 법률에 근거하여 납부되는 것으로서 국민연금의 주된 재원이 된다. 연금보험료를 납부기간 내에 납부하지 않으면 다른 공과금과 마찬가지로 연체금(연금보험료의 3~9%)이 가산되며, 일정기간동안 납부하지 않을 경우에는 국세체납처분에 따라 납부의무자의 재산에 압류처분 등 강제징수를 통하여 연금보험료로 충당하게 된다.

사업장가입자의 보험료율은 기준소득월액의 9%에 해당하는 금액을 본인과 사업장의 사용자가 각각 4.5%씩 부담하여 매월 사용자가 납부해야 한다. 예를 들면, 기준소득월액이 106만 원인 봉급자의 경우에는 매월 9만 5,400원을 연금보험료로 납부해야 하는데, 그 중 4만 7,700원은 본인이, 나머지 4만 7,700원은 사용자가 부담하게 된다.

지역가입자와 임의가입자 및 임의계속가입자는 보험료를 본인이 전액 부담한다. 다만, 제도시행 초기에는 보험료 납부에 대한 부담을 줄여주기 위하여 3%에서 시작하여, 2000년 7월부터 매년 1%씩 상향조정되어 2005년 7월 이후 9%까지 상향조정되었다.

농어업인의 경우 일정한 조건에 해당되면 보험료의 일부를 국고에서 지원받을 수 있다. 2011년 현재 국고보조대상자 1인당 월별 지원금액은 기준소득월액 79만 원(보험료 7만 1,000원) 이하의 경우 보인 보험료의 50%에 해당하는 금액을 지원받고, 기준소득월액 79만 1,000원 이상의 경우 79만 원 보험료의 50%에 해당하는 금액(3만 5,500원)을 정액 지원받는다. 이때 가입자가 매월 납부할 연금보험료에

표 12-2 기준소득금액별 국고보조금 지원액

기준소득 월액	23만 원	24만 원	25만 원	26만 원	27만 원	28만 원	29만 원	31만 원
지원액	1만 350원	1만 350원	1만 800원	1만 1,250원	1만 1,700원	1만 2,150원	1만 3,050원	1만 3,950원
기준소득 월액	34만 원	37만 원	40만 원	44만 원	48만 원	52만 원	79만 원 이상	
지원액	1만 5,300원	1만 6,650원	1만 8,000원	1만 9,800원	2만 1,600원	2만 3,400원	3만 5,550원	

출처: 국민연금관리공단(2011). 알기쉬운 국민연금. http://www.nps.or.kr.

서 지원금액을 공제한 후 고지한다. 국고지원 기준은 1995년 7월 최초 지원 시에는 최저등급보험료의 1/3 금액이 지원되었으나 실질적인 혜택을 보장하기 위해 지원액을 점차 늘려가고 있으며 매년 초 지원기준을 보건복지부 장관이 고시하게 된다.

사회보험 징수통합제도

보험과 은퇴코너 12-1

- 사회보험 징수통합제도 2011년 1월1일 시행
- 사회보험 징수통합제도란: 3개의 사회보험공단(국민건강보험공단, 국민연금공단, 근로복지공단)에서 따로 수행하던 건강보험, 국민연금, 고용보험, 산재보험 업무 중 유사, 중복성이 높은 보험료 징수업무를 국민건강보험공단이 통합하여 운영하는 제도이다. 국민건강보험공단에서 수납한 국민연금보험료는 현재와 같이 연금수급자를 위한 국민연금기금으로 적립되어 별도로 운용된다.
- 사회보험 징수통합제도는
  - 보험료 고지
  - 사업장, 지역가입자에게 각각의 고지서를 한 봉투에 담아 한 번에 발송
  - 보험료 납부
  - 무고지서 수납, 편의점 납부, 통합징수 포털사이트 납부 등 납부방법 다양화 * 보험료는 현재처럼 따로따로 납부하실 수도 있고, 한 번에 납부도 가능함
  - 보험료 체납
  - 4대 사회보험료 체납 시 민원을 한 번에 처리
  - 보험료 납부 등에 대한 문의: 국민건강보험공단 고객센터 1577-1000

출처: 국민연금관리공단(2011). 알기쉬운 국민연금. http://www.nps.or.kr.

4) 국민연금 급여 산정

국민연금의 급여는 기본연금과 부양가족연금액으로 구성되어 있다. 실제 지급되는 연금액은 기본연금액에 연금종별 지급율 및 제한율을 곱하고 부양가족연금액을 합하여 산출된다.

연금액=(기본연금액×연금종별 지급율 및 제한율)+부양가족연금액

기본연금액은 크게 가입자 개인의 소득수준과 관계없이 연금수급 전 3년간의 가입자 전체의 평균소득월액을 반영하는 부분(A: 균등부분)과 가입자 개인의 가입기간 동안의 기준소득월액을 반영하는 부분(B: 소득비례부분)으로 구분된다.

즉 연금수급 개시 전 3년간의 가입자 전체의 평균 소득이 높을수록 그리고 가입자의 가입기간동안 소득이 높을수록 기본연금액이 높아진다. 기본연금액 산정 시 가입자의 가입월수(P)와 20년 초과 가입월수(n)가 반영되어, 연금가입기간이 20년 넘게 가입한 사람일 경우 높은 연금액을 지급받게 된다. 또한 출산 및 군복무에 대해 연금가입기간을 추가 인정해주는 크레딧 제도를 통해 노령연금수급기회를 확대하고 있다.

부양가족연금액은 수급권자가 권리를 취득할 당시 가입자 또는 수급권자에 의하여 생계를 유지하던 배우자, 자녀 또는 부모가 있는 경우 지급하는 일종의 가족수당 성격의 부가급여이다. 노령연금, 장애연금의 경우에는 연금수급권을 취득한 후에 새로이 수급권자에 의하여 생계를 유지하는 지급대상자가 있는 경우에도 부양가족연금액이 지급된다. 2011년 4월에서 2012년 3월까지 적용되는 부양가족연금의 경우 배우자는 연 22만 7,270원, 18세 미만의 해당자녀에게는 1인당 연 15만 1,490원, 또한 60세 이상 해당부모에게는 1인당 연 15만 1,490원이 지급된다.

기본연금액

보험과 은퇴코너 12-2

$$\frac{[2.4(A+0.75B)\times P1/P}{1988-1998년}+\frac{1.8(A+B)\times P2/P}{1999-2007년}+\frac{1.5(A+B)\times P3/P}{2008년}$$
$$+\frac{1.485(A+B)\times P4/P}{2009년}\frac{1.2(A+B)\times P23/P}{2028년이후}+\frac{X(A+A)\times C/P}{출산크레딧}$$
$$+\frac{X(A+1/2A)\times 6/P}{군복무크레딧}\times(1+0.05n/12)$$

- A=연금수급전 3년간 전체 가입자의 평균 소득월액의 평균액
- B=가입자 개인의 가입기간 중 기준소득월액의 평균액

※ 가입자 개인의 가입기간 동안의 기준소득월액을 매년 보건복지가족부장관이 고시하는 연도별 재평가율에 의하여 연금수급전년도의 현재가치로 환산한 후 그 합계액을 가입자의 전체 가입월수로 나누어 산정

- P=가입자의 전체 가입월수(노령연금액 산정 시에만 출산 및 군복무 크레딧을 포함한 전체 가입월수)
- n=20년 초과월수(노령연금액 산정시에만 출산 및 군복무 크레딧을 포함한 전체 가입월수)

※ 2009. 03. 01 이후 지급사유발생자에게 적용할 연금 수급전 3년간의 평균소득월액(A) : 1,824,109원

- X: 1.5~1.2까지의 비례상수 중 노령연금 수급권 취득시점의 상수
- C: 추가가입기간 12, 30, 48, 50(균분하는 경우에는 6, 15, 24, 25)
- 출산 및 군복무크레딧으로 인한 연금액 및 증가되는 가입기간은 노령연금액 산정 시에만 적용됨

출처: 국민연금관리공단(2011). 알기쉬운 국민연금. http://www.nps.or.kr.

5) 국민연금 급여의 종류

국민연금 급여는 지급방법에 따라 매월 지급되는 연금급여와 일시금급여로 분류된다. 연금급여에는 노령연금, 장애연금 및 유족연금이 있고, 일시금급여에는 반환일시금, 사망일시금이 있으며, 장애등급 4급에 해당하는 자에게는 연금이 아니라 일시보상금이 지급된다.

표 12-3 노령연금의 수급요건과 급여수준

구 분	수급요건	급여수준
완전 노령연금	가입기간 20년 이상, 60세에 도달한 자(65세 미만이면 소득이 없는 경우에 한함)	기본연금액(100%)+부양가족연금액
감액 노령연금	가입기간 10년 이상 20년 미만으로 60세에 도달한 자(65세 미만이면 소득이 없는 경우에 한함)	가입기간 10년의 경우 • 기본연금액의 50%+부양가족연금액 • 가입기간 1년 증가 시 마다 기본연금액의 5%를 증액
재직자 노령연금	완전노령연금수급권자 또는 감액노령연금 수급권자가 65세 이전에 소득이 있는 업무에 종사하는 경우(소득 있는 업무에 종사하지 않으면 완전노령이나 감액노령연금으로 전환)	가입기간 10년, 60세인 경우 • 기본연금액의 50%×50% • 가입기간 1년 증가 시 마다 기본연금액의 5%를 증액 • 연령 1세 증가 시 마다 연령별 지급을 10%를 증액
조기 노령연금	가입기간 10년 이상, 연령 55세 이상인 자가 소득 있는 업무에 종사하지 아니하고, 60세 도달 전에 청구한 경우(65세 이전에 소득 있는 업무에 종사하면 재직자 노령연금 지급)	가입기간 10년, 55세인 경우 • 기본연금액의 50%×70%+부양가족연금액 • 가입기간 1년 증가 시 마다 기본연금액의 5%를 증액 • 수급개시 연령 1세 증가 시 마다 연령별 지급률 6%를 증액
분할연금	가입기간 중 혼인기간이 5년 이상인 노령연금 수급권자의 배우자가 60세 이상이 된 경우	배우자이었던 자의 노령연금액(부양가족연금액 제외) 중 혼인기간에 해당하는 연금액의 1/2

출처: 국민연금관리공단(2011). 알기쉬운 국민연금. http://www.nps.or.kr.

(1) 노령연금

노령연금은 노후 소득보장을 위한 급여로서 노령연금의 종류에는 완전노령연금, 감액노령연금, 재직자노령연금, 조기노령연금, 분할연금 및 특례노령연금이 있다. 현재 노령연금의 수급 개시 연령은 만 60세이지만, 그 지급연령이 높아져서 2013년부터는 5년마다 1세씩 연장되어 2033년부터는 65세부터 지급받을 수 있다.

(2) 장애연금

장애연금은 국민연금 가입기간 중 발생한 질병 또는 부상으로 완치 후에도 신체적 또는 정신적 장애가 남아있을 때 이에 따른 소득감소부분을 보전함으로써 자신

표 12-4 장애연금의 급여수준

장애등급	급여수준
1급	기본연금액 100%+부양가족연금액
2급	기본연금액 80%+부양가족연금액
3급	기본연금액 60%+부양가족연금액
4급	기본연금액 225%(일시보상금)

출처: 국민연금관리공단(2011). 알기쉬운 국민연금. http://www.nps.or.kr.

과 가족의 안정된 생활을 보장하기 위하여 급여로서, 장애정도(1급~4급)에 따라 일정한 급여가 지급된다.

(3) 유족연금

유족연금은 국민연금에 가입하고 있는 사람 또는 연금을 받던 사람이 사망하면 그에 의하여 생계를 유지하던 유족에게 가입기간에 따라 기본연금액의 일정률(40~60%)에 부양가족연금액을 합한 금액을 지급하여 남아있는 가족들이 안정된 삶을 살아갈 수 있도록 하기 위한 연금이다. 「국민연금법」상 유족이란 배우자, 자녀(18세 미만 또는 장애등급 2급 이상), 부모(60세 이상 또는 장애등급 2급 이상), 손자녀(18세 미만 또는 장애등급 2급 이상), 조부모 순위(60세 이상 또는 장애등급 2급 이상) 중 최우선 순위자에게 유족연금을 지급한다.

표 12-5 유족연금의 급여수준

<table>
<tr><th rowspan="2">수급요건</th><th colspan="2">급여수준</th></tr>
<tr><th>가입기간</th><th>연금액</th></tr>
<tr><td rowspan="3">• 다음의 자가 사망한 때
• 노령연금수급권자
• 가입자(다만 가입기간 1년 미만인 자가 질병이나 부상으로 인하여 사망한 경우에는 가입 중에 발생한 질병이나 부상으로 사망한 경우에 한함)
• 가입기간 10년 이상인 가입자이었던 자
• 장애등급 2급 이상의 장애연금 수급권자</td><td>10년 미만</td><td>기본연금액 40%
+부양가족연금액</td></tr>
<tr><td>10년 이상
20년 미만</td><td>기본연금액 50%
+부양가족연금액</td></tr>
<tr><td>20년 이상</td><td>기본연금액 60%
+부양가족연금액</td></tr>
</table>

* 다만, 노령연금수급권자가 사망한 경우 유족연금액은 사망한 자가 지급받던 노령연금액을 초과할 수 없음

(4) 반환일시금

국민연금에 가입하였던 자가 60세에 도달했거나 사망, 국외 이주 등으로 국민연금에 더 이상 가입할 수 없게 되었거나 연금수급요건을 채우지 못한 경우에 그동안 납부한 보험료에 이자를 더하여 일시금으로 지급하는 급여이다. 반환일시금 액수는 사업장가입자는 본인이 납부한 보험료와 사용자 부담금이 더해진 납부총액이며, 지역가입자와 임의가입자는 본인이 납부한 총액이다. 이자율은 본인의 연금가입기간 중에는 3년 만기 정기예금이자율을 적용하고 연금자격을 상실한 후부터 지급사유 발생일 까지는 1년 만기 정기예금이자율을 적용한다.

반환일시금을 받을 수 있는 조건은 다음과 같다.

- 가입기간 10년 미만인 자가 60세가 된 경우(단, 특례노령연금수급권자는 해당되지 않음)
- 가입자 또는 가입자이었던 자가 사망하였으나 유족연금에 해당되지 않는 경우
- 국적을 상실하거나 국외로 이주한 경우
- 국민연금 가입자가 공무원, 군인, 사립학교교직원, 별정우체국직원 등 타공적연금가입자로 되었을 때

(5) 사망일시금

사망일시금은 가입자 또는 가입자이었던 사람이 사망하였으나 국민연금법에 의한 유족이 없어 유족연금 또는 반환일시금을 지급받을 수 없는 경우 그 배우자, 자녀, 부모, 손자녀, 조부모, 형제자매 또는 4촌 이내의 방계혈족으로서 생계유지를 함께하던 사람에게 장제비 보조의 성격으로 지급하는 급여이다. 지급되는 일시금은 가입자의 반환일시금에 상당하는 금액으로 최종소득 또는 가입중의 평균소득 중 많은 금액의 네 배를 초과할 수는 없다.

보험과 은퇴코너 12-3

퇴직 베이비부머들
생활비 급해… 30% 깎여도 국민연금 미리 타자

올 초 은행에서 명예퇴직한 김모(55) 씨는 지난 3월부터 국민연금 조기연금을 타기 시작했다. 퇴직금으로 1억여 원을 받았지만 취직한 딸과 대학생인 아들의 결혼자금과 학비로 묶어놓았다. 대신 연금을 앞당겨 받아 아파트관리비, 세금 등 모자라는 생활비에 보태기로 한 것이다. 그의 연금액은 한 달에 80만 원. 61세에 정상적으로 타면 113만 원을 받지만 6년 앞당겨 받는 바람에 30%가 깎인 액수다. 김 씨는 "받는 돈이 줄어들지만 돈 가치가 매년 떨어지는 상황에서 먼저 받는 게 이익이 아니냐"고 반문했다.

정부가 2007년부터 연봉 3,000만 원이 되는 사람들도 조기노령연금을 받도록 허용하면서 조기연금 신청자가 급증하고 있다. 특히 은퇴가 시작된 베이비붐 세대(1955~1963년생)들도 앞다투어 조기연금 대열에 합류해 노후생활 보장에 비상이 걸렸다.

국민연금공단에 따르면 조기연금을 타는 퇴직자는 23만 4,000명으로 2006년의 10만 1,100명보다 배가 늘었다. 특히 베이비붐 세대 퇴직자들의 조기연금 신청이 작년 1만 4,133명(만 55세)에서 올해 7월 말 현재 7,561명(만 55세)으로 작년보다 더 늘어날 것으로 전망된다. 조기노령연금은 퇴직 후 소득이 없는 사람들을 위해 정상 연금의 30%까지 대폭 깎아 55~59세에 지급하는 제도다.

전문가들은 "베이비부머들이 '발등의 불'인 생활비를 해결하려고 일찍 연금을 타는데, 55세 신청자가 전체 조기연금 신청자의 37%에서 작년에는 41%로 껑충 뛰었다"며 "이렇게 많은 베이비부머들이 정상 연금보다 훨씬 적은 조기연금을 타게 되면 노후가 불안해질 것"이라고 지적한다.

- 80세가 되면 정상 연금이 조기연금보다 2,200만 원 더 타=1988년부터 연금에 가입해 올 5월 대기업 부장으로 명예퇴직한 이모(55)씨. 1988년 국민연금에 가입해 퇴직 전까지 연금 보험료로 월 16만 2,000원(회사 부담금 제외)을 낸 그가 지금까지 23년간 낸 보험료는 6,055만 원이었다.

  이 씨가 55세로 당장 받을 수 있는 조기연금액은 월 73만 6,700원이다. 61세에 받을 월 105만 2,540원의 70%이다. 조기연금은 한해 일찍 받을수록 정상 연금의 6%씩 깎아 55세 때는 70%를 받는다. 전문가들은 "연금을 6년 일찍 받는 게 이익처럼 보이지만 정상 연금을 받는 게 훨씬 유리하다"고 지적한다.

  이씨의 경우를 계산해보면 명확해진다. 이 씨가 평균 수명인 80세가 되면 정상 연금에서 받을 총액은 2억 5,260만 원으로 조기연금 총액 2억 2,987만 원보다 많아진다. 두 연금액의 격차가 2,273만 원으로 85세까지 타면 4,168만 원으로 더 벌어진다. 오래 살수록 정상 연금을 타는 게 조기연금보다 훨씬 유리하다. 이런 결과는 월 2만 5,000원의 최저 보험료를 내는 저소득층도 마찬가지다.

  조기연금을 타면 불이익은 이뿐만 아니다. 월수입이 279만 원(세금 공제 전 액수) 이상

(계속)

있으면 연금 지급이 정지돼 손해를 본다. 연금 가입기간 동안 신체적 장애가 생기면 장애연금을 탈 수 있지만 조기연금 수령자는 장애연금을 탈 자격이 상실된다. 조기연금 수령자는 연금 가입기간이 20년이 채 안 된 경우가 대부분이어서 유족연금도 정상 연금의 60%가 아니라 50%(연금 가입기간 10~19년) 밖에 받지 못한다. 전문가들은 이 때문에 조기연금 수령시기를 57~58세로 늦춰야 한다고 지적한다.

조기노령연금 신규 신청자 (단위: 명)

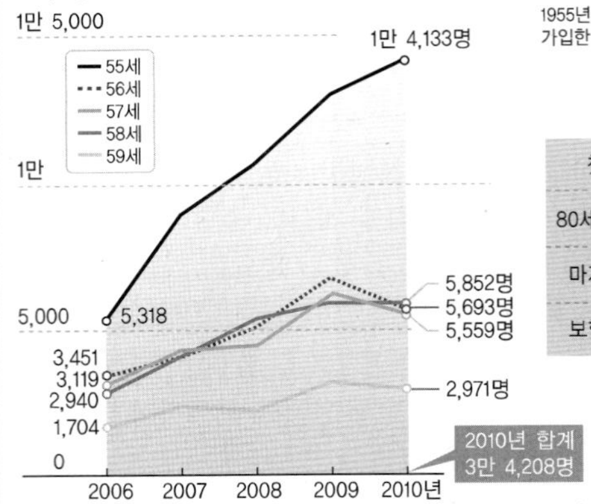

자료: 국민연금공단

조기노령연금과 정상연금 비교 (단위: 원)

1955년 12월생이 2001년 1월~2010년 12월까지 10년간(월 소득 140만 원) 가입한 경우

	조기노령연금 (55세)	정상연금 (61세)
첫 월 연금액	15만 5,070원	27만 4,130원
80세까지 수령 총액	4,838만 원	6,579만 원
마지막 월 보험료	12만 6,000원	12만 6,000원
보험료 총 납부액	1,256만 8,500원	1,256만 8,500원

• 퇴직 후도 59세까지 임의 가입자로 보험료 계속 내는 게 유리=전문가들은 "퇴직 후에도 조기연금 수령 대신 개인연금에 가입한 것처럼 연금 보험료를 계속 내라."고 권한다. 이 씨의 경우 직장을 퇴직했기 때문에 임의로 연금 보험료를 선택해 낼 수 있다. 최소 가입액수인 월 8만 9,100원(월 99만 원 소득)을 5년간 내면 61세부터 월 112만 원을 받는다. 85세까지 연금을 타면 낸 돈의 3.5배(2억 6,876만 원)를 받는다.

반면 보험료를 최고 액수(월 32만 4,000원)로 내면 월 수령액은 121만 원이다. 85세까지 타면 낸 돈의 2.4배(3억 6,468만 원)를 탄다.

출처: 조선일보(2011년 8월 30일자).

6) 국민연금 급여의 특징

국민연금은 소득능력이 상실되거나 감퇴된 경우에 가입자 본인 또는 유족에게 기본적인 생활을 할 수 있도록 연금형태를 제공하는 소득보장제도이며, 국가가 운영하고 지급을 보장하므로 안전한 노후준비수단이다. 이 외에 다른 특성은 다음과 같다.

보험과 은퇴코너 12-4

미납 보험료는 지금이라도 내야
… 자영업자는 소득 높여 신고해라

1988년 국민연금이 시작되면서 가입한 사람들은 지금까지 낸 돈보다 10~20배를 받을 정도로 혜택이 많다. 그러나 국민연금 전체 평균 수령액은 고작 27만 원이다. 국민연금이 이처럼 '용돈 연금'처럼 된 것은 초창기 국민들의 불신이 커서 보험료 내기를 꺼렸기 때문이다.

최소 가입기간인 10년을 채우지 못해 연금을 타지 못하거나 가입기간이 짧아 연금액이 매우 적은 사람들이 대부분이다. 이런 사람들은 국민연금을 잘 따져보면 유리한 조건으로 연금을 탈 수 있다.

• 받은 돈 돌려주고 가입기간을 늘려라=이모(53) 씨는 1997년 직장을 퇴직하면서 1990년부터 냈던 7년치 보험료 700여만 원을 일시금으로 탔다. 1999년까지 있었던 이런 '반환일시금' 제도로 800만 명이 13조 원을 타갔다. 농촌으로 귀향한 이씨는 국민연금에 재가입, 현재 그가 받을 예상 연금액은 월 22만 원이다. 그는 연금공단을 방문, "예전에 한꺼번에 받았던 돈을 다시 반납해도 되느냐"고 문의했다. 연금공단은 700만 원에 이자 700만 원을 합쳐 모두 1,400만 원을 내라고 통보했다.

그는 현재 24개월 분할로 한 달에 58만여 원씩 내고 있는 중이다. 이 돈을 모두 내게 되면 그의 연금액은 월 22만 원에서 월 59만 원으로 껑충 뛰게 된다.

• 납부 예외기간 동안 안 낸 보험료를 내라=내년에 60세가 되어 연금을 타게 되는 박모(59) 씨는 연금공단에 "미납된 보험료를 지금 내도 되느냐"고 알아봤다.

연금공단측은 박 씨가 당시 돈을 낼 형편이 안 되는 실직자로 간주, 납부 예외자로 처리된 사실을 확인했다. 실직·휴직 등 납부 예외기간 동안에 안 낸 돈은 언제든지 내면 된다. 이와 달리 미납된 보험료는 3년 내에 내야 인정된다.

박 씨는 그간 안 낸 보험료 269만 원을 일시불로 연금공단에 냈다. 박 씨의 연금액은 월 46만 원에서 56만 원으로 10만 원이 올라갔다.

• 보험료를 한 번이라도 내라=연금 가입자인데도 한 번도 연금 보험료를 내지 않은 사람이 수십만명에 달한다. 국민연금은 한 번이라도 보험료를 내는 게 중요하다. 사망하거나 장애를 입으면 유족연금이나 장애연금을 받을 자격을 주기 때문이다. 다만 보험료를 체납한 뒤 체납기간이 전체 가입기간의 3분의 1을 넘으면 혜택을 받을 수 없다.

• 소득을 높여 신고하라=자영업자 같은 지역 가입자들은 자기 소득보다 높게 신고할 수 있다. 노후에 더 많은 연금액을 타도록 하기 위한 조치다. 100만 원 소득을 신고해 20년을 가입하면 매월 30만 9,410원을 받는다. 300만 원 소득으로 20년을 가입하면 매월 52만 8,540원을 받는다. 소득을 올리면 낸 돈보다 타는 돈의 비율인 수익비는 낮아지지만 수령액 자체는 커진다.

출처: 조선일보(2011년 8월 30일자).

(1) 연금액의 실질가치 보장

국민연금의 급여수준은 연금을 받는 동안 매년 전국 소비자물가 변동율을 반영하여 연금액을 조정함으로써 물가가 인상되더라도 항상 연금의 실질가치를 유지시켜 연금수급자의 안정된 생활을 보장한다.

(2) 가입기간 인정(크레딧)제도 운영

출산 및 군복무에 대해 연금가입기간을 추가 인정해주는 크레딧 제도를 통해 노령연금 수급기회를 확대하고 있다. 출산 크레딧은 2008년 1월 1일 이후 2자녀 이상 출산 시 추가로 12개월, 3자녀는 30개월, 4자녀는 48개월, 5자녀 이상은 50개월을 인정한다. 군복무 크레딧은 2008년 1월 1일 이후 군에 입대하는 자부터 인정하는데, 병역의무를 이행한 자에게 6개월의 가입기간을 추가로 인정하고 해당기간의 소득은 평균소득월액(A값)의 1/2을 인정한다.

(3) 지급된 급여의 압류금지

2011년 7월 6일부터 시행되는 것으로, 연금 수급권자에게 지급된 급여로서 150만 원 이하의 금액에 대해서는 압류하지 못하도록 하여 연금을 통한 기본적인 생활을 보장한다.

2. 특수직역연금

1) 공무원연금

(1) 공무원연금제도의 개요

공무원연금제도는 공무원의 퇴직 또는 사망과 공무로 인한 부상, 질병, 장애에 대하여 급여를 지급함으로써 공무원 및 그 유족의 생활안정과 복리향상을 위해 마련된 제도이다. 공무원연금제도는 공무원에 대한 종합사회복지 기능을 수행하여 재해보상, 부조, 퇴직수당 및 후생사업 등을 제공한다.

공무원연금제도의 적용대상은 ① 「국가공무원법」 및 「지방공무원법」에 의한 정규공무원과, ② 기타 국가 또는 지방자치단체에 근무하는 정규공무원 외의 직원이다. 그러나 군인과 선거에 의하여 취임하는 대통령, 국회의원 등의 공무원은 공무원연금제도의 적용대상에서 제외된다.

(2) 공무원연금제도의 비용부담

공무원연금제도의 비용부담은 기여제 방식(contribution system)으로 공무원과 국가 또는 지방자치단체가 공동으로 부담하고 있다. 즉, 공무원이 매월기준소득월액의 7.0%(2012년부터)를 기여금으로 납부하고 국가 또는 지방자치단체가 보수예산의 7.0%를 부담금으로 납부하고 있다. 다만, 사용자 책임급여인 재해보상급여 및 퇴직수당과 부조적 성격의 급여인 재해부조금 및 사망조위금에 소요되는 비용은 국가나 지방자치단체가 전액을 매년 부담하고 있다.

(3) 공무원연금제도의 재정방식

공무원연금제도의 재정방식은 적립방식(funded system)의 기초에 의해 설계되었다. 즉, 급여지출 비용의 예상액과 기여금·부담금 및 그 예정운용수익금의 합계액이 장래에 재정적 균형을 유지하기 위하여 제도 초기부터 공무원연금기금을 조성해왔다. 그러나 제도도입 당시 보수월액의 2.3%의 기여율을 1969년 3.5%, 1970년에는 5.5%, 1996년에는 6.5%, 1999년에는 7.5%, 2001년에는 8.5% 그리고 2013년에는 변경된 기준소득월액의 7.0%(종전 보수월액 기준 10.8%)로 점차 상향 조정함으로써 수정된 적립방식에 가까운 제도로 운영을 해왔다. 도입 이후 50여년이 경과한 공무원연금제도는 성숙단계에 들어서면서 수입·지출상 불균형 구조가 더욱 심화되어, 2001년부터는 사실상 급여부족분 전액을 사용자(국가 또는 지방자치단체)가 보전하는 부과방식 형태로 전환하였다.

(4) 공무원연금제도의 급여

공무원연금제도의 급여는 크게 단기급여와 장기급여로 나누어진다. 단기급여는 공무상요양비, 재해부조금, 사망조위금 등 3종이 있고 장기급여로는 퇴직급여 4종,

유족급여 6종, 장해급여 2종 및 순직유족급여 2종 및 퇴직수당 등 15종이 있다.

표 12-6 공무원연금제도 급여종류 및 지급요건

<table>
<tr><th colspan="4">종 류</th><th>지급요건</th></tr>
<tr><td rowspan="16">장기
급여</td><td rowspan="4">퇴직
급여</td><td colspan="2">퇴직연금</td><td>공무원이 20년 이상 재직하고 퇴직한 때</td></tr>
<tr><td colspan="2">퇴직연금일시금</td><td>20년 이상 재직 후 퇴직한 공무원이 퇴직연금에 갈음하여 일시금으로 지급받고자 할 때</td></tr>
<tr><td colspan="2">퇴직연금공제일시금</td><td>20년 이상 재직 후 퇴직한 공무원이 20년을 초과하는 재직기간 중 일부기간을 일시금으로 지급받고자 할 때</td></tr>
<tr><td colspan="2">퇴직일시금</td><td>공무원이 20년 이만 재직하고 퇴직한 때</td></tr>
<tr><td rowspan="5">유족
급여</td><td colspan="2">유족연금</td><td>20년 이상 재직한 공무원이 재직 중 사망한 때
퇴직연금 또는 장해연금수급자가 사망한 때</td></tr>
<tr><td colspan="2">유족연금부가금</td><td>20년 이상 재직한 공무원이 재직 중 사망하여 유족연금을 청구한 때</td></tr>
<tr><td colspan="2">유족연금특별부가금</td><td>퇴직연금수급권자가 퇴직 후 3년 이내에 사망한 때</td></tr>
<tr><td colspan="2">유족연금일시금</td><td>20년 이상 재직한 공무원이 재직 중 사망하여 유족연금에 갈음하여 일시금으로 지급받고자 할 때</td></tr>
<tr><td colspan="2">유족일시금</td><td>20년 미만 재직한 공무원이 사망한 때</td></tr>
<tr><td rowspan="6">재해
보상
급여</td><td rowspan="2">장해
급여</td><td>장해연금</td><td>공무상 질병·부상으로 인하여 장애상태로 되어 퇴직한 경우</td></tr>
<tr><td>장해보상금</td><td>장해연금에 갈음하여 일시금으로 지급받고자 할 때</td></tr>
<tr><td rowspan="4">유족
급여</td><td>유족연금</td><td rowspan="2">장해연금에 갈음하여 일시금으로 지급받고자 할 때</td></tr>
<tr><td>유족보상금</td></tr>
<tr><td>순직유족연금</td><td rowspan="2">위험직무 수행 중 사망 시</td></tr>
<tr><td>순직유족보상금</td></tr>
<tr><td>퇴직
수당</td><td colspan="2">퇴직수당</td><td>공무원이 1년 이상 재직하고 퇴직 또는 사망한 때
(1991. 10. 1 시행)</td></tr>
<tr><td rowspan="3">단기
급여</td><td>재해보상
급여</td><td colspan="2">요양급여
-공무상요양비</td><td>공무상 질병·부상으로 인하여 요양기관에서 요양을 할 때 또는 공무상 질병 부상 치유 후 재발한 때(재요양)</td></tr>
<tr><td rowspan="2">부조
급여</td><td colspan="2">재해부조금</td><td>공무원의 주택이 수재·화재 기타 재해로 인하여 재해를 입은 때(공무원, 공무원의 배우자 또는 공무원이 상시 거주하는 직계존비속 소유의 주택)</td></tr>
<tr><td colspan="2">사망조위금</td><td>• 공무원의 배우자, 부모(배우자의 부모 포함), 자녀가 사망한 때
• 공무원이 사망한 때</td></tr>
</table>

출처: 공무원연금공단(2011). 연금제도. http://www.geps.or.kr.

2) 사립학교교직원연금

(1) 사립학교교직원연금(사학연금)의 개요

사학연금제도는 사립학교 교직원의 퇴직, 사망 및 직무상 질병, 부상, 장애에 대하여 적절한 급여제도를 확립함으로써 교직원 및 그 유족의 생활안정과 복리향상을 목적으로 한다. 사학연금은 1975년 1월 1일부터 시행하였으며, 부담률과 급여의 내용 등 제도의 근간은 공무원연금제도와 동일하다.

사학연금의 적용대상은 초등학교부터 대학교에 이르는 모든 사립학교와 사립특수학교, 그리고 이를 설치·운영하는 학교 경영기관에서 근무하는 정규 교직원이다. 또한 사립학교 중 유치원, 각종 학교, 기술학교, 공민학교 등의 정규 교직원과 법률에 의해 대학원을 설치·운영하는 연구기관의 교직원 등도 소속기관이 교육과학기술부 장관의 지정을 받으면 그 대상이 될 수 있다.

(2) 사학연금의 비용부담체계

사학연금의 비용부담방식은 갹출형제도로서 가입자인 사학교직원과 사용자인 법인, 그리고 국가가 공동으로 부담하고 있다. 먼저 가입자 개인은 교원과 사무직원의 경우 각각 매월 기준소득월액의 1,000분의 70을 부담하고, 법인은 교원과 사무직원에 대하여 7,000분의 4,111과 1,000분의 70을 부담하며, 국가는 법인이 부담하여야 할 교원분의 7,000분의 2,883을 부담하고 있다. 다만, 사용자부담성격의 급여인 재해보상급여와 퇴직수당 및 부조적 성격의 급여인 사망조위금과 재해부조금은 법인과 국가 및 공단이 매년 전액을 부담하고 있다.

표 12-7 사학연금 비용부담체계

구 분	부담률		부담자
	교 원	사무직원	
개인부담금	기준소득월액의 1,000분의 70	기준소득월액의 1,000분의 70	교직원
법인부담금	개인부담금의 7,000분의 4,117	개인부담금과 같은 금액	학교기관
국가부담금	개인부담금의 7,000분의 2,883	–	국 가

출처: 사립학교교직원연금공단(2011). 연금제도. http://www.ktpf.or.kr.

(3) 사학연금의 재정방식

사학연금의 재정방식은 적립방식의 기초 하에 설계되어 '급여에 소용되는 비용은 그 비용의 예상액과 개인부담금, 국가부담금, 법인부담금, 재해보상부담금 및 그 예정운용 수익금의 합계액이 장래에 있어서 균형이 유지되도록(「사학연금법」 제43조)' 제도 발족 당시부터 급여를 충당하기 위한 책임준비금으로써 연금기금을 적립해 오고 있다. 1975년 제도발족 당시에는 비용부담률이 보수월액의 5.5%로 결정되었으나 단계적으로 상향조정되어 2010년도에는 기준소득월액의 6.3%, 2011년도에는 6.7% 그리고 2012년도부터는 7.0%로 인상된 상태로써 실제로는 제도를 운영하는 과정에서 일종의 수정적립방식의 형태로 운영하고 있다.

(4) 사학연금의 급여

사학연금의 급여는 교직원이 재직 중에 받을 수 있는 단기급여와 교직원이 퇴직, 사망, 폐질로 인하여 소득을 상실하였을 때 받을 수 있는 장기급여로 구분된다. 단기급여는 부조적 급여인 직무상요양비, 직무상요양일시금, 재해부조금, 사망조위금 등이 있다. 장기급여는 퇴직급여, 유족급여, 장해급여 및 퇴직수당을 포함한다.

표 12-8 **사학연금의 급여 종류**

<table>
<tr><th colspan="4">급 여</th></tr>
<tr><th>대분류</th><th colspan="2">중분류</th><th>소분류</th></tr>
<tr><td rowspan="2">연금급여</td><td rowspan="2">장기급여</td><td>퇴직급여</td><td>• 퇴직연금 • 조기퇴직연금
• 퇴직연금공제일시금 • 퇴직연금일시금
• 퇴직일시금</td></tr>
<tr><td>유족급여</td><td>• 유족연금 • 유족연금부가금
• 유족연금특별부가금 • 유족연금일시금
• 유족일시금</td></tr>
<tr><td rowspan="3">재해보상급여</td><td colspan="2">단기급여</td><td>• 직무상요양비 • 직무상요양일시금
• 재해부조금 • 사망조위금</td></tr>
<tr><td rowspan="2">장기급여</td><td>장해급여</td><td>• 장해연금 • 장해보상금</td></tr>
<tr><td>유족급여</td><td>• 유족보상금</td></tr>
<tr><td>퇴직수당급여</td><td>장기급여</td><td>퇴직수당</td><td>• 퇴직수당</td></tr>
</table>

출처: 사립학교교직원연금공단(2011). 연금제도. http://www.ktpf.or.kr.

① 퇴직급여

교직원이 퇴직 시에 지급되는 퇴직급여로는 퇴직일시금, 퇴직연금일시금, 조기퇴직연금, 퇴직연금, 퇴직연금공제일시금이 있다. 교직원의 재직기간에 따라 지급되는 급여의 종류가 다르다.

20년 미만 재직하고 퇴직한 때에는 퇴직일시금을 지급받을 수 있으며, 20년 이상 재직하고 퇴직 시 일정한 요건을 갖춘 경우에는 퇴직연금, 조기퇴직연금, 퇴직연금일시금, 퇴직연금공제일시금 중 한 가지 급여를 선택하여 지급받을 수 있다.

퇴직연금은 교직원이 20년 이상 재직하고 퇴직한 경우로서 퇴직연금일시금에 갈음하여 연금을 지급받고자 하는 때에는 퇴직당시의 재직기간과 평균소득월액에 의하여 산정된 퇴직연금을 사망할 때까지 지급한다. 조기퇴직연금은 교직원이 20년 이상 재직하고 연금 개시연령(65세, 정년 또는 근무상한연령 등)에 도달하기 전에 퇴직하면서 조기(개시연령 이전 최장 5년 이내)에 연금을 받기를 원하는 경우에는 개시연령에 미달하는 연수에 따라 감액된 조기퇴직연금을 사망 시까지 지급한다. 퇴직연금공제일시금의 경우는 20년 이상 재직하고 퇴직한 교직원으로서 퇴직연금 또는 조기퇴직연금을 받을 권리가 있는 자가 매월 받는 연금으로 지급받고, 아울러 20년을 초과하는 재직기간 중 본인이 원하는 일부기간에 대하여 일시금으로도 지급받고자 할 때에는 퇴직연금공제일시금을 지급한다. 이는 조기퇴직연금과 퇴직연금일시금을 혼합한 형태의 급여이다.

② 장해급여

교직원이 재직 중 발생한 직무상 질병 또는 부상으로 장애상태가 되어 퇴직하거나, 퇴직 후 그 질병·부상으로 인하여 장애상태가 된 때에는 장애의 정도(1~14급)에 따라 장해급여를 지급한다. 장해급여는 장해연금과 장해보상금이 있으며, 본인이 원하는 바에 의하여 이중 하나를 선택하여 지급받을 수 있다.

장해연금은 해당 교직원이 사망하거나 쾌유 등으로 연금수급권이 상실할 때까지 지급된다. 장해보상금은 장해연금 해당자가 연금 대신 일시불로 지급받고자 할 때 지급되며 급여액수는 장애연금액의 5년분에 상당하는 금액이다.

③ 유족급여

교직원이 재직 중 사망한 때에 연금법령에서 정하는 유족에게 지급되는 유족급여로는 유족일시금, 유족연금일시금, 유족연금이 있다. 20년 미만 재직 중 사망한 때에는 유족일시금을 지급받을 수 있으며, 20년 이상 재직 중 사망한 때에는 유족일시금 또는 유족연금 중 한 가지 급여를 선택하여 지급받을 수 있다. 유족연금부가금 또는 유족연금특별부가금은 유족연금과 병행하여 지급될 수 있다. 또한 재직 중 발생하나 직무상 재해로 인하여 재직 중 사망하거나 퇴직 후 3년 이내에 그 질병이나 부상으로 인하여 사망한 때에는 별도로 유족에게 재해보상급여인 유족보상금이 지급된다.

재직기간 20년 미만인 교직원이 사망한 때에는 유족일시금이 지급되고, 재직기간 20년 이상인 교직원이 사망하여 유족이 일시금을 원할 경우 유족연금일시금이 지급된다. 재직기간 20년 이상인 교직원이 사망하여 유족이 연금을 원할 때에는 유족연금이 지급되는데, 유족연금은 퇴직연금액 또는 조기퇴직연금액의 60%에 상당하는 금액을 유족에게 매월 지급하며, 지급기한은 유족이 사망하거나 재혼 등으로 유족의 자격이 상실될 때까지 이다.

④ 퇴직수당

교직원이 1년 이상 재직하고 퇴직 또는 사망한 때에는 교직원 또는 유족에게 퇴직수당을 지급하며, 퇴직급여 또는 유족급여시와 같이 지급된다. 퇴직수당은 퇴직 당시의 기준소득월액에 재직년수를 곱한 금액에 재직기간별 지급비율을 곱하여 산정된다.

3) 군인연금

(1) 군인연금제도 개요

군인연금제도의 목적은 군인의 퇴직, 사망, 요양 시 본인이나 그 가족의 생활안정과 복리향상에 기여하기 위한 제도이다. 국인연금제도의 운영주체는 국방부장관이며 현재 국방부 군인연금과에서 실무업무를 담당하고 있다.

군인연금의 적용대상은 원칙적으로 기여금을 납부하는 군인(부사관, 준사관, 장교)이다. 그러나 군인연금법상의 급여 중 사망보상금과 장애보상금은 기여금을 납부하지 않는 병사에 대해서도 지급된다.

군인연금제도는 최초 1960년 제정된 공무원연금법에 포함되어 운영되었으나, 1963년 군인의 직업적 특수성을 고려하여 군인연금법을 제정하고 공무원연금에서 분리하여 독자적으로 운영하고 있다. 군인연금제도는 다른 직역연금과 달리 복무기간과 복무의 성실성을 전제로 하고 있으며, 급여지급조건에 있어서도 군인의 직무특성을 감안하여 '사회보험적 성격' 이외에 '국가보상적 성격'이 강한 연금제도이다.

(2) 「군인연금법상」의 기여금 납부

군인연금제도는 군인이 납부한 기여금, 정부의 부담금, 그리고 일반회계의 보전금으로 운영되고 있다. 군인의 기여금은 연금액 조성을 위하여 군인이 자신의 급여에서 납부하는 금액으로서, 보수월액의 8.5%를 납부함고 국가 역시 이에 상응한 비용을 부담하고 있다. 군인연금은 기금이 마련되어 운용되고 있지만 적자분에 대해서는 국가가 이를 보전하도록 「군인연금법」에 명문화되어 있다.

(3) 군인연금의 급여

군인연금의 급여는 퇴직급여, 유족급여, 재해보상급여, 퇴직수당으로 구분된다. 퇴역하는 군인에게 지급하는 퇴직급여에는 퇴역연금, 퇴역연금일시금, 퇴역연금공제일시금, 퇴직일시금이 포함된다. 군인이 20년 이상 복무하고 퇴역한 경우에 퇴역연금이나 퇴역연금일시금을 지급하며, 20년 이상 복무하고 퇴역하면서 20년을 초과하는 재직기간 중 일부에 대해서 일시금으로 받고자 원할 경우 퇴역연금공제일시금을 지급한다. 20년 미만 복무하고 퇴역한 경우에는 퇴직일시금이 지급된다.

유족급여는 복무 중 군인이 사망한 경우나 퇴직급여를 수령하던 군인이 사망한 경우 그 유족에게 지급되며, 여기에는 유족연금, 유족연금부가금, 유족연금특별부가금, 유족연금일시금, 유족일시금이 포함된다. 유족연금은 퇴역연금 또는 상이연금의 지급대상이었던 군인이 사망한 경우 그 가족에게 지급되는 것으로 퇴역연금의 70%를 지급받는다. 군인이 20년 이상 복무 중 사망한 경우에 유족연금부가금이나 유족연금일시금이 지급되며, 20년 미만 복무 중 사망한 경우에는 유족일시금이 지급된다.

재해보상급여는 군인이 복무 중 공무상의 사유로 질병에 걸리거나 사망한 경우 본인이나 그 유족에게 지급되는 것으로, 유족연금, 상이연금, 공무상 요양비, 사망조위금, 재해부조금이 포함된다. 순직한 경우에는 유족연금이, 질병이나 부상으로 전역한 경우에는 상이연금이 지급된다. 사망조위금은 군인본인 및 직계존속, 배우자 및 배우자의 직계존속이 사망한 경우에 지급되며, 재해부조금은 화재 등의 재해로 재산손실을 입은 경우에 지급된다. 재해보상금은 사병을 포함한 군인이 복무 중 질병에 걸리거나 사망한 경우 지급되는 것으로, 사망보상금과 장애보상금이 있다. 퇴직수당은 1년 이상 복무 후 퇴직하는 군인에게 지급되는 것으로 복무년수에 따라 차등 지급된다.

표 12-9 군인연금의 급여종류

<table>
<tr><th colspan="2">급여종류</th><th>수령요건</th><th>금 액</th></tr>
<tr><td rowspan="5">퇴직
급여</td><td>퇴역연금</td><td>군인이 20년 이상 복무하고 퇴역한 때</td><td>최종 3년 평균보수월액 × 50%(20년)~76%(33년)</td></tr>
<tr><td>퇴역연금
일시금</td><td>군인이 20년 이상 복무하고 퇴역하면서 연금이 아닌 일시금을 받고자 할 때</td><td>보수월액 × 복무년수×{1.5 + (복무년수-5)/100}</td></tr>
<tr><td>퇴역연금
공제
일시금</td><td>군인이 20년 이상 복무하고 퇴역하면서 20년을 초과하는 재직기간 중 일부에 대해서 일시금으로 받고자 할 때(나머지 기간에 대해서는 연금으로 수령)</td><td>보수월액×공제복무년 수 × (1.5 + 공제복무연수/100)
* 공제복무년수: 일시금으로 받고자 하는 기간</td></tr>
<tr><td rowspan="2">퇴직
일시금</td><td rowspan="2">군인이 20년 미만 복무하고 퇴역한 때</td><td>5년 이상 20년 미만 복무자: 보수월액 × 복무년 수{1.5+(복무년 수-5)/100}</td></tr>
<tr><td>5년 미만 복무자: 보수월액 × 복무년수 × 1.2</td></tr>
<tr><td rowspan="2">유족
급여</td><td>유족연금</td><td>• 군인이 20년 이상 복무 중 사망한 때
• 퇴역/상이연금 수급권자가 사망한 때</td><td>티역/상이연금액의 70%</td></tr>
<tr><td>유족연금
부가금</td><td>군인이 20년 이상 복무 중 사망한 때</td><td>퇴역연금일시금의 25%</td></tr>
</table>

(계속)

급여종류		수령요건	금 액
유족급여	유족연금 특별 부가금	퇴역/상이연금 수급자가 지급개시월로부터 3년 이내 사망한 경우	퇴역연금일시금 × 25% × (36－연금받은 달수)/36
	유족연금 일시금	군인이 20년 이상 복무 중 사망한 때	퇴역연금일시금과 동일
	유족일시금	군인이 20년 미만 복무 중 사망한 때	퇴직일시금과 동일
재해보상급여	유족연금 (순직)	군인이 복무 중 공무상 원인으로 사망한 때	보수월액 × 65%(복무년수 20년 이상 0, 5%(20년 이하)
	상이연금	군인이 복무 중 공무상 질병, 부상으로 전역한 때	보수월액의 50%(7급)~80%(1급)
	공무상 요양비	군인이 복무 중 공무상 질병, 부상으로 요양한 때	요양에 소요된 비용
	사망 조위금	군인본인 및 직계존속, 배우자 및 배우자의 직계존속이 사망한 때	• 군인본인 사망: 보수월액 3배 • 그 외: 보수월액 1배
	재해부조금	군인이 화재 등 재해로 재산손실을 입은 때	보수월액의 6배~2배
	사망 보상금	군인(사병 포함)이 복무 중 사망 시	• 전사: 소령 10호봉 보수월액 72배 • 특수직무순직: 소령 10호봉 보수월액 55배 • 일반순직: 보수월액 36배 • 일반사망: 보수월액 12배
	장애 보상금	군인(사병 포함)이 질병, 부상으로 전역한 때	신체장애등급 1급(보수월액12배), 2급(8배), 3급(6배) * 재해보상금의 경우 본인의 보수월액이 중사 1호봉 보수월액보다 적을 경우에는 중사 1호봉보수월액을 적용
퇴직수당		군인이 1년 이상 복무하고 퇴역한 때	보수월액 × 복무년수 × 복무년수별 지급비율 * 복무년수별 지급비율 1년 이상~5년 미만: 10% 5년 이상~10년 미만: 35% 10년 이상~15년 미만: 45% 15년 이상~20년 미만: 50% 20년 이상: 60%

출처: 군인연금공단(2011). 연금제도. http://www.mps.go.kr.

13장

퇴직연금의 이해

우리나라가 저출산·고령화 사회로 진입함에 따라 노후를 위한 준비가 매우 중요한 문제가 되고 있다. 앞으로 정부가 추진할 수 있는 정책방향은 공적연금의 비중을 낮추고, 퇴직연금을 강화해 가는 것이다. 그렇지만 기존의 퇴직금제도는 기업이 도산할 경우 근로자가 퇴직금을 지급받지 못하는 경우가 많았고, 퇴직금 중간정산을 하게 되는 경우 퇴직금이 노후대비보다는 기본생활비로 사용되는 문제점이 발생하자, 정부는 2005년 퇴직연금제도를 실시하였다.

이 장에서는 기업이 근로자의 노후소득보장과 생활안정을 위해 근로자가 퇴직 시 지급하는 퇴직연금제도를 공부한다. 먼저 퇴직연금의 도입배경을 통해 우리나라 퇴직급여제도의 연혁과 퇴직금제도의 문제점을 자세히 살펴본다. 다음으로 퇴직연금제도의 주요 내용과 장점 및 세제혜택을 학습하고 퇴직연금의 세 가지 유형인 확정급여형, 확정기여형, 개인퇴직구좌에 대해 살펴본다.

마지막으로 외국의 퇴직연금으로 미국과 일본의 기업연금에 대해 논의하고자 한다.

1. 퇴직연금

1) 퇴직연금의 도입배경

(1) 우리나라 퇴직급여제도의 연혁

우리나라의 퇴직급여제도(퇴직금)는 1953년에 제정된 「근로기준법」에 퇴직자의 소득보장을 위한 퇴직금 지급 근거를 마련하면서 강제성 없는 임의제도로 출발하였다. 1961년 「근로기준법」이 개정되면서 퇴직하는 근로자에게 근속연수 1년마다 30일분 이상의 평균임금을 퇴직금으로 지급하는 강제제도로 그 성격이 바뀌었다. 이 무렵 퇴직금제도는 근로자 30인 이상 기업에 의무적으로 적용됨으로써 중소기업 근로자에게도 혜택이 돌아가게 되었다. 이후 1975년에는 16인 이상 기업, 1987년에는 10인 이상 기업, 1989년에는 5인 이상 기업으로 그 적용범위가 점차 확대되었다.

1980년에는 「근로기준법」에 '퇴직금제도를 설정함에 있어 하나의 사업 내에 차등제도를 주어서는 아니된다' 라는 조항을 신설하여 동일 사업 내 차등제도를 설정할 수 없도록 하였다.

퇴직금제도의 적용범위가 확대되었지만 사내적립으로 인해 기업이 도산할 경우 퇴직금을 수급하지 못하는 문제가 있었다. 기업 도산 시 근로자의 퇴직금 수급권 보호를 위해 정부는 1997년 12월 사회적립 수단인 퇴직보험/신탁의 도입근거를 마련하였다. 이에 따라 1999년 3월 보험사는 금융감독원으로부터 퇴직보험 상품을 인가받았고, 퇴직신탁의 경우 2000년 3월에 은행, 9월에는 투자신탁회사와 투자신탁운용회사의 퇴직신탁 상품이 인가를 받았다.

한편 1997년 3월부터는 퇴직금 중간정산제가 시행되었다. 중간정산은 퇴직하기 전이라도 근로자의 요구가 있고 기업이 동의하면 계속 근로한 기간에 대한 퇴직금을 미리 정산하여 지급할 수 있도록 한 제도이다. 중간정산제는 명목상으로는 근로자의 편의를 위해 도입되었지만 퇴직금이 생활비로 중도 소진되면서 노후재원 축적을 저해하는 부작용을 낳았다.

표 13-1 우리나라 퇴직급여제도의 연혁

시 점	주요 내용
1953	『근로기준법』 제정과 함께 임의 제도로서 퇴직금제도 도입
1961	『근로기준법』 개정으로 법정 강제 제도로 변경
1962	상시근로자 수 30인 이상 기업에 적용
1975	적용 대상을 상시근로자 수 16인 이상 기업으로 확대
1980	퇴직금제도 설정 시 기업 내 차등 적용 금지(1981. 4. 1. 시행)
1987	적용 대상을 상시근로자 수 10인 이상 기업으로 확대(1988. 1. 1. 시행)
1989	적용 대상을 상시근로자 수 5인 이상 기업으로 확대
1997	중간정산제 시행 및 퇴직보험/신탁 도입 근거 마련(1999년: 퇴직보험 상품 출시, 2000년: 퇴직신탁 상품 출시)
2005	퇴직연금제도 시행

* 2005년 1월 『근로자퇴직급여 보장법』의 제정으로 퇴직금제도의 근거법이 『근로기준법』에서 『근로자퇴직급여 보장법』으로 이관되었다(2005년 12월 시행).
출처: 한국투자증권 퇴직연금연구소(2010). 퇴직연금 실무해설서. p.4.

이러한 배경하에 퇴직금제도의 개선을 요구하는 목소리가 높아지면서 2001년 7월 노사정위원회에서 퇴직연금제도에 대한 논의가 처음으로 시작되었다. 마침내 2004년 12월 29일 「근로자퇴직급여보장법」이 공포되어 2005년 12월 1일부터 퇴직연금제도가 본격적으로 시행되었다.

(2) 기존 퇴직금제도의 문제점

저출산, 고령화 사회의 진입에 따라 은퇴 이후의 경제적인 안정이 더욱 중요시되고 있다. 그러나 기존의 퇴직금제도는 아래와 같은 문제점으로 인해 노후의 중요한 수입원으로서의 역할을 제대로 하지 못하고 있다.

① 잦은 이직과 중간정산으로 퇴직금의 소진

퇴직금은 근로자가 이직 시 일시금으로 지급되기 때문에 생활자금으로 소진되는 경우가 많았고, 퇴직금제도에서는 직장 이동 시마다 퇴직금을 통산할 수 있는 장치가 없어 노후 재원으로 활용되지 못하고 있다. 또한 퇴직금 중간정산제도의 도입 이후에는 재직 기간 중에 퇴직금을 미리 정산 받는 경우가 많아 노후보장을 위한 퇴직금의 역할이 제약되고 있다. 2008년 8월 통계청에서 실시한 '경제활동인구 부가조사결과'에 따르면 전체 임금근로자의 평균 근속연수가 4년 9개월에 불과하여 퇴직금이 노후자금으로 사용되지 않음을 보여준다.

② 퇴직금 재원의 사내적립으로 인한 수급권 보장 미흡

퇴직금제도를 설정한 기업은 퇴직금 지급을 위한 준비금(퇴직급여충당금)을 적립해야 하는데, 퇴직금제도 하에서는 사외적립을 법적으로 강제하지 않고 기업 재량에 맡기고 있기 때문에 퇴직금 지급을 위한 재원을 사내 적립하는 경우가 많다. 이 경우 기업이 도산하거나 경영 악화 시 근로자가 퇴직금을 지급받지 못하고 체불되는 사례가 빈번하다. 예를 들면 2008년 퇴직금 체불액은 3,563억 원, 2009년에는 퇴직금 체불액이 4,696억 원으로 증가하였다.

③ 고용형태 및 임금체계와의 부조화

퇴직금제도는 퇴직 전 평균임금을 기준으로 근속연수를 고려하여 퇴직금을 산정한다. 즉, 퇴직금제도는 장기근속 중심의 고용 형태와 연공서열적 임금체계에 기초하고 있다는 의미이다. 하지만 평생직장 개념의 퇴색으로 직장 이동이 활발해지고, 기업들은 계약직, 임시직, 시간제 근로자의 고용을 늘리고 있는 상황에서 장기근속을 전제로 설계된 퇴직금제도는 적합하지 못하다. 또한 퇴직금제도는 연공서열적 임금체계에 기초하고 있어 연봉제, 임금피크제 등 유연화된 임금체계와 조화를 이루기 어렵다는 단점도 있다.

④ 기업의 재무관리 어려움

기업 입장에서는퇴직금에 대한 실질적인 비용을 예측하기 어렵기 때문에 퇴직금 급여가 예측보다 많은 경우에는 일시적인 재무 부담이 가중되어 왔다.

이상과 같은 퇴직금제도의 문제점을 보완하기 위해 1998년 퇴직보험이 도입되었고, 2000년에는 퇴직신탁이 도입되어 퇴직금재원을 금융기관에 예치하게 됨으로써 예치된 금액만큼 근로자의 수급권을 보장할 수 있는 제도가 시행되었다. 그러나 최저 적립기준이 없고, 직장을 이동할 때마다 퇴직금을 통산할 수 있는 장치가 없으며, 원리금보장 상품위주로 구성되어 가입자의 다양한 요구에 부응하지 못하는 한계가 있었다. 이에 2005년 12월 퇴직연금제도가 도입됨에 따라 향후 퇴직연금제도로 이행하기 위한 중간제도로 자리매김하게 되었고, 2011년 이후에는 폐지될 예정이다.

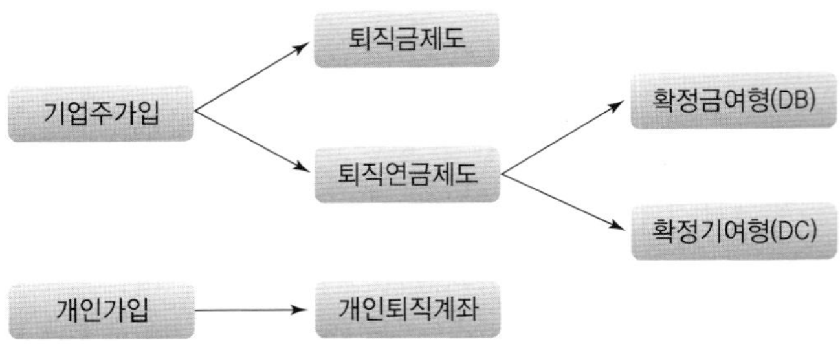

그림 13-1 퇴직급여제도의 구조

출처: 이기춘 외(2009). 소비자재무설계. p.271.

보험과 은퇴코너 13-1

퇴직·개인연금시장 250조 … 노후불안에 급팽창

우리나라가 초고령화 사회로 진입하는 속도만큼이나 퇴직·개인연금 등 사적연금시장 규모가 급팽창하고 있다. 올해 말에는 250조 원을 돌파할 전망이다. 하지만 저금리와 금융불안의 여파로 올들어 수익률이 부진하거나 원금까지 까먹는 퇴직연금상품이 적지 않다.

11일 금융감독원과 금융투자업계 등에 따르면 퇴직연금과 개인연금(연금보험, 연금펀드, 연금저축) 등 사적연금시장의 규모는 작년 말 187조 원에서 올해 말 250조 원으로 34% 가량 급성장할 것으로 추산됐다. 일반적으로 20% 대에 머물렀던 증가율이 이처럼 올라간 것은 급속한 고령화에 따른 노후불안이 커지고 있기 때문이다.

그러나 노후대비용 금융상품의 수익률은 저조하다. 은행 연금저축상품인 신개인연금신탁의 올해 수익률은 대부분 2%대에 머물고 있다. 물가상승률을 고려하면 마이너스 수익률이다.

연 400만 원의 소득공제 혜택을 주고 수익 일부에 과세하는 신개인연금신탁 채권형의 평균배당률은 9월 말 기준으로 국민은행 제1호(구주택) 2.75%, 우리은행 신개인연금신탁 2.19%, 신한은행 신개인연금신탁B-1(구조흥) 2.55%, 하나은행 채권형1호 2.46% 등이다. SC제일은행 신개인연금신탁은 1.77%로 2%도 넘지 못했다.

이 수익률은 같은 기간의 채권수익률(KIS채권종합지수) 3.84%에도 크게 못 미친다. 퇴직연금 수익률도 지난 3분기(7~9월) 기준으로 기대에 못 미치기는 마찬가지다.

(계속)

중고령자 노후생활비 준비 여부 (총 5,209가구 조사)

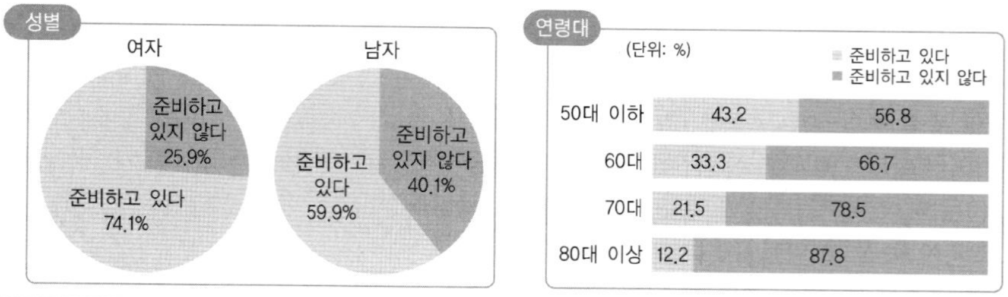

올해 3분기의 확정급여형(DB) 기준으로 신한은행, 국민은행, 우리은행, 하나은행 등 4대 은행의 원리금보장상품 수익률은 1.09~1.15% 수준에 그쳤다. 비원리금보장상품은 신한 -7.81%, 우리 -7.08%, 하나 -4.24%, 국민 -4.79% 등으로 원금을 까먹었다.

확정기여형(DC)과 개인퇴직계좌(IRA형)도 마찬가지였다. 비원리금보장상품의 수익률은 -4~-3%대였다. 박형수 우리투자증권 100세 연구소 소장은 "비원리금보장상품은 최근 경제위기로 3분기 수익률이 마이너스를 보이고 있다. 상대적으로 원리금보장형 상품은 꼬박꼬박 수익을 쌓고는 있지만 수익률이 연 4%에 간신히 도달하는 정도다."고 지적했다. 박 소장은 "장기적으로 정기예금보다 수익률이 낮은 것은 문제다. 정부 당국이나 업계차원에서 보완 대책이 필요하다."고 말했다. 100세 시대 대표 금융상품이라고 불리며 올해 들어 폭발적으로 증가한 퇴직연금펀드와 월지급식펀드의 수익률도 투자자들의 기대와는 거리가 멀었다. 펀드평가사 제로인 집계를 보면 퇴직연금펀드는 작년말 설정액이 1조 4,901억 원에서 지난 8일 현재 2조 3,867억 원으로 1년 사이 60.17%(8,966억 원) 증가했다. 월지급식펀드는 작년말 1,666억 원에서 8일 현재 8,281억 원으로 397.05%(6,615억 원)나 급증했다.

퇴직연금 적립금 추이
(연말기준, 단위: 억 원)

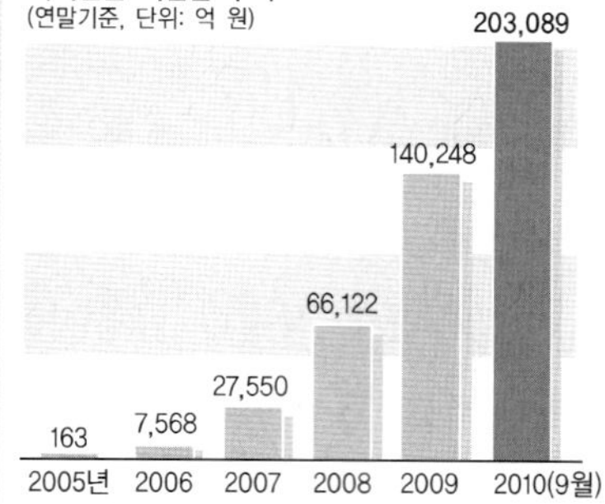

퇴직연금펀드의 수익률을 보면 연초이후 채권형이 유일하게 4%대의 수익률을 유지했다. 하지만 나머지 유형의 펀드들은 -3~-2% 대의 마이너스 수익률을 기록하거나 2% 미만으로 부진했다.

월지급식펀드도 절반가량이 연초이후 수익률이 마이너스다. 플러스 수익률을 내도 4% 이하여서 올해 물가상승률(4%)과 수수료 등을 고려하면 원본까지 까먹고 있는 형편이다. 월지급식 펀드는 매월 투자원금의 0.5~0.7%씩 연 6.0~8.4%를 분배금으로 지급한다. 펀드 수익률이 최소 그만큼은 돼야 원금을 유지할 수 있다.

박덕배 현대경제연구원 연구위원은 "올해 퇴직연금과 관련 펀드들의 수익률이 저금리와 금융불안 탓에 좋지 않다."면서 "노후생활을 대비하기 위한 상품인 연금은 다른 금융상품과 달리 수수료를 낮게 차등 적용해야 한다."고 말했다.

출처: 연합뉴스, 2011년 12월 12일자

2) 퇴직연금제도의 특징

(1) 퇴직연금제도의 주요내용

① 퇴직연금제도 실시

퇴직연금제도는 기업이 근로자의 노후소득보장과 생활안정을 위해 근로자의 재직기간 중 사용자(기업)가 퇴직금 지급재원을 외부의 금융기관에 적립하고 이를 사용자 또는 근로자의 지시에 따라 운용하여 근로자 퇴직 시 연금 또는 일시금으로 지급하도록 하는 기업복지제도이다.

퇴직연금제도의 실시로 1인 이상의 사업장의 사용주(사업주)는 퇴직급여제도인 퇴직금제도와 퇴직연금제도 중 하나 이상의 제도를 설정해야 한다. 그러나 퇴직연금제도는 법정 퇴직금제도와 달리 노사합의에 의해 자율적으로 도입하는 제도로서 강제성이 없다. 따라서 기존의 퇴직금제도를 반드시 퇴직연금제도로 전환해야 하는 것은 아니며, 그대로 유지하는 것도 가능하다. 만일 사용자가 퇴직급여제도를 설정하지 않은 경우에는 퇴직금 제도를 설정한 것으로 간주한다.

4인 이하의 사업장의 경우 사업주의 부담수준을 단계적으로 상향조정하여 충격을 완화하였다. 2010년 12월 1일에서 2012년 12월 31일까지 근무한 기간에 대하여서는 급여 및 부담금 수준을 5인 이상 사업장의 100분의 50을 적용하되, 2013년 1월 1일 이후부터는 100분의 100을 적용하도록 하였다.

② 퇴직연금의 운영구조 및 종류

퇴직연금제도의 기본 운영구조는 외부금융기관에 사용주가 부담한 퇴직연금 적립금을 보관하면서 적절한 금융자문을 받아 수익률을 달성하여 근로자가 퇴직 시점에 연금 또는 일시금의 형태로 퇴직연금을 지급하는 것이다.

퇴직연금제도의 종류는 확정급여형(DB: defined benefit), 확정기여형(DC: defined contribution) 및 개인퇴직구좌(IRA: individual retirement account)의 세 가지로 구성되어 있다.

확정급여형 퇴직연금의 특색은 근로자의 퇴직급여액이 미리 결정되어 있는 것으로, 사용자가 퇴직연금 적립금의 운용방식을 결정한다. 확정기여형 퇴직연금은 사용자의 부담금 수준이 사전에 결정되어 있고 근로자의 퇴직급여는 사용자가 매년 납부한 퇴직부담금에 운영수익을 더하여 결정되는데, 퇴직연금 적립금의 운용방식은 근로자 개개인의 선호를 반영하여 결정한다. 개인퇴직계좌는 근로자 명의의 개인퇴직계좌를 설정하여 퇴직 시에 받은 퇴직 일시금을 불입하여 은퇴할 때까지 운용할 수 있도록 한 것으로, 근로자의 책임과 권한에 의해 적립금을 운용한다.

③ 근로자대표의 동의와 퇴직급여제도의 차등설정금지

퇴직급여제도를 설정하거나 변경하기 위해서는 근로자대표의 동의를 얻어야 한다. 근로자대표의 동의를 얻지 못한 경우에는 원칙적으로 퇴직금제도가 적용된다. 또한 동일한 사업장 내에서 일부 근로자에 대해서는 퇴직금제도를 설정하고, 다른 근로자에 대해서는 확정급여형을, 또 다른 근로자에 대해서는 확정기여형을 설정할 수 있다. 이 경우 근로자대표는 근로자 과반수로 조직된 노동조합이 있는 경우에는 노동조합을, 노동조합이 없는 경우에는 근로자의 과반수를 의미한다.

하나의 사업장 안에서 근로자간에 퇴직급여제도의 급여 및 부담금 수준에 있어서 차등이 허용되지 않는다. 다만, 근로자집단별로 퇴직금제도나 퇴직연금제도 등 제도유형을 다르게 설정하는 것은 가능하다.

(2) 퇴직연금제도의 장점

① 근로자 측면에서 장점

첫째, 퇴직연금제도의 가장 큰 의의는 근로자의 퇴직연금을 사외에 적립하도록 의무화하였기 때문에 근로자의 수급권이 강화되었다는 점이다. 기존의 퇴직금제도에서는 퇴직금 재원의 사외적립을 의무화하지 않아 기업이 도산하거나 자금 사정이 악화될 경우 퇴직금을 받지 못하는 경우가 많았다. 확정기여형 퇴직연금을 도입한 기업은 연간 임금총액의 최소 1/2에 해당하는 금액을 납입해야 하고, 확정급여형 퇴직연금에서는 예상 퇴직급여의 60% 이상(2010년 기준)을 사외에 적립하도록 하여 수급권 보장을 강화하였다.

둘째, 2005년 12월 「근로자퇴직급여보장법」의 시행으로, 개인은 이직을 하거나 중간정산으로 받는 퇴직금을 지속적으로 통합·관리하여 노후 재원으로 적립할 수 있는 길이 열렸다. 퇴직연금제도의 시행으로 근로자가 이직 시 수령한 퇴직금을 개인퇴직계좌(IRA)를 통해 적립·운용한 후 55세 이후에 일시금 또는 연금으로 수령할 수 있게 되었다. 하지만 퇴직금제도하에서는 통산장치의 부재로 개인이 이직 시 퇴직금을 직접 수령해야 하며, 이것이 대부분 생활자금으로 사용되는 경우가 많아 노후자금축적이 어렵다는 문제점이 있다.

셋째, 퇴직연금제도는 근로자에게 세제혜택을 준다. 확정기여형 퇴직연금에 가입한 근로자가 자발적으로 부담금을 납입하면 연금저축 납입액과 합산하여 연간 300만 원(2010년 기준)까지 소득공제를 받을 수 있다. 또한 퇴직(또는 중간정산금 수령일) 후 60일 이내에 퇴직일시금(또는 중간정산금)의 80% 이상을 개인퇴직계좌로 이전하면 퇴직 소득세를 내지 않으며, 적립금 운용 시에 발생하는 수익에도 과세가 되지 않는다. 다만 55세 이후 실제 연금을 수령할 때 연금소득세를 내기 때문에 실질적으로 세후 소득을 높일 수 있다.

넷째, 퇴직연금제도를 통해 개인별 맞춤 노후설계가 가능하다. 확정기여형 퇴직연금의 경우, 사용자 부담금 이외에 근로자가 추가로 납입이 가능하고 세제혜택까지 받을 수 있다. 즉, 노후생활 재원을 보다 충분히 마련하고자 하는 근로자는 각자의 선택에 따라 다양한 혜택이 부여되는 퇴직연금 플랜에 추가적인 재원을 납입할 수 있다.

마지막으로 금융환경변화에 대한 이해와 활용능력을 제고시킨다. 퇴직연금제도에서는 사용자의 의무사항으로 연 1회 이상 근로자에게 퇴직연금제도에 대한 교육을 실시하는 것이 의무화되어 있다. 일반적으로 기업들은 전문 금융기관인 퇴직연금사업자에게 위탁하여 교육을 실시하기 때문에, 근로자들은 금융기관 전문가로부터 다양한 금융정보 및 투자와 관련된 지식을 제공받을 수 있다.

② 사용자 측면에서 장점

첫째, 퇴직연금제도의 기업측 부담금 납입액은 전액 세무상 비용으로 인정되어 법인세를 절감하는 효과가 있다. 확정급여형 퇴직연금 부담금은 퇴직급여 추계액을 한도로 손비 인정되고, 확정기여형 퇴직연금에서는 기업 부담금 전액이 손비로 인정되어 기업은 근로자의 재직기간 중에도 법인세 혜택을 받을 수 있다.

둘째, 퇴직연금제도를 도입한 기업은 퇴직급여 비용부담이 평준화되는 효과를 누릴 수 있다. 따라서 기업은 장기적 관점에서 퇴직급여 비용을 예측할 수 있어 재무관리가 용이하게 된다.

셋째, 퇴직연금제도를 도입하면 기업의 부채비율이 개선되어 재무건전성이 향상된다. 확정급여형 퇴직연금의 경우 사외 적립된 퇴직연금 운용자산이 확정급여채무의 차감항목으로 계상되어 순부채가 감소하게 된다. 확정기여형 퇴직연금의 경우에는 회사가 납부하여야 할 부담금을 비용으로 인식하고, 퇴직연금 관련 부채를 인식하지 않으므로 부채비율을 개선하는 효과가 있다.

넷째, 기업은 퇴직급여제도를 다양하게 운영할 수 있다. 퇴직금제도는 최종 3개월간의 평균임금을 기준으로 퇴직금을 산정하는데 비해, 퇴직연금제도는 연봉제, 임금피크제, 성과주의 임금제도 등과 같은 임금체계에서도 유연하게 대응할 수 있다.

다섯째, 기업은 퇴직금 체불에 대한 법적 위험을 감소시킬 수 있다. 퇴직급여를 믿을 만한 외부 금융기관에 적립시켜 놓음으로써 퇴직금체불에 따른 민·형사책임 등 법적 위험을 해소할 수 있어 건전한 기업활동에 도움이 된다.

③ 퇴직연금제도의 세제혜택

퇴직연금에 대한 과세는 부담금 불입단계, 적립금 운용단계, 퇴직연금 수령단계의 3단계로 이루어진다. 우리나라의 퇴직연금의 경우는 기본적으로 불입단계와 운용단계에서는 비과세(exempted)하였다가 연금 수령 시 과세(taxed)하는 EET체계를 취한다. 이러한 체계는 가입자에게 다음과 같은 큰 장점을 가진다.

첫째, 부담금 불입단계에서 근로자의 추가부담금(확정기여형)에 대해 개인연금저축과 합산하여 연간 300만 원 한도까지 소득공제하기 때문에 근로기간 중 절세효과가 있다.

둘째, 적립금을 운용하는 과정에서 발생하는 이자수익에 대해 발생단계에서는 비과세한 후 근로자가 퇴직급여를 수령하는 단계에서 과세하므로 근로자의 실질소득이 증가된다. 가입기간이 길수록, 투자원금이 클수록 이자수익의 비과세 효과는 증가한다.

셋째, 퇴직급여 수령 시에는 일시금과 연금 중 세제상 유리한 쪽을 선택할 수 있는 장점이 있다. 연금으로 수령할 경우 국민연금, 개인연금 등 타 연금소득과 합산하여 연간 600만 원 이상인 경우에 종합과세 하지만 일정한도에서는 연금소득공제를 인정한다. 일시금으로 수령할 경우 퇴직금과 동일하게 퇴직소득으로 간주하여 분리 과세한다.

3) 퇴직연금제도의 유형

(1) 확정급여형 퇴직연금(DB)

① 개 요

확정급여형(defined benefit) 퇴직연금이란 근로자가 퇴직 시에 수령할 퇴직급여가 근무기간과 평균임금에 의해 사전에 확정되어 있는 퇴직연금을 말한다. 사용자는 근로자가 퇴직 시 사전에 확정된 퇴직급여를 지급해야 하며, 적립금을 직접 운용하므로 운용결과에 따라 사용자가 납입해야 할 부담금 수준이 변동될 수 있다. 또한 임금인상률, 퇴직률, 운용수익률 등의 변화에 따른 위험부담을 사용자가 지게 된다. 이러한 확정급여형 퇴직연금은 경영이 안정적이고 영속적인 기업이나 퇴직연금 관리능력이 있는 대기업에 적합하다.

② 확정급여형 퇴직연금 규약

확정급여형 퇴직연금을 설정하기 위해 사용자가 결정해야 하는 퇴직연금 규약에는 급여수준, 재정건전성 확보 방안, 가입기간, 급여의 종류 및 수급요건, 적립금 운용현황의 통지 등이 있다.

첫째, 확정급여형 퇴직연금의 핵심적인 특징은 퇴직급여의 수준이 사전에 확정되는 것이므로 퇴직급여의 수준을 어느 정도로 할 것인가에 대해 노사가 합의하여 규약에 명시해야 한다. 법에서 정한 최저수준은 퇴직시점에서 산정한 일시금액이 계속근로년수 1년당 30일분의 평균임금 이상이다. 이는 기존의 퇴직금제도와 비교하여 일시금 기준으로 급여수준이 동일하게 되도록 정한 것이다.

둘째, 확정급여형 퇴직연금제도는 규약에서 정한대로 사용자의 퇴직급여 지불능력을 확보하는 것이 무엇보다 중요하기 때문에 법에 의해 일정한 재정건전성을 확보할 것을 의무지우고 있다. 매 사업연도 말을 기준으로 퇴직급여 예상액의 60% 이상을 사외에 적립하도록 하여 근로자의 수급권 보호를 위한 장치를 마련하고 있다.

셋째, 가입기간에 관한 사항으로 확정급여형을 설정할 경우, 장래의 근로기간에 대해서만 적용되며 과거 근로기간에 대해서는 기존의 퇴직금제도가 적용된다. 그러나 노사합의를 토대로 과거근로기간에 대해서도 소급하여 퇴직연금제도의 가입기간으로 정할 수 있다.

넷째, 근로자가 퇴직 시 수령하는 급여의 종류에는 연금과 일시금이 있어 근로자는 두 가지 중 선택이 가능하다. 다만 연금을 수령하고자 하는 경우에는 퇴직연금가입기간이 10년 이상일 것과 근로자의 연령이 55세 이상이어야 한다.

다섯째, 사용자는 확정급여형 퇴직연금 적립금의 운용현황에 대하여 매년 1회 이상 가입자인 근로자에게 통지해야 한다. 이는 가입자 역시 자신의 퇴직급여 지급을 위한 적립금이 어떻게 운용되고 있는지에 대해 알아야 하기 때문이다. 이를 통해 사용자에 의한 자의적인 적립금 운용을 일정 부분 견제할 수 있을 것으로 기대된다.

(2) 확정기여형 퇴직연금(DC)

① 개 요

확정기여형(defined contribution) 퇴직연금은 사용자가 매년 근로자의 연간 임금의 1/12 이상을 부담금으로 납부하고, 근로자가 적립금의 운용방법을 결정하는 제도이다. 즉, 사용자의 부담금 수준이 사전에 결정되고, 근로자가 받을 퇴직급여는 적립금 운용실적에 따라 변동되는 연금제도이다. 적립금은 사용자로부터 독립되어 근로자 개인 명의로 적립되므로 기업이 도산할 때에도 수급권이 100% 보장되며, 직장을 옮겨도 연결통산이 쉽다. 그러나 투자결과에 따라 연금 수령액이 달라지게 되므로 적립금 운용과 관련한 위험을 근로자가 지게 된다. 확정기여형 퇴직연금은 경영이 불안정한 기업과 자체 퇴직연금제도를 설계하기 어려운 중소기업, 연봉제를 실시하면서 매년 퇴직금 중간정산을 실시하는 기업, 직장이동이 빈번한 근로자에게 유리하다.

② 확정기여형 퇴직연금 규약

확정기여형 퇴직연금 규약에는 사용자 부담금, 사용자의 부담금 납부주기, 적립금 운용, 중도인출에 관한 사항 등을 명시하고 있다.

첫째, 확정기여형 퇴직연금의 특징은 사용자의 부담금을 사전에 확정하는 것인데, 법적으로는 근로자의 연간 임금총액의 1/12 이상 부담하도록 정하고 있다. 이는 기존의 퇴직금제도에 의한 급여수준인 계속근로년수 1년당 30일분의 평균임금과 동등한 가치를 갖도록 하고 있다.

둘째, 확정기여형 퇴직연금의 경우 사용자의 부담금이 얼마나 잘 납부되는가가 제도 운영에서 중요하다. 법적으로는 매년 1회 이상 정기적으로 부담금을 납부하도록 규정하고 있다. 이에 따라 연납, 반기납, 분기납, 월납 등 다양한 납부주기가 있으며 기업의 상황에 따라 선택하여 납입 할 수 있다. 또한 납부주기에 따른 부담금의 결정방법에도 일정 기간 근로자의 임금액에 비례하여 부담금을 산출하는 정률법, 임금액에 상관없이 정기적으로 정액을 납부하다가 연말에 부담금 총액을 정산하여 납입하는 정액법, 두 방법을 혼합한 혼합법이 이용된다.

셋째, 확정기여형 퇴직연금은 퇴직연금 적립금에 대한 운용결과를 근로자가 책임지게 되므로, 적립금 운용에 있어 근로자를 보호하기 위해 법적 장치를 마련하고 있다. 근로자에게 운용방법을 세 가지 이상 매반기 1회 이상 제시하여 다양한 선택을 하도록 하고, 제시된 운용방법 중에는 반드시 원리금을 보장해주는 운용방법이 포함되어야 하며, 근로자가 적립금 운용방법을 선택함에 있어서 필요한 정보를 매반기 1회 이상 제공할 것 등을 규약에 명시하도록 하고 있다.

넷째, 중도인출에 관한 사항으로 확정기여형의 경우에는 근로자의 특수한 상황을 고려하여 자신의 적립금에 대해 퇴직 이전에 중도인출을 허용하는 것을 명시해야 한다. 퇴직연금제도가 노후소득재원을 마련하는 것이므로 중도인출은 무주택자의 주택구입, 가입자 혹은 그 부양가족의 6개월 이상의 요양 등으로 제한적으로 인정하고 있다.

(3) 개인퇴직계좌(IRA)

① 개 요

개인퇴직계좌(individual retirement account)는 근로자가 퇴직하거나 직장을 옮길 때 받은 퇴직금을 자기명의의 퇴직계좌로 적립하여 은퇴 후 노후소득으로 활용할 수 있도록 한 제도이다. 퇴직연금 수령 연령에 도달하기 전에 받은 퇴직일시금이나 중간정산 등으로 일시금을 받은 경우에 개인퇴직계좌를 통해 계속하여 적립·운용하는 것이 가능하다. 이는 빈번한 직장이동과 비정규직 근로자의 증가, 퇴직금 중간정산제와 연봉제의 확산 등 사회변화에 따라 개인퇴직계좌가 도입되었다. 퇴직금 운용은 확정기여형과 유사하며, 근로자 개인은 운용수익과 손실의 책임을 지게 된다.

② 개인퇴직계좌의 설정 및 적립금 운영

퇴직급여의 일시금을 받은 근로자는 개인퇴직계좌에 가입할 수 있으며 가입여부는 근로자의 자유의사에 맡긴다. 개인퇴직계좌는 퇴직급여를 지급받을 때까지 퇴직소득세를 이연해주는 세금혜택을 제공하여 퇴직연금가입을 유도하고 있다.

개인퇴직계좌의 적립금 운용은 가입자가 직접 행하며 매반기 1회 이상 운용방법을 변경할 수 있다. 구체적인 사항은 퇴직연금사업자와 체결하는 계약에 정하도록 하고 있다. 퇴직연금사업자는 원리금 보장 운용방법을 포함하여 세 가지 이상의 적립금 운용방법을 매반기 1회 이상 제시해야 하며, 적립금 운용에 필요한 정보도 제공해야 한다.

개인퇴직계좌에서 퇴직급여의 수급요건은 기본적으로 퇴직연금의 요건과 유사하지만 가입기간에 대한 요건은 불필요하다. 가입자는 연금 혹은 일시금을 55세 이후에 지급받을 수 있고, 확정기여형 퇴직연금과 마찬가지로 일정한 사유가 있을 경우 자기계좌로부터 중도인출이 가능하다.

③ 10인 미만 사업장 특례제도(기업형 개인퇴직계좌)

상시 근로자 10인 미만 사업장의 경우에는 근로자의 동의를 얻어 근로자 전원이 개인퇴직계좌에 가입하면 퇴직연금제도를 도입한 것으로 간주한다. 따라서 퇴직연금규약을 작성하여 노동관서에 신고할 필요가 없다.

기업형 개인퇴직계좌의 제도 내용은 확정기여형 퇴직연금제도와 유사하다. 사용자가 퇴직연금사업자를 선정할 경우에는 근로자 대표의 동의를 받아야 한다. 사용자의 부담금은 최소 가입자의 연간 임금총액의 1/12에 해당하는 금액이며, 매년 1회 이상 정기적으로 납부한다. 다만 가입자 탈퇴 시 부담금 미납금은 가입자 탈퇴

일로부터 14일 이내에 납부해야 한다.

근로자는 사용자의 부담금 이외에 추가로 갹출하는 것이 허용된다. 가입자 추가 갹출한도에 대해서는 법에서 특별히 정한 것은 없고, 소득세법상 근로자 추가갹출에 대한 소득공제 허용한도는 개인연금 합산하여 연 300만 원까지로 규정되어 있다.

보험과 은퇴코너 13-2

DB형과 DC형, 어떤 걸 고를까?

임금상승률 높으면 회사가 관리하는 DB형으로

“회사에서 퇴직연금을 도입한다고 하는데, DB형과 DC형 중에 어떤 걸 골라야 하나요?”

올해부터 기존 퇴직금에 주던 세제 혜택이 점진적으로 없어지면서 퇴직연금을 도입하는 회사들이 늘어나고 있다. 이에 따라 많은 직장인이 DB형과 DC형 중에 어떤 걸 선택하면 좋을지 고민에 빠졌다.

DB형과 DC형 모두 10년 이상 가입한 후 55세 이상이 되면 연금을 탄다는 것은 같다. 하지만 DB형은 근무연수에 평균임금을 곱해 퇴직금이 확정돼 있는 연금제도인 데 반해, DC형은 회사가 납부하는 돈에 근로자의 지시로 운용된 손익이 더해져 연금이 확정된다. 다시 말하면 DB는 회사가, DC는 근로자가 퇴직금을 관리하는 셈이다.

통상 직장생활 전 기간의 평균치를 고려해 임금상승률이 투자수익률보다 높을 것으로 예상하면 DB형을, 그렇지 않고 임금상승률이 투자수익률보다 저조할 것으로 보이면 DC형을 선택하는 것이 유리하다고 말한다. 김보성 한국투자증권 퇴직연금부 팀장은 “DB형은 임금이 현재 높거나 앞으로 커질 가능성이 많을수록, 승진·승급 기회가 많을수록 유리하다.”고 말했다.

DB형은 퇴직시점의 직전 3개월 평균임금을 고려해 퇴직급여 적립금을 산정한다. 따라서 퇴직시점에 급여가 높아지는 연공서열 체계의 대기업이나 공기업에서 근무하는 근로자에게 적합하다.

그러나 연봉제 급여 체계이고 임금 수준이 가변적이면 DC형을 선택하는 게 유리할 수 있다. DC형은 매년 근로자의 임금을 고려해 그때그때 적립금을 산정하기 때문이다. 임금피크제 대상이거나 이직계획을 가진 근로자, 재무상태가 불안정한 중소기업이라면 DC형이 낫다. 이동원 금융투자협회 팀장은 “DC형은 근로자 퇴직급여 예상지급액의 100%를 외부 금융기관에 맡기기 때문에 직장이 도산해도 퇴직금 수령과 관련된 걱정은 하지 않아도 된다.”고 말했다.

출처: 조선일보(2011년 8월 29일자).

표 13-2 확정급여형, 확정기여형, 개인퇴직계좌의 비교

<table>
<tr><th rowspan="2">구 분</th><th rowspan="2">확정급여형(DB)</th><th rowspan="2">확정기여형(DC)</th><th colspan="2">개인퇴직계좌(IRA)</th></tr>
<tr><th>기업형 IRA</th><th>개인형IRA</th></tr>
<tr><td>개 념</td><td>• 퇴직 시 지급할 급여수준을 노사가 사전에 약정
• 사용자가 적립금운용방법을 결정
• 사용자는 근로자 퇴직시 사전에 약정된 퇴직급여를 지급
• 계속근로기간 1년에 대하여 30일분의 평균 임금에 상당하는 금액 이상</td><td>• 기업이 부담할 기여금 수준을 노사가 사전에 확정
• 근로자가 적립금 운용방법을 결정
• 근로자는 일정연령에 도달하면 운용결과에 따라 퇴직급여를 수령</td><td>• 10인 미만의 사업장장의 경우 근로자 전원의 동의를 얻어 개인퇴직계좌설 설정 → 퇴직급여제도 설정한 것으로 인정
• 근로자가 적립금 운용방법을 결정
• DC형 준용 근로자는 일정연령에 도달하면 운용결과에 따라 퇴직급여를 수령</td><td>• 근로자 직장이전시 퇴직연금 유지를 위한 연금통산 장치
• 근로자가 적립운용방법을 결정
• 퇴직일시금 수령자 가입 시 등 일시금에 대해 퇴직소득세 과세 이연</td></tr>
<tr><td>기 업
부 담</td><td>• 산출기초율(운용수익률, 승급률, 이직률 등)에 따라 부담금 변동
• 규정에서 정한 최소 수준(60%) 이상을 납부하여야 함
• 퇴직연금사업자는 기업의 부담금이 최소수준을 상회하는지 매년 재전건전성 검증실시</td><td>• 매년 기업의 부담금은 근로자 임금의 일정비율로 확정
※ 가입자의 연간 임금총액의 1/12에 해당하는 금액 이상</td><td>• 매년 기업의 부담금은 근로자 임금의 일정비율로 확정
• 가입자의 연간 임금총액의 1/12에 해당하는 금액 이상</td><td>없 음</td></tr>
<tr><td>연 금
수급요건</td><td colspan="3">• 연령: 55세 이상
• 가입기간: 10년 이상
• 연금수급: 5년 이상</td><td>• 연령: 55세 이상
• 연금수급: 5년 이상</td></tr>
<tr><td>일시금
수급요건</td><td colspan="3">• 연금수급 요건을 갖추지 못한 경우
• 일시금 수급을 원하는 경우</td><td>55세 이상으로 일시금 수급을 원하는 경우</td></tr>
<tr><td>담보대출
·
중도인출사유</td><td colspan="4">• DB형은 아래의 사유에 대하여 담보대출(적립금의 50%)에 한하여 가능
• DC형 및 IRA는 담보대출(적립금의 50%) 및 중도인출 가능
• 무주택자인 가입자가 주택을 구입하는 경우
• 가입자 또는 그 부양가족이 6월 이상 요양을 하는 경우
• 천재·사변 등 노동부령이 정하는 사유와 요건을 갖춘 경우</td></tr>
</table>

(계속)

<table>
<tr><th rowspan="2">구 분</th><th rowspan="2">확정급여형(DB)</th><th rowspan="2">확정기여형(DC)</th><th colspan="2">개인퇴직계좌(IRA)</th></tr>
<tr><th>기업형 IRA</th><th>개인형IRA</th></tr>
<tr><td>제도 간 이전</td><td>어려움
(퇴직 시 IRA로 이전)</td><td>직장 이동 시 이전 용이</td><td>직장 이동 시 이전 용이</td><td>연금이전 용이</td></tr>
<tr><td>적합한 기업·근로자</td><td>도산 위험이 없고, 정년 보장 등 고용이 안정된 기업</td><td>• 연봉제 도입기업
• 체불위험이 있는 기업
• 직장이동이 빈번한 근로자</td><td>10인 미만의 영세 사업장</td><td>퇴직일시금 수령자</td></tr>
</table>

출처 : 금융감독원, 퇴직연금종합안내.

2. 외국의 퇴직연금

1) 미국의 퇴직연금제도

(1) 개 요

미국에서 퇴직연금제도의 시초는 1875년 아메리칸 익스프레스사에서 '기업연금 플랜'을 만든 것으로부터 시작되었다. 이 퇴직연금제도가 기본적인 골격을 갖춘 것은 1940년경이다. 제2차 세계대전 이후 미국에서는 전시경제정책의 일환으로 '임금동결정책'이 시행되었는데, 이 정책의 시행으로 기업들은 임금 이외의 방법으로 근로자들을 지원해 줄 방법을 찾았고 퇴직연금제도를 선택하게 되었다. 많은 기업에서 이 퇴직연금제도를 시행하게 되었고, 연방정부도 이 제도를 적극 지원하게 되었다.

미국의 노후보장시스템도 우리나라와 마찬가지로 3층 구조를 지니고 있다. 우리나라 국민연금에 해당하는 노령연금, 그리고 퇴직연금과 개인연금으로 구성되어 있다. 노령연금은 사회보장연금으로서 강제성을 띠고 있으며, 퇴직연금과 개인연금은 개인의 자발적인 성격을 가진다. 이 세 가지 연금 중에서 퇴직연금이 차지하는 비율이 65%나 된다. 그리고 노령연금, 퇴직연금, 개인연금을 세 가지 연금의 합계는 2006년말 현재 18조 4,000억 달러로 미국 전체 가계자산의 40%에 달한다. 미국의 퇴직연금제도는 매우 중요한 제도이며, 국민들도 퇴직연금이 생애 전 기간에 걸쳐 개인의 복지와 연결되기 때문에 중요하게 생각하고 있다. 근로자들도 직장을 구할 때 퇴직연금제도가 잘 되어 있는지를 살펴본다.

미국은 근로자들의 연금수급권을 보장하기 위해 PBGC(pension benefits guaranty corporation)이라는 공기업을 운영하고 있다. 연금 적립이 충분하지 않은 상태에서 기업이 파산하거나 위험한 일이 발생할 경우에 해당 근로자의 노후를 보장하고 있다. 또한 각 기업의 확정급여형 제도가 파산에 이르지 않도록 관리, 감독하고 관련 법률의 적용을 주관하고 있다. 이 PBGC에 가입하지 않으면 퇴직연금이 세제혜택을 받을 수 없기 때문에, 대부분의 기업이 PBGC에 가입하고 관리감독을 따르고 있다.

미국의 퇴직연금제도는 우리나라에 비해 보다 자율적인 것이 특징이다. 미국의 퇴직연금제도는 기업의 자의에 의해 복지차원에서 설립되고 운영되는 제도로서 준사회보험적 성격을 갖는 복지제도로서 존재한다. 미국의 퇴직연금제도의 유형은 우리나라와 마찬가지로 확정급여형(DB), 확정기여형(DC), 개인퇴직계좌(IRA)의 구조를 가지고 있지만 각 유형 안에 다양한 여러 가지 방법이 존재한다.

(2) 확정급여형 퇴직연금(DB)

미국의 확정급여형 퇴직연금제도에는 하위제도로서 균일급여방식, 경쟁평균방식, 최종임금방식이 있다. 균일급여방식은 연금제도에 의해 인정된 모든 근무기간에 대해 균일한 금액을 지급하는 것이다. 경쟁평균방식은 근무기간 연평균 임금의 일정 비율에 근속연수를 곱한 액수를 퇴직시점에 지급한다. 반면 최종임금방식은 우리나라 퇴직금제도와 비슷한데, 퇴직직전 최종 5년 동안의 평균 임금의 일정비율에 근무기간을 곱하여 계산한다.

또한 확정급여형으로 분류되지만 확정기여형의 성격을 함께 가지고 있는 현금잔고제도(Cash Balance Plan, CBP제도)도 있다. 기업이 근로자에게 현금 또는 가상의 포인트를 나누어주고 근로자는 이를 매월 적립하여 퇴직 시에 현금 또는 포인트와 함께 적용된 금리가 부여된 금액을 함께 수형하게 된다. 사용자가 급여를 보장해주고 적립되는 계좌는 개인계좌라는 점에서 DB형과 DC형이 혼합된 제도라고 볼 수 있다.

(3) 확정기여형 퇴직연금(DC)

확정기여형 퇴직연금은 우리나라와 마찬가지로 근로자가 연금의 운용주체가 된다. 근로자의 개인계정으로 운영되고, 투자의사결정 또한 근로자 자신이 하기 때문에 투자위험도 감수해야 하지만 투자수익금에 의해 자신이 받는 연금금액도 달라지게 된다.

미국의 확정기여형 퇴직연금에는 연금자산 운용방법에 따라 다음과 같은 다양한 방법들이 있다.

- Target Benefit Plan: 간단히 말하면 목표로 한 퇴직연금을 받는 제도이다. 기업의 입장에는 사전에 목표로 한 금액에 미달해도 책임은 없지만, 사용자는 부담금을 퇴직금 계좌로 지급하고 의무를 다해야 한다. 이 방법의 특징은 자동으로 연금이 지급되는 상품에 가입을 해야 하는 것이다.
- Profit Sharing Plan: 기업의 경영성과에 따라 사용자가 퇴직연금에 납입하는 부담금을 조절할 수 있는 제도이다. 성과보상제도와 퇴직연금제도가 결합된 유형으로, 이는 기업의 입장에서는 좋으나 근로자 입장에서는 불평등을 야기할 수 있는 제도이다.
- Money Purchase Plan: 사용자가 근로자급여의 일정비율 또는 일정금액을 정해서 개별 근로자의 계정에 적립해 주는 제도이다. 우리나라의 확정기여형 퇴직연금제도가 이 방식에 속한다.
- Stock Purchase Plan: 사용자가 기여금을 갹출하여 자사주를 구입한 후 근로자의 계정에 적립해주는 제도이다. 즉 연금급여가 사용자의 주식 형태로 분배되도록 설립된 것이다.
- 401(K) Plan: 근로자가 본인의 보너스나 급여를 현금대신 퇴직연금에 납입함으로써 세금을 즉시 내지 않고 이연시키는 것을 말한다. 근로자가 401(k) Plan에 연봉의 1%까지 납입하면 회사는 근로자 납입금의 100%까지를 근로자의 계좌에 납입해주고, 또한 근로자가 연봉의 1~6%까지 납입하는 경우 보통 근로자 납입금의 50% 정도까지 회사에서 보조를 해 준다. 이 방법은 과세이연 혜택이 있는 대신에 중도인출에 제한을 두고 있는데, 59.5세 이전에 퇴직연금을 인출하는 근로자에게 소득세 10%의 패널티를 추가해 부과하고 있다.

(4) 개인퇴직계좌(IRA)

미국의 개인퇴직계좌도 우리나라의 개인퇴직계좌와 비슷하게 운영되고 있다. 개인의 소득에 비례해서 일정금액 이상을 자신의 자발적 의지로 납입할 수 있는데, 납입금에 대한 세제혜택도 제공된다. 또한 개인퇴직계좌를 이용해서 다양한 상품에 투자하는 것도 허용되고 있다.

우리나라와 달리 미국의 계인퇴직계좌에는 종류가 있다. 노후보장용 저축목적 이외에 계좌자체가 연금으로 구성된 IRA도 있고, 자녀교육 목적의 IRA, 의료목적의 IRA도 있다. 이러한 IRA는 점점 비중이 커지면서 미국의 보편적인 개인 저축수단으로 자리잡게 되었다.

2) 일본의 기업연금제도

(1) 개 요

일본의 연금체계는 3층 체계로 1, 2층은 공적연금체계이고 3층은 공적연금을 보완하는 민간연금으로 구성되어 있다. 1층은 국민기초연금으로 20세 이상 60세 미만의 전 국민을 가입대상으로 하며, 2층은 일반근로자의 후생연금과 공무원 및 사립학교 교직원 등 특수직역 근로자를 대상으로 하는 공제연금, 그 위에 개인연금 성격의 자영업자를 위한 국민연금기금, 기업연금 성격의 후생연금기금 및 공무원 등을 위한 적격퇴직연금이 있다.

일본의 기업연금은 적격퇴직연금과 후생연금기금인 확정급부형(DB)과 확정각출형(DC)으로 구분된다. 확정각출형을 제외한 나머지는 기업이 운용책임을 지고 있다.

1962년 도입된 적격퇴직연금은 기업의 기여의무가 법에 의해 강제되지 않기 때문에 급부금이 처음 예정된 것보다 줄어드는 경우가 있어 이 제도의 큰 문제점으로 지적되었다. 이를 해소하기 위해 2002년 4월에 도입된 확정급부형 기업연금법이 시행됨에 따라 적격퇴직연금의 신규설립은 금지되고, 기존연금도 2012년까지 확정급부형 퇴직연금이나 확정각출형 퇴직연금으로 전환해야 한다.

한편 후생연금기금은 일본 기업연금의 중심을 이루고 있는 제도로 기업이 후생연금기금이라는 특별 공법인을 설립하여 운영하고 있다. 노령 후생연금의 일부를 국가를 대신하여 운용 및 지급하고 여기에 기업의 독자적인 연금을 부가하여 지급함으로써 근로자의 노후소득에 충실을 도모하고 있다. 후생연금기금이 고질적인 실적부진에 시달리자 일본 정부는 기업차원에서 후생연금기금을 그대로 유지하든지 아니면 확정급부형과 확정갹출형 기업연금으로 변경될 수 있도록 유도하고 있다.

최근 5년간 일본의 기업연금시장은 확정급부형(DB)과 확정갹출형(DC) 양대 체제로 개편되어 왔다. 확정급부형 시장은 은행과 생명보험사들이 주도하고 있고, 확정갹출형 시장은 증권사들이 집중적으로 공략하고 있다. 최근 들어 확정갹출형 퇴직연금을 도입한 기업과 가입자 수가 크게 늘었으며, 국회에 계류 중인 연금보호법도 확정갹출형 시장 확대에 영향을 미칠 전망이다.

(2) 확정급부형(DB) 기업연금

확정급부형 기업연금은 적격퇴직연금과 후생연금기금으로 구분된다. 확정급부형 기업연금은 가입자가 연금의 가입기간 및 재직 중의 평균 급여 등에 따라 연금 수령액이 미리 결정되는 타입이다.

① 적격퇴직연금

사업주가 신탁은행, 생명보험회사 또는 농업협동조합 연합회와 연금신탁 계약, 연금보험계약 또는 연금공제계약을 체결하고 국세청장의 승인을 얻은 연금제도이다. 적격퇴직연금은 15인 이상의 근로자만 있으면 설립이 가능한데 근로자가 적립금의 50%까지를 부담할 수 있다. 자산운용은 기업이 일괄적으로 수행한다. 장래 급부를 기업이 약속하는 확정급부형 연금으로 되어있고, 예정운용이율을 밑돈 경우 기업의 추가부담이 필요하지만 현행 제도에서는 이 부족분에 대한 갹출을 의무화하지 않아 근로자들의 퇴직금이 당초 예상보다 크게 줄어드는 경우가 발생하였다. 이런 문제를 해결하기 위해 2002년부터 적격퇴직연금의 신규설립이 금지되었다.

② 후생연금기금

1966년에 시작된 제도로서 공적연금을 보완하는 중요한 역할을 담당하고 있다. 이는 기업이 후생연금기금이라는 특별 공법인을 설립하여 운용하는 제도로서 기금은 부금징수나 급부제정 등의 업무를 실시하면서 자산운용관리는 금융기관 등과 신탁계약 또는 보험계약을 체결한다. 그런데 일본경제가 장기 침체국면을 벗어나지 못함에 따라 신규설립은 감소하고 파산 또는 해산되는 경우가 많이 발생하고 있다.

기업이 단독으로 설립하기 위해서는 최소한 종업원 수가 500인 이상이어야 하고, 연합설립을 하려면 종업원 수가 최소 800인 이상이어야 하며, 다수 기업이 모여 종합설립을 하려면 종업원 수가 최소 3,000인 이상이어야 한다. 자산운용은 후생연금기금이 일괄 수행하며, 실제 운용이율이 예정운용이율을 밑돈 경우 연금자산의 적립액이 부족하고 이 부담이 모체기업에게 돌아오게 된다. 적격퇴직연금은 퇴직 시 일시금 또는 5년이나 10년 정도의 기한부 연금으로 지급되는 것이 일반적인데 반해 후생연금기금은 종신형 연금으로 지급된다. 후생연금기금은 장래의 기금을 약속하는 확정급부형 연금으로 기업이 도산 등으로 지급불능상태에 빠질 경우 일정한 범위 내에서 연금지불을 보증하기 위해 1989년부터 후생연금기금 연합회가 지불보증업무를 담당하고 있다.

(3) 확정갹출형(DC) 기업연금

2001년 확정갹출형 연금법이 제정되어 가입자 스스로 연금자산을 운용할 수 있는 일본판 401K 연금제도가 시작되었다. 확정갹출형은 자금운용 실적이 좋으면 많은 연금을 받게 되지만 운용실적이 나쁘면 연금 수령액이 줄어드는 위험을 개인이 떠안게 되는 것이 특징이다.

확정갹출형 연금은 기업형 연금과 개인형 연금으로 구분된다. 기업형 연금은 기업만 갹출하는 경우이고 개인형 연금은 가입자만 갹출하는 경우이다. 그러나 갹출된 부금은 각 개인계좌에 입금되기 때문에 자산운용의 책임은 가입자 스스로 결정하도록 되어 있다.

운용상품은 예금, 공사채, 투자신탁, 주식, 신탁상품, 보험상품 등이며, 이 중 세 가지 이상의 상품을 선택대안으로 제시하여야 하고 그 중 최소 한 가지는 원금보장형 상품이어야 한다.

급부는 노령급부금, 장해급부금, 사망일시금의 세 가지가 있으며 갹출연수가 3년 이하일 경우 탈퇴일시금으로 수급이 가능하다. 노령급부금은 최초 갹출일로부터 10년 이상 경과한 경우 60세부터 수급이 가능하며 10년이 경과하지 않은 경우에는 늦어도 65세부터 수급이 가능하다.

가입자가 갹출한 부금은 소득공제를 받을 수 있고 기업이 갹출한 부금은 손금산입이 된다. 연금자산에는 특별법인세가 부과되고 급부단계에서는 연금은 공적연금등 공제를 적용하고 일시금은 퇴직소득세가 적용된다.

14장

개인연금의 이해

우리나라 사람들은 은퇴에 대한 불안은 크지만 실제 노후자금을 준비하고 있는 사람의 비율은 많지 않다고 한다. 은퇴를 앞두고 있는 우리나라의 베이비부머 4674명을 대상으로 조사한 결과에 따르면, 응답자의 29.7%가 은퇴자금 마련을 위한 준비가 상당히 미흡하다고 하였고, 15.2%는 아직 시작하지 못했다고 답한 반면, 단지 22.1%만이 차질 없이 하고 있다고 답하였다.

저출산, 고령화에 따라 공적연금에 대한 불안감이 증가하고 있는 시점에서 안락한 노후생활을 위해서는 개인연금에 대한 가입이 꼭 필요하다. 이 장에서는 먼저 개인연금에 대한 전반적 이해를 위해 개인연금의 개념, 도입배경과 필요성, 개인연금의 종류와 특징, 그리고 개인연금에 가입하기 전 고려해야 할 사항에 대해 살펴본다. 그리고 은퇴자금 마련을 위한 상품의 활용방법으로 주택연금, 역모기지론, 적립식 펀드에 대해 논의하고자 한다.

1. 개인연금의 개요

1) 개인연금의 개념

연금(annuity)은 은퇴 이후의 노후 소득 준비를 목적으로 체결되는 법적 구속력이 있는 계약이다. 이 연금은 공적연금과 사적연금으로 구분되며, 사적연금은 다시 퇴직연금과 개인연금으로 나뉜다. 모든 근로자가 기업의 퇴직연금을 받는 것은 아니며, 또한 근로자가 퇴직연금을 받는다고 하더라도 은퇴 후의 자신의 생활수준을 유지하는데 부족할 경우도 있다. 이때 이용할 수 있는 제도가 개인연금이다.

개인연금은 장기적인 저축을 통해 은퇴 후에 일정한 소득을 얻을 수 있도록 금융기관에 개인이 일정액을 일정기간 납입하고 이 자금이 유용하게 투자되도록 하여 일정한 나이가 되어 은퇴자금을 수령하거나 연금형태로 수령하도록 하는 제도이다.

표 14-1 **국민연금과 개인연금의 비교**

구 분	국민연금	개인연금
가입방법	법률에 의한 의무가입	본인 희망에 따라 가입
보험료	표준소득월액의 5～9%	월 100만 원 범위 내 (1만 원 단위로 본인 선택)
연금급여	• 노령, 유족, 장애연금 • 반환일시금	• 노령연금 • 중도해지 일시금
가급연금액 (가족수당)	• 배우자: 연간 약 17만 원 선 • 부모·자녀: 연간 약 11만 원 선	없 음
연금지급기간	• 평생지급 • 수급자 사망 시 유족에게 승계	계약 시 별도 설정
가입중 사망· 장애발생 시	유족·장애연금 지급	중도해지 일시금 지급
급여의 실질가치	실질가치 항상 보장 (물가상승률만큼 연금액 상승)	실질가치 보장 미흡
세제혜택	• 소득공제: 당해 연도에 납부한 연금 보험료 전액 – 지역/임의/임의계속가입자: 본인이 납부한 연금보험료 전액 – 사업장가입자: 사용자가 부담한 연금보험료(사용자 부담금)를 제외한 근로자 자기 부담분 * 연금보험료공제의 합계액이 종합소득금액을 초과하는 경우 그 초과하는 공제액은 이를 없는 것으로 함	• 소득공제: 연금저축의 경우 연간 납입한 보험료 400만 원까지 소득공제 • 연금급여 비과세: 연금보험 경우 10년 이상 유지 시 투자수익 및 연금소득 비과세 – 일정기간 이내 해약 시 납입한 보험료에 대한 소득공제 추징

* 국민연금관리공단(http://www.npc.or.kr)에서 발췌

개인연금의 가입자격은 공적연금가입자를 포함한 만 18세 이상의 모든 국민이며, 납입기간은 최소한 10년 이상이다. 납입한도는 매월 100만 원의 한도(또는 3개월에 300만 원) 내에서 일정액을 불입한다. 연금개시 시기는 만 55세 이후부터 계약자가 임의로 선택할 수 있으며, 연금지급형태는 매월 또는 분기, 1년 등의 단위로 연금이 지급된다.

개인연금의 세제혜택을 살펴보면, 2001년 이전 가입자에 대한 연금소득공제금액은 연 납입금액의 40%까지 공제되고 그 한도액은 72만 원이다. 2001년 이후 가입자는 연간 납입한 보험료의 300만 원까지 소득공제 되었으나, 2011년부터 소득공제 한도가 연 400만 원으로 확대되었다. 변액연금보험이나 유니버설연금보험 등의 상품에 가입한 경우에는 연말정산 시 소득공제 대상은 되지 않지만 10년 이상 계약을 유지하면 연금의 이자소득에 대해 과세가 면제된다.

2) 도입배경 및 필요성

(1) 고령화

최근 의학기술의 눈부신 발달과 식생활의 개선으로 사람들의 평균수명이 점차 늘어나고 있다. 통계청의 자료에 의하면 우리나라 사람들의 평균 기대여명이 2000년 76.02세에서 2010년 80.79세로 증가하였고 앞으로도 계속 증가할 것이다. 이에 따라 이제는 개인의 경제생활에 있어서 위험은 조기사망보다는 오히려 오래 사는 것(장수)에 따른 노후걱정으로 이동하고 있다.

(2) 전통적 가치관의 변화

20세기 후반 산업사회의 급속한 발전으로 거주지의 빈번한 이동이 불가피하였고 이에 따라 가족제도도 핵가족이 보편적 가족형태로 되었다. 효의 개념이 변화하고 부모봉양에 대한 전통적 가치관이 변함에 따라 부모는 노후를 자녀에게 더 이상 의존할 수 없고 스스로 준비해야 하는 시대가 되었다.

(3) 공적연금제도의 재정적 위기

공적연금제도하에서는 근로자들이 사회보장세라는 명목으로 연금의 재원을 조달하여 은퇴한 노년층에게 노후소득을 공여해 준다. 즉, 세금을 내는 연령층과 수혜를 보는 연령층이 서로 다르다. 따라서 계층간 인구변화가 크지 않고 안정적일 때 이 제도는 잘 운영될 수 있지만 연금을 받을 수혜자는 늘어나고 세금을 부담하는 근로자의 수가 감소할 경우 계층 간 갈등이 생기고 재정상 어려움에 부딪치게 된다.

우리나라는 1990년대 들어서면서 출생률 저하에 따른 유년인구의 급격한 감소와 평균수명 연장으로 인한 노인인구의 증가로 공적연금제도가 재정적 위기를 맞고 있다. 최근 국민연금에 대한 대폭적인 개선 없이는 30~40년 후에는 국민연금기금의 고갈로 퇴직자들이 연금을 받기 힘들다는 예측이 나오고 있다. 또한 국민연금의 경우 민영 금융기관에 비해 자산운용 효율성이 크게 떨어지고 많은 운용자산이 저수익의 국책사업에 투자되어 기금의 수익률이 시장 수익률을 훨씬 밑돌고 있다고 지적받고 있다.

(4) 공적연금과 퇴직연금의 미흡한 소득대체효과

미국, 일본 등의 주요 선진국은 공적연금을 20세기 초에, 퇴직연금은 20세기 중반에 본격적으로 도입하여 실시해왔고, 공적연금과 퇴직연금에 의한 노후 소득대체율은 최종평균근로보수액을 기준으로 대부분 60%를 상회하고 있다. 반면 우리나라의 국민연금에 의한 노후 소득대체율은 35% 수준으로 최저생계비 보장에 불과한 실정이다. 또한 직장인의 경우 퇴직연금의 소득대체효과인데, 대부분의 직장인들의 경우 정년이 보장되지 않으므로 퇴직연금을 은퇴 무렵까지 불입해 나갈 확률이 적을 것이다.

이러한 배경하에 우리나라에서는 국민의 노후생활대책이 시급해짐에 따라 개인별로 노후를 스스로 준비할 수 있도록 유도하기 위하여 1994년 「조세감면 규제법」을 개정하여 세제지원 개인연금제도를 도입하였다.

개인연금을 꼭 가입해야 하는 10가지 이유 보험과 은퇴코너 14-1

- 노후에 고정적이 급여소득의 상실에 대한 대안을 마련할 수 있다.
- 평균수명 증가로 노후시기의 연장에 따른 생활비가 계속적으로 증가한다.
- 공적연금(국민연금, 기업연금, 사학연금)에 대한 불신과 불안감이 증가하고 있다.
- 퇴직금은 중간정산 등으로 노후 목적자금으로의 연결이 퇴색하는 추세이다.
- 가족구조에 대한 급변화로 노부모에 대한 책임의식이 날이 갈수록 희박해져가고 있다.
- 생활수준의 향상으로 노후의 씀씀이 폭이 증가하고 있다.
- 사회생활의 복잡화와 환경오염으로 각종 노후 질환 발생과 이에 따른 장기 치료비가 필요하다.
- 남에게 손 안 벌리고 노후를 풍요로움 속에 떳떳하게 살아가기 위해서는 반드시 나만의 노후자금이 마련되어 있어야 한다.
- 매월 월급 형식으로 연금이 지급되어야만 노후생활을 자기본위로 꾸려갈 수 있다.
- 내가 가진 돈이 있어야만 자식에게 떳떳하고 자신에게 당당한 인생 황금기를 맞이할 수 있다.

출처: 김동범(2007). 연금재테크로 행복한 노후 예약하라, p.95.

3) 개인연금의 종류

(1) 세제적격형 연금저축

세제적격은 연말정산 시 소득공제 혜택이 주어지는 상품으로서, 은행, 보험, 증권, 우체국, 농협 등 대부분의 금융기관에서 취급하고 있는 연금저축이 이에 해당된다. 취급하는 금융사에 따라서 상품 명칭이 다소 차이가 있는데, 은행에서는 연금저축신탁, 보험사에서는 연금저축보험, 증권사에서는 연금저축펀드로 불리고 있다.

연금저축은 만 18세 이상이면 누구나 가입이 가능하고, 적립기간은 10년 이상으로 만 55세가 지나면 매달 또는 분기, 1년 등의 단위로 연금을 수령할 수 있다. 연금 수령 시 이자에 대한 세금이 주민세를 포함하여 5.5%의 세율로 과세되어 절세효과가 있고, 적립기간 동안 2011년부터 연간 400만 원까지 소득공제 혜택이 주어진다.

연금저축은 정부에서 권장하는 연금제도이므로 소득공제를 해주는 대신 10년 이상 연금을 불입해야 하고 연금수령은 반드시 일시납이 아닌 정기납으로 5년 이상을 수령해야 한다는 조건이 따른다. 만일 중도해지를 한다거나 적립만료 이후에 연금을 일시금의 형태로 수령하는 경우에는 주민세를 포함하여 22%의 세율이 적용되고 가입일로부터 5년 이내에 계약을 해지하는 경우에는 주민세뿐만 아니라 해지가산세 2.2%가 부가된다.

연금저축신탁, 연금저축보험, 연금저축펀드는 상품의 구조는 유사하지만 적립금의 운용방식과 이자부과방식에 따라 다소 차이를 보인다. 연금저축신탁은 대부분 실적배당상품으로 운용결과에 따라서 수익률이 달라지며 채권형과 주식형으로 구분된다. 연금저축신탁은 주식형이라도 안정적으로 운용되며 원금이 보장되는 특징이 있다. 연금저축보험은 금리가 일정하게 고정되어 있는 확정금리형과 시장의 실세 금리를 반영하는 변동금리형으로 나뉘는데, 기대수익률은 낮지만 원금이 보장되는 안정적인 상품이다. 연금저축펀드는 가입자의 납입액이 펀드에 투자되기 때문에 자본시장이 호황일 경우에는 높은 수익률을 기대할 수 있지만 불황일 경우에는 원금이 보장되지 않을 수 있다. 연금저축펀드는 채권형·국공채형·주식형·혼합형 등으로 구분되며, 공격적인 운용으로 고수익을 기대할 수 있지만 다른 상품에 비해 상대적으로 투자위험이 높다.

(2) 세제비적격형 연금보험

세제비적격상품은 연말 정산 시 소득공제혜택이 주어지지 않는 것으로, 생명보험회사에서 판매하는 장기저축성 보험상품을 말한다. 연금보험의 기본적인 구조는 제1보험기간에는 사망·질병·상해 등에 대한 위험에 대한 보장하고, 제2보험기간에는 연급지급을 한다. 연금보험의 세제혜택은 연금저축처럼 연간 납부보험료에 대한 소득공제 혜택은 없지만, 10년 이상 계약을 유지하는 경우 투자수익에 대한 비과세와 연금 수령 시 연금소득에 대한 비과세 등의 혜택이 주어진다. 연금보험의 상품들은 수익창출의 기본이 되는 이자지급방식에 따라 확정금리형·변동금리형·변액형으로 분류되기도 한다.

연금보험상품은 노후대비의 목적 이외에 연금 수령 이전에 사망이나 장애 등의 사고가 발생했을 때 보험금이 지급되는 기능이 추가되어 있다. 연금보험의 장점은 가입조건이 까다롭지 않아 누구나 가입가능하고, 중도 해약 시 가산세 추징 등의 불이익이 없다. 또한 보험료의 납입한도가 없어 불입금을 자유롭게 설정할 수 있고, 일정 기간이 지나면 언제든지 찾아서 쓸 수 있으며, 연금수령이 45세부터 가능하다. 그러나 인플레이션을 따라가지 못하는 단점과 금리 하락으로 인해 최저금리 보장 시 연금액이 작아진다는 문제점이 있다.

(3) 변액연금보험

변액연금보험은 노후대비를 위해 보험회사에서 판매하는 것으로, 보험의 보장기능과 투자의 기능이 합해진 상품이다. 변액연금을 개발하게 된 동기는 인플레이션에 대항하여 수령하게 되는 연금액이 물가상승 효과를 상쇄함으로써 실질적인 투자가치를 보존하는데 있다. 10년 이상 유지하면 비과세 혜택이 주어진다. 가입자가 납입한 보험료 가운데 일부를 주식이나 채권에 투자하여 운용실적에 따라 투자성과를 계약자에게 나누어주는 실적배당형 보험상품으로, 투자의 위험은 연금가입자가 부담하게 된다.

변액연금보험의 경우 중도해지로 인해 환급할 경우 연금의 손실이 있을 수 있지만, 연금을 지급받는 경우에는 납입한 연금의 원금은 보장이 된다. 보험사의 펀드 운용실적에 따라 추가연금이 붙어 가입자에게 지급되는 연금액이 높아질 수도 낮아질 수도 있다. 하나의 변액연금보험은 수개의 펀드로 구성하여 운용하기 때문에 펀드변경을 통하여 시장 변화에 대처가 가능하다. 변액연금보험의 특징은 다음과 같다.

- 적립금은 펀드의 운용실적에 따라 변동되며, 최저한도를 보증하지 않는다.
- 연금지급 전의 사망보험금은 펀드의 운용실적에 따라 변동되나 사망보험금의 최저한도를 보증한다.
- 연금 수령 시 연금지급 개시 시점의 연금적립금액은 최저한도를 보증한다.
- 가입자는 자신이 원하는 자산운용 형태 한 개를 직접 선택하고, 연 4~12회까지 펀드변경(채권형·주식형·혼합형)이 가능하다.
- 납입보험료의 순보험료는 보험사의 별도의 특별계정으로 분리되어 관리되며, 특별계정은 채권형·주식형·혼합형이 있다.

- 보험적립금액을 펀드로 조성하는 기간은 제1보험기간에 한정되며, 연금이 지급되는 제2보험기간부터는 회사 적용이율이 적용되며, 이때 최저보증이율이 적용된다.

(4) 변액유니버설보험

변액유니버설보험은 본래 연금상품은 아니지만 노후자금으로 활용할 수 있는 상품이다. 이 상품은 변액보험의 장점인 실적배당과 유니버설보험의 장점인 단순한 상품구조 및 자유입출금을 결합하여 만든 종합 금융형 보험이다. 대부분의 보험은 일정한 보험료를 매달 정해진 기간에 내지 못하면 해지를 해야 하지만, 이 상품은 계약을 해지할 필요 없이 보험료 납입 중지, 추가납입, 중도인출 등 여러 가지 면에서 자산의 유동적 운용이 가능하다. 하지만 보험금 납입 중지 전에 의무납입기간이 있으므로 주의해야 한다. 시장 상황이 좋지 않아도 펀드이동, 추가납입 등으로 유연하게 대처가 가능하고, 95%까지 주식편입이 가능하여 수익면에서 다른 변액보험보다 유리하다. 변액유니버설보험은 은퇴자금, 자녀교육비, 자녀결혼자금 마련 등의 장기적인 저축 목적으로 가입하는 것이 좋다.

표 14-2 개인연금 종류별 상품비교

구 분	연금저축(세제적격 개인연금저축제도)			개인연금보험	
상품명	연금저축 신탁	연금저축 투자신탁	연금저축 보험	일반연금 보험	변액연금보험
취급기관	은 행	투자신탁	보험사	보험사	보험사
상품 성격 및 운용방침	실적배당형, 안정성 추구	실적배당형, 수익성 추구	원금보장형, 안정성 및 보장성 추구		실적배당형, 수익성 추구
적립방식	자유적립	펀드운용	정액적립	정액적립	펀드운용
납입기간	최소 10년 이상 불입해야 함			7년 이상 불입해야 함	
소득공제 여부	연 불입액의 100%, 300만 원 한도 소득공제 혜택			일체 없음	
비과세 여부	일체 없음			10년 이상 유지 시 비과세	
가입자격	18세 이상 개인이면 누구나 가능(단, 보험, 은행, 기타 대통령령이 정하는 기관에 가입해야 함)			15세 이상 전 보험사 가능	

(계속)

<table>
<tr><th>구 분</th><th colspan="3">연금저축(세제적격 개인연금저축제도)</th><th colspan="2">개인연금보험</th></tr>
<tr><td>납입보험료 한도</td><td colspan="3">전 금융기관 합산 매우우월 100만 원 또는 3개월 합산(분기 통산) 300만 원 이하</td><td colspan="2">자유납입(회사별 규모 설정, 판매)</td></tr>
<tr><td>연금수령 시기</td><td colspan="3">만 55세 이후 5년 이상 연금수령</td><td colspan="2">45세 이후 본인 선택 시점부터</td></tr>
<tr><td>연금수령 시 과세 여부</td><td colspan="3">연금소득세 5.5% 과세 (600만 원 이상 시 종합과세)</td><td colspan="2">10년 이상 납입 시 보험차익 비과세</td></tr>
<tr><td>연금지급 방식</td><td colspan="2">확정형 1가지 (단, 중도 연장 가능)</td><td>확정형, 상속형, 종신형 등 3가지</td><td colspan="2">확정형, 상속형, 종신형 등 3가지</td></tr>
<tr><td>연금개시</td><td colspan="3">55세 이후 5년 이상 연 단위로 매월(3개월, 6개월, 1년) 본인이 정할 수 있음</td><td>47~55세</td><td></td></tr>
<tr><td>예금보호</td><td>가 능</td><td>안 됨</td><td>가 능</td><td>가 능</td><td>안 됨</td></tr>
<tr><td>원금보장</td><td>가 능</td><td>안 됨</td><td>가 능</td><td>가 능</td><td>안 됨</td></tr>
<tr><td>중도해지 시 페널티</td><td colspan="3">연금 수령 전 해약 시 이자소득세 및 기타소득세(22%) 과세, 가입 후 5년 이내 해지시 추가로 해2지 가산세 2.2% 추징</td><td colspan="2">10년 이내 해약 시 이자소득세 전액 과세</td></tr>
<tr><td>계약이전</td><td colspan="3">금융기관 계약이전 전면 허용(통산제도)</td><td colspan="2">불가능</td></tr>
<tr><td>가입 시 주의사항</td><td colspan="3">• 반드시 매년 연금을 수령해야 함(일시납으로 수령시 22%의 기타소득세 중과세 적용)
• 중도해지 시 불이익(이자소득세, 기타소득세 등 추징)
• 계약자와 수익자가 반드시 동일해야 함(자녀명의 증여 불가능)</td><td>중도해약 시 해약환급금이 적음</td><td>리스크 발생시 모든 책임은 가입자에게 있음</td></tr>
<tr><td>가입적격자</td><td colspan="3">소득공제혜택(절세효과)을 바라는 소득 발생자</td><td>일시금수령 등 안정지향 자영업자</td><td>장기 재테크 원하는 고소득자</td></tr>
</table>

출처: 김동범(2007). 연금재테크로 행복한 노후 예약하라. p.103.

4) 개인연금에 가입하기 전 고려할 사항

개인연금에 대한 사람들의 관심이 꾸준히 증가하였다. 정부도 국민들의 개인연금 가입을 유도하기 위해 연간 소득공제 규모를 2011년부터 연간 400만 원까지 확대하였다. 개인연금을 준비하는 개인의 상황에 맞추어 적절한 상품을 선택하는 것이 현명하다. 개인연금에 가입하기 전에 고려해야 할 것들에 대해 살펴보자.

첫째, 연령대별로 적합한 상품을 선택해야 한다. 30대의 경우 연금펀드와 변액유니버설보험, 40대는 연금펀드와 변액유니버설보험 및 변액연금보험, 50대는 연금보험과 연금신탁, 60대 이후는 연금보험이 유리하다. 다만 변액연금보험의 경우 가입자가 납입한 보험료에서 보험사의 사업비를 먼저 차감한 후 실적배당형 상품에 투자하기 때문에 그만큼 불리할 수 있다는 점에 주의해야 한다. 다시 말하면, 은퇴 준비기간이 많이 남아 있다면 주식형 비중을 높일 필요가 있는데, 이는 물가상승률보다 높은 수익을 얻기 위해서이다. 반면에 은퇴시점이 얼마 남지 않은 경우에는 안정성이 높은 상품을 활용하는 것이 현명하다. 은퇴에 가까워질수록 소득규모가 커지므로 소득공제가 되는 상품의 활용도를 높이는 것이 유리하며, 젊은 세대는 오히려 비과세 효과를 극대화할 수 있는 상품을 활용하는 것이 낫다.

둘째, 경험생명표를 이해해야 한다. 보험개발원은 2009년 10월 제6회 경험생명표를 발표했는데, 여기에는 성별·연령별 사망률과 평균 수명 등 보험료 산정기준이 되는 정보가 담겨 있다. 보험회사의 종신형 연금상품도 이를 기준으로 삼고 있다. 어느 시점의 경험생명표를 적용하느냐에 따라 연금수령액이 늘어날 수도 줄어들 수도 있다. 연금 이외에 사망보험금이나 목적자금마련 등 특정목적으로 활용하고 후에 연금으로 전환할 수 있는 상품의 경우 대부분 전환시점의 경험생명표를 활용한다. 이를 알고 있어야 적절한 연금 전환 시점을 판단할 수 있다. 이를 모른 채 연금으로 전환할 경우 평균 수명이 늘어난 경험생명표를 적용받게 되면 연금수령액이 줄어들 수 있다.

셋째, 소득공제상품의 허실을 이해할 필요가 있다. 소득공제형 연금상품의 경우 연간 400만 원 한도에서 소득공제해주기 때문에 유리한 부분이 있는 것은 사실이다. 하지만 과세이연으로 연금을 받을 시점에 연금소득을 종합소득으로 과세한다는 점이다. 즉, 은퇴이후 공적연금이나 퇴직연금 또는 기타 사업소득이나 추가적인 근로를 통한 소득이 있다면 모든 소득자금과 연금소득액을 합산해 세금규모를 산정하기 때문에 과표구간이 커질 수 있다는 점을 이해해야 한다. 따라서 막연히 소득공제 효과를 따지기 보다는 연금 수령 시점에 비과세되는 특징을 지닌 상품과 비교해보는 것이 현명하다.

넷째, 소득공제가 가능한 세제적격형 연금상품의 경우도 중도 해지할 때 기타소득세(22%)를 내야 한다. 가입 이후 5년 이내 중도 해지할 때는 2.0%의 추가 해지 가산세가 부과될 수 있다. 이 때문에 지속적인 연금액 납입이 부담된다면 처음부터 가입하지 않는 것이 낫다. 초기에 막연히 소득공제 상품에 끌려 과도하게 자금을 투입하기 보다는 자신의 상황에 맞는 재무계획을 세워 노후자금을 준비해 나가는 것이 현명하다.

다섯째, 노후자금은 운용상 안정성이 중요하지만 자산 증식 차원에서 물가상승률보다 높은 수익 또한 중요하다. 개인연금의 경우 운용상 안정성이 강조되어 물가상승률보다 낮은 수익률로 운용하는 경향이 있다. 연금상품은 대부분 운용기간이 길뿐만 아니라 적립식으로 준비되는 만큼 본인의 투자성향에 맞춰 적절한 포트폴리오 상품을 선정하고 그 효율성을 극대화하는 것이 좋다.

2. 은퇴자금 마련을 위한 투자와 상품 활용

1) 은퇴자금 마련을 위한 투자 노하우

대부분의 사람들에게 노후준비를 위한 자원은 제한되어 있기 때문에 성공적인 은퇴자금 마련을 위해서는 자원에 대한 적절한 배분이 필요하다. 어떠한 자산에는 더 투자하고, 어떠한 자산은 적게 투자하는 배분전략이 중요하게 평가받고 있다. 은퇴자금 마련을 위해 늘려야 할 투자와 줄여야 할 투자에 대해 살펴보자.

첫째, 줄여야 할 투자 중 하나는 자녀를 위한 투자이다. 재무설계 시 전 연령대에서 큰 지출을 차지하는 분야는 자녀의 교육비와 결혼자금이다. 부모라면 누구나 자녀의 성공을 원하고 풍족한 결혼준비를 해주기를 바랄 것이다. 하지만 자녀에 대한 무한한 사랑이 안락한 노후를 보장해 주는 것은 아니다. 이제 젊은이들 사이에서 부모를 부양해야 한다는 인식이 점차 사라지고 있으며, 부모 또한 자녀에게 노후를 의지하지 않는 것을 선호한다. 따라서 자녀에 대한 투자와 노후에 대한 균형있는 투자가 필요하다. 부모로서 자녀에게 충분한 교육지원은 해주되 지나친 사교육비 지출은 줄이는 것이 좋다. 또한 자녀의 결혼자금은 스스로 마련할 수 있도록 어릴 때부터 자녀에 대한 경제교육을 시키는 것이 바람직하다. 이를 통해 부모는 스스로 노후준비에 여유를 갖게 되고, 자녀는 부모의 노후를 책임져야 한다는 부담감을 최소화시킬 수 있다.

둘째, 줄여야 할 투자 두 번째는 부동산 투자비중이다. 우리나라 가계의 투자자산 비중을 살펴보면 부동산이 전체자산의 80%를 차지하고 있다. 부동산의 비중이 높을 경우 당장 돈이 필요할 경우에는 급처분에 따른 비용손실이 크며, 상속할 경우에도 세금부담이 크다는 단점이 있다. 또한 무리한 주택마련은 주택대출 원리금 상환과 이자부담으로 인해 가계에 큰 부담이 될 수 있다. 따라서 본인의 능력에 맞게 부동산에 투자하되 시간이 흐름에 따라 투자를 위한 집마련 보다는 은퇴 후 거주를 위한 부동산 투자 쪽으로 방향을 바꾸는 것이 바람직하다.

또한 부동산의 현금화를 위해서는 은퇴 후 주택연금에 관심을 갖는 것이 좋다. 주택연금을 가입하면 사망 시까지 연금을 수령할 수 있으며, 사망 후에는 집으로 대출금을 갚을 수 있다는 장점이 있다. 주택연금은 국가가 보증하기 때문에 높은 안정성을 갖고 있으며, 대출금리 또한 일반주택 담보대출보다 낮고, 재산세 감면혜택 등이 제공되어 각종 세제혜택을 받을 수 있다는 장점이 있다. 주택연금에 대한 자세한 내용은 은퇴자금 마련을 위한 상품활용 부분에서 다루고 있다.

셋째, 늘여야 할 투자 중 하나는 적립식 펀드이다. 은퇴자금을 정기예금으로 준비하기에는 금리수준이 물가상승률을 따라가지 못하기 때문에 수익성이 떨어진다는 단점이 있다. 뿐만 아니라 연금과 보험만으로 대비하기에는 환금성이 떨어진다는 단점이 있다. 여기서 주목해야 할 상품이 펀드이며, 그중에서도 주식에 투자하는 주식형 펀드이다. 펀드는 주식과 달리 전문가가 대신 종목을 선택하고 투자해주는 간접상품으로 다양한 종목에 투자하여 위험도를 낮출 수 있다. 또한 정액적립식으로 장기투자를 할 경우 주식시장이 좋을 때는 적게 사고, 나쁠 때는 많이 살 수 있어 안정적인 수익을 기대할 수 있다. 자세한 내용은 은퇴자금 마련을 위한 상품활용에서 다루고 있다.

2) 은퇴자금 마련을 위한 상품 활용

(1) 주택연금

주택연금은 전통적인 연금상품은 아니지만 최근에 고령자의 노후생활에 필요한 자금을 연금 형태로 지급하는 제도로서 우리나라에서는 2007년 7월 11일 도입되었다. 주택연금의 원리는 주택을 소유하고 있지만 수입이 부족한 고령자가 보유주택을 담보로 제공하면 한국주택공사가 발급한 보증서를 가지고 금융기관으로부터 사망 때까지 연금을 받아 안정된 노후생활을 확보하는 것이다.

주택연금의 가입자격은 주택소유자와 배우자(부부) 모두 만 60세 이상이어야 하고, 신청일 현재 부부가 주택 한 채만을 소유하고 실제로 거주하고 있어야 한다. 해당되는 주택은 시가 9억 원 이하의 단독주택, 다세대주택, 연립주택 및 아파트에 국한되며, 저당권, 전세권 임대차계약이 없어야 한다.

주택연금 지급방식은 종신지급방식과 종신혼합방식이 있으며, 이용 도중에 지급방식 및 인출한도 설정비율은 변경가능하다. 종신지급방식은 개별인출금 설정 없이 종신토록 매달 일정 금액을 지급하는 방식이다. 종신혼합방식은 대출한도의 50% 내에서 개별인출을 허용하고 나머지 부분에 대해 매달 일정금액을 종신토록 지급하는 방식이다. 개별인출용도는 주택구입자금, 사행성, 사치오락성이 아닌 용도는 모두 허용된다.

월지급금 지급유형은 월지급금 증가옵션과 감소옵션이 있고, 종신지급방식과 종신혼합방식 모두 선택하여 신청가능하다. 월지급금 증가옵션은 매년 3%씩 월지급금이 증가하는 것으로, 이용초기에는 종신지급방식(정액형)보다 월지급금이 적다. 반면 월지급금 감소옵션은 이용초기에는 종신지급방식(정액형)보다 월지급금이 많고 매년 3%씩 월지급금이 감소하는 것이다.

주택연금의 보증기한은 종신으로, 주택소유자 및 배우자의 사망 시까지이다. 대출금 상환은 주택연금 이용자 사망 후 주택을 처분하여 일시에 상환한다. 대출금 상환액은 담보주택 처분가격 범위 내로 한정하기 때문에, 만약 주택가격보다 주택연금의 대출잔액이 큰 경우에도 부족한 부분을 상속인에게 청구하지 않는다. 반면 주택가격이 대출잔액보다 큰 경우에 남은 부분은 상속인이 가져가게 된다.

주택연금이 다른 연금상품과 구별되는 특징은 다음과 같다. 첫째, 가입자의 평생 거주, 평생 연금혜택을 보장한다. 자신의 주택에 계속 살 수 있도록 하면서 매월 약속한 연금은 가입자가 사망할 때까지 지원하기 때문에 주거와 고정소득이라는 노령층의 고민을 동시에 해결해줄 수 있다. 주택연금은 특히 가입당시 집값을 기준으로 연금지급액을 결정하기 때문에 가입자의 집값 하락에 따른 자산감소의 위험에서 벗어날 수 있다.

둘째, 주택연금은 정부가 보증하는 상품이기 때문에 연금지급이 중단 될 위험이 없는데, 이것은 민간 금융회사들의 연금과 가장 큰 차이가 나는 점이다.

셋째, 주택연금은 대출금리가 일반 주택담보대출보다 낮다. 주택연금은 변동금리를 적용하는데 3개월 CD금리에 가산금리 1.1%를 붙인다(2010년 7월 현재). 즉, 통상적인 대출금리보다 적은 댓가를 지불하고 높은 수준의 연금혜택을 받는 셈이다.

넷째, 등록세, 교육세, 농어촌특별세, 국민주택채권 매입의무가 모두 면제되어 주택연금의 초기 설정에 드는 비용이 적다.

표 14-3 **주택연금 상품 특징**

구 분	내 용
이용 대상	만 60세 이상(배우자 포함), 1가구 1주택자
대상 주택	시가 9억 원 이하 단독, 다세대, 연립주택 및 아파트
거주 요건	연금 수령기간 중엔 해당 주택에 계속 거주해야 함
대출 한도	5억 원 이하
대출 금리	변동금리 적용(3개월 CD금리+1.1%)
세제 혜택	당해 연도에 납부해야 할 재산세의 25%를 감면 • 주택가격 3억 원 이상, 전용면적 85m² 이하, 연소득 1,200만 원 이하인 가입자 • 연간 200만 원까지 대출이자비용 소득공제 • 주택가격 3억 원 이하, 연소득 1,200만 원 이하의 가입자
보증료	• 초기보증료: 주택가격의 2% 이하를 최초 대출실행 시 납부 • 연보증료: 보증잔액의 연 0.5%를 매월 납부
대출금 조기수령	일정한도(대출한도의 50%) 내에서 개별인출을 허용(종신혼합형의 경우)
취급 금융회사	국민은행, 기업은행, 농협중앙회, 신한은행, 우리은행, 하나은행

출처: 한국주택금융공사. 주택연금상품안내. www.khfc.co.kr.

다섯째, 주택연금은 세제혜택이 있다. 주택연금을 설정한 집의 재산세는 25% 감면되고, 연간 200만 원 한도 내에서 주택연금 대출이자비용에 대해 소득공제가 된다.

(2) 역모기지론

역모기지론(reverse mortagage loan)은 주택을 담보로 금융기관에서 일정 기간 일정 금액을 연금식으로 지급받는 장기주택저당대출을 말한다. 모기지론이 주택을 담보로 목돈을 대출받은 후 매달 원금과 이자를 분할 상환하는 제도인 반면, 역모기지론은 거꾸로 매달 일정액을 연금처럼 대출받은 후 만기에 원금과 이자를 한꺼번에 갚는 방식이다.

이는 주택은 있으나 특별한 소득원이 없는 노인이 주택을 은행에 담보로 맡긴 후 연금 형태의 대출을 받아 생활비로 쓰고 만기에 원금과 이자를 한꺼번에 갚거나 주택처분권을 은행에 넘기는 것이다. 미국, 영국, 프랑스 등 서구 여러 나라에서 시행되고 있는 제도로, 우리나라에서는 1995년 일부 민간 금융기관들에 의해 상품이 개발·판매되기 시작하였으나 노년층의 주택 소유에 대한 집착이 너무 강하여 판매가 부진하다 중단되었다. 하지만 2004년 5월부터 일부 은행과 보험사에서 다시 판매하기 시작하였고, 이에 따라 정부는 2006년 1월 역모기지 활성화 방안을 확정하고 법개정 절차 등을 거쳐 2007년부터 시행하고 있다.

역모기지론은 경제활동을 하지 않는 노령층이 노후자금 등 매달 일정액의 돈이 필요할 때 알맞은 대출상품이다. 대출 대상은 주택보유자에 한하며, 대출 기간은 최장 15년이다. 매달 일정액을 지급받고, 대출 한도는 보통 10년 이상은 집값의 60%이지만, 대출 기간 및 지역에 따라 차등 적용된다. 대출금리는 시장금리와 연동하되, 고정적이지는 않다. 소득공제는 없고, 3년 이내에 상환할 때는 중도상환수수료(1.5%)를 내야 한다. 상환방식은 만기에 원리금을 일시 상환하되, 주택담보대출로 전환이 가능하다. 연금수령 시기는 1개월, 2개월, 3개월 가운데 하나를 선택할 수 있으며, 한꺼번에 목돈을 빌릴 수는 없다.

역모기론은 앞에서 살펴본 주택연금과 근본적으로 다르다. 가장 큰 차이점은 주택금융공사의 주택연금은 가입자가 사망 때까지 연금을 지급하지만, 은행의 역모

표 14-4 역모기지론과 주택연금 비교

구 분	역모기지론(은행)	주택연금(주택금융공사)
신청자격	40세 이상 주택소유자	65세 이상 주택소유자
대출기간	5~15년 확정기간	종 신
상환방법	만기 일시상환	사망 후 주택처분금액으로 상환
거주권 보장	대출만기 후 상환 불능 시 주택처분	사망 시까지 거주가능
보증여부	없음	공적 보증

기지론은 5~15년의 대출기간에만 연금을 지급한다. 즉, 은행 역모기지론의 연금 지급방식은 정해진 대출기간 동안 대출약정 금액에 도달할 때 까지 일정금액을 주기적으로 지급하며, 대출기간이 만료되면 대출금을 갚아야 하고 그렇지 않으면 주택을 처분해야 한다.

둘째, 역모기지론의 경우 대출 약정금액은 고객 신용도와 담보물건, 대출기간에 따라 차등 적용되지만, 주택연금의 경우에는 고객 신용도 등은 월지급액과 무관하다. 셋째, 주택연금은 부부 모두 65세가 넘어야 이용할 수 있지만, 역모기론은 은행에서 정한 일정한 연령(40~55세) 이상인 주택 소유자는 누구나 가입 할 수 있다. 넷째, 연금수령 방식에 있어서 주택연금은 월지급 방식이지만, 역모기지론은 1개월, 2개월, 3개월 등으로 선택할 수 있다.

주택연금은 사망 시까지 거주와 종신연금을 보증하고 있지만, 이와 달리 역모기지론은 대출기간이 상대적으로 짧고 만기 시 일시에 대출금을 상환해야 하는 부담을 안아야 한다. 결국 대출 취급에 따르는 위험도 역모기지론 이용자에게 전가시키므로 역모기지론은 주거 안정에 이상이 없는 2주택자 이상 소유자에게 적합한 상품이다.

(3) 적립식 펀드

적립식 펀드는 월 소득의 일정부분을 적립식으로 장기 투자를 하여 자금을 마련하는 투자 방법의 하나로서, 노후 자금마련뿐만 아니라 다양한 개인의 재무목표에 맞추어 사용할 수 있다. 즉, 특정한 상품이름이 아니라 자유롭게 투자하는 형태를 말한다. 따라서 목돈 없이도 투자가 가능하며, 시기적으로 분산투자를 하기 때문에 시장 변동에 따른 위험을 줄일 수 있다는 정점이 있다.

투자방법으로는 정액 적립식과 자유 적립식이 있다. 정액 적립식은 일정기간 일정금액을 정하여 매월 저축하는 방식이고, 자유 적립식은 일정기간 금액에 상관없이 자유롭게 납입하는 방법이다. 단 저축기간 종료일 이전 3개월간 납입총액이 그 전 납입금액의 70%를 초과할 수 없다.

적립식 펀드도 주식편입비율과 운용방식에 따라 다양한 형태가 있다. 주식편입비율에 따른 유형으로 주식형, 주식혼합형, 채권혼합형, 채권형, 파생상품형, 재간접형으로 나눌 수 있다. 또한 주식운용의 방식에 따라서 가치투자형, 배당투자형 등으로 나눌 수 있다.

표 14-5는 적립식 펀드를 이용하여 노후자금을 마련하는 것과 변액연금보험 혹은 변액유니버설보험 등 개인연금 상품을 비교한 것이다. 변액상품의 경우 최소계약기간이 10년이므로 적립식 펀드를 이용할 때보다 장기투자를 할 수 있다. 펀드를 이용한 적립식투자는 연금지급을 원할 경우 투자 만기 이후 연금계약을 신규로 체결해야 하지만 변액연금은 연금지급이 바로 이루어지며, 또한 10년 이상 유지 시 이자소득이 비과세되는 혜택이 있다. 아울러 변액상품은 가입자의 사망 시 보험기능을 가지고 있는 장점이 있다.

적립식 펀드를 통해 은퇴자금을 마련하고자 할 경우 다음의 사항들에 주의할 필요가 있다.

첫째, 적립식 펀드상품은 5~10년 이상의 기간을 두고 꾸준히 일정금액을 투자하는 것이 좋다.

둘째, 펀드를 선택할 때에는 규모가 너무 적은 펀드는 피하는 것이 좋으며, 자산운용사의 '대표펀드'에 관심을 가지는 것이 바람직하다.

셋째, 투자 철학이 분명하고 꾸준히 유지되는 자산운용사를 선택하는 것이 중요하다.

넷째, 적립식 펀드 상품의 경우 장기적으로 유지해야 하기 때문에 투자운용에 따른 비용 및 수수료가 낮은 펀드를 선택해야 한다.

다섯째, 투자하기 전 운용보고서 및 투자설명서를 꼼꼼히 살펴보고 투자해야 한다.

표 14-5 변액상품과 적립식 펀드의 비교

구 분	변액연금/변액유니버셜보험	적립식 펀드
투자방법	전문가 대행 투자	전문가 대행 투자
투자대상	주식, 채권 등 모든 자산	주식, 채권 등 모든 자산
비용	사업비, 운용보수, 수탁자보수	운용보수, 수탁자보수, 판매비용
운용자산에 대한 수익률	주식, 채권에 투자한 결과	주식, 채권에 투자한 결과
지급방식	연금지급	환매 청구
보험적용방식	사망, 장애 시 보험금 지급	없 음
세제혜택	10년 이상 계약 시 비과세	없 음
투자기간	최소 10년 이상	장·단기 무관

출처: 리더스리치 재무설계센터(www.leadersrich.com)

보험과 은퇴코너 14-2

가계지출 35%는 자녀에 … 10%는 부모에… 노후준비는 거의 제로

• 베이비붐 세대의 3중고

많은 우리나라의 베이비붐세대는 자식 키우고 부모 모시는데 매달리느라 정작 자신의 노후 준비를 제대로 못하고 있다.

조선일보와 서울대 베이비부머 패널조사팀이 4,674명의 베이비붐 세대를 조사한 결과, 50세 전후인 베이비붐세대는 전체 세대 중에서 자산이 가장 많을 때지만 노후를 위해 모아 놓은 돈은 많지 않았다. 평균 자산은 부동산 자산이 2억 7,500만 원, 금융자산이 4,499만 원 등이었지만 부채가 3,407만 원이어서 순자산은 평균 2억 9,633만 원이었다. 부동산 자산이 83.2%로 대부분을 차지했고, 금융자산도 부채를 빼면 1,092만 원에 불과했다.

응답자들은 은퇴 후 월평균 생활비로 211만 4,000원 정도가 필요할 것으로 전망했다. 강창희 미래에셋 퇴직연금연구소장은 "60세에 은퇴해 80세까지만 산다고 해도 월 211만 원 생활비를 쓰려면 적어도 4억 원 이상이 필요한데 노후자금이 턱없이 부족하다."고 분석했다.

베이비붐 세대들은 이처럼 은퇴자금 준비를 못한 것은 자녀 교육과 결혼 비용, 당장의 생활비 때문이라고 말했다. 베이비붐 세대들의 지난해 월평균 생활비는 283만 6,000원이었는데, 이 중 자녀 양육비로 60만 4,000원을 쓰고 있다고 답했다. 여기에다 연간 자녀 대학 등록비로 358만 원, 자녀 유학비용으로 46만 원, 결혼비용으로 80만 원을 쓰고 있다고 답해 자녀에게 매달 생활비의 35% 정도인 100만 원을 쓰고 있었다.

(계속)

이렇다 보니 퇴직 이후를 대비한 자산 축적을 못해 응답자의 29.7%는 은퇴 이후를 위한 저축·투자에 '상당히 미흡한 편'이라고, 15.2%는 '아직 시작하지 못했다'고, 15.0%는 '계획에 다소 차질을 빚고 있다'고 답하는 등 60%가 은퇴 자산 준비에 차질을 빚고 있다고 말했다. 서울대 베이비부머 패널연구팀 차승은 연구교수는 "현재 베이비붐 세대는 생애 주기상 자녀 교육 등으로 가장 돈이 많이 필요한 시기이기 때문에 저축이 가장 어려운 시기"라고 말했다.

• "부모 부양하는 낀 세대"

여기에다 베이비붐 세대는 '부모 부양'이라는 부담이 하나 더 있었다. 응답자의 66.3%는 정기적·비정기적으로 부모님께 경제적인 지원을 하고 있다고 답했다. 자신의 부모에게 월평균 13만 9,000원, 배우자의 부모에게 13만 7,000원을 지원해 한 달에 27만 6,000원 정도를 부모 봉양에 쓴다. 월 생활비 283만 6,000원의 약 10%에 해당하는 금액이다.

• 베이비붐세대

한국 전쟁 종전 후인 1955년부터 산아제한 정책 도입 직접인 1963년까지 9년에 걸쳐 태어난 세대, 이들은 전체 인구의 14.6%인 713만 명에 달하는 거대한 인구 집단으로, 이 중 가장 빠른 1955년생이 올해(2010년) 만 55세를 맞아 집단 퇴직을 시작했다.

베이비붐 세대 4,674명 조사결과

※서울대 베이비부머 패널연구팀이 한국갤럽에 의뢰해 베이비붐 세대 4,674명을 지난 5~9월 면접조사

1년 소득 평균 ---------- 4,779만 원

자산

부동산		금융		기타		자산합계
2억 7,500만	+	4,499만	+	1,041만	=	3억 3,040만 원

부채 ---------- 3,407만 원

자산에서 부채를 뺀 순자산 ---------- 2억 9,633만 원

월 평균 지출 ---------- 283만 6,000원

자녀 양육비 ---------- 60만 4,000원

양가 부모 지원 ---------- 27만 6,000원

대학 등록비(연평균) ---------- 358만 원

자녀 유학비용(연평균) ---------- 46만 원

자녀 결혼비용(연평균) ---------- 80만 원

은퇴 후 생활비 충당 어떻게?

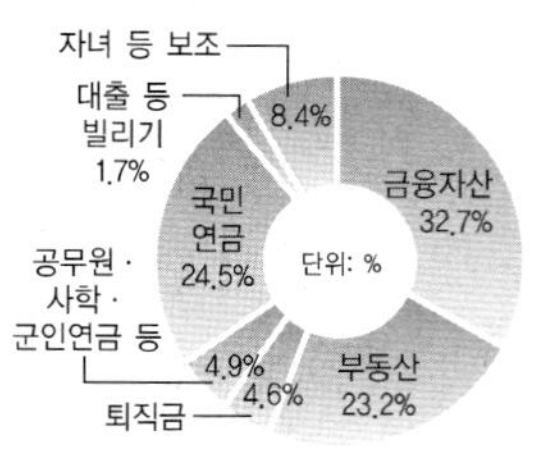

은퇴 자금 마련을 위한 저축 등 준비는?

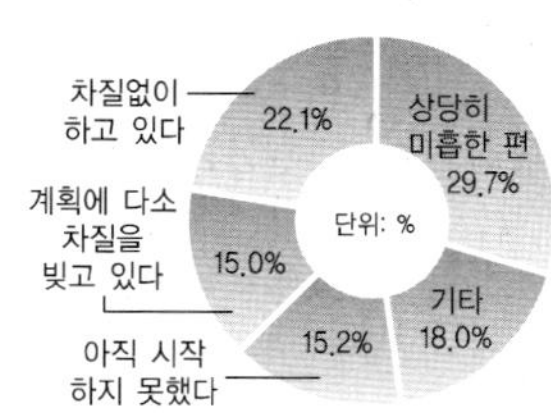

은퇴 후 가장 큰 부담이 되는 것은?

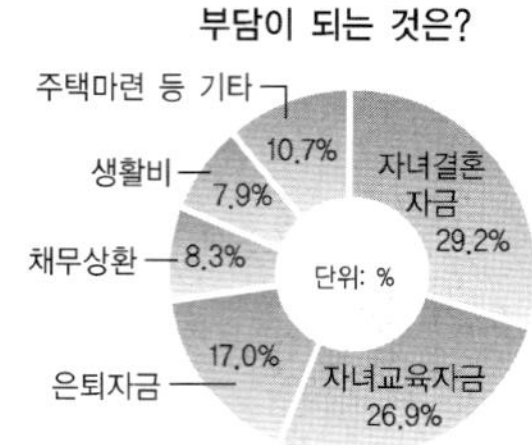

출처: 조선일보(2010년 12월 10일자).

6부 상속설계의 이해

15장 / 상속제도와 상속설계
16장 / 상속과 증여

15장

상속제도와 상속설계

상속은 피상속인이 사망할 경우 자연스럽게 개시되는 것으로 일반적으로 생각되며 많은 사람들은 아직까지도 피상속인의 사망이전에 미리 계획하는 것에 대하여 거부감을 가지고 있다. 그러나 계획되지 않은 상속의 경우 상속인들이 당황하고 때로는 상속분배로 인한 갈등을 겪기도 한다. 상속은 계획되고 일부분 피상속인의 사망 전에 실행됨으로써 상속인들 간의 갈등을 방지하고 상속재산의 효과적인 운용을 모색할 수 있다. 효과적인 상속설계를 위해서는 우선 우리나라 법률적인 상속제도에 대한 지식이 필요하고 상속세 등과 관련하여 세금전략이 필수적이다. 그리고 상속설계과정에서의 가족과의 대화와 상속내용에 대한 소통은 성공적인 상속에서 중요하다.

본 장에서는 우리나라 상속제도에 대한 개요를 소개하고 상속설계의 필요성과 상속설계 과정, 그리고 성공적인 상속설계의 전략을 알아본다.

1. 상속제도의 이해

1) 개 요

상속이란 일정한 친족 관계가 있는 사람 사이에서, 한 사람의 사망으로 다른 사람이 재산에 관한 권리와 의무의 일체를 이어받는 일이다. 법률적으로 '상속'이란 자연인이 사망한 경우에 그가 살아있을 때의 재산상의 지위(또는 권리·의무)를 법률의 규정에 따라 특정한 사람에게 포괄적으로 승계하는 것을 말한다. 우리나라 상속제도는 재산상속과 신분상속을 분리하여 왔는데 2008년 1월 1일부터 「민법」에서 호주승계인 신분상속이 폐지됨에 따라 재산상속만 운영되고 있다.

상속인의 자격, 순위, 상속의 효과 등에 관한 실체적인 사항은 「민법」이 규율하며, 그 밖에 상속과 관련된 절차적인 사항은 「가사소송법」 및 「민사소송법」이 규율한다. 부동산이 상속된 경우 상속을 원인으로 한 부동산등기에 관한 절차는 「부동산등기법」이 규율한다. 상속이 개시되면 부담하는 상속세에 관한 사항은 「상속세 및 증여세법」이 규율하며, 일정한 재산을 상속받은 경우에 부담하는 취득세에 관한 사항은 「지방세법」이 규율한다.

상속의 방법은 유언에 의한 방법과 법정에 의한 방법이 있다. 당사자의 의사와 상관없이 법률의 규정에 따라 이루어지는 상속이 법정상속이라 하고 유언이라는 형태로 표시된 피상속인(사망한 자)의 최종 의사에 따라 이루어지는 상속을 유언상속이라고 한다. 법에서는 유언상속과 법정상속을 모두 인정하고 있으며 유언상속이 법정상속보다 우선 적용된다.

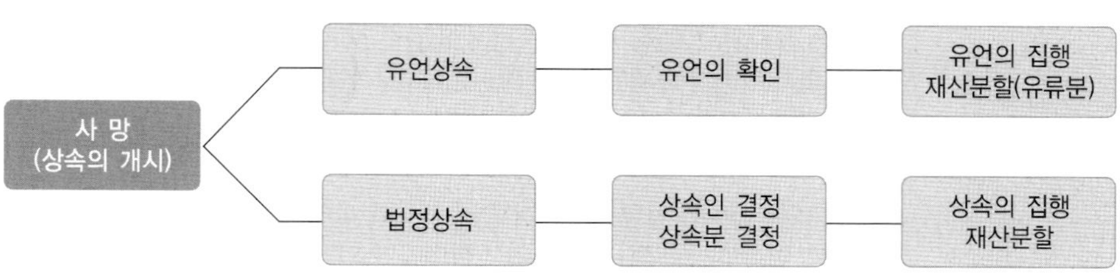

그림 15-1 **상속절차**

2) 유언에 의한 상속

(1) 유언의 정의와 방식

유언이란 사람이 그가 죽은 뒤의 법률관계를 정하려는 생전의 최종적 의사표시를 말한다. 사적 자치의 일환으로 유언의 자유가 인정되나 유언의 방식과 내용은 법에서 정하는 엄격한 절차에 따라 행해져야 한다. 법에 의한 유언방식은 자필증서, 녹음, 공정증서, 비밀증서, 구수증서에 의한 유언이다. 이러한 방식을 취하지 않는 유언일 경우 무효가 된다. 「민법」이 정한 다섯 가지의 유언 방식은 다음과 같다.

유언은 의사능력이 있는 만 17세에 달한 사람은 부모나 법정대리인의 동의를 얻지 않고 독자적으로 할 수 있다. 여기서 의사능력이란 자신의 행위나 의미의 결과를 정상적인 인식력과 예기력을 바탕으로 합리적으로 판단할 수 있는 정신적 능력 내지는 지능을 말한다. 일반적으로 미성년자, 한정치산자, 금치산자와 같은 법률행위 무능력자도 만 17세 이상으로 유언능력을 갖추면 유언을 할 수 있다(「민법」 제1062조).

표 15-1 **법정 유언의 방식**

유언의 종류	정 의
자필증서유언	유언자가 직접 자필로 유언장을 작성하는 것(「민법」 제1066조 제1항).
녹음유언	유언자가 유언의 취지, 그 성명과 연월일을 구술하고 이에 참여한 증인이 유언의 정확함과 그 성명을 구술하는 방식의 유언(「민법」 제1067조).
공정증서유언	유언자가 증인 2명이 참여한 공증인의 면전에서 유언의 취지를 구수하고 공증인이 이를 필기낭독하여 유언자와 증인이 그 정확함을 승인한 후 각자 서명 또는 기명날인하는 방식의 유언(「민법」 제1068조).
비밀증서유언	유언자가 필자의 성명을 기입한 증서를 엄봉날인하고 이를 2명 이상의 증인의 면전에 제출하여 자기의 유언서임을 표시한 후 그 봉서표면에 제출 연월일을 기재하고 유언자와 증인이 각자 서명 또는 기명날인하는 방식의 유언(「민법」 제1069조 제1항).
구수증서유언	질병 그 밖에 급박한 사유로 인하여 다른 방식에 따라 유언할 수 없는 경우에 유언자가 2명 이상의 증인의 참여로 그 1명에게 유언의 취지를 구수하고 그 구수를 받은 자가 이를 필기낭독하여 유언자의 증인이 그 정확함을 승인한 후 각자 서명 또는 기명날인하는 방식의 유언(「민법」 제1070조 제1항).

(2) 유언의 효력

유언은 법정사항, 즉 법률로 정한 일정한 사항에 한해서 할 수 있는 행위로 유언법정주의가 원칙이다. 「민법」에서 정한 유언사항에는 가족관계·재산의 처분·상속·유언의 집행에 관한 사항이 포함되어 있다. 가족관계에 관한 사항은 친생부인, 인지, 후견인의 지정, 친족회원의 지정이 해당된다, 재산의 처분에 관한 사항은 유증, 재단법인의 설립을 위한 재산출연행위, 신탁의 설정이 해당된다. 상속에 관한 사항은 상속재산의 분할방법의 지정 및 위탁, 상속재산의 분할 금지가 해당된다. 유언의 집행에 관한 사항은 유언집행자의 지정 또는 위탁이 포함된다.

유언이 성립한 후에라도 유언자는 생전에 얼마든지 유언의 일부 및 전부를 철회할 수 있다. 유언의 철회는 유언으로만 해야 하는 것은 아니고 생전행위로도 할 수 있다. 유언의 무효란 「민법」이 정한 방식을 갖추지 않은 유언, 17세 미만인 사람 또는 의사능력이 없는 사람의 유언, 사회질서·강행법규에 위반한 유언 등의 사유로 인해 이미 성립된 유언의 효력이 처음부터 발생하지 않는 것을 말한다. 또 유언의 의사표시가 착오 또는 사기·강박(强迫)에 의한 경우 등으로 「민법」에서 정한 취소사유가 발생한 경우 이미 발생한 유언의 효력을 소급적으로 무효로 만드는 것을 말한다. 유언의 철회는 유언자의 철회의 의사표시로 유언이 없었던 것이 되는데 반해, 유언의 취소는 취소권자가 취소기간 내에 취소해야 유언이 소급적으로 무효가 된다.

만약 일부 재산에 대해서만 유언이 있고 나머지는 유언이 없는 경우에는 유언의 내용은 유언의 대상에게만 적용되며 유언이 없는 나머지 재산은 법정상속에 따라 상속된다. 또한 유언은 유언자가 사망한 때부터 그 효력이 생긴다(「민법」 제1073조 제1항). 그런데 유언에 정지조건이 있는 경우에 그 조건이 유언자의 사망 후에 성취한 때에는 그 조건성취한 때부터 유언의 효력이 발생한다(「민법」 제1073조제2항).

(3) 유증과 유언의 집행

'유증'이란 유언을 통해 무상으로 재산상의 이익을 타인에게 주는 것을 말한다. 유증의 종류에는 포괄유증과 특정유증이 있다. 포괄유증이란 유증의 목적 범위를 유증자가 자기의 재산 전체에 대한 비율로써 표시하는 유증을 말한다. 예를 들어 '유산의 전부를 에게 준다' 또는 '유산의 반을 에게 유증한다.'고 하는 것이 포괄유증에 해당한다. 특정유증이란 유증의 목적이 특정되어 있는 경우를 말하며 '자동차 1대를 ○○에게 준다'거나 'A기업 주식을 ○○에게 준다.'고 하는 것이 이에 해당한다. 그리고 유증에는 조건이나 기한 및 부담을 붙일 수 있다. 조건부 유증의 예는 'A가 결혼을 하면 내 재산의 반을 유산으로 물려주겠다.', 'B가 대학에 가면 등록금을 유증하겠다.' 등과 같다. 기한부 유증의 예는 'A가 성년이 되면 A에게 내 재산의 반을 유산으로 주겠다.', '2030년 1월 1일이 되면 B에게 1,000만 원을 유증하겠다.' 등이다. 부담부 유증의 예는 '내 사후에 내 아들을 돌보면 A 부동산을 주겠다.', '내 사후에 우리 부모님을 부양하면 B부동산을 주겠다.' 등이다.

유언의 집행이란 유언자의 사망 후 유언의 내용을 실현하는 절차를 말하며 유언집행자는 그 취임을 승낙한 후 지체 없이 유언집행업무를 수행해야 한다. 유언집행자란 유언의 효력이 발생한 후에 그 내용을 실현하는 사람을 말하며, 무능력자와 파산선고를 받은 사람은 유언집행자가 되지 못한다(「민법」 제1098조). 유언자는 유언으로 유언집행자를 지정할 수 있고 그 지정을 제3자에게 위탁할 수 있다. 유언집행자가 지정되지 않은 경우에는 상속인이 유언집행자가 된다.

3) 법정상속

(1) 상속인의 결정

상속인이란 상속이 개시되어 피상속인의 재산상의 지위를 법률에 따라 승계하는 사람을 말한다. 상속인은 사람이어야 하며, 법인은 상속을 받을 수 없고 유증만 받을 수 있다. 상속인은 상속개시 시점에 살아있어야 한다. 태아의 경우 상속개시 시점에는 출생하지 않았더라도 상속 후 출생하면 상속개시 당시에 상속인인 것으로 본다.

법정상속인 경우 상속인(상속을 받는 자)은 피상속인의 배우자와 직계비속이 가장 우선시되고 직계비속이 없을 경우 피상속인의 직계존속 순으로 상속순위가 정해져 있다. 즉 상속은 1순위로 피상속인의 직계비속·배우자이며, 2순위로 피상속인의 직계존속·배우자이며 피상속인의 직계비속이 없는 경우 배우자와 함께 상속인이 된다. 만약 직계비속과 직계존속 모두 없는 경우 배우자가 단독으로 상속을 받는다. 3순위로 피상속인의 형제자매인데 1순위와 2순위가 모두 없는 경우 상속인이 된다. 4순위로 피상속인의 4촌 이내의 방계혈족인데 1, 2, 3순위 모두 없는 경우 상속인이 된다.

그리고 태아, 이성동복 형제, 이혼 소송 중인 배우자, 인지된 혼외자, 양자, 친양자, 양부모, 친양부모, 양자를 보낸 친생부모, 북한에 있는 상속인, 외국국적을 가지고 있는 상속인은 상속인이 될 수 있다. 반면 적모서자(嫡母庶子), 사실혼의 배우자, 상속결격 사유가 있는 사람, 유효하지 않은 양자, 친양자를 보낸 친생부모, 이혼한 배우자는 상속인이 될 수 없다.

한편 배우자상속인은 상속인인 배우자를 말하며, 이때의 배우자는 법률상 혼인관계에 있는 사람이어야 한다. 즉, 사실혼 관계의 배우자는 상속인이 될 수 없고 다만, 특별한 연고가 있는 경우 상속인이 없을 때에 한하여 상속재산을 분여(分與)받을 수 있을 뿐이다. 배우자는 1순위인 직계비속과 같은 순위로 공동상속인이 되며, 직계비속이 없는 경우에는 2순위인 직계존속과 공동상속인이 된다. 만약 직계비속과 직계존속이 모두 없는 경우에는 배우자가 단독상속인이 된다. 한편 대습상속인이란 '상속인이 될 직계비속 또는 형제자매(피대습인)'가 상속개시 전에 사망하거나 결격자가 된 경우에 사망하거나 결격된 사람의 순위에 갈음하여 상속인이 되는 '피대습인의 직계비속 또는 배우자'를 말한다.

상속결격자는 고의로 직계존속, 피상속인, 그 배우자 또는 상속의 선순위나 동순위에 있는 사람을 살해하거나 살해하려 한 사람이거나 피상속인의 유언에 관한 부정행위를 한 사람이다. 구체적으로, 첫째, 고의로 직계존속, 피상속인, 그 배우자 또는 상속의 선순위나 동순위에 있는 사람을 살해하거나 살해하려고 한 사람, 둘째, 고의로 직계존속, 피상속인과 그 배우자에게 상해를 가하여 사망에 이르게 한 사람, 셋째, 사기 또는 강박으로 피상속인의 상속에 관한 유언 또는 유언의 철회를 방해한 사람, 넷째, 사기 또는 강박으로 피상속인의 상속에 관한 유언을 하게 한 사람, 다섯째, 피상속인의 상속에 관한 유언서를 위조·변조·파기 또는 은닉한 사람이 이에 해당된다.

누가 상속인이 될까요?

보험과 은퇴코너 15-1

• 배우자 상속인과 양자

Q A(남)는 가족으로 부모님(B·C), 법률상 혼인관계인 부인(D) 그리고 유효하게 입양한 자녀(E)가 있습니다. A가 사망한 경우 누가 상속인이 될까요?

A A의 부모님(B·C)은 모두 1촌의 직계존속입니다. 부인(D)은 법률상 배우자이고, 입양한 자녀(E)는 1촌의 직계비속입니다. 이 경우 A가 사망하면, 직계비속인 입양한 자녀(E)는 1순위의 상속인이 됩니다. 한편, 법률상 배우자(D)도 직계비속과 함께 1순위의 상속인이 되므로, D와 E는 공동상속인이 됩니다(「민법」 제1000조 및 「민법」 제1003조). 한편, A의 부모님(B·C)은 후순위 상속인이 되어 상속받지 못합니다.

• 대습상속인

Q A의 부모님은 A가 어릴 때 이혼하였으며 A의 아버지는 1년 전 사망하였습니다. A의 할아버지는 A의 아버지 X 이외에도 자녀(A의 고모 Y)를 한 명 더 두고 있고, 할머니(Z)도 생존해 계십니다. 이 경우 A는 할아버지의 재산을 상속받을 수 있나요?

A 상속인이 될 직계비속이 상속개시 전에 사망한 경우에는 그의 직계비속이 대습상속인이 됩니다(「민법 제1001조). 이때 아버지는 상속인이 될 직계비속이고, 할아버지의 사망 전에 사망하였으므로 그의 직계비속인 A가 대습상속인이 되어 상속을 받을 수 있습니다. 이 사안에서 할아버지의 사망으로 상속인이 되는 사람은 1순위 상속인인 고모(직계비속)와 할머니(배우자), 그리고 아버지를 피대습자로 한 아들 A(대습상속인)입니다.

• 상속결격자

Q A(남)는 가족으로 법률상 혼인관계의 부인 B와 B와의 사이에서 잉태되어 있는 태아 X 그리고 함께 모시는 어머니 C가 있습니다. A가 교통사고로 사망하였는데, 부인 B는 남편의 사망하자 X를 낙태하였습니다. B는 A의 상속인이 될 수 있을까요?

A 고의로 상속의 같은 순위에 있는 사람을 살해하거나 살해하려고 한 사람은 상속결격자에 해당하여 상속을 받지 못합니다(「민법」 제1004조). 법원은 출생하였다면 자신과 같은 순위의 상속인 X를 고의로 낙태한 경우에도 고의로 상속의 같은 순위에 있는 사람을 살해한 경우와 동일한 것으로 보므로, B의 낙태행위는 상속의 결격사유에 해당합니다(대법원 1992. 5. 22. 선고 92다2127 판결 참조). 따라서 B는 상속인이 될 수 없습니다. 따라서 후순위 상속인이었던 어머니인 C가 단독 상속인이 됩니다.

자료: 찾기쉬운 생활법률정보(http://oneclick.law.go.kr/).

(2) 상속분의 결정

상속분(相續分)이란 두 명 이상의 상속인이 공동으로 상속재산을 승계하는 경우에 각 상속인이 승계할 몫을 말한다. 같은 순위의 상속인이 여러 명인 때에는 그 상속분은 동일한 것으로 한다(「민법」 제1009조 제1항). 즉, 같은 순위의 공동상속인(상속을 받는 자)이 존재할 경우 재산은 그들 간의 공동균분상속을 원칙으로 하여 분배된다. 그런데 배우자상속인, 대습상속인, 특별수익자와 기여자가 있는 경우 상속분은 복잡해진다.

우선 배우자의 상속분은 직계비속과 공동으로 상속하는 때에는 직계비속의 상속분에 5할을 가산하고, 직계존속과 공동으로 상속하는 때에는 직계존속의 상속분에 5할을 가산한다. 따라서 직계비속의 한 개인 상속인보다 배우자상속인은 150%의 상속분을 가지게 된다. 대습상속인의 상속분은 사망 또는 결격된 사람의 상속분에 의한다. 사망 또는 결격된 사람의 직계비속이 여러 명인 때에는 그 상속분은 사망 또는 결격된 사람의 상속분의 한도에서 같은 순위의 상속인이 여러 명인 때에는 그 상속분은 동일한 것으로 하고, 배우자의 상속분은 직계비속과 공동으로 상속하는 때에는 직계비속의 상속분에 5할을 가산하고, 직계존속과 공동으로 상속하는 때에는 직계존속의 상속분에 5할을 가산한다. 대습상속인인 직계비속이 없는 경우에는 배우자가 단독으로 대습상속인이 되며, 피대습인의 상속분을 대습상속하게 된다.

공동상속인 중에 피상속인으로부터 재산의 증여 또는 유증을 받은 경우에는 그 증여 또는 유증 받는 재산이 상속인의 상속분에 달하지 못한 경우에만 그 부족한 부분의 한도에서 상속분을 가지게 된다. 특별수익자란 공동상속인 중 피상속인으로부터 재산의 증여 또는 유증을 받은 사람을 말한다. 예를 들면, 상속인인 자녀에게 생전에 증여한 결혼 준비자금(주택자금·혼수비용 등), 상속인인 자녀에게 생전에 증여한 독립자금, 상속인인 자녀에게 생전에 지급한 학비, 유학자금 등(다만, 대학 이상의 고등교육비용으로 다른 자녀에게는 증여되지 않은 교육비용이어야 함), 일정 상속인에게만 유증한 재산이 이에 해당한다. 특별수익자가 있는 경우의 상속분은 다음과 같은 산식에 의해 계산된다.

> 특별수익자가 있는 경우 각 상속인의 상속분
> =[(상속재산의 가액+각 상속인의 특별수익의 가액)×각 상속인의 상속분율]−특별수익을 받은 경우 그 특별수익의 가액

공동상속인 중에 상당한 기간 동거·간호 그 밖의 방법으로 피상속인을 특별히 부양하거나 피상속인의 재산의 유지 또는 증가에 특별히 기여한 사람은 자신의 상속분 이외에 기여분을 별도로 가질 수 있다. 여기서 기여분으로 인정받으려면, 특별한 기여이어야 하고, 기여행위로 인해피상속인의 재산의 유지 또는 증가가 있어야 한다. 따라서 배우자의 가사노동은 부부의 동거·부양·협조의 의무 범위의 행위이므로 특별한 기여에 해당하지 않는다. 다만 ① 피상속인이 경영하는 사업에 무상으로 노무를 제공하거나 자신의 재산을 제공하여 상속재산의 유지·형성에 기여하는 경우, ② 통상의 부양, 간호의 정도를 넘어 그러한 요양이나 간호로 상속재산이 유지되는 경우(예를 들어, 요양이나 간호의 비용을 기여자가 부담하여 상속재산의 손실이 없었던 경우)는 기여분으로 인정받고 있다. 기여분은 원칙적으로 공동상속인 간의 협의로 결정하지만 기여분을 얼마로 볼 것인지에 관해 협의가 되지 않거나 협의할 수 없는 때에는 기여자는 가정법원에 기여분을 결정해 줄 것을 청구할 수 있다. 공동상속인 중에서 기여자가 있는 경우에는 상속개시 당시의 피상속인의 재산가액에서 공동상속인의 협의로 정한 기여분을 공제한 것을 상속재산으로 보고 법정 상속분에 따라 산정한 상속분을 각자의 상속분으로 한다. 기여분이 있는 경우 상속인의 상속분은 다음과 같은 산식으로 계산된다.

[(상속재산의 가액－기여분)×각 상속인의 상속분율]
＋(기여자인 경우 기여분)

(3) 상속의 승인과 포기

상속인은 무조건 상속을 받아야 하는 것은 아니며 상속인이 상속을 포기하거나 한정적으로 상속을 받을 수 있다. 따라서 상속인은 승인 또는 포기를 하기 전에 상속재산을 조사할 수 있다. 피상속인 명의의 예금, 대출, 보증, 증권계좌, 보험계약, 신용카드 관련 채무가 있는지의 여부는 여러 금융 관련 협회를 통해 '상속인 등에 대한 금융거래조회'를 통해 파악할 수 있다. 또 그 밖에 피상속인 명의의 부동산이 얼마나 있는지의 여부는 피상속인의 주소지의 '시·군·구청의 지적과'에서 확인할 수 있다.

상속재산에 대한 조사 후 상속으로 인하여 물려받을 재산보다 채무가 많을 때에는 상속인은 상속의 포기를 하고, 그 상속채무의 정확한 액수를 모르는 경우에는 상속의 한정승인을 고려할 수 있다. "상속의 단순승인"이란 상속의 효과를 거부하지 않는다는 의사표시를 말하며 상속인이 상속의 단순승인을 한 때에는 제한 없이 피상속인의 권리의무를 승계한다. "상속의 한정승인"이란 상속인이 상속으로 취득하게 될 재산의 한도에서 피상속인의 채무와 유증을 변제할 것을 조건으로 상속을 승인하려는 의사표시를 말한다. 상속인이 상속의 한정승인을 한 때에는 상속채무가 상속으로 얻게 되는 적극재산을 초과하는 경우에도 상속인 본인의 재산으로 이를 변제할 의무가 없다. "상속의 포기"란 상속개시에 따라 피상속인에게 속하던 재산상의 권리·의무의 일체가 상속인에게 당연히 이전되는 상속의 효과를 거부하는 행위를 말하며 상속인이 상속의 포기를 한 때에는 그는 처음부터 상속인이 아니었던 것이 된다.

상속인은 상속개시 있음을 안 날로부터 3개월 내에 단순승인을 할 수 있으며 그 기간은 이해관계인 또는 검사의 청구에 의하여 가정법원이 이를 연장할 수 있다. 그런데 단순승인을 하기 전에 상속인이 상속재산에 대한 처분행위를 한 때, 상속승인 등의 고려기간 내에 한정승인 또는 포기를 하지 않은 때, 상속인이 한정승인 또는 포기를 한 후에 상속재산을 은닉하거나 부정소비하거나 고의로 재산목록에 기입하지 않은 때에는 단순승인한 것으로 본다. 상속인이 상속의 승인 또는 포기 전에 상속재산을 조사했음에도 불구하고 상속인은 상속채무가 상속재산을 초과하는 사실을 중대한 과실 없이 상속개시 있음을 안 날로부터 3개월 내에 알지 못하고 단순승인을 한 경우에는 그 사실을 안 날부터 3개월 내에 한정승인을 할 수 있다.

2. 상속설계의 이해

1) 상속설계의 필요성

상속은 피상속인이 사망할 경우 자연스럽게 개시되는 것으로 일반적으로 생각되며 많은 사람들은 아직까지도 피상속인의 사망이전에 미리 계획하는 것에 대하여 거부감을 가지고 있다. 그러나 최대한으로 재산상속이 이루어졌다 하더라도 이것이 후속세대의 부를 보장하지 못한다는 사실은 주변의 경험을 통해 자주 접하게 된다. 한 조사에 따르면 재산을 상속한 가족 가운데 약 70%가 상속에 실패한다고 알려져 있으며, 그 원인이 '상속인을 미리 준비시키는지 못했기 때문' 이라고 한다. 즉 상속인들은 확실한 상속 준비 없이 재산을 상속받는 상황에서 상당한 중압감을 느끼며 가족 내부의 신뢰, 대화 등 가족 내부 문제가 가장 중요한 문제로 지목되었다. The Williams Group은 1975년과 2001년 사이에 수행된 소유권 연구에서 상속을 통해 유산을 보유한 1,000가구를 관찰한 결과, 실패한 700가구 중에서 420가구(60%)는 상속 실패 요인이 가족 내의 신뢰와 대화 단절에 기인하였고, 다른 175가구(25%)는 상속인들에게 각자의 책임감을 준비시키는 데 실패한 것이었으며 나머지 105가구(15%)의 실패는 세금과 법, 재정 계획 등에 기인한 것이었다(로이 윌리암스 & 빅 프레이 저·박인섭 외 역, 2003).

상속설계란, 고객과 그의 특수 관계인들의 재무적 안정을 도모하고 사망 이후 고객이 소유하고 있는 자산을 상속인 또는 승계자에게 효과적으로 이전하기 위한 체계적이고 적극적인 대책을 마련하는 것을 말한다(한국 FPSB 편, 상속설계, 2011). 상속설계의 목적은 첫째, 생존기간 동안에 어느 정도의 비율로 재산을 이용하고 사망 후에 상속인들에게 배분하며 사회에 환원할 것인가를 결정하도록 돕는 것이다. 즉 상속설계는 생존의 재무관리의 최종적인 의사결정으로서 생전에 어느 정도 소득과 자산을 사용할 수 있는 가에 영향을 준다. 둘째, 상속설계는 피상속인의 사망이후의 무분별한 분배로 인한 상속인과 이해 관계자들 간의 분쟁을 예방하는 것을 목적으로 한다. 상속설계의 목적은 상속인의 재무관리를 통해 상속인의 생활보장 대책 등을 모색하는 것이 병행되어야 한다. 특히 상속인이 미성년자, 한정치산자, 금치산자와 같은 법률적 무능력자이거나 장애우인 경우 그들의 상속재산을 침해는 등의 문제가 발생하지 않도록 하여야 한다.

성공적인 상속을 위해서는 자신의 돈에 대한 신념과 본인 및 후속세대의 삶에 대한 비전에 기초하여 사전에 준비하는 것이 필수적이다. 상속은 단지 본인의 의사를 잘 반영하는 유언을 작성하는 것이 아니라 상속개시 이후에 상속인들에게 끼칠 영향을 긍정적으로 극대화시키고 가족들 간의 신뢰와 행복을 유도할 수 있어야 한다. 성공적인 상속은 좋은 유언의 내용보다는 그것을 대하는 상속인들의 태도와

책임감, 그리고 재무관리를 고려하여 사전에 체계적으로 계획하는 것이 바람직하다. 만약 본인의 결정으로 상속설계가 힘들 경우 전문가의 조언을 얻는 것을 고려할 수 있다. 상속 전문가를 선택할 때는 적어도 자산의 보존, 자산에 대한 통제권, 세금 절약을 확실히 처리할 수 있는 사람을 선정하는 것이 좋다.

2) 상속설계의 과정

상속설계의 절차는 일반 재무설계의 절차와 유사하다. 1단계는 재무적 및 비재무적 정보의 수집이며 2단계는 재무상태 분석과 평가, 3단계는 상속계획 수립 및 평가, 4단계는 상속계획의 실행과 지속적인 평가이다.

(1) 1단계: 재무적 및 비재무적 정보의 수집과 상속계획 목표 수립

피상속인과 그 가족들, 이해관계자에 대한 재무적 및 비재무적 정보를 수집한다. 상속은 피상속인의 여생뿐만 아니라 상속인들의 생활에도 지대한 영향을 미칠 수 있기 때문에 피상속인의 상속을 통해 달성하고자 하는 목표와 가족들 간의 관계 등에 대한 정보를 최대한으로 확보할 필요가 있다. 특히 상속의 문제는 이해관계가 얽혀 있고 가족관계와 밀접히 관련되므로 재무적인 내용만으로 해결할 수 없는 상황이 많다. 따라서 피상속인과의 심층적인 대화를 통해 상속을 통한 재무적 목표와 비재무적 목표를 결정한다. 일단 상속계획의 목표가 결정된 후에는 구체적이고 객관적인 자료를 수집해야 한다. 피상속인의 구술 이외에도 부동사 등기, 각종 신고서 등 객관적인 자료를 확보하는 것이 중요하다.

(2) 2단계: 재무상태 분석과 평가

확보된 피상속인의 자산과 부채 상태에 대한 정확한 평가가 필요하다. 상속인에게 은퇴 후 여생을 충분히 누릴 수 있는 소득과 재산을 고려한 후 상속할 수 있는 재산은 있는지, 피상속인의 부채여부와 부채 해결가능성과 수단은 있는지, 그 상속재산의 형태와 가치는 어느 정도인지 등 구체적인 현재 재무 상태와 상속재산에 대한 평가가 이루어져야 한다. 재무상태에 대한 분석을 기초로 앞에서 설정한 상

피상속인의 상속 준비 체크 항목

보험과 은퇴코너 15-2

1. 가족 재산 비전은 배우자를 포함한 전 가족이 참석하여 개발되었는가?
2. 가족 재산 비전 선언문을 구현하는 전략은 결정되었는가?
3. 가족 재산 비전 전략을 수행하는데 필요한 역할은 정의되었는가?
4. 상속인 각자의 역할 수행을 위한 조건을 정의할 때 관찰과 측정이 가능한 기준(교육, 경험, 가족 관계)이 있는가?
5. 각 역할에 알맞은 능력 수준은('초보자'에서 '대가'까지의 범위에서) 분명히 정의되었는가?
6. 현재의 가장과 상속인들은 가족 재산 비전의 성공에 필수적인 요소로 인식된 특정인의 역할에 대한 '기준'과 '능력'을 규정하는데 서로 합의했는가?
7. 상속인들은 특정한 역할을 선택했고, 역할을 준비하고 수행하는 일에 관심을 표명했는가?
8. 똑같은 역할에 대해 야망을 품었을 상속인들 사이의 다툼은 우호적으로 해결되었는가?
9. 상속인 각자의 역할과 권한을 부여받은 모든 상속인이 상속 준비 프로그램을 고안하는데 참여하고 그 프로그램을 받아들였는가?
10. 상속 준비 프로그램은 상속인의 준비 스케줄 또는 역할을 위한 완성도가 채워지지 않는 경우에 상속 후보자 각자와 합의를 이룬 대안을 가지고 진행 중인가?

자료: 로이 윌리암스, 빅 프레이저 지음, 박인섬, 김병태 옮김(2003). p.146.

속계획의 목표의 달성 가능성을 평가해야 한다. 피상속인의 재무 상태가 상속계획의 목표를 달성하지 못할 정도의 수준인 경우 상속계획의 목표를 수정해야 한다.

(3) 3단계: 상속계획안의 수립과 평가

상속계획은 피상속인의 의지에 따라 상속인, 상속재산이나 상속사업의 확정, 상속재산의 분할계획, 상속재산의 이전에 따른 재무적·세무적 부담의 최소화 등이 결정되어야 한다. 우선 피상속인의 의지에 따라 상속인들을 확정하고 이들에게 상속할 재산의 내역을 확정한다. 그리고 상속인들 간의 재산분할의 비율과 상속재산의 형태 등을 결정해야 한다. 특히 상속증여에 따른 세금은 다른 세금에 비해 세율이 높고 법 적용이 엄격하기 때문에 사전증여 및 재산분배, 사후상속, 납세자금 마련 등 상속절차에 따른 세금전략의 수립이 필수적이다.

상속계획은 피상속인의 의지를 반영하는 것이기 때문에 피상속인의 의지가 가장 중요한 결정요인이지만 가족들의 참여와 이해, 그리고 신뢰를 기반으로 할 때 상속의 효과적인 실행과 분쟁 예방이 가능하다. 가족 구성원 모두가 상속에 관여하는 것이 성공적인 상속을 마친 가족들의 주요한 특징이다. 예를 들어 상속인들이 그 상속재산으로 무엇을 해야 하는지 서로 자신의 의견을 고지할 수 있어서 상속재산의 활용 방안을 결정하는 과정에서 갈등이 유발될 수 있다. 하지만 피상속인이 법적 자문을 받고 자신의 가치관에 따라 정한다 할지라도 일방적으로 결정하고 상속인도 이를 받아들인다고 할지라도 피상속인의 상속 재산에 대한 지배력 혹은 통제력이 지속되는 것을 보장하지 않는다. 특히 피상속인의 사업을 승계하는 상속과정에서 상속 사업의 성공적인 승계를 위해서는 가족원들과 대화하고 의견을 들어주고 바람을 수용하는 과정을 통해서 가족 전체의 동의를 얻고 가족의 목적을 달성하는 과정이 중요하다. 상속계획안이 수립되면 실행 전에 상속계획안에 대하여 보험과 은퇴코너 15-2와 같은 사항을 체크해 본다.

(4) 4단계: 상속계획의 실행과 지속적인 평가

상속계획안을 실행하기 전에 이와 관련된 상속인들과 이해관계인들이 상속계획의 내용을 충분히 이해하도록 한다. 상속계획의 실행은 전문가의 조언이나 기술적인 집행과 더불어 가족들의 상호 간의 신뢰와 대화를 통해서만이 성공적으로 이루어질 수 있기 때문이다. 상속계획안 수립 후 실행에 따른 상속재산의 파악, 재산의 사전분배, 후계자 선정, 절세전략, 유언서 작성 등의 과업을 실행한다.

상속계획의 완전한 실행은 상속 개시 후에 이루어지기 때문에 상속계획은 상속 개시 전에 얼마든지 수정이 가능하다. 또 상속 개시까지 장기간이 소요되는 경우 여러 가지 상황 및 여건이 변화될 수 있다. 상속설계에 영향을 미치는 여건 변화는 첫째, 상속인의 변화, 둘째, 재산 상태 및 건강 상태의 변화, 셋째, 피상속인의 의지 변화라고 할 수 있다. 우선 결혼, 출산, 이혼 등으로 인해 가족관계가 변화할 수 있어 이럴 경우 법정 상속인은 변경될 수 있다. 또 피상속인의 채권채무관계의 변화나 재산매매 등은 상속 재산에 커다란 영향을 미치기 때문에 지속적으로 관리되어야 할 사항이다. 피상속인의 상속인에 대한 평가 및 태도가 변화할 수 있고 사회 환원에 대한 의지가 생길 수 있는 등 언제든지 피상속인의 의지변화가 발생할 수 있다. 그리고 상속내용이 가족원들에게 인지된 이후 가족원들의 불만이나 갈등이 발

재산 상속 체크 리스트 보험과 은퇴코너 15-3

1. 우리 가족은 재산의 전체적인 목적을 말하는 비전 선언문을 가지고 있는가?
2. 전 가족이 가족의 재산 비전을 정의하는 일과 같은 중요한 의사결정에 적극적으로 참여하고 있는가?
3. 가족 상속인 모두는 가족 자산 관리에 참가하는 선택권을 가지고 있는가?
4. 상속인들은 그들의 미래 역할을 이해하며, 그러한 역할을 받아들이고 수행하기를 바라고 있는가?
5. 상속인들은 실제적으로 가족의 유산 계획과 문서를 검토했는가?
6. 우리가 가진 현재의 유언장, 신탁, 다른 문서들은 상속인의 나이가 아니라 준비상태에 근거해서 만들어졌는가?
7. 우리 가족의 비전은 상속인들을 위한 동기 부여와 기회 창조를 포함하고 있는가?
8. 우리의 어린 자녀들은 가족의 자선적 기부 결정에 참여하도록 장려되었는가?
9. 우리 가족은 가족 화합이 가족이 재정적 힘만큼이나 중요하다고 생각하는가?
10. 우리 가족 전체는 의사소통이 원활하며 문제와 변화를 논의하기 위해 정기적으로 만나고 있는가?

자료: 로이 윌리암스, 빅 프레이저 지음, 박인섭, 김병태 옮김(2003). p.82.

생하는 경우도 있다. 이러한 과정에서 기존에 작성된 상속계획안이 성공적인 상속설계인지의 여부를 체크하기 위해 보험과 은퇴코너 15-3의 체크리스트를 활용할 수 있다.

3) 유언에 의한 상속설계

상속설계는 피상속인의 의지를 반영하는 것이기 때문에 유언에 의한 상속설계가 수반된다. 우리나라 상속제도에 따라 유언이 있는 상속은 유언이 없는 상속에 우선하고 있으나 작성된 유언이 법률에 위반할 경우 유언이 무효가 될 수 있기 때문에 다음과 같은 사항 표 15-2를 주의해야 한다. 즉, 유언 작성 시 피상속인인 유언자가 유언능력이 있는지, 유언방식이 법률에 정한 것에 합당한지, 유언내용이 법률에 정한 내용을 포함하고 있는지를 살펴보아야 한다.

또 유언은 피상속인의 상속에 관한 의지를 반영할 수 있는 유일한 방법이기 때

표 15-2 **유언 시 주의할 체크리스트**

분 야	내 용
유언능력	유언자가 만 17세 이상이다.
	유언자가 의사능력이 있다.
	유언자가 반혼수상태가 아니다.
	유언자가 금치산자가 아니거나 금치산자 일지라도 의사에 의해의사능력을 입증 받았으며 이를 유언장에 명기 및 서명했다.
유언방식	유언은 법에서 정한 방식(자필증서유언, 녹음유언, 공정증서유언, 비밀증서유언, 구수증서유언)에 따라 이루어졌다.
	자필증서유언을 하였을 경우 유언장 전문 및 작성일자를 자필로 썼다.
	녹음유언의 경우 1인·공정증서유언 2인·비밀유언·구수유언은 3인 이상의 증인이 있다.
	유언의 증인이 증인 결격자가 아니다. 즉, 증인이 미성년자, 금치산자와 한정치산자, 유언에 의하여 이익을 받을 사람, 그 배우자와 직계혈족이 아니다.
유언사항	유언자는 법이 정한 유언사항에 대해 자신이 원하는 방식에 따라 유언하였다.

문에 상속 설계 시 충분히 활용될 필요가 있다. 특히 법정상속분과 다르게 상속재산을 분배하려고 하는 경우, 법정 상속인이 아닌 사람에게 상속하고 싶은 경우, 법정 상속인이 없는 경우, 사회사업이나 공익재단을 설립하여 재산을 사회 환원하려고 하는 경우에는 유언에 의한 상속설계를 채택해야 한다.

유언이 아무리 피상속인의 의지를 반영한다고 하더라도 상속재산은 다음 절에 살펴볼 유류분제도를 참고하여 적정하게 분배하는 것이 사전에 분쟁을 예방할 수 있다. 유언 작성의 방식은 법률에 따라 엄격하게 규정되어 있지만 유언의 내용도 명확하게 작성되어 있어서 해석에 따른 분쟁을 야기하지 않도록 명기하는 것이 바람직하다. 또 유언의 집행과 변경에 대한 내용은 유언 작성 당시에 누락되는 경우가 있다. 유언 작성이 합법적일지라도 유언서가 사후에 조작되거나 멸실된다면 성공적인 상속이 이루어지기 힘들다. 따라서 유언서의 보관, 유언집행자의 선정, 유언집행의 요건, 자산가치의 변경, 상속인의 변화 등에 따른 대책 등 유언 집행시 여건의 변경이나 집행 상황에 대한 내용도 고려하는 것이 바람직하다.

좋은 유언에서 간과되고 있는 점을 칼슨(Robert Calson)은 첫째, 세금납부, 부채상환 및 기타 경비의 지출이 기대 이상으로 소요되므로 상속재산의 유동성을 확보할 것, 둘째, 너무 많은 상속인(또는 수증자)을 지정할 경우 집행 경비 지출이 과다하므로 유언에서 특별한 유증을 되도록 피할 것, 셋째, 유언 작성 시 기술적인 문제이지만 부채와 세금 문제는 특별한 주의를 할 것, 넷째, 재산분할은 가장 어려운 부분이므로 전문가의 도움을 두려워하지 말 것, 마지막으로 유언 작성은 한 번에 끝나는 것이 아니므로 개선이 필요하다고 인식할 것으로 조언하고 있다.

3. 상속설계의 주요 이슈

1) 상속재산분할청구권

상속개시로 공동상속인은 피상속인의 권리·의무를 각자 승계하며, 상속재산은 공동상속인의 공유가 된다. 이 경우 상속재산은 상속인 각자의 재산으로 분할되어야 할 필요가 있는데, 이를 상속재산의 분할이라 한다. 유언 또는 합의로 상속재산분할을 금지한 경우에는 상속재산분할이 금지된다. 재산분할을 청구할 수 있는 사람은 상속인, 포괄수유자, 공동상속인의 상속인, 상속분의 양수인 등이 있다. 원칙적으로 모든 상속재산은 공동상속인이 분할할 수 있는데 예외적으로 금전채권·금전채무는 상속재산분할의 대상이 되지 않는다.

상속재산의 분할방식은 지정분할과 협의분할, 그리고 심판분할 방식이 있다. 우선 '상속재산의 지정분할' 이란 피상속인이 상속재산의 분할방법을 유언으로 정하거나 또는 유언으로 상속인 이외의 제3자에게 분할방법을 정할 것을 위탁하는 경우에 그에 따라 행해지는 분할을 의미하는 것으로 지정분할방식으로는 세 가지 방법인 대금분할, 현물분할, 가격분할방식이 있다. 대금분할이란 상속재산을 환가처분한 후에 그 가액을 상속인 사이에서 나누는 방법을 말한다. 현물분할이란, 개개의 재산을 있는 그대로의 상태로 상속인 사이에서 나누는 방법을 말한다. 가격분할이란 상속인의 한사람이 다른 사람의 지분을 매수하여 그 가액을 지급하고 단독 소유자가 되는 것을 말한다.

상속재산의 협의분할 방식은 피상속인의 분할금지의 유언이 없는 경우에 공동상속인이 협의로 분할하는 것을 말한다. 협의분할을 할 때에는 당사자 전원의 합의가 있으면 되고, 그에 관한 특별한 방식이 필요없다. 대금분할, 현물분할, 가격분할에 따를 수도 있고, 이를 절충하는 방법을 가능하다. 분할협의에 참가한 상속인이 무자격자이거나, 상속인의 일부를 제외해서 분할의 협의를 한 경우에는 무효가 된다. 또 분할협의의 의사표시에 착오나 사기·강박이 있었던 경우에는 분할협의의 의사표시를 한 사람은 이를 취소할 수 있다.

상속재산의 심판분할 방식은 공동상속인 사이에 분할의 협의가 이루어지지 않은 경우에 가정법원에 청구하는 분할방법을 말한다. 상속재산의 분할심판은 상속인 중 한 사람 또는 여러 사람이 나머지 상속인 전원을 상대방으로 하여 청구하며, 상속재산분할청구는 그 성질이 공유물분할청구이므로 청구기한의 제한이 없이 언제든지 가능하다.

2) 유류분제도

「민법」은 유언을 통한 재산처분의 자유를 인정하고 있으므로 피상속인이 유언으로 타인이나 상속인 일부에게만 유증을 하면 상속인에게 상속재산이 이전되지 않을 수 있다. 이럴 경우 상속재산처분의 자유를 무제한적으로 인정하게 되면 가족생활의 안정을 해치고, 피상속인 사망 후의 상속인의 생활보장이 침해된다. 이러한 불합리를 막고 상속인의 생활을 보장하기 위해 「민법」에서는 유류분제도를 인정하고 있다. 유류분(遺留分)이란 상속재산 중에서 상속인 등의 일정한 사람에게 돌아가도록 되어있는 몫을 말한다.

유류분을 가지는 사람은 피상속인의 직계비속, 피상속인의 직계존속, 피상속인의 형제자매 또는 배우자인 상속인이다. 또 태아 및 대습상속인도 유류분권이 있지만 상속을 포기한 사람은 상속인이 아니므로 유류분반환청구를 할 수 없다. 유류분은 피상속인의 상속개시시에 있어서 가진 재산의 가액에 증여재산의 가액을 가산하고 채무의 전액을 공제하여 이를 산정하며 각 상속인의 유류분액은 다음의 산식과 같이 계산한다.

유류분액의 계산=[(적극상속재산액+증여액−상속채무액)
×(각 상속인의 유류분율)]−특별수익액

표 15-3 유류분 권리자의 유류분율

순 서	유류분 권리자	유류분율
1	피상속인의 직계비속	법정상속분×1/2
2	피상속인의 직계존속	법정상속분×1/3
3	피상속인의 형제자매	법정상속분×1/3

유류분 청구권자들의 유류분액을 계산

보험과 은퇴코너 15-4

Q A(남)는 가족으로 배우자 B(녀)와 자녀 C, D가 있는 사람으로 생전에 모든 재산을 자신의 또 다른 아들 X (Y와의 혼외자)에게 모두 남긴다는 내용의 유언증서를 작성하고 사망하였다. A의 상속재산은 3억 원이고 채무는 3,000만 원인 경우 배우자 B와 자녀 C, D는 얼마의 유류분을 X에게 청구할 수 있나요?

A A 유류분의 산정방법은 다음과 같다.
B, C, D의 유류분율은 법정상속분의 1/2, 1/2, 1/2이고, B, C, D는 유류분은 피상속인이 사망한 때 가진 재산의 가액에 증여재산을 가산하고 채무의 전액을 공제하여 산정합니다(「민법」 제1113조 제1항). 만약 상속인 가운데 증여 또는 유증받은 사람이 있으면 그 사람에 한해서 그 액수를 제하며, 그 계산식은 다음과 같다.
[(적극상속재산액+증여액−상속채무액)×(각 상속인의 유류분율)]−특별수익액
이러한 방식으로 B, C, D의 유류분을 산정하면 다음과 같다.
B: (30,000만 원−3,000만 원)×(3/9×1/2)−0=4,500만 원
C: (30,000만 원−3,000만 원)×(2/9×1/2)−0=3,000만 원
D: (30,000만 원−3,000만 원)×(2/9×1/2)−0=3,000만 원

유류분 권리를 가진 사람들의 유류분율은 피상속인의 직계비속의 경우 법정상속분의 1/2이며 피상속인의 직계존속과 형제자매는 법정상속분의 1/3이다. 배우자상속인의 경우 피상속인의 직계비속이 있는 경우 공동상속인이 되며, 그 법정상속분의 1/2이 유류분율이 되며 직계비속이 없는 경우에는 피상속인의 직계존속과 공동상속인이 되어 그 법정상속분의 1/2이 유류분율이 된다.

유류분권리자가 피상속인의 증여 및 유증으로 인하여 그 유류분에 부족이 생긴 때에는 부족한 한도에서 그 재산의 반환을 청구할 수 있다.

피상속인이 한 증여는 상속개시 전 1년 이내의 것이어야 하는 것이 원칙이나,

상속인에 대한 증여 또는 유류분이 침해되는 것을 알고 행한 증여는 기간의 제한 없이 해당된다. 또 유류분반환청구의 상대방은 자신의 유류분액을 침해하여 유증 또는 증여를 받은 사람이 된다. 유류분을 반환청구하는 경우에 유증 또는 증여를 받은 사람이 여러 명인 때에는 각자가 얻은 유증가액의 비례로 반환해야 한다. 반환의 청구권은 유류분권리자가 상속의 개시와 반환해야 할 증여 또는 유증을 한 사실을 안 때부터 1년 이내에 하지 않으면 시효에 의하여 소멸하며 상속이 개시된 때부터 10년이 경과된 때에도 시효에 의해 소멸한다.

3) 상속의 회복

상속인 또는 그 법정대리인은 스스로 상속인이라고 칭하며 상속권을 침해하는 참칭상속인에게 상속회복청구권을 행사하여 상속권을 회복할 수 있다. "참칭상속인"이란 상속권이 없으면서 자기가 상속권이 있는 상속인이라고 주장하여 진정한 상속인의 상속재산을 점유하는 사람을 말합니다. 참칭상속인이 될 수 있는 사람은 공동상속인, 후순위상속인, 상속결격자, 무효 혼인의 배우자, 허위의 기재로 호적상 자녀로 올라가 있는 사람, 무단으로 상속재산의 전부나 일부를 점유하고 있는 사람, 참칭상속인으로부터 법률행위 그 밖에 계약에 따라 상속재산을 취득한 사람이다.

상속회복청구권의 행사방법은 재판외 청구방법과 재판 청구방법이 있다. 재판외 청구방법은 구두 또는 서면으로 가능하며, 서면 청구를 하는 경우 내용증명을 해 두는 것이 증거확보에 유리하다. 상속회복청구권이 재판상 청구로 행해지는 경우 상속회복청구권은 상속재산의 회복을 청구하기 위한 이행청구를 구하는 법원의 재판이고, 상속인이 상속재산에 대해 가지는 일체의 개별적 청구권과는 다른 특별한 포괄적 권리이다.

상속회복청구를 재판 외의 방법으로 하는 경우에는 참칭상속인은 진정한 상속인에게 상속재산을 반환해야 할 민사상 의무를 진다. 원고의 승소판결이 확정되면 피고(참칭상속인)는 그 판결대로 진정상속인에게 상속재산을 반환해야 한다. 상속회복청구권은 그 침해를 안 날부터 3년, 상속권의 침해행위가 있은 날부터 10년을 경과하면 소멸된다. 단순히 상속개시의 사실을 알 뿐만 아니라 자기가 진정상속인임을 알고 또한 자기가 상속에서 제외된 사실을 안 때로부터 그 기간을 기산한다.

16장

상속과 증여

1. 상속과 증여의 관계

1) 상속과 증여의 이해

재산을 상속인들에게 이전한다는 점에서 상속과 증여는 매우 비슷한 측면을 갖고 있다. 그러나 상속에 의한 재산이전과 증여에 의한 재산이전은 여러 가지 면에서 차이가 있다. 상속은 피상속인이 사망한 후 그의 재산이 상속인에게 이전되는 것을 말하며, 증여란 증여자와 이를 받는 수증자가 쌍방간 계약에 따라 아무런 대가나 반대급부 없이 재산을 주고받는 것을 말한다. 하지만 대부분 증여는 상속인에게 이루어지는 것이 현실이므로 증여를 사망 전 행하는 상속, 즉 사전상속으로 이해하는 것이 일반적이다. 이러한 배경에서 상속과 증여는 피상속인이 상속인에게 재산을 이전하는 행위라는 중요한 공통점을 가지며, 상속과 증여 시에는 그에 따른 비용이 수반된다는 점에서도 역시 공통점을 갖는다. 그러나 상속은 피상속인의 사망과 함께 개시되고, 증여는 피상속인이 살아있을 때 미리 재산을 이전해 주는 것이며, 그에 따르는 세금비용이 차이를 보이기 때문에 사망에 대비해 재산을 이전하고자 하는 경우 상속과 증여를 잘 이해하고, 합리적으로 상속 및 증여설계를 하는 것이 필요하다. 그러기 위해서는 상속과 증여가 갖는 차이점을 잘 이해하는 것이 먼저 선행되어야 한다.

2) 상속과 증여의 차이

상속이나 증여는 모두 재산이전에 해당하며, 재산이전에는 비용이 수반된다. 즉, 상속재산(유산)을 물려받은 상속인과 재산을 증여받은 수증자에게는 각각 상속제와 증여세가 과세된다. 따라서 상속·증여설계에 있어 가장 중요한 것은 재산이전에 따른 이전비용(세금)을 최소화하는 것이다. 아울러 상속·증여설계를 통해 재산분배와 이전을 둘러싸고 발생할 수 있는 상속인들 간의 갈등과 분쟁을 미리 조정하는 것도 매우 중요한 일이다.

한편 재산이전비용의 최소화하는 관점에서 보면 상속과 증여 중 증여가 절대적으로 유리하다. 「세법」에서는 상속과 증여를 본질적으로 같은 것으로 보기 때문에 상속이나 증여 모두 같은 세율을 적용한다. 그러나 상속세는 피상속인이 물려준 유산총액에 대해 합산과세하지만, 증여는 증여받은 재산에 대해 수증자별로 개별과세하기 때문에 과세표준이 분산되어 낮은 세율이 적용된다. 또한 상속이 평생 한번만 가능한 반면, 증여는 여러 번에 걸쳐 가능하기 때문에 그 효과는 더욱 크다. 또한 재산상속은 반드시 상속인에게만 가능하지만, 증여는 상속인이 아닌 사람에게도 가능하다는 점에서 차이가 있다.

그러나 증여가 항상 상속보다 유리한 것은 아니다. 증여의 경우 상속에 비해 증여재산에서 공제되는 금액(증여재산공제)이 매우 적다. 반면에 상속은 상속재산에서 공제되는 금액이 매우 많기 때문에 상속인이 배우자와 자녀이고 상속재산이 10억 원이 안 될 경우에는 상속세가 아예 발생하지 않는다. 이런 경우라면 굳이 절세를 위해 재산증여를 미리 할 필요가 없다. 따라서 증여를 통한 재산이전이 절세측면에서 상속보다 유리하려면 최소한 상속세가 과세될 정도의 재산규모가 되어야 한다.

증여에 있어 또 하나 중요한 점은 증여자의 증여의지이다. 증여가 상속에 비해 이전비용이 적게 든다는 유리한 점이 있지만 증여자가 수증자들에게 재산을 미리 나눠줄 마음이 없다면 증여는 불가능하다. 그러나 재산이전은 최대한 빠를수록 좋다. 시간이 지날수록 재산가치는 증가할 수밖에 없고, 이에 따라 이전비용도 함께 늘어나기 때문이다. 또한 증여를 통한 재산이전도 「세법」에서는 10년마다 합산과세하므로 미리 증여하지 않으면 증여재산공제를 반복해서 받기 어렵다.

표 16-1 상속과 증여의 차이점

구 분	상 속	증 여
과세방식	유산세방식	유산취득세 방식
과세대상	• 피상속인이 거주자일 때: 국내+국외재산을 합산과세 • 피상속인지 비거주자: 국내재산만 과세	• 수증자가 거주자일 때: 국내+국외재산을 합산과세 • 수증자가 비거주자일 때: 국내재산만 과세
납세의무자	상속인	수증자
납세지	피상속인의 주소지(관할세무서)	수증자의 주소지(관할 세무서)
신고·납부기한	상속개시일이 속한 달의 말일부터 6개월	증여일이 속한 달의 말일부터 3개월
세 율	• 1억: 10% • 1~5억: 1,000만 원+(1억 초과분×20%) • 5~10억: 9,000만 원+(5억 초과분×30%) • 10~30억: 2억 4,000만 원+(10억 초과분×40%) • 30억 초과: 10억 4,000만 원+(30억 초과분×50%)	

2. 상속세와 증여세 과세방법

각국의 상속세제는 그 나라의 역사적 배경과 사회적·법적 사상의 차이에 따라 대체로 유산세형과 유산취득세형으로 대별되고 있다. 우리나라에서는 상속의 경우 유산세형을, 증여의 경우 유산취득세형을 따르고 있다. 두 가지 과세체계는 차이가 있지만 과세표준이 높아질수록 세율이 높아지는 초과누진세율이 적용된다는 면에서는 동일하다.

1) 상속세 과세방법

(1) 과세방식: 유산세방식

유산세방식이란 피상속인이 남긴 유산 전체에 대하여 초과누진세율로 상속세를 산정하는 방식을 말한다. 즉, 유산총액에 초과누진세율을 적용하여 상속세로 납부할 세액을 계산한 후 그 세액을 각 상속인의 상속재산가액비율로 안분하여 부과한다.

그러나 유산세방식은 피상속인의 재산 전부를 합산하여 과세하므로 개별상속인이 실제로 받은 재산의 다과에 불구하고 모두 같은 세율로 상속세를 부담하게 되는 불합리함이 발생한다. 또한 상속인이 1인이든 여러 명이든 상관없이 상속세 과세가액이 동일하게 산정되며, 결과적으로 유산취득세방식에 비하여 상속세가 더 많이 산정되는 문제가 있다. 우리나라를 비롯해 영국, 미국 등은 유산세방식을 채택하고 있다.

(2) 과세대상

상속과세대상 재산의 범위는 피상속인이 상속개시일 현재 거주자인지 또는 비거주자인지의 여부에 따라 달라진다. 피상속인이 거주자인 경우에는 국내외의 모든 재산에 대하여 상속세가 과세되며, 피상속인이 비거주자인 경우에는 국내에 있는 재산에 대하여만 상속세가 과세된다.

(3) 과세관할

상속세는 피상속인의 주소지를 관할하는 세무서장이 과세하되, 국세청장이 특히 중요하다고 인정하는 것에 대해서는 관할 지방국세청장이 과세한다. 그러나 상속세 납세의무자가 관할 세무서를 위반하여 상속세 신고를 잘못한 경우에도 신고의 효력에는 영향이 없다.

상속개시자가 국외인 때에는 국내에 있는 재산의 소재지를 관할하는 세무서장(또는 지방국세청장)이 과세하고, 상속재산이 둘 이상의 세무서 관할구역 안에 있는 경우에는 주된 재산의 소재지를 관할하는 세무서장이 과세한다.

(4) 상속재산에 대한 취득세의 납세의무

2010년 12월 31일 이전에는 상속재산의 취득에 대하여 취득세와 등록세가 별도로 각각 과세되었으나 2011년 1월 1일 이후부터는 취득세로 통합되어 관세되고 있다.

지방세법상 상속받은 부동산과 회원권 등에 대한 취득세의 신고납부기한은 상속개시일로부터 6개월이다. 신고납부기한이 6개월로 정해져 있으므로 상속재산분할

합의서의 작성 여부에 관계없이 기한 내에 신고 납부해야 한다. 6개월 이전에 상속등기를 하는 경우에는 상속등기 전에 취득세를 신고 납부해야 한다.

취득세 신고는 부동산 등의 소재지 관할 시군구청에 각각 해야 하므로 상속 부동산이 전국 각지에 소재하는 경우에는 해당 소재지별로 취득세 신고를 해야 하는 불편함과 비용을 감수해야 한다. 만일 취득세 신고기한까지 상속재산분할협의가 이루어지지 않는 경우에는 기한내에 취득세 신고를 해야 하며, 나중에 상속등기를 해야 하므로 비용과 시간을 이중으로 부담해야 하는 문제가 발생한다.

상속세의 납세의무는 상속으로 인하여 재산을 취득한 상속인과 유증 또는 사인증여에 의하여 재산을 취득한 수유자가 된다. 만일 상속인이 아닌 손자나 며느리에게 상속개시 전 5년 이내에 사전증여한 재산이 있어 상속재산가액에 합산과세되는 경우에도 손자나 며느리는 상속인이 아니며 수유자도 아니므로 상속재산 합산과세에 따라 증가하게 되는 상속세의 납세의무자가 되지 아니한다. 납세의무자는 1순위 상속인인 배우자와 직계비속이 된다.

만약에 상속인 중 상속세 납부능력이 없는 자가 있다면 다른 상속인이 상속세를 연대해 납부할 수 있다. 이 경우 연대납부된 상속세는 증여로 보지 않는다.

(5) 상속세 과세표준과 취득세율

상속 부동산에 대한 취득세 과세표준은 시가표준액(기준시가)으로 한다. 상속세는 상속 개시 전후 6개월 이내의 기간에 매매가액 등이 확인되는 경우에는 시가로 평가하여 상속세를 과세하나, 취득세는 시가의 존재 여부와 관계없이 시가표준액을 기준으로 과세한다.

상속부동산에 대한 취득세율은 시가표준액(기준시가)의 3.16%(농어촌특별세, 지방교육세 포함)이다. 예를 들어, 공시가격이 20억 원, 시세가 25억 원인 아파트를 상속받은 경우 납부해야 할 취득세와 농어촌특별세 등의 합계는 6,320만 원(20억×3.16%)이다.

토지와 건물뿐만 아니라 골프회원권, 콘도회원권, 종합체육시설물이용회원권, 승마회원권, 차량, 항공기나 선박 등을 상속받는 경우에도 취득세가 과세된다.

만약에 상속재산이 있음에도 불구하고 이를 자진신고납부를 하지 않은 경우 산출세액의 20%가 신고불성실가산세로 부과되며, 별도로 미납일수 1일당 미납부세액의 3/1만이 납부불성실가산세로 부과된다. 따라서 상속개시일로부터 6개월 내에 상속재산분할협의가 이루어지지 않아 상속등기를 하지 못한 경우에도 취득세는 반드시 기한 내에 신고·납부해야 한다.

표 16-2 상속공제의 종류

<table>
<tr><th>상속공제의 종류</th><th>내 용</th></tr>
<tr><td>기초공제</td><td>2억 원</td></tr>
<tr><td>배우자상속 공제</td><td>법에서 정하고 있는 배우자 상속분 재산에 대해 최소 5억, 최대 30억까지 공제</td></tr>
<tr><td>기타 인적 공제</td><td>• 자녀공제
- 1인당 3,000만 원
- 나이나 동거 여부와 관계없으며 인원 제한도 없음
• 미성년자 공제
- 배우자를 제외한 상속인 및 상속 개시 당시 피상속인과 동거하던 가족 중 20세 미만인 자녀에 대해 공제
- 500만 원에 20세에 달하기까지의 연수를 곱하여 계산한 금액을 공제
• 연로자 공제
- 배우자를 제외한 상속인 및 피상속인과 동거하던 가족 중 60세 이상인 자에 대하여 공제
- 1인당 3,000만 원 공제
• 장애자 공제
- 배우자를 포함한 상속인 및 피상속인과 동거하던 가족 중 장애자에 대하여 공제
- 500만 원에 75세에 달하기까지의 연수를 곱하여 계산한 금액을 공제</td></tr>
<tr><td>일괄공제</td><td>기초 공제 2억 원과 기타 인적 공제의 합계 금액을 항목별로 공제받는 대신에 일괄적으로 5억 원을 공제할 수도 있다. 다만 배우자 단독 상속의 경우에는 일괄 공제를 적용할 수 없다.</td></tr>
<tr><td>금융재산상속 공제</td><td>상속 재산 중에 금융기관이 취급하는 예금·적금·신탁·예탁금·출자금 등 금융자산이 포함되어 있는 경우에는 다음과 같이 금액을 공제한다.
* 금융재산상속 공제액
<table>
<tr><th>순금융 재산가액</th><th>금융재산 상속 공제액</th></tr>
<tr><td>2,000만 원 이하</td><td>당해 순금융 재산가액</td></tr>
<tr><td>2,000만 원 초과 1억원 이하</td><td>2,000만 원</td></tr>
<tr><td>1억 원 초과</td><td>순금융재산가액 × 20%(2억 한도)</td></tr>
</table></td></tr>
</table>

(6) 상속주택의 취득에 대한 취득세 특례세율의 적용

무주택 상속인이 상속으로 인하여 취득하는 1가구 1주택(고급주택 제외)은 다음의 세율로 취득세를 과세한다.

- 취득세: 0.8%(2.8%-2%)
- 지방교육세: 0.16%(0.8%×20%)
- 합계: 0.96%

이 경우 세대주의 배우자와 30세 미만의 미혼인 직계비속은 따로 거주하고 있는 경우에도 동일한 가구에 속한 것으로 보아 1가구 1주택 해당 여부를 판정한다. 예를 들어, 사망한 부친 소유의 1주택과 모친 명의의 1주택이 있는 경우, 무주택자인 아들이 만 30세 미만이면 다른 주소지에서 거주하고 있더라도 모친과 아들을 포함하여 1가구 1주택 해당 여부를 판정한다. 따라서 1주택 소유자인 모친과 동일한 가구로 보므로 상속주택의 취득에 대한 취득세 특례세율을 적용받을 수 없다.

또 상속주택 취득에 대한 취득세 관련하여 「지방세법」에서는 다음 요건 중 하나에 해당되는 주택을 고급주택이라 하며, 고급주택을 무주택상속인이 상속받는 경우에는 취득세 특례세율을 적용받을 수 없다. 소득세법에서 규정하고 있는 고가주택(실거래가 9억 원을 초과하는 주택)과는 기준이 다르므로 유의해야 한다.

「지방세법」이 정하는 고급주택은 다음과 같다.

- 주차장 면적을 제외한 건물의 연면적이 331m^2(100평)을 초과하고 건물의 가액이 9,000만 원을 초과하는 주거용 건물과 그 부속토지로서, 취득 당시의 주택 공시가격이 6억 원을 초과하는 경우
- 건물의 대지면적이 662m^2(200평)을 초과하고 건물의 가액이 9,000만 원을 초과하는 주거용 건물과 그 부속토지로서, 취득 당시의 주택 공시가격이 6억 원을 초과하는 경우
- 적재하중이 200kg을 초과하는 엘리베이터, 에스컬레이터 또는 67m^2(20평) 이상의 수영장 중 1개 이상의 시설이 설치된 공동주택 이외의 주거용 건물과 그 부속토지

• 1가구의 공동주택의 전용면적이 245m^2(74평)을 초과(복층형은 274m^2)하는 아파트, 연립주택 및 다세대주택으로서, 취득 당시 주택 공시가격이 6억 원을 초과하는 경우

2) 증여세 과세방법

(1) 과세방식: 유산취득세방식

유산취득세 방식이란 수증자가 취득한 각각의 재산을 기준으로 세율을 곱하여 세액을 산출하는 방식이다. 유산 중에서 수증자가 취득한 부분에 대해서만 세율을 적용한다고 하여 유산취득세 방식이라 한다.

유산세 방식이 총 상속재산에 대하여 과세하므로 과표가 커지는 반면, 유산취득세는 취득한 부분에 대해서만 과세하므로 과표가 작아져서 저율의 세율이 적용된다. 때문에 세금액이 적어지는 절세효과가 있다.

(2) 과세대상

증여세 과세대상 재산의 범위는 수증자가 증여일 현재 거주자인지 또는 비거주자인지에 따라 달라진다. 거주자일 때는 증여받은 국내와 국외의 모든 재산이 과세대상이 되지만, 비거주자일 때는 증여받은 국내의 재산만 과세대상이 된다.

수증자가 거주자인 경우로서 국외에 증여재산이 있는 경우에는 당해 국외재산에 대하여 해당 국가의 「세법」에 따라 증여세가 과세되는 경우, 우리나라의 세법에 따라 증여세가 이중으로 과세되는 문제가 발생한다. 이와 같은 이중과세의 문제를 조정하기 위하여 거주자의 경우 국내와 국외에 있는 모든 증여재산에 대한 증여세 산출세액을 산정한 후 일정 금액을 한도로 외국납부세액공제를 적용한다.

(3) 과세관할

증여세는 수증자의 주소지를 관할하는 세무서장이 과세하는 것이 원칙이다. 다만 수증자가 비거주자이거나 수증자의 주소가 불분명한 경우에는 증여자의 주소지를 관할하는 세무서장이 과세한다. 그러나 수증자와 증여자 모두 비거주자인 경우

에는 증여재산의 주소지를 관할하는 세무서장이 과세한다. 물론 납세지 관할 세무서장에게 잘못 신고한 경우에도 신고의 효력에는 영향이 없다.

(4) 증여세의 납세의무

증여세의 납세의무자는 증여에 의하여 재산을 무상으로 취득한 자가 된다. 증여세 납세의무의 범위는 증여일 현재 수증자의 주소가 국내에 있느냐 국외에 있느냐에 따라 달라진다. 증여일 현재 수증자가 국내에 주소를 두고 있는 경우에는 재산이 국내외에 있음을 불문하고 그 재산 전부에 대하여 증여세를 부과하므로 무제한 납세의무를 지게 된다. 그러나 증여일 현재 수증자가 국내에 주소를 두지 않은 경우에는 국내에 있는 재산에 대하여만 제한적 납세의무를 지게 된다.

증여세는 수증자가 납세의무자이므로 증여자가 수증자 대신 증여세를 부담한 경우 이를 재차 증여한 것으로 보아 기존 증여재산가액에 가산하여 증여세를 과세한다. 다만 주소나 거조사 분명하지 않아 조세채권을 확보하기 곤란한 경우나, 증여세를 납부할 능력이 없어 체납으로 인해 체납처분을 해야 하는 경우에는 증여자가 증여세를 대신 납부하여도 재차증여로 보지 않는다. 그러나 체납처분이 이루어지기 전에 증여자가 증여세를 대신 납부했다면 이는 재차증여로 과세된다.

(5) 증여재산가액 및 증여세 과세표준

증여세는 상속세에 비해 세금계산구조가 훨씬 단순하다. 상속에의 경우에는 상속재산에서 공제되는 항목과 금액이 매우 많지만 증여세는 증여재산에서 공제되는

표 16-3 **증여세의 납세의무**

구 분	거주자	비거주자
과세대상의 범위	국내외 소재 모든 증여재산	국내 소재 모든 증여재산
증여재산공제	공제됨	공제 안됨
과세관할	수증자의 주소지 관할서	증여자의 주소지 관할서
영농자녀증여감면	감면가능	감면안됨
창업자금, 기업사전증여 과세특례	적용가능	적용안됨
증여세의 대납	재차증여로 봄	증여로 보지 않음

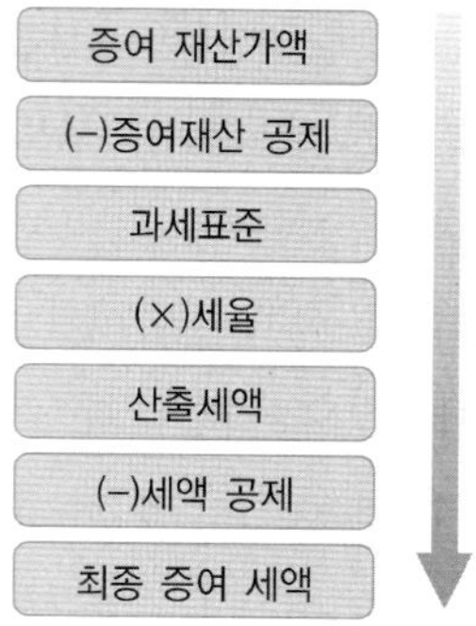

그림 16-1 **증여세액 산출과정**

것이 별로 없기 때문이다. 다만 세법에서는 변칙적인 증여에 대해 증여로 보는 경우와 증여로 추정하는 경우 등 증여재산에 합산하는 경우가 많고 재증여의 합산도 많아 이에 대한 주의가 필요하다.

우선 증여받은 재산의 가액을 평가한다. 증여재산의 경가기준은 상속재산의 경우와 같다. 해당 증여 점 10년 이내에 동일인(증여자가 직계존속인 경우 그 직계존속의 배우자는 동일인으로 본다)으로부터 받은 증여가액의 합계액이 1,000만 원(증여재산공제를 하지 않은 금액)이상일 경우에는 그 증여가액을 합산하여 증여재산공제를 한 금액에 대해 증여세를 부과한다. 재증여의 합산의 증여자와 수증자가 모두 다 같을 경우에만 합산된다.

증여재산에서 증여재산공제를 차감하면 과세표준이 계산된다. 증여재산공제는 배우자로부터 증여받은 경우에는 6억 원, 직계존속 및 직계비속으로부터 증여받은 경우에는 2,000만 원(단, 미성년자가 직계존속으로부터 증여받은 경우에는 1,500만 원), 기타 친족으로부터 증여받은 경우에는 500만 원을 공제한다.

증여재산공제는 수증자를 기준으로 해당 증여 전 10년 이내에 공제받은 금액과 해당 증여가액에서 공제받을 금액의 합계액을 기준으로 하는 것이므로 10년간 공제액의 합계는 위 금액을 초과할 수 없다.

공제금액이 결정되면 증여재산에서 이 금액을 빼고 과세표준을 결정한다. 과세표준이 결정되면 세율을 곱해 산출세액이 결정되는데, 증여세율은 상속세율과 같다.

증여를 받은 사람은 증여를 받은 날로부터 3개월(외국에 주소를 둔 자는 9개월)

내에 증여자의 주소지 관할 세무서에 증여세 신고를 해야 한다. 기간내 신고를 하면 증여액의 10%를 세액 공제받지만 신고하지 않으면 20%의 가산세를 물게 된다.

(6) 증여세 과세특례

증여세 과세특례로는 '창업자금에 대한 증여세 과세특례(조특법 제30조의 5)' 와 '가업의 승계에 대한 증여세 과세특례' 의 두 가지가 있다.

만 18세 이상인 거주자가 만 60세 이상의 부모(부모가 사망한 경우에는 조부모)로부터 30억 원을 한도로 하여 창업자금을 증여받은 경우, 「상증법상」의 일반 증여와 달리 5억 원을 공제한 금액에 10%의 낮은 세율로 증여세를 과세한다. 이후 증여한 직계존속이 사망하면 증여 당시의 가액을 기한에 관계없이 상속재산가액에 가산하여 상속세로 정산하여 과세한다. 이때 기납부한 증여세는 상속세 산출세액에서 공제한다.

창업자금을 2회 이상 증여받거나 부모로부터 각각 증여받은 경우에는 각각의 증여세 과세가액을 합산하여 30억 원을 한도로 적용한다. 수증자 별로 각각 30억 원을 한도로 창업자금에 대한 증여세 과세특례를 적용받을 수 있으며, 공동으로 창업하는 경우에도 수증자 별로 각각 30억 원을 한도로 과세특례의 적용을 받을 수 있다.

창업자금 및 가업승계에 대한 증여세 과세특례는 2013년 12월 31일까지 한시적으로 운용된다. 증여세 과세특례를 적용받고자 하는 경우에는 증여세 신고기한까지 납세지 관할 세무서장에게 특례신청서를 제출해야 한다.

증여세 특별과세가 적용되는 또 하나의 경우는 '가업의 승계에 대한 증여세 과세특례(「조특법」 제3조의 6)' 이다. 18세 이상인 거주자가 「조세특례제한법」상 중소기업을 10년 이상 계속하여 영위한 60세 이상의 부모(부모가 사망한 경우에는 조부모)로부터 해당 가업의 승계를 목적으로 30억 원을 한도로 하여 주식 또는 출자지분을 2013년 12월 31일까지 증여받고 가업을 승계한 경우에는 증여재산가액에서 5억 원을 공제한 후 10%의 세율로 증여세를 부과한다. 상속이 개시될 경우 사전증여된 주식 등을 기간에 관계없이 상속재산에 가산하여 상속세를 과세하며 기납부한 증여세는 공제한다.

이 경우 가업을 2회 이상 나누어 증여받는 경우에는 각각의 증여세 과세가액을 합산하여 30억 원을 한도로 적용한다. 창업자금을 증여받은 자가 증여세 과세특례를 적용받고자 하는 경우에는 증여세 신고기한까지 납세지 관할 세무서장에게 특례신청서를 제출해야 한다.

'가업의 승계에 대한 증여세 과세특례'는 앞서 살펴본 창업자금의 사전증여에 대한 과세특례와 매우 유사하지만 수증자 중 1인에 대해서만 적용된다는 차이점이 있다. 즉, 증여할 자녀가 2인 이상인 경우 창업자금의 사전증여는 각각의 수증자 모두에게 과세특례가 적용되지만 가업의 승계에 대한 증여세 과세특례는 1명의 수증자에게만 적용된다. 또한 가업의 승계에 대한 증여세 과세특례는 창업자금의 사전증여에 대한 과세특례와 달리 법인에 대해서만 적용되며, 개인기업을 사전증여하는 경우에는 적용되지 않는다.

일반증여와 가업사전증여 특례의 비교

보험과 은퇴코너 16-1

일반적으로 상속세와 증여세는 부의 세습을 막고, 소득계층간 불평등을 보정하려는 취지에서 도입된 세제이므로 비교적 높은 세율이 적용되며 엄격한 누진세 적용으로 과세 표준이 증가하면 훨씬 더 높은 세율이 적용된다. 그러므로 상속세 및 증여세 관리 전략이란 한마디로 상속세 및 증여세의 세율을 낮춰주는 절세방법을 찾는 데에 있다고 하겠다.

본 장에서 살펴본 가업사전증여방식을 예를 들어 볼 때, 일반증여에 비해 가업사전증여에 따른 특례를 적용했을 때 납부해야 할 세액이 얼마나 차이가 나는지를 다음의 표를 통해 한 눈에 살펴볼 수 있다.

구 분	일반증여	가업사전증여
증여가액	30억	30억
증여공제	3천	5억
과세표준	29.7억	25억
세율	40%	10%
산출세액	10.28억	2.5억
신고세액공제	1.03억	–
납부세액	9.25억	2.5억

3. 상속설계와 증여설계 전략

1) 상속설계전략

(1) 상속설계의 의의와 필요성

소수에 의해 소득과 자산이 집중되었던 경제발전의 1세대가 지나고 지금은 경제발전의 2세대라 할 수 있는 5, 60대의 연령층이 증가하고 있다. 사회가 점차 고령화되면서 재무설계의 핵심축이 은퇴설계로 이동하고 있고, 은퇴 후 20~30년이 지나면 본격적으로 재산상속을 고려해야 하므로 재무설계의 가장 마지막으로는 합리적인 상속과 증여세 절세전략이 필요하다.

기본적으로 상속 및 증여는 부의 세습을 막기 위해 다른 세제보다 높은 세율이 적용되며 강력한 누진세가 적용되고 있기 때문에 애써 모은 소중한 재산을 사랑하는 사람들에게 효과적으로 물려주기 위해서는 재산이전에 대한 기본적인 계획인 상속과 증여에 대한 설계가 필요하다.

상속과 증여는 미리미리 준비하지 않으면 매우 난처한 상황을 맞을 수도 있는데, 첫째, 죽음을 바로 앞두고는 효과적인 상속·증여설계가 불가능하기 때문이며, 둘째, 사전에 충분한 시간을 갖고 상속과 증여를 계획하지 않으면 상속인들 사이에 불필요한 갈등을 초래할 수도 있기 때문이다.

최근 상속인들의 유류분반환청구소송이 최근 6년 사이 무려 네 배나 증가했다. 재산상속을 둘러싼 가족 간의 갈등과 분쟁은 대부분 상속·증여 등 재산이전에 대한 사전준비와 계획이 소홀했기 때문에 발생한다. 유언장 작성이나 상속설계 등을 미리 거론하는 것 자체에 대해 많은 사람들이 거부감을 갖고 있지만 죽음은 예기치 않게 다가온다. 따라서 상속·증여설계는 언젠가는 맞이하게 될 죽음에 대한 사전준비인 동시에 남겨진 상속인들의 화합과 가정의 화목을 유지하기 위한 최소한의 배려이자 안전장치가 될 수 있다.

상속설계는 자산의 분배, 채무정리, 사후정리비용 등을 다룬다. 일반적으로 사망하게 되면 채무를 상환하고 세금을 내야 한다는 사실은 잘 알고 있지만 사망 전 계획을 통해 세금을 줄이고 상속자들을 위해 더 많은 자산을 보존할 수 있다는 사

> **상속설계가 필요한 경우** 보험과 은퇴코너 16-2
>
> • 모아놓은 자산이 많은 경우
> • 배우자가 자산관리를 할 수 없거나 원하지 않을 경우
> • 정신적, 육체적으로 장애가 있는 자녀가 있는 경우
> • 사업체를 운영하고 있는 경우
> • 자산은 없는데 부채가 많은 경우
> • 보증을 선 경우
> • 자산을 사회에 환원하기를 원하는 경우
> • 자산을 출현하여 재단법인 만들기를 원하는 경우
> • 상속인이 다수인 경우
> • 통상적인 상속인 이외의 상속인이 있을 경우(혼외 친자, 혼인 신고를 하지 않은 동거자)

실에 대해서는 미처 생각하지 못하는 경우가 많다. 또한 상속이 사전에 준비되지 못하면 추후 상속인 사이에 불화의 원인이 되기도 하므로 상속설계를 통해 재무적인 목표뿐 아니라 상속후 상속인들간의 갈등을 미연에 방지하고 상속절차의 비밀유지 등과 같은 비재무적 목적도 달성할 수 있다.

(2) 상속세 절세 기본전략

상속세를 줄이기 위한 전략은 상속재산을 최소화하는 방법과 각종 상속공제액을 최대화하는 방법 등 크게 두 가지로 살펴볼 수 있다. 상속재산을 최소화하기 위해서는 상속이 개시되기 전에 사전증여를 통해 상속인에게 재산을 미리 상속하는 방법과 재산을 미리 처분해서 상속재산을 줄이는 방법이 있을 수 있다. 다시 재산을 미리 처분해서 상속재산을 줄이는 방법에는, 첫째, 재산을 상속인에게 처분하는 방법이 있고, 또 하나는 제3자에게 재산을 처분한 뒤 그 대금을 상속인에게 사전증여하는 방법이 있다. 예를 들어 첫 번째 경우라면, 소유하고 있는 아파트를 자녀에게 파는 형태로 양도하는 방법이고, 두 번째 경우는 타인에게 아파트를 판매하고 그 대금을 자녀에게 증여하는 방법이다. 전자의 경우는 매매당사자가 특수관계자이므로 거래가격이 지나치게 낮을 경우 세무상으로 문제가 발생할 수 있다. 즉, 상

속제 및 증여세법에서는 시가보다 낮은 금액으로 아파트를 양도해서 매수자가 실질적으로 증여받은 것과 동일한 효과를 얻을 경우 매수자에게 증여세를 과세하기 때문이다. 시가와 거래가의 차액이 시가의 30% 이상이거나 가격이 3억 원 이상이 되면 증여로 간주한다.

이때 증여재산으로 간주하는 금액은 시가와 대가의 차액 전액이 아니라 시가와 대가의 차액에서 시가의 30%와 3억 원 중 적은 금액을 차감한 것이다. 예를 들어 1억 3,000만 원에 구입한 시가 3억짜리 아파트를 10년간 보유하고 있다가 자녀에게 이를 1억 5,000만 원에 양도했다면, 시가 3억 원과 대가 1억 5,000만 원은 1억 5,000만 원의 차액이 발생하며 이는 시가의 30%인 9,000만 원보다 6,000만 원이 많으므로, 차액 6,000만 원은 증여가 되었다고 본다. 따라서 이 경우에 자녀는 매매가 1억 5,000만 원과 취득가 1억 3,000만 원 사이에서 발생한 2,000만 원의 양도차익과 6,000만 원의 증여재산에 대해서만 증여세를 납부하면 된다. 만약에 3억

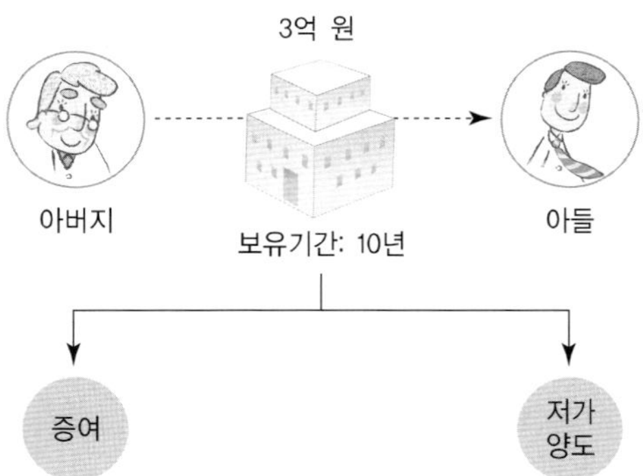

항목	금액
증여재산	300,000,000
증여재산공제	(30,000,000)
과세표준	270,000,000
산출세액	44,000,000
납부세액	**39,600,000**

항목	금액
양도가액	150,000,000
취득가액	130,000,000
양도차익	20,000,000
장기보유특별공제(30%)	6,000,000
기본공제	2,500,000
과세표준	11,500,000
산출세액	**690,000**

3,690,000

항목	금액
증여재산	60,000,000
증여재산공제	(30,000,000)
과세표준	30,000,000
산출세액	**3,000,000**

그림 16-2 **증여와 사전양도에 따른 세액비교**

원을 순수히 증여했다면 자녀공제 3,000만 원을 제외한 2억 7,000만 원에 대해 총 3,960만의 증여세를 내야하지만, 사전에 저가양도를 한다면 양도세 69만원과 증여세 300만원을 합해 총 369만 원만 세금을 내면 된다.

그러나 재산을 양도할 경우에는 양도받은 자가 양도소득세를 내야 하지만 양도소득세는 양도차익에 대해 납부하는 세금이며, 세율도 증여세보다 낮다. 다만 자녀에게 재산을 처분하는 것으로서 재산을 이전하기 위해서는 자녀가 이 재산을 구입할만한 경제력이 있어야 한다. 즉, 아파트를 자녀에게 저가양도하는 형태로 재산을 물려주고 싶다면, 자녀가 그 아파트를 시가보다 싼 가격이라 할지라도 실제 그 대금을 지불할만한 능력(소득)이 있어야 한다.

이를 정리해보면, 상속세 절세의 기본전략은 가급적 상속보다는 미리 증여를, 증여보다는 사전 양도를 하는 것이 유리하다는 것이다.

(3) 상속세 절세를 위한 사전증여의 원칙

상속세보다는 증여가, 증여세보다는 사전양도가 절세에 효과적이라고 배웠다. 그러나 사전증여와 분산증여를 통해 상속세를 회피하는 것을 막기 위한 규제제도도 다양하므로 이를 미리 살펴보고 세법에 위배되는 일이 없도록 해야 한다.

적법하게 상속세를 절세하기 위한 사전증여의 원칙을 살펴보면 크게 다음의 네 가지를 들 수 있다.

① 여러 자녀에게 골고루 증여하라

증여는 상속과 달리 증여받는 수증자 한 사람 한 사람의 몫에 따라 세율이 정해지므로 가급적 많은 상속인에게 나누어 증여하거나 공동명의로 증여하는 것이 효과적이다. 예를 들어, 시가 6억 원의 부동산을 한 자녀에게 증여한다면 증여세가 9,990만 원이지만, 성년인 3자녀에게 공동으로 증기등기를 하면 각자 낼 증여세는 2,160만 원이 되고 총 증여세는 6,480만 원으로 3,510만 원이나 줄어든다.

② 여러 번에 걸쳐 증여하라

세법에서는 동일인에게 10년 내에 재증여된 경우에는 앞의 증여재산과 이번의 재증여재산을 합산하여 과세하기 때문에 한번 증여를 하고 난 이후에는 10년이 지

표 16-4 단독증여와 공동증여의 차이(예)

항 목	단독증여 (수증자 1인)	공동증여			
		자녀 1	자녀 2	자녀 3	계
증여재산	6억 원	2억 원	2억 원	2억 원	2억 원
증여재산공제	3,000만 원	3,000만 원	3,000만 원	3,000만 원	9,000만 원
과세표준	5억 7,000만 원	1억 7,000만 원	1억 7,000만 원	1억 7,000만 원	-
산출세액	1억 1,100만 원	2,400만 원	2,400만 원	2,400만 원	7,200만 원
납부세액	9,990만 원	2,160만 원	2,160만 원	2,160만 원	6,480만 원

나야 다시 증여를 할 수 있다. 또한 증여자가 직계존속인 경우 그 배우자는 동일인으로 간주하기 때문에, 예를 들어 아버지에게 재산을 증여받고 10년이 채 못 되어 어머니에게 다시 재산을 증여받게 된다면 동일인에게서 재산을 재증여받은 것으로 간주하여 합산과세하게 된다. 그러므로 여러번에 나누어 증여를 하는 것은 바람직한 절세전략이지만 그러기 위해서는 충분한 시간을 두고 미리 증여를 해야 하며, 재증여가 필요하다면 기존에 증여받은 자녀가 아닌 다른 자녀에게로 증여를 분산해 하는 것이 효과적이다.

③ 일찍 증여하라

가급적 미리미리 증여를 서두르는 것은 차후 재증여의 기회를 갖기에도 유리할 뿐만 아니라 재산가치의 상승이나 추가로 벌어들인 수익에 대해 과세를 피할 수 있기 때문에 더욱 효과적이다. 예를 들어, 임대수입을 얻을 수 있는 부동산을 미리 증여했다면, 그 부동산으로부터 얻어지는 수익에 대해 세금을 납부할 의무가 사라지는 것이다. 현재는 가치가 높지 않지만 앞으로 가치상승이 예상되는 재개발지역의 부동산을 미리 증여하는 것도 그런 의미에서 효과적이다. 보유하고 있는 동안에 가치상승이 예상되는 저평가된 자산을 미리 증여한다면 추후 가치상승이 이뤄지고 난 뒤 상속을 하는 것에 비해 훨씬 비용을 절감할 수 있다.

④ 재산과 채무를 함께 증여하라

증여재산에 담보된 채무는 증여재산가액에서 공제된다. 예를 들어 3억 원짜리 아파트를 보유하고 있으면서 그 아파트를 담보로 5,000만 원의 융자를 받고 있다면, 이 아파트를 자녀에게 증여할 경우 5,000만 원의 채무가 증여재산가액에서 공제되고 2억 5,000만 원만 증여를 한 것이 된다. 따라서 증여과세표준을 낮춰줄 수 있는 효과가 있다. 단, 이때 5,000만 원의 채무인 융자금은 증여인이 채무를 이양한 것으로 간주, 반대로 소득이 발생한 것으로 보아 증여자가 양도소득세를 내게 된다.

(4) 상속 전후 주의사항

① 상속 전

상속설계는 여러 가지 면에서 어려움이 많은 재무계획의 하나이다. 국가사회 입장에서는 부의 세습을 막기 위해 상대적으로 많은 세금을 부과하고 있지만, 재산을 보유하고 있는 개인의 입장에서는 힘들게 모은 재산을 최대한 자녀 및 배우자에게로 안전하게 이전할 수 있기를 희망하기 때문에, 적절한 절세방법을 찾는 가운데에서 자칫하면 세법을 위반하거나 혹은 세법을 제대로 이해하지 못해 의도하지 않았던 불만족스러운 결과를 낳기도 하기 때문이다.

상속세는 부과과세방식으로 세금을 확정하는 것이므로 납세의무자인 상속인들이 상속세를 신고·납부했다 하더라도 그대로 세금이 확정되는 것이 아니다. 최종적인 세금의 확정권한은 국세청이 갖고 있는데 이는 그만큼 상속재산의 누락과 탈루 가능성이 높기 때문이다.

상속세 신고서가 접수되면 국세청에서는 신고내용에 대한 검증절차에 착수하고, 상속재산의 누락과 은닉, 평가의 정확성, 사전증여의 여부 등을 조사하게 된다. 이때 보험계약자가 피상속인이었다면 사망보험금의 포함 여부도 체크를 하게 된다.

사전증여가 절세 목적상 상속보다 유리하지만 재산을 가지고 있는 피상속인의 입장에서는 자신이 언제 사망하게 될지 예측할 수 없기 때문에 재산이전을 미리 단행하는 일은 쉬운 일이 아니다. 따라서 대부분 사망으로 인한 상속재시시점이 임박해지면 그때서야 재산을 처분한 후 현금으로 증여하는 일이 많은데, 이럴 경우 추후 국세청의 조사결과 모두 상속재산으로 추정해 상속인은 상속세를 추징당할 수 있다.

특히 「세법」에서는 상속개시일 전 1년 이내의 재산종류별로 계산하여 2억 이상의 재산 또는 상속개시일 전 2년 이내의 재산종류별로 5억 이내의 재산이 처분되거나 인출된 뒤 그 사용 용도가 명백하지 않은 경우에는 이를 모두 상속인들에게 나눠준 것으로 추정하여 상속세에 합산시키고 있으므로 사망에 임박하여 재산을 모두 처분해 현금을 자녀들에게 나누어 준다면 이것이 사망 전이라고 하더라도 차후 상속세를 내게 되므로 주의해야 한다. 그러므로 상속개시시점에 임박해서는 가급적 재산을 처분하거나 예금 인출 및 채무부담을 하지 않는 것이 바람직하며, 꼭 해야 하는 경우에는 상속인들에게 구체적인 사용처를 밝혀두는 것이 좋다.

② 상속 후

상속세 신고를 마치면 세무서에서는 납세자가 신고한 내용과 세무서에서 수집한 부동산 취득·양도자료, 금융재산 조회자료, 신고할 때 공제받은 채무 등이 정당한지를 조사해 상속세를 결정한다. 그러므로 상속세 신고서와 관련 증빙서류는 상속세가 결정될 때까지 잘 보관해야 한다. 상속세 결정기한은 신고기한부터 6개월이며, 경우에 따라서는 더 늦어질 수도 있다.

상속세가 결정되고 신고누락 및 부당공제 부분에 대한 세금까지 추징당했다 하더라도 끝난 것이 아니며, 상속세 결정시 채무로 공제받은 금액은 사후관리를 하게 되므로 이 채무를 상속인이 자신의 힘으로 변제했다는 증거를 확보해 두어야 한다. 즉 채무상환에 대한 자금출처조사에 대한 대비책을 마련하지 않으면 상속이 끝난 뒤 세무서의 사후관리 사실을 잊어버리고 채무상환을 잘못 처리해 거액의 증여세를 물 수도 있다.

때문에 사전양도가 효과적인 절세수단이기는 하지만 그에 따르는 자금출처조사에 충분히 대비를 하지 못한다면 오히려 독이 될 수도 있으므로 상속전과 후 모두 꼼꼼하게 이에 대한 대처가 필요하다.

또한 재산상속을 받으면 이를 서둘러 처분하는 경우가 많은데 아무리 빨라도 상속개시 후 6개월 이내에는 처분하지 않는 것이 좋다. 상속세 결정이 내려지기까지 6개월 정도의 시간이 필요하기 때문에 잘못하면 상속재산이 처분가액으로 다시 평가되어 상속세가 늘어날 수도 있다. 또 상속받은 재산을 담보로 돈을 빌리는 것도 바람직하지 않다. 이 경우에도 담보자산 가치의 평가과정에서 당초 신고한 가액보다 높게 평가될 수 있기 때문이다.

이밖에 장례비는 상속재산에서 500만 원까지 공제 가능하며, 500만 원을 초과하는 경우에는 관련 증빙이 있으면 공제가 가능하므로 이를 잘 챙겨두어야 한다. 다만 장례비 공제는 1,000만 원을 한도로 하므로 이를 넘지 않도록 한다. 또한 상속세를 납부할 돈이 없거나 모자라는 경우에는 물납과 연부연납을 활용하면 되는데, 세금납부는 미루더라도 일단 신고는 먼저 해두는 것이 유리하다. 신고세액공제(10%)는 실제 세금납부와 상관없이 신고만 해도 받을 수 있기 때문이다.

2) 증여설계전략

(1) 증여설계의 의의와 필요성

증여세는 경제적 가치가 있는 재산의 무상이전이 생전에 이루어지는 것에 대하여 과세하는 세금으로서, 증여받는 자에게는 증여받은 재산이 불로소득이 되므로 부의 세습으로 인해 소득격차가 심화되는 것을 막기 위한 조치라 할 수 있다.

그러나 상속과 마찬가지로 개인의 입장에서는 적법한 범위 내에서 자신이 모은 재산을 자녀에게로 이전하고자 하는 욕구를 갖는 것이 자연스러운 일이므로 사전에 합리적인 증여설계를 통해 법률에 위배되지 않는 범위 내에서 효과적으로 재산을 이전하는 것이 필요하다. 또한 점점 더 교육받는 기간이 연장되고 청년 실업이 심각해지면서 경제적으로 독립하는 시기가 늦어지고 있는 오늘날의 젊은 세대들을 고려한다면 부모로부터 사전에 증여받은 재산은 좀 더 안정적인 자녀들의 경제활동을 해나가는 데 도움이 될 수 있다.

또한 증여는 10년을 단위로 재증여가 가능하므로 가급적 미리 증여설계를 해둠으로써 증여의 기회를 더 많이 가질 수 있을 뿐 만 아니라 증여자 자신의 노후 재산흐름을 예상하고 이를 미리 대비하는 것이 가능하므로 빠른 증여설계는 증여자 자신의 재무설계에 있어서도 매우 중요한 과정이라 할 수 있다.

(2) 증여세 절세 기본 전략

증여세 절제의 기본 전략은 누구에게, 언제, 무엇을, 어떻게, 얼마나 증여하느냐에 따라 세금 차이가 많이 발생하므로 이 다섯 가지에 대해 최대한 세액을 낮출 수 있는 방법을 찾아주는 것이 현명하다.

① 누구에게?

증여세는 상속세와 달리 수증자 개인별로 증여받은 재산을 과세표준으로 하고 증여재산공제를 받을 때에도 수증자별로 공제를 받기 때문에 가급적 여러 사람에게 재산을 분산해 증여하는 것이 효과적이다. 자녀수가 여러 명이라면 가급적 균등하게 재산을 분할해 증여함으로써 자녀 한명 한명이 내야 할 증여세를 낮춰줄 수 있다. 특히 배우자의 경우는 6억 원까지 공제가 가능하므로 사전에 배우자 증여를 통해 차후 남게 될 상속재산을 가급적 많이 줄여놓는 것이 효과적이다.

만약에 피상속인이 고령이라서 증여 후 10년 이내에 상속개시(사망)가 염려된다면 30%의 세금을 더 내더라도 손자녀에 대한 증여를 통해 상속재산을 줄이는 것도 효과적이다.

② 언제?

증여는 빠를수록 좋다. 한 번 증여를 하고 나면 10년이 지난 후 다시 동일 수증자에게 증여가 가능하기 때문에 일찍 증여를 시작할수록 재증여의 기회를 얻기가 쉬워진다. 이밖에도 일찍 증여를 했다면 이후 자산의 가치가 상승할 가능성이 높아지는데, 그에 따른 과세의무는 없으므로 차후 가치상승이 예상되는 부동산과 같은 자산은 가급적 일찍 증여하는 것이 더욱 유리하다. 마지막으로 부동산 등과 같은 실물자산의 경우에는 자산가치가 폭락해 있을 때 증여를 하면 시가가 낮게 평가되므로 과세표준도 낮아질 수 있으므로 유리하다.

③ 무엇을?

다양한 종류의 재산들 중에서 무엇을 먼저 증여할 것인가는 피상속인의 노후재무설계 및 소유하고 있는 자산의 구조와도 관련된다. 우선은 현재 상태에서 비중이 너무 큰 자산을 증여하기보다는 수익형 부동산을 먼저 증여함으로써 수증자가 그 수익을 통해 스스로 재산을 형성할 수 있도록 도와주는 것이 필요하다. 사전양도를 통해 재산을 자녀에게 이전하여 하려 해도 재산을 양도받는 자녀가 재산이 전혀 없다면 실질적으로 부모의 재산을 자녀가 구입했다고 볼 수 없으므로, 차후 자금출처를 대비하는 차원에서도 자녀에게 안정적인 소득원이 되는 수익형 부동산을 미리 증여해 주는 것이 효과적이다.

이밖에 현재 저평가되어 있지만 앞으로 가격상승이 예상되는 자산을 먼저 증여하는 것이 유리하다. 자신이 보유하고 있다가 상속개시가 임박해 증여 또는 상속을 하게 되면 자산가치 상승에 따라 과세표준만 높아지기 때문이다.

자금출처조사와 증여추정

보험과 은퇴코너 16-3

자금출처조사란 재산을 취득하거나 채무를 상환했을 때 그 자금을 다른 사람으로부터 증여받은 것으로 의심이 가는 경우(이를 증여추정이라 한다) 국세청이 증여세를 과세하기 위해 재산취득 또는 채무상환자금의 출처를 물어보는 것을 말한다.

자금출처조사는 국세청이 정한 일정기준에 해당하는 경우에 하게 되는데, 주로 부동산의 취득이나 채무상환, 사업의 신규개시(사업자등록) 등의 경우에 이루어진다. 그러나 국세청이 정한 일정기준에 해당한다고 하더라도 취득자의 과거 소득자료나 재산처분상황 등에 비추어 증여사실이 의심가지 않는 경우에는 자금출처조사를 생략한다. 반대로 일정기준에 미달하는 경우라 하더라도 증여받은 사실이 확인된 경우에는 증여세를 부과할 수 있으며 이 경우 증여사실에 대한 입증책임은 국세청에 있다.

자금출처조사 기준은 다음과 같다.

구 분	취득재산		채무상환금액	총액한도
	주 택	기타재산		
세대주인 경우				
30세 이상	3억 원	5,000만 원	5,000만 원	2억 5,000만 원
40세 이상	4억 원	1억 원	5,000만 원	5억 원
세대주가 아닌 경우				
30세 이상	1억 원	5,000만 원	5,000만 원	1억 5,000만 원
40세 이상	2억 원	1억 원	5,000만 원	3억 원
30세 미만	5,000만 원	3,000만 원	3,000만 원	8,000만 원

출처: www.yestax.com.

④ 어떻게?

증여세 및 상속세는 누락과 탈세의 유혹을 많이 받는 세제이다. 따라서 이에 대한 정부당국의 조사와 세금추징도 매우 강력하므로 증여세 신고는 반드시 해 두는 것이 바람직하다. 또한 관련된 증빙자료들도 완벽하게 갖추어 둠으로써 만약에 있을지도 모를 자금출처조사 등의 세무조사에 대비를 하도록 한다.

증여세의 경우도 상속세와 마찬가지로 과세표준을 낮춰주는 일이 중요한데, 이를 위해서는 가급적 공제를 많이 받을 수 있도록 설계하는 것이 필요하다. 그 한 방법으로 채무를 함께 증여하게 되면 채무액만큼 증여재산에 공제가 가능하므로 수증자가 채무상환이 가능하다고 판단되는 수준에서 채무를 함께 증여하는 것도 절세의 방법이 될 수 있다.

⑤ 얼마나?

증여는 아무리 일찍 한다고 해도 이미 자녀를 위한 재산이전, 즉 사전상속의 의미를 갖고 있으므로 과도한 증여에 대해서는 자금출처조사가 이루어질 수 있으므로 1회 증여금액은 1억 원 이내로 하는 것이 좋다. 아무리 많아도 1회 증여가 최대 5억을 넘지 않도록 함으로써 추후 증여추징을 당하지 않도록 주의한다.

(3) 배우자 증여와 자녀증여의 활용 및 유의점

상속설계의 일환으로 이루어지는 증여는 대부분 상속인(배우자와 자녀)을 대상으로 하게 된다. 그런데 자녀에 대한 증여재산공제는 3,000만 원(성년자녀)과 1,500만 원(미성년자녀)에 불과해 거의 대부분 증여세를 낼 수밖에 없다. 반면에 배우자에 대한 증여재산공제는 6억 원이나 되기 때문에 비교적 증여세 부담 없이 재산이전이 가능하다. 일반적으로 상속재산이 그리 많지 않은 경우에는 배우자에 대한 증여를 통해 상속재산을 10억 원 이하로 낮춰줄 경우 아예 상속세를 내지 않아도 되기 때문에 매우 유리하다. 그러나 상속재산이 많은 경우에는 배우자에게 사전증여를 하게 되면 상속재산이 줄어드는 대신 상속 시 배우자상속공제금액도 같이 줄어들기 때문에 상속세 과세표준이 높아지는 문제가 발생한다.

또한 현재의 피상속인의 상속세만을 놓고 보면 사전증여에 따라 과세표준이 줄어들어 상속세가 줄어들지만, 나중에 배우자가 피상속인이 되었을 때에는 미리 증여받은 재산과 상속재산이 자녀들에게 상속되면서 상속재산이 증가될 뿐만 아니라 이미 배우자 사망으로 인해 배우자공제를 받을 수도 없기 때문에 추후 배우자의 상속 시에는 상속세가 오히려 증가될 수도 있다. 따라서 상속개시일이 10년 이상으로 충분히 많이 남아있다고 생각되는 경우가 아니라면 배우자 증여보다는 자녀에게로 증여를 하는 편이 오히려 합리적이다.

반면에 자녀에 대한 증여는 배우자에 대한 증여에 비해 증여재산공제액이 매우 적기 때문에 사전증여에 따른 절세효과가 그리 크지 않다. 그러나 재산이전의 최종 종착지는 배우자가 아니라 자녀 등 직계비속이므로 상속설계차원에서는 어느 정도의 증여세를 감수하고라도 자녀에 대한 증여가 불가피하다.

부유층의 경우에는 추후 상속세를 내는 것에 비해 증여세가 유리하므로 증여세를 내더라도 사전에 미리 증여를 하는 것이 바람직하다. 단, 과세표준이 5억 원을 넘어갈 경우 증여세율은 30%가 적용되므로 이 경우는 절세효과를 기대하기란 어렵다.

중산층의 경우에는 증여재산공제액의 범위 내에서 10년마다 주기적으로 자녀에게 증여해 줌으로써 증여세를 절세하는 것이 효과적이다. 또한 증여받는 자녀가 재산을 취득할만한 충분한 소득이 있다면 현금성 자산의 증여를 통해 본인 스스로 재산을 취득하도록 하는 것이 가장 무난한 방법이다.

그러나 거액의 재산을 처분하거나 부동산 등의 수용으로 거액의 보상금을 받은 사람들은 현금증여 가능성이 매우 높기 때문에 증여 여부를 파악하기 위해 일정기간 재산의 변동상황을 사후관리하고 있으므로 현금성 자산을 증여할 때는 매우 신중하게 접근해야 한다.

만약에 자녀가 충분한 소득원이 없다면 현금보다는 부동산증여가 유리하다. 부동산가액은 평가과정에서 실제 시세보다 낮게 평가되기 때문이다. 그러나 부모가 부동산을 새로 취득해서 증여하면 취득가액으로 평가되므로 이런 효과를 기대하기 어렵고 취득세를 이중으로 납부해야 하므로 오히려 더 불리해질 수 있다. 또 소득이 없는 자녀에게 부동산을 증여할 때는 증여재산에 현금이나 예금을 같이 포함해 신고해야 한다. 소득이 없는 자녀가 부동산을 증여받고 증여세 관련 세금과 취득에 소요된 부대비용을 납부했다면 이것도 증여로 간주해 추징될 수 있기 때문이다.

수증자가 해외에 있는 자녀로서 비거주자라면 증여재산공제를 받지 못하는 대신, 증여받은 재산이 국내에 소재하는 경우에만 증여세를 납부할 의무가 있다. 따라서 증여재산이 국외에 소재하는 재산일 경우에는 증여세를 증여자인 부모가 대신 납부하게 된다.

보험과 은퇴코너 16-4

상속과 증여, 무엇이 더 유리할까?

상속과 증여는 따로 떼어 놓고 설계하기보다는 함께 고려하면서 적절한 전략을 구사하는 것이 현명하다. 일반적으로 상속과 증여는 모두 재산을 자녀에게도 이전시키기 위한 목적에서 이루어지는 것으로서, 재산을 물려주려는 부모가 사망하기 전에 이전을 시행하느냐, 사망한 후에 시행하느냐의 차이만을 가질 뿐이다.

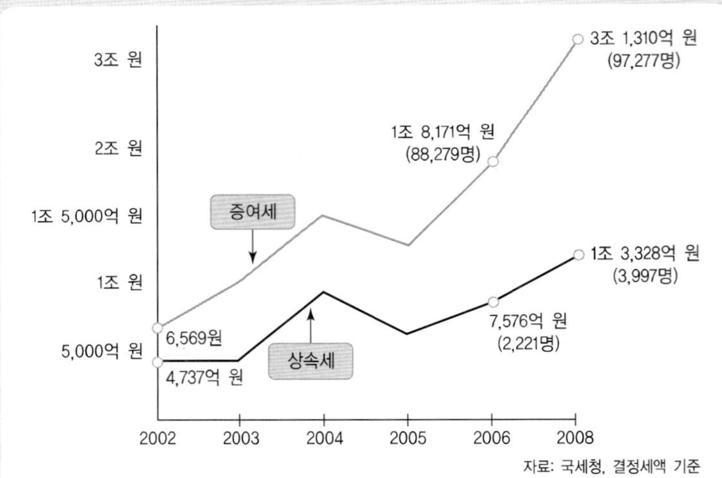

자료: 국세청, 결정세액 기준

그러나 상속세와 증여세의 차이는 최근 들어 점점 더 커져가고 있으며 벌어지는 증여세와 상속세 격차로 인해 상속 대신 증여가 '절세'의 트렌드로 부각되고 있다. 2002년 이후 재산이전을 위해 상속을 선택한 사람과 증여를 선택한 사람의 수는 극명하게 격차를 보이며 증여 쪽이 우위를 보이고 있다. 따라서 상속세 절세전략이란 사전에 효과적인 증여세 전략을 구사하는 것이라고도 할 수 있을 것이다.

참고문헌

강창희 · 홍경식 · 김대환(2006). **직장인의 노후설계와 퇴직연금**. 미래에셋 투자교육총서 06.

국민연금관리공단(2011). 알기쉬운 국민연금.

김용진 · 이기호(2006). **30대부터 준비하는 은퇴 후 30년**. 비즈니스북스.

국민연금연구원(2005). 노후보장패널 1차년도 자료 설명집.

국세청(2011). **2011 세금절약 가이드 II**. 국세청.

김동범(2007). **연금재테크로 행복한 노후 예약하라**. 중앙경제평론사.

김문기(2011). **고객상담을 위한 상속세와 증여세 실무**. 한국금융연수원.

김성숙 외 5인(2011). **금융소비자보호 관점에서의 금융업권별 경영 및 금융서비스품질 평가지표 개발**. 한국금융학회.

김지경(2004). **은퇴자의 은퇴사유 및 은퇴 후 소득원천**. 한국노동경제연구원 Research Brief, 8, 1-10.

김종서(2006). **한권으로 끝내는 퇴직연금**. 미래지식

금융감독원(2011). **금융생활안내서**. 금융감독원

곽봉환(2008). **개인위험관리와 생활금융**. 도서출판 두남.

곽용수(2010). **공적연금제도의 국제적 비교분석**. 한국국방연구원

권문일(1996). **고령자의 퇴직 및 퇴직 후 근로행태 결정요인**. 사회복지연구, 8, 41-67.

대한상공회의소(2006). **직장인의 노후대책에 관한 실태조사**. 대한상공회의소.

로이 윌리암스, 빅 프레이저 지음, 박인섭 · 김병태 옮김(2003). **상속을 준비하라**. 한솔아카데미.

미래에셋(2012). **2011년 근로자의 퇴직연금에 대한 인식 실태조사**. 미래에셋 퇴직연금연구소 서베이보고서 4호.

박광수 · 양재영 · 주소현(2010). **개인재무설계**. 경문사.

박상범(2001). **손해보험론**. 문영사.

보험경영연구회(2003). **보험론**. 문영사.

보험경영연구회(2010). **보험과 리스크관리**. 문영사.

보험미래포럼(2010). **연금의 진화와 미래**. 논형.

삼성경제연구소(2007). **노후대비에 대한 가계조사**. 소비자태도조사 2007년 4/4분기 부가조사.

신종욱(2006). **노후에 자식보다 든든한 연금 재테크**. 국일증권경제연구소.

안용운 · 이준승 · 김선호 · 최문희(2011). **위험관리와 보험설계**. 한국FPSB.

FP에듀 금융교육연구소(2011). **금융전문가를 위한 상속설계**. (주)한국웰스메니지먼트인스티튜트.

여윤경 · 오정근(2006). **FP 기본지식**. 한국금융연수원 도서출판부.

우승호(2006). **노후설계백서**. Human & Books.

우재룡·민주영(2010). **삼성생명 은퇴총서1**. 행복한 100년 플랜. 삼성생명 은퇴연구소.

오기석·윤석규·권병구·이건욱(2011). **보험 및 은퇴설계**. 한국금융연수원.

우승호(2006). **노후설계백서**. Human & Books.

우재룡·민주영(2010). **삼성생명 은퇴총서1**. 행복한 100년 플랜. 삼성생명 은퇴연구소.

이기춘·박명희·윤정혜·손상희·성영애(2009). **소비자재무설계 2판**. 학현사.

이병권(2011). **FC·FP·PB들이 가장 궁금해하는 상속·증여**. (주)새로운제안.

이정원(2006). **정년은퇴 여부에 따른 경제적 격차와 정년은퇴 결정 요인에 관한 연구**. 사회복지연구, 30, 71-99.

이현기(2003). **노년기 조기퇴직과 경력마감 형태: 남성노인을 중심으로**. 한국사회복지학, 52(2), 33-61.

장지연(2003). **중·고령자의 경력이동: 대안적 은퇴과정으로서의 근로시간단축과 자영업창업의 비중**. 한국사회학 37(2), 95-121.

차경욱·박미연·김연주(2008). **20, 30대 임금근로자의 은퇴재무설계에 관한 연구**. 한국가정관리학회지, 26(1), 25-40.

최현자·박주영·박호용·성영애·손상희·이희숙(2005). **알아두면 유익한 금융이야기**. 금융감독원.

최현자·이희숙·성영애·양세정(2003). **재무비율을 이용한 가계재무상태 평가지표 개발에 관한 연구**. 소비자학연구, 14(1), 99-122.

한국노동연구원(2003). 한국노동패널 6차년도 중·고령자부가조사.

한국은행(2009). **우리나라의 금융시장**. 한국은행.

한국FPSB 편(2011). **위험관리와 보험설계**. 한국FPSB.

한국투자증권 퇴직연금연구소(2011). **퇴직연금 실무해설서**. 한국투자증권.

허경옥·여윤경·유현정·고선강·차경욱(2006). **소비자 투자와 보험**. 교문사.

데이터뉴스. 2011년 12월 1일자. '성인 57%, 노후 스스로 부양해야'.

동아일보. 2011년 4월 25일자. '개인연금 안전벨트 골라골라'.

메디컬투데이. 2011년 11월 30일자. '은퇴 후 노년 생활, 성인 10명 중 4명만 준비'.

서울경제. 2012년 2월 19일자. '미래에셋퇴직연금 조사, 은퇴 후 月 200만원은 필요. 퇴직연금이 가장 큰 소득원'.

연합뉴스. 2011년 12월 12일자. '퇴직개인연금시장 250조 노후불안에 급팽창'.

조선일보. 2010년 12월 10일자. '베이비붐세대 4674명 조사, 3중고에 시달리는 샌드위치 세대'.

조선일보. 2011년 8월 29일자. 'DC형과 DB형, 어떤걸 고를까'.

조선일보. 2011년 8월 30일자. '미납 보험료는 지금이라도 내야'.

조선일보. 2011년 8월 30일자. 퇴직 베이비부머들 '생활비 급해 30% 깍여도 국민연금 미리 타자'.

Calson, Robert, C.(2004). *The new rules of Retirement strategy for a secure future*, John Wiley & Sons, Inc., Hoboken, New Jersey.

Duvall, E. & Miller, B.(1985). *Marriage and family development*. Cambridge: Harper & Row

Dwyer, D. P.(1989). *The seven stages of financial planning: A case study approach to financial planning*. Longman Financial Services Publishing, a division of Longman Financial Services Institute, Inc.

Frank W. Cawood & Associates(2005). *Personal Finance for seniors*. FC & A Publishing.

Garman, E. T. & Forgue, R. E.(1997). *Personal Finance(5th)*. Houghton Mifflin Company.

Garman, E. T., Xiao, J. J. Brunson, B. H.(2000). *The mathematics of personal financial planning: Using calculators and computers(2nd)*. Houghton Mifflin Company.

Ho, K., Perdue, G. & Robinson, C.(1999). *Personal Financial Planning*. Captus Press.

Kapoor, J., Dlabay, L. & Hughes, R. J.(2004). *Personal Finance(7th)*. The McGraw Hill

Madura, J.(2002). *Personal Finance*. Addison Wiseley.

Stout, R. G. & Mitchell, J. B.(2006). *Dynamic retirement withdrawal planning*. Financial Services Review, 15, 117-131.

blog.naver.com/e_adventure. Get Smart 현대증권 공식블로그.

stdweb2.korean.go.kr. 국립국어원 표준국어대사전.

www.ei.go.kr.고용보험 홈페이지.

www.geps.or.kr. 공무원연금공단.

www.bluemarbles.tistory.com. 기획재정부 공식블로그 몬이의 블루마블.

www.khfc.co.kr. 한국주택금융공사-주택연금.

www.kostat.go.kr. 통계청(1970~2005). 생명표.

www.kostat.go.kr. 통계청(2006). 장래인구추계.

www.kostat.go.kr. 통계청(2011). 2010년 가계금융조사.

www.kostat.go.kr. 통계청(2011a). 생명표

www.kostat.go.kr. 통계청(2011b). 장래인구추계: 2010년~2060년.
www.kostat.go.kr. 통계청(2011c). 2010 한국의 사회지표.
www.ktpf.or.kr. 사학연금공단.
www.leadersrich.com. 리더스리치 재무설계센터.
www.molab.go.kr. 노동부 퇴직연금제도.
www.mps.go.kr. 군인연금.
www.naver.com. 네이버 백과사전.
www.nhic.or.kr/portal/site/main. 국민건강보험공단 홈페이지.
www.nps.or.kr. 국민연금관리공단.
http://pension.fss.or.kr. 금융감독원, 퇴직연금 종합안내.
http://terms.naver.com.네이버 지식사전.

찾아보기

가계수지흐름표 229
경험생명표 42, 43, 348
경제적 자립수명 243
공무원연금제도 306, 308
공시기준이율 45
공영보험 31
공정증서유언 62
공제조항 200
교통사고처리특례법 180
구수증서유언 62
국민보건서비스방식 83
근원적 위험 12
금융상품판매법 131
기대여명 236, 237
개인퇴직계좌 329, 335
갱신형 상품 151
계약취소권 108

노년부양비 211
노령연금 245, 300
노후 준비 지표 223
누락 보험금 172

대수의 법칙 23, 40
대습상속인 367

반환일시금 302
방카슈랑스 126
변동지출 231
변액유니버셜 보험 54
보험 감독기관 132
보험계리사 117
보험료감액청구권 144
보험업법 136
보험자 대위 116
보험료불가분의 원칙 113
부리이율 53, 55
보장성 보험 35, 49
비대칭 정보 27
비례보상 116
배상책임보험 68

사회보험방식 82
사회보험 징수통합제도 297
3층 보장체계 221
세제적격형 연금저축 343
소득대체율 241
손실률방식 24
수지상등의 원칙 24, 39
순자산 228
실버보험 74
CI 보험 105

약관대출 110
역모기지론 353
역선택 29
위험손실 4
유류분 377
유상계약성 111

유증 363
일반손해보험 66, 71
임의가입자 296

예정요율산정방법 65
완전은퇴 214

자산연계형 보험 50
자산상태표 226
장기손해보험 66, 71
장해급여 91, 311
종합보험 68
중복보험 61, 115
증여추정 401
재무비율 232
직업재활급여 92
집합보험 67
집합투자기구 254
제3보험 137

청약철회권 107
채무부존재 소송 145
책임보험 34
초과보험 115
최고선의성 111

크레딧 제도 306
Key Person 보험 36

퇴직급여제도 317, 320
퇴직수당 308, 312
퇴직연금공제일시금 308, 311

판정요율산정방법 67
표준위험률 44
품질보증제도 149
풍수해보험 22
피보험이익 61, 112

해상보험 34
휴업급여 91
확정급여형(DB) 퇴직연금 326
확정기여형(DC) 퇴직연금 334

저자소개

| 허경옥 |

이화여자대학교 경제학과 졸업
미국 University of Wisconsin-Madison 소비자경제학 석사·박사

현재 성신여자대학교 생활문화소비자학과 교수
주요저서 소비자 안전(2011)
소비자법과 정책의 이론과 실제(2010)
소비자학의 기초(2010)
새로 쓰는 소비자의사결정(2009)
소비자정보론(2008)
저소득, 노인, 장애인 가족의 소비자복지(2008)
소비자트렌드와 시장(2006)

| 차경욱 |

이화여자대학교 소비자인간발달학과 졸업
이화여자대학교 소비자학 석사
미국 University of Missouri-Columbia 소비자경제학 석사

현재 성신여자대학교 생활문화소비자학과 부교수
주요저서 씽크머니-중학교 금융교육(2011)
소비자투자와 보험(2006)
소비자트렌드와 시장(2006)
여가문화와 가족(2005)

| 유현정 |

성균관대학교 가정관리학과 졸업
성균관대학교 소비자학 석사·박사

현재 충북대학교 소비자학과 부교수
주요저서 소비자 투자와 보험(2006)
위험사회를 사는 소비자와 생활안전(2011)
중학교 교과서 기술·가정(2010)
고등학교 교과서 기술·가정(2011)

| 김성숙 |

서울대학교 소비자학과 졸업
서울대학교 소비자학 석사·박사
현재 계명대학교 소비자정보학과 부교수
주요저서 디지털경제와 소비자(2007)
소비문화와 트렌드(2007)

| 허은정 |

서울대학교 소비자학과 졸업
서울대학교 소비자학 석사
미국 University of Missouri-Columbia 소비자경제학 박사
현재 울산대학교 아동·복지학과 부교수
주요저서 대기업노동자의 여가소비문화(2010)
여성의 라이프스타일과 외모 가꾸기(2008)
인터넷경매 분석(2007)
Retirement and Household Leisure Expe- nditures(2007)

보험과 은퇴설계

2012년 5월 25일 초판 인쇄
2012년 6월 1일 초판 발행

지은이 허경옥 외
펴낸이 류제동
펴낸곳 (주)교문사

디렉터 양계성
책임편집 김진영
본문디자인 에바다에딧
표지디자인 이혜진
제작 김선형
영업 정용섭 · 이진석 · 송기윤

출력 현대미디어
인쇄 동화인쇄
제본 대영제본

우편번호 413-756
주소 경기도 파주시 교하읍 문발리 출판문화정보산업단지 536-2
전화 031-955-6111(代)
팩스 031-955-0955
등록 1960. 10. 28. 제406-2006-000035호

홈페이지 www.kyomunsa.co.kr
E-mail webmaster@kyomunsa.co.kr
ISBN 978-89-363-1282-4 (93590)

값 19,000원
* 잘못된 책은 바꿔 드립니다.